叢大民
書學國

民国大学丛书

现代西洋教育史

XIANDAI XIYANG JIAOYU SHI

姜 琦 著

人民东方出版传媒
東方出版社

出版说明

在学术氛围相对开放自由的20世纪三四十年代，以“国化教科书”为鹄的，以“学术独立”为旨归，商务印书馆等出版机构陆续规划出版了一系列以“大学丛书”、“大学用书”等命名的著作。这些著作虽名为教科书，但突出的是学术性和专业性，许多著作至今仍是相应学术领域的必读必备之书，就其思想性而言，更有着当今学林难以企及的高度。

且以商务印书馆之“大学丛书”为例。其最为人所瞩目的一大特点即是名家集萃。丛书的编委、作者大多不但学有专精，且学贯中西，如冯友兰、胡适、王云五、李四光、何炳松、马寅初、傅斯年、蔡元培、竺可桢、蒋梦麟、顾颉刚、郑振铎、金岳霖等，可谓极一时之盛。故不管是译著还是编著，俱能保证较高的学术水准。

其特点之二是选题的多元性。不同于今天学术界，尤其是教育界指导思想自上而下的整齐贯一，民国时期推崇的是学术自由，包涵万流。如同名《中国近三百年学术史》，梁启超与钱穆的著作就各有千秋，甚至钱穆的很多观点就是针对梁启超而言的。再比如胡适的《中国哲学史大纲》，其观念更是与冯友兰的《中国哲学史》大相径庭。不同观念、不同流派、不同思想的著作俱为同一“大学丛书”所收录，并由全国各大高校师生自由选择，这本身就是学术自由的一种最直观的体现。只有传道授业者拥有了这种得以在大学课堂上传播一见一得的自由，才有可能建成“大学之为大”的理想高校，培养出“独立之精神”的一流人才。盖民国大学之辉煌，正在于此。

正因为“大学丛书”等一系列著作对中国学术文化及高等教育发展的特别意义和重大影响，自上个世纪出版发行以来，始终备受各界学人和普通读者的推崇喜爱，即使是于战火之中，亦屡有重印。然至今时今日，“大学丛书”中虽有部分名家名著零散出版，却不成系统，拣选不易，甚或有明珠蒙尘，一般学子遍寻不得者。有感于此，我们重新编辑出版了这套民国大学丛书。

此次重编民国大学丛书，是在商务印书馆出版之“大学丛书”，中华书局出版之“大学用书”，以及上海生活书店、三联书店出版的“新中国大学丛书”基础上，融入了北京大学丛书、清华大学丛书、中山大学丛书、东南大学丛书等民国著名高校名师课程讲义而成。丛书由著名历史学家李学勤担纲选目，既可再现民国大学学术繁荣之盛景，又可为今日之大学学科建设服务。

我们希望，这套民国大学丛书能对广大青年学子拓展知识视野，培养独立人格有所裨益。

我们更希望，这套民国大学丛书能对诸多大学的学科建设、教育理念及学术精神有所启发。

东方出版社

2012 年 5 月

这册书是《现代西洋教育史》；在这里面所有的教育家都是我所敬仰的，尤其凯欣斯泰奈与杜威二人是我所最敬仰的——这两位先生是我所曾经受教过的。现在乘本书出版的机缘，特将这两位先生亲自赠送我的肖像揭印卷首，一以纪念凯氏先生之不朽的精神，一以庆祝杜氏先生之无量的享寿。

编者谨识

一九三二年
一月十五日
逝世享年
七十八歲
自助即自由
右語譯自氏的格言以作余座右銘
民國二十年一月一日
姜琦謹識
Herrn Professor Lee Chiang:
Frei-sein heißt: von der Welt für sich nichts verlangen, von sich selbst aber alles.
Juli 1924
Georg Kerschensteiner

凯欣斯泰奈像

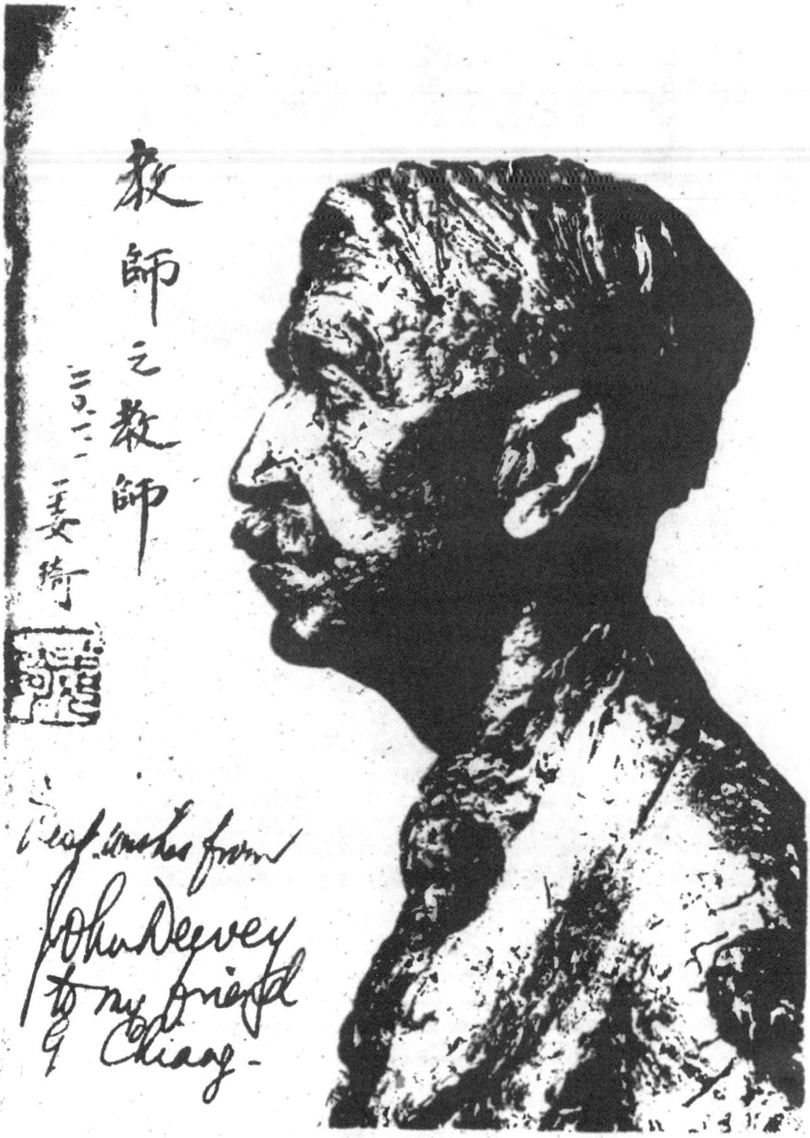

杜威像

目录

附 录

序　言

本书是我从去年九月间起到本年五月止费了九个月工夫在安徽大学授课的余暇编成的。我编撰本书的原因有二：第一，民国十年时，我已经刊行过《西洋教育史大纲》一书；那一部书只叙述到第十九世纪的教育为止，并且对于第十九世纪的教育，有些说得很简略，有些完全未曾说到，所以现在有刊行续编的必要。第二，去年八月间，我刊行《教育哲学》一书；那一部书的内容与现代世界教育思潮极有关系，但是国内坊间未曾刊行过内容丰富的现代西洋教育史，所以又有刊行本书的必要。因为有了这两个原因，所以在最近期间内将本书编成。但是时间太匆促，错误之处，在所不免。幸承同事周予同教授，他足足费了同样的工夫，将本书从首到尾仔细地校阅一过，替我修改纠正不少；此外，还有同事叶树垣先生助理替我誊清一过。现在我乘付梓之便，对于周、叶两位先生特在此地附志一言，以当鸣谢。

姜琦序于安徽大学

民国二十三年五月十八日

绪　论

第十九世纪时代是一个极强烈的进步时期，这不只限于学术方面，举凡社会上一切事业，莫不一新其面目而有长足的进步。这种趋势，一直到现世纪而有愈加急剧的倾向。教育事业，经过第十九世纪时代无论在理论上或实际上，已经发生许多变迁与改进；且到今日，亦仍是继续着变迁与改进。原来人类社会本是变动不居的，一切文化都随着社会的变动而转移；因此，教育事业决不能视为例外，可以使之停止于固定不动的状态。教育之理论与实际上所存在之缺点，一旦被我们所发见，我们就要加以改良；但是经过改良之后，不久难免再发见缺点，我们仍不肯屈伏于现状，要再起而打破它，以期达到更进步之教育理论与实际而后已。最近社会情形，非常复杂；而影响及于教育思想之哲学、伦理学、心理学以及美学上之思想，又非常繁盛；因此，教育本身亦发生许多不同的思想而形成今日所谓“教育思潮”。

教育之变迁

上述的这种教育思潮，换句话说，教育事业之变迁的痕迹及其改进的声浪，必须经过一度历史的研究，才能了解其究竟；因为往古的思想及其事实，是理解现代问题的基础，并且是解决现代问题所万不可缺的东西。最近数十年间的大事件，与今日问题尤有深切的关系，所以我们对于这些大事件的研究，不但当作一种科学的研究而感觉得莫大的兴趣，而且在实际应用方面亦有莫大的利益。今日之所谓新思想，已在社会上占有大势力而酿成种种的新要求；但这些新思想，断非突如其来，却是早经潜伏于过去的旧思想之中；好像花果的萌芽一样，一旦碰着气候的变迁，不得不迅速生育而发展。这样的守候着生育机会的到临之萌芽，决不是很单纯的；有时它可以一旦发动，便进而产生极端的反动的思想，再酿成反对的萌芽之生育。但这种反对的萌芽，不久又趋于极端而变为褊狭的东西，于是再将其地位让于另一种反对的萌芽。教育思潮既有如此的摇动与变化，所以我们对于它的摇动与变化，欲作一度比较的研究，判定它的种种价值而求出改进之道，那是一件极不容易的事。因为我们第一步必须解释过去时代所传袭下来的种种主要倾向；其次，我们当遇见现代种种互相差异的思潮

历史的研究之必要

及其各自追求相反目的的时候，决不可忽视它各具一面的真理，而必须在这一面的真理里面去考究它的价值的所在；最后，我们更必须树立可以达到之一定的目的，而且想出一种可以达到这种目的之道及其实现的方法。原来新思想可以从传统的思想中采用其有价值的部分而益增丰富；而旧思想亦可以从新颖的思想之采用使之再生活泼而于实际应用上得有功效。这样说来，可知我们欲实现现代之最着实而且最重大的任务，至少限度，不可不对于最近时代作一度历史的讨究。

哲学的演绎的教育学之反动

欲将教育形成一种科学之希望，在往昔时代，本已萌芽；一入近代，因为凡百事象都成为科学的研究之对象，所以这种希望更增强盛。海尔巴脱（Herbart）首先应用他自己的心理学与伦理学，开始尝试教育学之建设。但海尔巴脱所建设之教育学仍是一种哲学的演绎的教育学。详细地说，海氏虽亦知道尊重经验，不要损害儿童之个性，极力保持个性，勿使少年凡庸化，以这些为他的教育学上之一种基础思想；然而因为他急于要构成一种严密的教育的科学，所以他仅仅注重概括的规范之演绎的解释，而很少用力于规范的基础之事实的说明。惟其如此，所以后来另有一派反动的思潮发生，更进一步将教育理论建筑在经验的基础之上，然后根据事实去攻究个性及发明适应个性之教学法。儿童学及青年研究之进步，助长这种新倾向之发生，决匪浅鲜。现今所谓新教育学或实验教育学，就不外乎表示这种新潮流。

划一的及主知的教育之反动

所谓调和的发展及一般的陶冶那种思潮，在往昔时代，亦早已存在。这种思想，就是一面要顾虑人性的种种方面，使无所遗漏；一面要树立一种普遍的理想，以引导一切少年。然其结果，使人变为机械化、固定化，而开“划一教育”之风尚。与这种思潮同时存在的，另有一种强烈的主知的倾向。这种倾向，后来随着自然科学的进步，过于重视知识，而陷于偏重知识的培养。这种种状态既各有缺陷，所以对于它的反动思想又因而发现。这种反动思想之目的，就在于要打破后来的习惯与方法，或者以为从来的学习法使少年负担太重而有过劳之虞。所以唱导这种思想者，欲使儿童或少年从不正当的传说之压迫及学习那些无价值的教材之苦痛里面解放出来，而给与以相当的自由，或排脱宿题或家课与试验之重荷，或限制惩罚，或消除训练上之抑制等，总要使少年期很平和而且很爽快地过去而无所窒碍。不宁唯是，他们并且还认定使有个性的差异之儿童一律从事于同样的学习是极不正当的；所以极力主张抛弃那种调和的发展之观念，而认定一般的陶冶之思想应该有极少度的限制；因为人性本是千差万别，人到底不能够达到完全调和的发展而收一般的陶冶之效。他们又以为认少年时代为天性不良的事物，是很误谬的。这种误谬，应该竭力避免；而且要尊重少年之天性，深信少年内部的天性是健全的，他所有的冲动是有价值的。所以教育之目的必须在谋自然的性向及自由的人格之发展。更进一步说，具有这种目的之教育，并非以知识为主要的事物，尤其竭力要打破从来尊重言语上或书本上的知识之流弊；而且要竭力限制受容与受动的学习，必须使每个学生各适应其特质而得到一种独特的发表力，自己活动，自己判断，自己考虑，乃至于自己决定。例如近来所谓艺术教育，自由教育，作业教育，人格教育等等，都是属于这种反动的新倾向。

个人的教育与社会的教育

个人主义与团体主义之论争，自古迄今，亦是屡见不一见的；到了今日，这种论争，仍是继续地存在着。当教育开始作为科学的研究时候，将人当作个人去处置，仅以个人之完成为教育之目的，而很少顾及个人与他所隶属的社会有相互关系。即就现代思潮而论，其中亦不少仅以个人为主体，尊重个性之发展，而维持个体之利益的。然而现在社会上种种事业间之相互关系日益密接，教育事业到底不能够与其他种种事业各自分离，所以其目的，当然亦不能够仅在谋个人之完成及其个性之发展，因此，教育之科学的研究，复不得不有新见地之要求。关于这一点，首先喝破者，就是修拉玛希（Schleiermacher）。最近更有许多人依从修氏的主张加以发挥，而从事于这方面的研究。例如所谓社会的教育学，公民教育等等，就是属于这种思潮。

思潮之错综及其矛盾

以上所举的诸种思潮中，有些是互相密接而有互相联合之状态的，有些是互相反对而有互相拒斥之形势的。这种种思潮，实在讲起来，都不外乎站在同一事物之异方面上去把捉真理；换句话说，都不外乎变更见地去观察同一事物之真相。因此，这种种思想，亦很难有严密的区分。原来思想是非常错综的，凡是一个论者，往往有些地方可以说是属于任何一种思想，有些地方可以说是仅属于某一种思想，甚或有些地方竟发表很歧异的意见而自相矛盾。例如所谓人格教育，有时为极端的个人主义论者所唱导，有时为理想的个人主义论者所采用，亦有时为社会的教育论者所主张。所以就表面上看，就是同一主张，有时其内容是大相径庭的。这是我们不可不注意的。

本书的主张

上面所说的这些话，大部分是采用日本大濑甚太郎所发表的意见，不过多少加以变更罢了。我并非要掠人之美，窃大濑氏的意见以为己有；不过我觉得大濑氏的这种意见，是一般研究历史者所应该知道的；换句话说，大濑氏的这种见地，可以说就是一般研究历史者的公共意见，除非有些历史学者将历史事象当作固定的死寂的东西看待，而不承认它有运动变化与发展之可能性的，姑作别论。大濑氏的这种见地既是一般研究历史者的公共意见，那么，现在我姑且借用他的议论以作本书之绪论，不算是“人云亦云”吧。

本书的目的与内容

如上所述，教育事象，就历史上看来，既是一个主义与另一个主义继续地斗争而发展着，好像“一波未平，一波又起”似的，所以我们欲研究教育事业，不可不从历史中去追寻它的起源变迁之痕迹，并预测其后起之新趋势。然则我们所以从事于教育史之编纂，其命意就基于此。在西洋方面，从上古以迄第十九世纪，我曾经编过一部《西洋教育史大纲》；那一部书虽则还不能算是很完备丰富的著作，然而对于西洋历代的教育理论与实际之种种主要倾向，总算是作过一度的轮廓的描写；并且对于本世纪的教育事象，亦曾经略举其二三重要的部分。但是如我在本章开首时所说，社会上一切事业，到了第十九世纪，有长足的进步；就是教育事象，亦有同样的情形。实在讲起来，所谓“教育思潮”，大部分是指从第十九世纪以迄今日之教育的潮流而言的。惟其如此，我以为我们欲明了现代教育之诸现状及预测将来教育之新趋势，对于现代教育思潮不可不有另编专书之必要。同时，就另一方面说，所谓“现代教育思潮”，又如前面所说，是由过去历史上的教育事象所演变或蜕化而来；所以我们欲研究现代教育思潮，决不宜单纯的叙述，而必须与过去历史上的教育事象，至少与第十九世纪的教育事象相关联而说明的。现在我本此宗旨，拟继续着前书——《西洋教育史大纲》——之后，特地对于从第十九世纪后半叶以迄今日之教育事象编一专书，命名曰《现代西洋教育史》。这虽则似乎是前书的续篇，但同时又可当作一册“独立本”看待，而不妨命名曰《现代西洋教育思潮》。

我的第一个声明

最后，我还有二三点须要声明的：第一，本编有些地方已经为前编所陈述，似无复述的必要，但是据有些著作家编书的经验，他们以为“复述”不但不必绝对禁止，并且常有它的必要。我曾经看见其著作家在他的著作《自序》里面说：“阅者依次细读各章，也许会感觉到本书里面有许多意见，不惮麻烦，重复叙述。平常我们欲完成一个课题的审慎讨论，使阅者醒目而毫无疑窦，则复述实在所必需。同时我们欲使阅者对于有些意见能得到一种铭刻莫忘的印象，则不可不有重复叙述之需要。况且重复叙述常常有发表新意见的地方。”（A closely consecutive reading of the chapters may arouse the feeling that certain ideas have been stated more than once. Usually the restatement seemed necessary to complete the discussion of the topic under consideration and was, therefore, made unhesitatingly. Usually, too, the desire to make a lasting impression of the ideas repeated was part of the actuating motive. Moreover, the restatement is always a new statement.）由此，可见我对于本书前编所已经陈述的有些部分，例如海尔巴脱（Herbart）、斯宾塞（Spencer）、那笃尔普（Natorp）、凯欣斯泰奈（Kerschensteiner）及杜威（Dewey）等等的教育学说有时复述，亦是必需的。

我的第二个声明

第二，本书前编所采用的重要参考书籍，虽曾经举出若干册；然而，那些书籍，在今日看来，都已陈旧，其中有些或已经过一度的增订。例如前编曾经采用为主要参考书之日本田中义能的《系统的西洋教育史》，最近亦已大加增订而称为“昭和版”。同时自本书前编出版以来，已有十一年之久，在此十一年之间，欧美、日本著作界所刊行之教育史新书很多，好像“雨后春笋”似的（书目见本编卷末）。因此，本编所采用之参考书，当然除掉前编所举的那些刊行本外，还必须多多参考最近新出版的教育史籍。不过我有时要为避免无谓的劳力计，除必须直接从种种原书里面去搜求资料外，仍以田中氏的《系统的西洋教育史》增订本及大濑氏的《最近欧美教育史》为主要的参考书，而以其他许多最近新出版的教育史籍为对照本，借资考证而征信实。原来教育史是一种历史，它应该如同一般历史一样，除掉批评工作以外，凡所要叙述及说明的事实，不拘是直接的或间接的，只要没有错误，都无窒碍的。所最忌的，是我们只知叙述或说明，而不知做一点批评的工作；换句话说，只知其然而不知所以然，那么，纵使我们直接地浏览许多原书，亦无非徒然记忆或背诵许多死材料，像能言的鹦鹉而已。所以以下各章，在可能的范围之内，除掉叙述及说明外，我还须加以多少的批评。

本书的章目之排列

以上所说的话，就是我要编纂本书之动机、目的、内容及其所采用之材料与所应用之方法等等。我曾经想就我自己的计划，在下面各章里面，先按着前面所陈述的各派的教育学说发生与变迁之前因后果，顺序地将它论述出来；但是仔细地一想，如果我硬要按照前面所陈述的各派的教育学说发生之顺序而陈述，那么，势必至于从海尔巴脱派的教育学说说起，再经过实验教育学派，及所谓个人的自然教育与理想的人格主义的教育，然后述及社会的教育学派如那笃尔普等不可。固然，海尔巴脱派之教育学说是所谓“现代教育思潮”发动之渊源；而那笃尔普派之教育学说亦是所谓“现代教育思潮”中之主要的部分，这些教育学说有时似有必须复述之必要，但我们若将这些教育学说在本编里面再叙述得太详尽，那就不免与前编的内容有过于复沓重叠之嫌。因为如此，所以本书的章目之排列，与其仿照大濑氏的著作，再从海尔巴脱及其学派的教育学说说起；不如仿照田中氏的著作，姑从自然的教育说起；同时，对于田中氏所未曾述及的学派，再由大濑氏著作里面摘录出来，插入于田中氏所命名的章目之中，或者另立标题以作追加之章目。这样一来，我们一方面可以兼容大濑、田中两氏所收集之种种好材料，他方面可以与前编的内容避免复沓重叠，而同时有一贯之体裁与连结之叙述。现在我姑先连结着前编的章目，再拟定本编的几个章目，一并写在下面：

西洋教育史大纲

西洋教育史
- 审美的教育
- 实际的教育
- 宗教的教育
- 人文的教育
- 新宗教的教育
- 实利的教育
- 新人文的教育
- 社会的教育
- 自然的教育
- 新个人教育
- 作业的教育
- 文化的教育

上表之由来

上表里所列之前八项，就是前编之章目；后四项，作为本编之章目。后四项中之前两项及最后一项，是田中氏的著作里面所拟定的；至于第三项作业的教育，是采用大濑氏的著作里面所有的材料而组织的。最后，我还仿照大濑、田中两氏的著作，将欧美的教育制度及学校教育之现状记载出来，作为本编之殿军。至于苏俄的教育，在过去的历史上看来，它自有它的系统之存在，本来与西洋其他各国教育理论及实际没有何等的关系。即使苏俄最近所实施之新教育制度是由整个的世界进化脱胎而来，它的教育学者如蒲龙斯基（P. P. Blonski）与平克微支（A. P. Pinkevitch）等所唱导之新教育理论是将欧美的教育学说改造而构成，然而关于苏俄的教育之旧史料，在普通教育史里面既不易找得；而关于苏俄的教育之新理论，除掉平克微支的《苏联共和国的新教育》（*The New Education in the Soviet Republic*；translated by N. Perlmutter，edited by G. S. Counts，1929）一册外，余都是断片的言论或报告，散见各种新闻、杂志之上，一时又不易搜集。因为如此，所以苏俄教育史之编纂，不得不俟诸异日，再行着手。至于本编呢，除掉蒲龙斯基的作业教育论在第三章及苏俄的教育现状在第五章略事叙述外，余姑付诸阙如。

第一章
自然的教育

第一节　超人的教育

德国人之理想

当上次欧洲大战将发动的时候，英国葛雷（Gray）氏曾有一段话说："德国人的理想在于相信德国人是比任何国民有优越的价值之国民。他们想扩张自己的权力，无论什么事都可以做，不容他国国民有丝毫的反抗。他们要做欧洲的盟主，如果他国国民不肯屈伏于德国的羁绊之下，那就没有和平可言。我们对于这种条件万不能容忍，与其生于欧洲，宁可早死，抑或移往他洲。德国人的这种无谋的企图，完全是中了尼采的学说之毒。"

尼采的学说与上次欧洲大战

当时德国人却不承认葛雷的这种议论，他们以为尼采之学说，从德国学者仔细的研究之结果，并不相信其有何等价值，并且一般国民亦决没有受他的影响。但是实在讲起来，德国所以胆敢酿成这种大战，不无受了尼采学说的思想。所以我们欲明了西洋最近教育的新倾向，不得不对于尼采的教育学说作一度简略的叙述。

尼采的传略

尼采（Friedrich Wilhelm Nietzsche）在一八四四年十月十五日生于普鲁士的勒坎（Rocken）。幼时，在普福大（Pforta）受教育，一八六四年离普福大至波昂（Bonn）及来比锡（Leipzig）大学继续受教育，专攻言语学与哲学。一八六九年应巴塞尔（Basel）大学之聘，任古典语言学教授。法德战争（一八七〇——一八七一年）起，他投身军队。他为鼓吹日耳曼对于高等文化之要求，在巴塞尔作公开的讲演（一八七二年），题为《我国教育制度之将来》。这讲演以极严酷的语辞，批评当时的德国学校是以养成青年能力只能为国家服务之学校。他将这种教育与古代希腊教育两相比较；想将艺术家的生活概念灌输到德人的脑筋之中；复指出德国教育全不注意文化事业。一八七九年，他因为身体衰弱，辞去教授；嗣后虽经几次转地疗养，终难恢复康健。一八八九年，变为无可救药的精神病者，移居于威马尔

（Weimar）与他的已嫁的姊妹同居。次年，八月二十五日卒。

尼采的学说

尼采是一位革命的思想家；他是一位极端的个人主义者，亦可以说是一个自然的自由主义者。他往往发出奇警过激的言论，在教育上有不少独特的意见。尼采的学说，以为人并非像大的连锁之一环，乃是有个体存在之价值。社会为凡俗的思想所支配，因此，个人的努力亦因之而发生许多的窒碍；然而个人能够用他的努力去超越社会而达到超人之境。社会之进步，实是由于这种所谓“超人”（Supermen）之伟大的人物而成的。群众之平凡的思想，无论如何积集，只不过得到平均的数量而已，到底不得称为进步。要之，尼采所谓“超人”，是具有尊贵、幽雅、决断、不虚骄、自我训练、勇敢、奋斗等等性格的个人的意思。尼采以为人类常依赖这种大领袖实现人之理想，而这种大人物将使人类由道德的变为睿智的人类。尼氏深信在未来时期中，将有高出于目下人类之“超人”产生；而且这种“超人”之产生，将发现于日耳曼人种之间。由此，可见英国葛雷氏指摘尼采的学说是养成德国国民的专横而不能使德国以外的任何国家之国民片刻容忍的，决非无故。

尼采的教育学说

尼采之学说既然如此，所以他的教育学说亦反复主张，说教育之目的，不在于民众之养成，而在于少数能任伟大而且永续的大事业的人物之培养。氏以为凡俗的民众直无受教育之必要；换句话说，在下级的民众间厉行教育普及，直是无益的事业。那种社会主义者高唱平等，在一般民众间厉行教育普及，不过要阻害超人之产生而已。同时为一般民众计，使个人如何于一生中有成就，如何于生存竞争中占到胜利之教育，固属必要；但是这种教育，除非同时注意真正的文化，是易使文明人种变而为野蛮人种。不宁唯是，并且有奇能异才的人，应该与一般民众互相分离，在不受商业生活的影响之学校中，循着希腊教育之道，再参酌近代的需要，与以相当的训练，养成他高尚的目的与优美的嗜好。氏以为现代的教育，为传统的因袭的思想所束缚，使个人之天赋的才能萎靡不振，使好像凶猛的野兽的人类变为温顺的家畜一样。这样的使傲慢自尊之自然人变为现代的浮躁轻薄之人，无非没却个性，使变为平凡化而已。善良的教育，必须排除压迫抑制，发挥学生之个性，养成一个伟大的人物，使他有贡献于社会之进步。

尼采与卢梭

如上所述，就可知尼采如同卢梭（Rousseau）一样，以为现代文化无非破坏自然，因此，它是没有何等价值的；于是他极力赞美自然之状态，而主张“返乎自然”。他尤其排斥那种从平等的立脚地做出发点而认定人类无差别的思想；他以为人类有差别是自然的状态。氏说："本来世上有两种完全互相差异之人类同时栖息着的，即一方面有极少数超群优越的大人物之存在，他方是大多数奴隶及微贱之流。这两种人类，不但是程度上的差别，并且在种族上亦是全然不同的。这种生来优秀的与定命的奴隶间之斗争，就是人类之根源的状态。但现代的文化导人入于颓废之域，强使人离开动物的原形而移于新时代去服从新生活条件，这是人类之大胆的尝试，亦是全然归于失败。在自然的状态之下的所谓自然人之性质是顽强粗暴的，并且具有支配欲；人类向上的生活之追求，就不外乎这种危险的敌视斗争性及其好胜之本能。因为自然人或野兽的人类所具有之强有力的性能既然存在，所以新文化不可以自然状态——未曾被驯服而变弱的自然的努力及本能——为其出发点。这种目的，与其在于排除人与人间所存之差别，却是益增现存的区别，将优者与奴隶划然分离。现时之一样的倾向，即排除人类差别之努力，是古来文化的末运，而有危及人类的地位的。

人之二典型

尼采有了上述的思想，他假定一种所谓"新文化国"，以为这种国家里面必定有两种全然相异的典型之人。一种典型是极少数高等的人、真的人、优越者乃至伟大的人物之个人；这种人是具有傲慢、敢为、勇气、自信诸德性；并且富于利己心，强使他人服从自己，屈服自然，就是使他人牺牲一身亦所不顾。氏以为这种利己的事实，就是根源于事物之根本法则；换句话说，这就是当然的结果，亦就是所谓正义。他一种典型是大多数平庸愚劣之人，较诸前一种人是不完全之人，只可以当作奴隶及器械看待，任人抑压任人鄙夷的。氏还以为优秀的人并非为社会而存在的，只不过为优秀的种族使之达到更高程度而筑成地盘或立脚点而已。

尼采的道德说

尼采既以为人类本来是有差别的，所以他以为道德亦随着人类之两种典型而产生两种道德之差异：即一是优者道德，一是奴隶道德。所谓善恶并非人类行为上所固有的；原来人类生来本无所谓道德的或不道德的性质，只不过基于本性的基础所谓本能而活动而已；具体地说，所谓道德，就不外乎我们各自去追求势力之意志的存在而已。人类既有各自追求势力之意志，但其所用之力又各有等差，所以对于同一的行动而各异其价值判定，而发生两种道德。一种是强者的道德，他一种是弱者的道德。强者的道德就是优者道德，亦就是发扬而光大的生活上之道德；反之，弱者的道德就是奴隶道德，亦就是降下而卑劣的生活上之道德。氏又以为平等是不当的；同一道理，自由主义亦是可以被排斥的，自由制度是弱小懦怯及懒惰之源，只不过使群众繁荣而已。所谓真的自由之人，是战斗者之义；而所谓自由，是由胜利的抵抗与为维持优势所用之劳力而估量的；因此，所谓最高的自由之人，就只是最有力的抵抗者而最获胜利者之人而已。

教化是为优者而设施的

尼采以为教化亦是优者之特权，教化是为优者而存在，同时亦是为他们所造成的。氏说："我们到处认得到群众是立于个人的影响之下。精神界之王所遗留的痕迹是在国民之习惯权利及信仰上可以认见的，但是我们并非期待这样的大人物偶然发现，乃是故意地去养成的。现代的教化全然不适于这种大人物之养成，徒然导人于误谬的方向，使本来凶猛的野兽的人类变为温柔的家畜，使尊大的君主的之自然人变为现代的废颓的人类。人并非由教化而改良，却为教化而转为恶化，这就是因为世人误解所谓'改良'的意味的缘故。"总之，尼采以为进化的全教化促进世界的废颓，是无可怀疑的事实；基督教之萎缩的，退婴的倾向，是与这种事实大有关系的；所以氏对于基督教表示剧烈的反对的态度。

尼采对于教育普及之非难

我在前面略已说过，尼采对于现今所厉行的教育普及，亦极力表示反对。氏以为教育普及，不过使人类养成轻薄浮躁的品性而已。世人往往想由教育普及使人类多获幸福而养成能做一切事业的人，这种企望，在氏看来，是极不当的。氏以为现今所流行的皮相的教化，不外乎是从上述的这种利益之原则，欲将科学传递于多数民众；尤其是杂志，不外乎使科学之地位降低而变为通俗的东西而已。氏对于现今中等学校教育大施攻击，认定中等学校教育之目的是完全错误的。他对于中学校之缺点，有一段非难的议论，现在摘录在下面：

中学之缺点

> 现今的中学校，大概要在最短时间内养成无数少年能为国家服务；但是他们实不知道高等教育与多数民众是不相一致的。原来高等教育是为极少数特出的人材而设施的。大凡伟大而精美的事物，决非共同的财产。平等主义及普及的教化，徒使真的教化趋于衰微。那种以利益为目的之教育，并非真的教化之教育，不外乎是欲使人在生存竞争之场合里勿成为劣败者而给与以救护的指导而已。所以我们对于施行真的教化之机关，与免去生活上的不利之机关，不可不区别的。后一种机关，仅仅传达实用的知识，决非施行真的教化

之机关；但是真的教化，是认定那种贪欲嗜利之徒使自己的人格成为不纯洁是可耻之事，所以它要力避为功利所利用的。所谓教化，实是发现于超过缺乏世界生存竞争界及功利界之上而遥遥地高悬于气层之内的东西。

教育之方法

此外，尼采还相信遗传之可能，并且以为人类现有或获得之性质可以遗传于后人的。氏以为高等的人类并非完全由教育养成，有时是在教育以外产生的；父母的状态不可不慎重，因此，结婚不可任意行事，而必须各自慎择。氏所要求之教育的方法，是在于严格，毫无通融之余地。中学校并非以中等的才能为目标而设施的，所以对于低能者及虚弱者加以怜悯及同情而设施以一种软弱的教育法，是极其误谬的。所谓同情是增进不幸及保持不幸之原因，亦就是废颓之主要机关。氏以为我们与其以充满同情之眼睛去怜悯他人，反不如先在你自身上立定目标，认定自己为一完人，使全行动向着以自身之至善为目的方面而活动；这样一来，那较诸对于他人之同情的兴奋及行动胜过许多。总之，同情是违反发展进化之法则，为什么呢？因为这种法则，不外乎淘汰之法则，而同情却是要保持应该消灭的东西的缘故。

尼采的教育思想之缺点及其价值

以上所述，是关于尼采的教育思想之大略。简单地先说一句，尼采的教育思想，是一种贵族的个人主义，可以说大半是为反对当时所流行的极端平等的社会主义而发挥的。氏之所以发表如此惊奇的言论及过激的意见，举其原因，还有如次几点：第一，氏的身体很虚弱，性质很温顺，遇着困难的事情又很缺乏抵抗的力量；因此，他想挽救自己的缺点，不得不站在与他自己的体格及性格相反对的立场而唱导这种抵抗主义的哲学及严格主义的教育法。请看上面所述的尼采所主张的教育法，竭力排斥同情，对于他人的过失毫不宽贷，就可以思过半了。具体的说，这就是因为尼采不欲使他人对于他自己的不幸而有怜悯表示同情之一种表示的缘故。第二，远的说，尼采的教育学说，可以说是柏拉图（Plato）的哲学之复活。请看他所谓“新文化国”，岂不就是柏拉图所谓“理想国”吗？他所谓“超人”，岂不就是柏拉图所谓“哲人”吗？此外氏反对教育普及、主张配偶之慎择等等，无一不就是柏拉图的主张。近的说，尼采的教育学说，又可以说是受达尔文（Darwin）及俾斯麦（Bismark）两人的主张的影响。达尔文的进化论所谓“生存竞争，优胜劣败”，岂不是尼采所谓“强便是最高的道德，弱便是唯一的误谬”吗？俾斯麦的铁血主义，所谓“武力决胜”，岂不就是尼采所谓“一切参差命运的主宰不是什么‘正义’而是‘权力’”吗？第三，尼采目睹现代教育，尤其中等教育，只讲数量的扩充，不注意于质量的充实，而反称之曰“教育普及”。据尼采的见解，以为这种教育是没却少数的个人之天才，不过使一般人民都变为凡庸化而已。这就是因为尼采好像卢梭目睹当时社会情形之腐败及教育实施之失当，于是大唱自然主义，同时主张教育是使社会的人“返乎自然”一样，大唱“超人的教育”，要使极少数的天才者离开大多数民众而单独地受教育。尼采所谓“超人”，岂不就是卢梭的心目中所设想的爱弥尔（Émile）其人吗？

我对于尼采的教育学说之批评

关于上述的第一点，我以为这是不足怪的。因为任何一个学者，他的思想，大都与他的天性及其境遇有密切的关系，实不限于尼采一人。例如“希腊的罗马”时代之伊壁鸠鲁（Epicurus 341—270 B. C.），他同尼采一样，身体亦非常孱弱，他一生有两种大病：一病胃，消化不良；二病便血。然而他终其身与病魔相抗拒，不为所屈，不以疾病而增其痛苦，卒享大寿。由此，可见伊氏之所以唱“快乐为善，痛苦为恶”之说，是与尼采因自己身体的孱弱而唱“强便是最高的道德，弱便是唯一的误谬”之说有什么区别呢？总之，伊氏无论在何时何地，都属快乐；身体虽弱，亦求胜过它，不以身体之故而影响其快乐。因为如此，所以伊氏对于外事，毫不过问，所谓“不在其位，不谋其政”而已。伊氏的心目中亦有一个理想的目标；这个目标伊氏称之为“贤人”（wise men）。伊氏以为“贤人”悉天下奉一身，固所不取；损一毫利天下，恐亦不为。他处社会，从现在看起来，实不啻一般“寄生虫”（parasite）而已。关于这一点，尼采曾经对他批评过，尼采说伊氏系第一个的腐朽（decadence）而没有神经的。此外，还有些人以为伊氏的哲学以快乐为至善，以个人为无上有类病夫的哲学。殊不知我们若易地以观，那么，尼采的哲学，以权力为至善，以超人为无上，岂不是有类癫狂者的哲学吗？总之，凡一个学者的思想，无论从他自己的性格之同一的方面或反对的方面做出发点，除非他的论点偶然适合于客观的标准，总不免各有所偏的。因为如此，所以我以为尼采的哲学的第一个原因，就事论事，是不足怪的。关于上述的第二点，我以为这亦是当然的事实。因为从全部西洋历史看来，无论那一个时代的学者的思想，除非有些人有意地从事于社会之根本的改造而将旧社会的制度习惯破坏而无遗，总不免不是为历史上传统的因袭的思想所束缚，就是要迁就于现存的社会之制度。就前一方面而论，从希腊时代一直到了现代所有教育思想，说来说去，无一不受希腊的哲学的影响；具体的说，有些是曲解希腊的哲学，尤其利用亚里士多德（Aristotle）的哲学，例如中世纪之基督教教育是；有些是模仿希腊的哲学，例如文艺复兴时代之人文主义教育是；有些是改造希腊的哲学，例如第十八世纪之新人文主义教育是；有些是回忆希腊的哲学，尤其回忆柏拉图，例如现今之那笃尔普等的教育学说是。固然，有史以来之西洋的种种教育学说，如我在绪论里面所说，有个人主义与社会主义之论争，然而这些教育学说，不是采用希腊柏拉图的学说之一方面，就是采用其另一方面；一句话，都不外乎沿袭希腊的哲学，尤其沿袭柏拉图的学说而已。即就尼采的教育学说而论，他所谓“新文化国”，所谓“超人”，如上面所说，不外乎柏拉图所谓“理想国”及所谓“哲人”之一种主张，不过他多少加以变更而已。由此，可见尼采只指摘现代教育是为历史上传统的因袭的思想所束缚，殊不知他自己亦犯着同样的毛病，不啻只知其一而不知其二了。不过我们可以说，从来的学校教育多受着中世纪基督教的教育思想及现代所流行之空想的极端平等的社会主义（并非指科学的社会主义而言）的影响而偏重于民众教育，而尼采却受着古代希腊教育思想的影响而偏重于人材教育，各行其是，各有所偏。复次，就后一方面而论，尼采出世的时候，一面正是自然科学勃兴的时期，尤其是达尔文的进化论发刊的时期，因此，达尔文的“生存竞争，优胜劣败”之说给予尼采以刺激的影响，近人有称尼采是达尔文的儿子，决非过言。但是尼采只知道达尔文的学说之一面而遗忘掉其他一面。具体的说，尼采只知道斗争是人类进化之根源，而不知道所谓优秀的分子并非仅生于极少数贵族之家，乃大部分是由群众之间突然出现的。因为如此，所以尼采的教育学说，对于那种使人类的个性不能有尽量发展的机会，而徒使一般人民都变为凡庸化，并且只知从事于高等的教化之门面的设施，而不知有真的教化之实际的进行，如所谓划一教育，不无救济之处，然而他极端的反对教育普及，未免矫枉过正。实在讲起来，尼采的这种主张，与其说是根据于教育原理，宁可说是发生于社会阶级的观念。复次，尼采出胎的那一天，当代普王腓特烈·威廉四世（Friedrich Wilhelm Ⅳ）的生辰。他的父亲曾教过几个皇家的子弟，喜有这个国瑞的巧合，为他取了王的名字。这就是教他脑筋里面早萌芽着一种贵族主义的思想之一个主要的原因。加之，同时又有一位气焰万丈不可一世之英雄俾斯麦宰相正在那边大唱建立一个雄武的德意志帝国作为全欧之盟主，于是尼采似乎要投俾斯麦之所好，同样的唱导“超人的教育”，以为这种“超人”之产生，将发现于日耳曼人种之间。因为如此，所以近人有称尼采是俾斯麦的兄弟，亦非过言。总之，尼采的教育思想，是一种贵族阶级的思想，同时又是德意志民族的国家主义的思想。那么，我所以认尼采的教育学说无非是迁就现存的德国社会制度，不外乎此。由这一点看来，尼采既对于现存的社会制度极力迁就，迎合当代统治者之意旨，而不思起而抵抗它，打破它，那么，他的行为，又是与他的抵抗主义自相矛盾了。关于上述的第三点，我在上面讨论第二点的时候已经说过了。尼采的这种教育思想，对于划一教育太没却个性之发展而偏重于使人民变为平庸化之流弊，不无救济之处，然而他硬说伟人的人物之阶级是固定的，有生以来，就与其他阶级有别；并且不知道就是伟大的人物之养成，亦必须在某种程度之内，先经过一般的陶冶，然后再因材施教，课以特殊专门之学问。不宁唯是，并且优秀的人物，并非任何社会都能够产生的，在他未产生以前，社会一般之程度必须发达到某种程度以上，方才有产生优秀的人物之可能。因为如此，所以即从超人教育的见地看来，亦没有轻视一般民众教育的理由之存在。不过如上面所述，那种使天才不能够有十分发展的机会，及不顾资性实力之何如，徒然憧憬于高等的教化，当然是应该被反对的。况且所谓社会主义的教育，亦并非只讲群众教育，而对于个性教育毫不注意。例如现今苏俄社会主义的教育，除掉养成一般民众都能够为社会服务外，还很注重到儿童个性的差异而因材施教。至于尼采所反对的社会主义的教育，是当时所流行的极端平等的社会主义教育，并且确如尼采所指摘，视人性生来就是绝对无差别的。这种空想的社会主义教育，较诸苏俄所施行的那种科学的社会主义，当然是不合理的。所以我们如果一听到尼采的言论，便将科学的社会主义教育一并排斥，那是很错误的。最后，我们再将尼采与卢梭二人的教育学说比较一下罢。我在上面已经说过，尼采提倡“超人教育”，卢梭虽则没有提出什么样的人的教育，然而他的心目中所设想的爱弥尔其人，岂不是另具一种特别的眼光去看待的儿童吗？此外，卢梭还有些地方如同尼采一样，例如尼采主张只有伟大的人物可以享受完全的教育，至于群众教育是无足轻重的；卢梭亦主张只有像爱弥尔这样的人才可以享受教育，他虽则未曾说爱弥尔是何等的人，然而设使照卢梭的主张，爱弥尔在出生后一年间要受那样美满的周到的肉体之养护，决非贫苦的父母所能做到；一切教育要在家庭中请家庭教师去负责，更只有资产阶级才能办到。这样看起来，卢梭所谓爱弥尔，岂不是一个富贵人家的儿子吗？实在讲起来，卢梭与尼采二人，同是近世纪资产阶级之代表，因此，前者的心目中只有富贵人家的儿童的教育而没有贫贱儿童的教育；后者的心目中只有所谓“超人”的教育而没有一般民众的教育。若从有些地方看来，尼采较诸卢梭，也许更变本加厉。例如卢梭与尼采二人虽则同是主张“返乎自然”而不满意于各个当时的社会制度习惯与教育，要起而破坏它。然而前者还尊重平等、自由、博爱，并且要求到和平之道；而尼采简直厌恶平等、自由、博爱，并且要以武力决最后胜利。所以卢梭的学说可说是促进法兰西的大革命之导火线，尼采的学说实是酿成欧洲的大战之酦酵。至于教育的方面，卢梭与尼采的教育学说，虽则同属于自然，然而卢梭生在第十八世纪，那时候正是所谓“人文主义教育”极盛的时期；此外宗教教育还在社会上占有一部分的势力；但是卢梭认定古文学及宗教教育都是空疏的教育，所以他要唱导一种实利性与现代性之自然主义教育去代替它。至于尼采呢，他生在第十九世纪，那时候有所谓“社会主义的”，尤其如尼采自己所称的“极端平等的社会主义的”教育思潮存在；但是尼采认定社会主义的教育是没却个性而使一般人民都变为凡庸化，所以他要采用极端的个人的自然主义而完全忽视社会方面的教育。因此，我曾经将卢梭的教育学说列入“实利的教育”条项——前编第十章——之下，现在将尼采的教育学说另入于本章所谓“自然的教育”之下，更单独地命名之曰“超人的教育”。总之，尼采的教育思想，虽则有大可訾议的地方，然而它亦不无可取之点。这就是如我在上面所说，尼采的教育学说，在一方面看来，是太带有阶级性，尤其富有贵族阶级的色彩而忽视教育普及之价值；然在他方面看来，它能够挽救划一教育之缺陷，并且使人惹起个性尊重之注意。所以，我不管尼采的教育学说有无缺点或有无价值，然而我认定他的教育学说之影响被及于今日教育界很大，那是不得不在此地大书特书的。

第二节　自由主义的教育（一）

自然主义之影响

自从第十八世纪夸美纽斯（Comenius）及卢梭唱导自然的教育以来，这种思潮通过第十九世纪还保存着势力；后来再由达尔文进化论的思想，益增气焰；到了尼采的手里，更从他的哲学给与后人以一种新的刺激；此外，在教育方面，还受着斯宾塞的教育学说之影响，于是这种自然的思潮遂达到顶点。这种思潮，有长处亦有短处，我在上节里面已经略略说过了；现在我为明了观念计，再在此地稍稍详细将它说明一下。但在未说明以前，有一点须先声明的，就是无论那一种自然的思潮之发生及其变迁，都有它的社会背景存在，尤其与各个时代经济条件有密切的关系；但是这是哲学上的问题，我们无暇细讨，现在只就这种思潮本身而考察其得失而已。这种自然的思潮，在一方面看来，它的长处，就是在于增长对于身体养护之注意，使人们认定身体实为心的发展之基础，对于学校卫生大加进步，体育运动大加奖励，及教学法大加改良等等。在精神方面，少年之特质使人尊重，适应个性之教学法因而产生；从来那种只使人一律地都变为平庸化之划一教学法因而被推翻。这些对于教育之改良，实匪浅鲜。然在另一方面看来，它是太偏于极端的个人的倾向及自然主义，因此，不免酿成许多剧烈的风潮。无论在家庭方面、社会方面，乃至工场、学校等等方面，所谓“自由解放”、“打倒权威”以及“罢工”、“罢课”等等，都成为最流行的口号。因此，习惯传说都被排斥，法律道德都被蹂躏，每一个人都可以任自己的所好而行动，只管发挥自己固有的特性，对于共同所应守之生活的规律可以完全不顾。以上所述，是指一般的情形而论。现在再缩小范围，单论教育的方面。在教育的方面，这种自然的思潮使个人固有的性质可以尽量发展，并且由个性发展而养成优越的人才；与其使人顺从他人的意旨，不如任他自去发见做人之道；更彻底地说，与其使自己依赖他人，不如使他人依赖自己。这样一来，在表面上它虽则是以改良从来的教育为目的；然在实际上，不外乎欲将从来的教育破坏无遗，而另有一种新建设的企图。从事于这种新建设的运动者，当首推瑞典爱伦·凯女士（Ellen Key）。凯女士虽则与尼采一样，亦是一位自然主义者；然而尼采是蔑视个人的自由，凭借外界权威的力量去培养特出的人才；至于凯女士呢，她是尊重个人的自由而使儿童由他自己内部的力量去发挥个性。换句话说，尼采的教育学说，是从不平等不自由主义的超人的立场所主张之自然的教育，而凯女士的教育学说是从自由主义的个人的立场所主张之自然的教育。所以前者可称为“超人的教育”，而后者则不得不另称为“自由主义的教育”。现在先将凯女士的传略及其教育学说论述于次：

爱伦·凯的传略

爱伦·凯（Ellen Key）女士，瑞典人，一八四九年十二月十一日

Ellen Key

生于瑞典南部斯马兰州（Smaland）。这地方山清水秀，风光明媚，凯女士受了大自然的环境之陶融，享受田舍的家庭之幸福，所以她爱护自由的精神毕身而不衰歇。凯女士的父亲名爱弥尔·凯（Émile Key）是一位政治家，做过国议员。他所以命名为爱弥尔，就是因为凯女士的祖父热心崇拜卢梭的缘故。由此，可见凯女士是一位自然主义者，决非偶然。凯女士幼年好学；及长，造诣颇深。二十三岁时，去国数年，从父漫游欧洲各国重要都会，或访游名胜，见闻大广。三十岁时，她的父亲事业失败，陷于破产，因此，她不得不自谋求生之道，尝投稿《家庭杂志》，或任小学教师。后来她的声誉日高，专心讲演文学、历史、美学等科，曾在斯德歌尔摩（Stockholm）平民大学担任瑞典文明史讲座垂二十年。女士著作很多，就中与教育有关系而且在教育史上成为不朽的杰作的，就是在一八九九年所发刊的《儿童之世纪》（*Jahrthunderdert des Kindes*）一书。女士于一九二六年四月二十五日病殁。

凯女士对于教育史之否认

有一件事不可不特加记载的，就是凯女士对于一切教育史都认为无益的东西可以付诸焚毁，独对于蒙特梭利（Montessori）、洛克（Locke）、卢梭诸人视为例外。由此，可见女士一生的思想，是受这些学者的影响，就中尤私淑卢梭的学说，对于卢梭的自然的教育学说有共鸣之感。关于这一点，我们在未叙述女士的教育学说以前，不得不先行提及。

凯女士所下的教育之定义

如上所述，凯女士的教育学说，既是一种自然主义，所以她对于教育所下之定义，亦不外乎根据于自然主义。她说："教育是好像徐缓地使自然助长其发达；使外界周围之关系辅佐自然之动作似的一种监视之事业。"她又说："教育是开发儿童固有的个性之事业。"

身体的陶冶

女士在教育上很注重身体的陶冶，以为身体的陶冶之价值决不让于精神的陶冶。她又以为现代的教育，只偏重精神的陶冶，使许多人变为神经衰弱者，所以她大唱体育之必要。她说："人必须服从进化论，他要知道对于次代所负的责任之重大，才能够改良人类而使他进步。我们视身体与精神有同等的价值，所以体育与心育应该并重。但是趋向极端的知育，则怠于身体上应行注意的事项，使人变为神经衰弱者，实危及人类之将来。因此，所以对于将来有负责任之现代人不可不极力注意体育，美与力实为新人之特征。”

女士除掉尊重体育自身外，还以为体育就社会伦理上能与以有益的影响这一点看来，亦是重要的。她以为健全的儿童，唯在两亲间有圆满的关系的场合才能生长。所以体育之奖励，能自然地促进结婚法之改良；并且结婚法之改良，又是种族改进之必要条件。将来的结婚，须尊重自由；婚约者对于生产健全的子孙，应较诸他一身的幸福更要注意；以能够完全自由决定之或自由解除之为必要。两亲间如果感到不幸，各事虚伪，而仍然继续夫妇的关系，则决难望其有优良的子孙之产生与养护。

体育与种族改良

女士以为女子的职业问题亦是与子孙的长育有密切的关系。关于这一层，女士的意见是温和的。她以为母亲之义务是女子之全生活的目的，而反对极端的女子解放论。她以为凡为母者，应该以母之事业为止，舍此别无所事。

女子生活之目的

复次，女士关于道德教育及知识教育之意见，以为这两种教育之目的，在于养成人为社会的人。但是女士同时又竭力要顾到儿童的个性，以为这两种教育不可不使儿童获得个人应有的勇气。女士以究明儿童的本质为教育之要件。她感慨从来的教育，以为仅以抽象的儿童为其对象，而不知真实的生活的儿童。所以同卢梭一样，以为儿童有为儿童而生活之自然的权利，攻击从来的教育者只知道侈言“进化”，而实不真解进化之法则，且侵害儿童的权利。她更说儿童有自己发展之力，可以任他们在自然的状态之中，而不必施以种种方法。教育的秘诀，就是存在于不教育之点。女士以为使儿童由他自己的意志而活动，由他自己的思考力而考察，以磨练其独特的智力，培养其特有的判断为要。这些都是构成人格之原料，所以尊重人格养成者，不可不注意于此。女士视压迫儿童之本质而以他项替换，实为教育上之一大犯罪。

德育及知育

就是儿童之缺点，在女士看来，亦不可滥行压迫。女士以为所谓缺点，是善性的里面，好像包裹德性之坚壳似的；它自身虽没有何等价值，然为保护贵重物品之万不可缺少的。在这种意味上看来，缺点亦是自然，是达到善性上之必不可缺少的阶段。因此，女士大唱个性尊重之必要。她还说：“种种的重要个性不可不充分顾虑；个人之自

个性尊重之必要

由，除非它有妨害他人，或侵害他人之权利，不可抑制。学校学生不可学级教导之，而宜个别的观察之，同样的要求及严格的训练，都须废止。儿童各具有种种相异的倾向，是可喜之事；他们各从良心所认之法则，屈服于自己所决定之法则，虽遭全世界之反对，亦不屈服，这可称为有个人的良心之人。三岁以前，仅知有身体上的苦痛及快乐，所以不妨加以机械的训练。但是惩罚之时，不可不使知过失必与惩罚有关联。例如妨害他人，这是违反共同生活之原则，所以不妨使他与他人隔离，不许他共同游玩。名誉心及竞争心之唤起，更宜全然排斥，现今学校之试验及证书，殊妨害学生之创作力。

现今学校之通病

女士又痛论现在学校是精神的杀害儿童；儿童本来所有智的冲动，自己活动力及观察力，在学校期终了时，已经消灭殆尽，决不会发展到智力与兴趣。过分注入材料，及传授以好像装入箱子里面之珍品似的知识，是现今教育上的通病，这种知识不久便会忘却。所以女士主张废止宿题或家课，以为一切学习都于学校中行之。教师的任务在于指导学生之活泼的自己学习，所以教师自身之谈话及讲演须大加限制。女士说："唯自然及人类之生活，是能为生活而教育之教育。家庭及学校，宜供给以丰富的事实及事物，不可立成系统，编制课程及施行试验，去阻碍它或破坏它。"女士又视男女之共同作业及共同生活为自然的秩序上之常态，故她认定男女同学是适当的。

凯女士对于幼稚园之批评

凯女士又非难幼稚园及幼儿学校之群集的处置，与以一定的方案，使学无用的小技；以为使人一样地变为凡庸化之学校的共同教育应该越迟越好；原来无差别的训练不过使人趋于低劣；学生生活之压迫，不过养成群育而已。女士又以为现今学校在价值判定上有许大的误谬。她说："最静肃如大人的且能记忆所教授的事项而无误谬之儿童，被视为模范的学生；对于保持固有的性质，能独力做事而有创作力及新计划的，反不知贵重他，这是不当的。即就教师而论，如那些能为学生调理精神上之养料而代其叮咛咀嚼者，被视为优秀的教师。这种倾向亦是很误谬的。"据女士的意见，以为教育之最高的结果，必定在各人能从其良心之所信而行事，同时又感到为全体之一部分而生存。能真爱少数人，虽为他们牺牲生命亦所不辞之人，方才能够为多数人而生活，因此，女士对于今后的学校而发表如次的希望：

今后之学校

今后的学校，宜废除学级，而另行适于自由的学习之设备；从九、十岁起到十五或十六岁止之学生凡十二名，依他们的气质及天性，使他们成为一团，使他们自由地选择所学习的教科，并且一时期宜集中于一种科目。例如夏期则使他们专习自然科学，冬期则专习数学等等。学力可试之于对话，笔上的作业，在雨天时课之。户外的作业，必须增多。历史、地理、自然科学及数学是有作为主要的教科之价值，尤其地理能养成多方面的考察力，它可以为全教科之中心。历史传授人种及关于社会遗教之大要与各方面优秀的人物之传记，其价值就在于这一点。最良最美的教室是图书室，所以在图书室里面，宜多备书籍，可以使儿童自由阅读；那种按儿童的年龄而限定其应读之书，可谓愚笨之至。又将来的学校应有广大的庭园；工作、造园、制本及竞技等等是胜过方法的体操。对于教师，应该多与以各从其自己所信的自由，缩少其每日的作业，使得有充分的休养，增高他的薪俸，并开其升进之道。

凯女士的教育学说之价值及其缺点

总之，凯女士的教育学说，是以儿童的自己活动及自由的发展为主要的着眼点；将来的教育之目的在于使儿童就是在侵入于他人的不可侵入之范围内，亦不可不自由活动。那种妨害儿童的自己活动，抑压儿童的自由发展，而旅行不自然的教育，太偏于实质主义，只知道用不自然的方法机械地去从事于材料的注入；或者只知道在所谓“一般的陶冶”，“教育的教授”及其他种种名称之下，集许多教师于一堂，讲解得天花乱坠，结果呢，销磨儿童所有的知识欲与自立心的那种弊害，可谓当头一棒。不过女士同许多破坏论者一样，亦往往为缺点而破坏全体；本来她要反对那些偏狭的极端的倾向，殊不知她自己却走向另一极端了。具体的说，女士攻击从来的教育者不了解真的儿童去施教，固然是一种卓见，然而女士自己缺乏教育上之经验，并且未明了学校之实况，所以她的教育学说往往流于空疏，有些到底不能实行的。尤其她同卢梭一样主张“性本善”之说，只要从儿童的内性里面将他的善性发展出来，就今日科学的眼光看来，是极不合理的。除此之外，女士竭力奖励体育，固属正当；但据有些人的见解，以为女士的这种思想却又走到极端，唱导依从自然淘汰之法则，排斥对于无法救治之精神的或肉体的病痛之怜悯心，就人道上看来，到底不敢赞同。这种批评，是很中肯的。我觉得女士的这种意见，如同尼采指摘对于低能者及虚弱者加以怜悯及同情而施行软弱的教育法为误谬，以为同情是增进并且保存不幸之原因，亦即废颓之主要机键那种论调一样，以为怜悯及同情是违反发展进化之法则，因为这种法则，不外乎自然淘汰之法则，而怜悯及同情却保存应该消灭的东西。殊不知在自然淘汰之法则以外，还有人为淘汰之法则存在着，它能够对于低能者及虚弱者加以种种救济，使他在可能的范围之内促进其智力之发展及增长其身体之发育。如果照女士的意思，将精神缺陷者及身体虚弱者都弃诸不顾，不但有背人道，并且直视教育为无能，那决不是健全的思想复次，关于女士所说的结婚自由一节，据有些人的见解，亦以为这种思想容易使人发生误解，因为人类有时往往忘却强健的子孙之目标，而以轻率的判断及一时的欲情为自由，轻视结婚，对于女士所说健全的子孙之产生反有妨害。这种批评，虽另有一种社会的背景做它的立场，但在一般的事实上看来，亦是无可讳言的。由此，可见女士的教育学说，若从各个论点看来，确有多少的真理，可供今日教育上的参考；然在大体上，实偏于极端的理想，难于实现，并且颇有不合理的地方。

凯女士的教育学说与尼采的教育学说之异同

以上所述，是关于凯女士的教育学说之大略及其批评。原来女士是瑞典的一位女子社会论者，以教育为社会问题之一，并且以为必有异于从来的人类始能解决的；这种人，女士称为“新人”。同时女士以为这种“新人”之养成，乃是第二十世纪主要的任务，因此，女士名这世纪为“儿童之世纪”，她的杰作《儿童之世纪》的命意就在于此。女士所谓“新人”，实在讲起来，是模仿尼采所谓“超人”之义，以为可以本达尔文之进化论完全改造现在的人类。但是尼采所谓“超人”与凯女士所谓“新人”又非完全同一之物，因为如我在前面所说，尼采是以不平等不自由为原则，而凯女士同卢梭一样却以平等自由为原则的缘故。具体的说，因为尼采是主张在群众以外另有一种超越群众之优秀的分子，并且必须离开群众教育而单独教育之，这是专制独裁的主义；而凯女士是主张一般人类各有他的固有的特性，应该依从各个人的特性而分别教育之，这是民本主义的（democratic）教育。更进一步说，尼采所谓“超人”，在表面上看来，固然是在群众以外之优秀杰出的人物，然而他是国家之中坚的分子，处处为自己国家的利益打算，因此，这种“超人”，实在就是国家社会之人，并不许其自由行动。而凯女士所谓“新人”不是这样的，主张教育养成社会之人，这虽则似乎是从社会的教育学的见地而出发，但是她同时以为教育须使儿童获得个人应有的勇气，并且有时偏重于这一点，可见女士还是采取个人主义的。综合以上所述的诸点而观，凯女士的教育学说，可以说是卢梭与尼采的教育学说之混合物，其中还有些地方，如课程论，是受斯宾塞的教育学说之影响，而成为极端的自然的个人的教育主义。后来凯女士的这种教育思想输入德意志，并且对于英国人格教育有共鸣之感而主张新教育者，实为哥尔利德其人。现在将哥尔利德之传记及其教育学说论列于次：

哥尔利德的传略

哥尔利德（Ludwig Gürlitt）德意志人，一八五五年生于维也纳（Wien）。自一八八六年至一九〇七年为文科中学校（gymnasium）教师，从事实际教育，后来专事著作。自一九二〇年起，被推为学校改良同盟会会长，从事于中等学校改革运动。氏的著作甚多，就中与教育有关系的，则为《德意志人与他的祖国》（*Der Deutsche und sein Vaterland*，1902），《德意志人与他的学校》（*Der Deutsche und seine Schule*，1905），《教成到男子为止之教育》（*Erziehung Zur Mannhaftigkeit*，1906），《教育学》（*Die Erziehungslehre*，1909）等书。这等著作都是痛骂现今教育而提出革新的要求。就中《教育学》一书，可算是集前数书中的意见之大成，我们可以由这部书窥见氏的学说之崖略。现在摘叙于次：

Ludwig Gürlitt

教育与儿童性的结合之必要

哥尔利德首先否认一般的教育学之存在，他以为“各时代应该将少年的教育从其特别的必要而制定之组织之，所以教育如同其他生活现象一样，应该依从发展的法则”。复次，氏痛论教育应该适应儿童的自然性。他说：“我们必须确知儿童之天赋的能力，并且明了影响于这能力的手段与由这影响所达到的目的，然后教育的理论才能成立。”氏还极力攻击教育者向来不理解儿童的精神，只相信可依从自己的理想移植儿童以有益的能力除去其不良的部分与漠视遗传的法则之不当。他说：“教育的理论在于将儿童当作儿童看待，以他为自然之一部，好像自然本身一样没有道德上的善恶可言。从自然所领受的力量及冲动是利己的，而利己的倾向又是生活上所不可缺少的准备。

各种生物所有最强烈的冲动就是求生存与依从他的自然性而生活之倾向，而其常态为健全之高尚的事物，常有生活之价值，在一切善德中占有最高的位置。有些论者以为现世的生活不过是高一层的天国的生活之准备；这种论调，若从科学上眼光看来，那是毫无理由的；凡关于自己保存及蕃殖，从自然科学上看来，并无所谓恶。超越彼我的界限及侵害他人的权利等等举动，究属于利己性之保存的范围以内之事，普通人们对于这种种举动大加非难。但从自然科学上看来，这些亦是一般儿童所共通的，并且是他们所必要的。将来之强健的状态，可以说就根源于此。如果将这种倾向破坏，那么，人种种族之生存将绝无希望。因为没有利己的倾向，就没有生活之可言。我们对于为保存他人而牺牲自己这一回事，认为是不正当的；与其说为他人而牺牲自己，不如为他人而保存自己之为愈。先增高自己的力量；再将它遗传，以加强自己的种族的势力，实属必要。教育应该根据儿童的自然性而得到一种正确的知识；就以这种知识为出发点，使在休眠状态的能力得应顺本性而自由地发展，不过注意他不至损害他人的同样利益。倘能够做到这一层，那么，国家受利，决匪浅鲜。适当的教育，就是保障各个人在与他有同样的生活目的之人类团体内得有充分发展的自由；至于消灭自然的教育，决非正当之道。”

教师应有的资格及其任务

氏更非难从来的教育太为信仰、抽象的理论、技巧、独断说及传说之羁绊所束缚；并且劝告教师第一须确实观察儿童，第二须正当指导儿童，第三须导入儿童于正当的共同生活。他说：“现代的大发见是儿童之发见；现代的最紧要而且最高贵的任务是以教师之手去拯救儿童。人们若不是经过长久的岁月，就着儿童精神的全体亲自去观察认识它的状态与发展的情状，那就没有充任教师的资格。儿童的过失，不过是他的虚弱及无经验之表露于外面；若因此而加以鞭挞，那是苛酷之极的。又所谓教育儿童，不外乎引导他们进入未知的世界；若罚他们向所不知之过失，亦是不正当的。非儿童之能力所能做到的，不宜要求他们去做；静坐过度，到了身体上已经发生损害，然后才去改良坐椅，为时已晚，不如使儿童少坐为愈。损害身体而求得之教化，实不足以补偿其劳力，较之无教化还更为恶劣。如欲对于儿童本性不借压迫之力，而循循善诱，那么，其表现于发问及愿望上之儿童的要求，务必满足它。旧教育是以教育者之意志代替儿童之意志为教育，重视权威之原则；新教育反是，它是主张儿童之权利的。此外对于儿童应该给与以搜集生活上必需的经验之机会，因此，我们不可不使儿童与其他儿童共同生活。由此，儿童可以学得对付有同等权利的他人之意志，这就是由于生活之教育。但是要注意的，我们不可使人没入于群众之中而与他人成为一样的形式，宁可使各个人各自保持其特色而分别为等级，充分发挥其特别的能力。这种事实是国民集合力量之原因，所以教育不可操于一部分当局者之手，而是一般国民所应该注意的问题。

自然的教育

哥尔利德又在所谓“自然的教育”的标题之下，从自然科学的见地，视儿童是远自过去而无限地继续发展之保持者，以为自然所赋与的东西应该尊重。他说：“儿童身心能力上所有的东西，都是自然所赋与的，不能够使儿童自负责任。因此，自然的教育，无论对于何人，不强求去做非天赋的能力所能做的事业。对于儿童亦然，不要求他本质所不要的。身心的发展由于活动；常态的儿童自然地倾向活动而以游戏为手段；所以限制游戏，非常误谬。教育应该利用儿童之游戏冲动于各方面，必须依从自然之法则而贵重它，决不可使它变为人工的而失掉游戏的本质。游戏冲动之自由的活动，能发现最高的活力，所以那些人工地去增加劳力是有害的。人生须自然地经验种种劳苦，但若使儿童受人工的苦痛，那未免太残酷。原来人类的幸福是从内部发生出来的；详细的说，是从内部的调和诸能力之共同活动及内部之力与环境相一致之处发生出来的；所以所谓独立，实是幸福之要件。各个人的幸福由各人自己所获得；人必须自己发见自己，同时亦必须发见幸福；而自己发见实以独立自试其力为要件。成功之基于自意自力的，可使他认识幸福的曙光，这时候的心的状态，不外乎胜利的感情。所以教育儿童，想顾到儿童的行动及幸福，必须先使他们从他固有的创造冲动而活动。那种步步监督他们，时时刻刻规定目的任务及方法之教育，不过破坏他向着自己之自由的发展之初步的冲动而已。要之，自然的教育，是从儿童的需要而出发的，在儿童的一生上认识全部教化史之复现；详细的说，儿童是从人类之动物的状态，经过狩猎者、牧畜者、耕作者等阶段而达于都市生活之复现。所谓自然的教育，就是本这事实而导他自然地发展的意思；教育改良家所企图的，亦不外乎是这种教育。”

模范及习惯之价值

模范及习惯胜过于故意的人工的方法，这亦是哥尔利德所重视的。他说：“我们认儿童的许多性质含有罪恶意味，例如粗暴、残酷、复仇、抵抗、虚伪、谲诈、杀伤等等行动，都是由于自己保存之本能而发动的，并且都可以发达到成为他日有用的性能，而自然就是他所有正当的指导者。社会与其模范及习惯，可使言辞的教育成为不必要；最沉默的教育，就是最良好的教育。因为适合于理之事项，并不需要什么理由去说明，而以沉默为至当的缘故。儿童既正立在生活中，必须使他多多停留在这里为宜；至于学校，应该不成为像从来的学习学校而不可不改为生活学校或生活团体。最近教师们渐渐觉得结合看儿童之自己生活与他们的自己经验，于学校自身是最有利益的。能够充分发表力量，为着高的任务而行动，必能惹起他人的模仿的行动，所以想在一定的范围内去指导少年，他必须能在这范围内率先奋斗；例如公共的作业室，自然科学者及医者的实验室，是最适于教育人类的场所。教育者非单只在数年间示人以模范就算了事，必须永久有生活上的模范，才能收效。因此，教育尤其是小学校教师，以能够从事种种实地的作业者为宜。"哥尔利德更对于顺从及义务心的养成而攻击从来的教育之误谬，摘要于次：

强迫顺从之误谬

那种重视强迫人去顺从而引起义务心之教育，实属误谬。这种教育出发于官僚的精神，只不过养成不能使用他的自由之人而已。所谓义务的种类，必须以适合于担负者的性质及能力为度；但这并不是软化、让步及放弃他自己的权利的意味；质言之，这是理智与正义所命的意思。命令之秘诀就在于置适当的人于适当的地位，使他以自然性上所既经准备的为义务而已。

教育上冲突之原因

儿童表示反抗，或师弟间发生冲突，就归罪于儿童，这亦是不当的。教育者与被教育者间之内部的交际如果得宜，那么，这种事情决不会发生的。但是它所以发生，其原因就在于有先存的误解及误谬的关系为梗的缘故。那种强人来做不自然的顺从，就是发生这种事情的原因。明定自己抑制的限界，是一个极困难的问题；我们若以为这是有绝对的必要，决非正当。情感不激烈，每不能成大事；而情感发泄的道途有二：一是向着伟大的事业，一是向着罪恶。后者若不是伴随着身体的退化而来，大都不外乎进入歧途的伟业。我们所需要的是意志坚强的人；决不可以养成隐遁者、禁欲者为能事。

不合理之压迫

哥尔利德根据上面所说的话，以为儿童不应该负有同样或类似于成长者之义务，而只有顺应性质、环境及时而发展之义务。旧时代保护自己的权威，倾向保守，固属当然的事；但少年所代表的进步的精神亦有同样的权利。儿童继续两亲之生活上的作业，固属至当；然而作业中采用那些于他自己有价值之特别的发展，亦属必需的。现在的教育者想用自己固有的理想去范围少年，仅以种族或阶级为主体去压迫个人，所以新旧时代的思想不免发生冲突。成长者的方面强迫儿童去担负义务；使他服从命令，固属便利；但若不是将所命令的事项加以忠实的考究，就有违反正义之虞。那种漠视儿童自己的意志，舍去儿童自己所用的尺度，而另换以完全相异的尺度去度量他，岂非违反正义吗？如果使儿童立在合理的要求之下，那么，教育上的冲突自然会消灭的。

自然的意志发动之价值

自然是最良的指导者，然在另一方面看来，意志是由与自然相斗争而锻炼出来的；因此，这样的斗争是为将来生活上的奋斗之准备所必要的。但是人类除掉自然地从经验里面所得的劳苦外，若从早年起就横加妨害，使他遭遇种种困难，我们觉得无甚价值。作业上所得的喜悦可以发扬生活感情的时候，岂不是很可以锻炼他的力量、义务心、忠实心及忍耐心吗？因勤劳而获得成功的时候，能够惹起足以抑压争斗及困难的喜悦之情。反之，不成功或无成功希望之劳苦，是抑制生活感情，丧失自信力，减弱意志的了。使人不断地违反性之所近，虽然觉到嫌恶，亦强迫作为，这徒然消耗力量，使无余力再去做有益于生活的作业。在他人的命令之下不得已而行动的，是奴隶的作业；而那些从事于这种作业的儿童，不免产生有奴隶心。儿童依从自己的兴趣，喜欢紧张他的力量的时候，正是在最安全的发展的途径以达到善良之发展；否则，将遭遇挫折，用力在不正当的方面。所以对于意志，应该给与以自己满足的方向，使有最大的活动之可能。

意志锻炼之方法

每遇精神兴奋而不得抵抗它的，这就是意志薄弱的表征，亦就是误谬的教育之结果。薄弱的意志，不可不设法加强它；而意志可以由练习而巩固，所以有使他养成屏除纵欲任性的习惯之必要。使儿童以不至违反本性为限度而入于制御意志于一定的方向之环境，那是非常有益的。又身体锻炼最有益于意志锻炼，亦是无疑的事实；我们在团体的游戏的方面，必须注意这种锻炼。手工对于意志的陶冶，亦是有效的。儿童为着构成一件实物而有多方活动其身体之必要；所以手工的制作之报酬，非受自外部，而发自内部的。尤其是低能不能收形式的论理的教导之效的儿童，施以手工的指导，成效很大，因为人可因自己的制作而增益智慧，培养判断力，对于他人的劳作与以适切的评定，又可以由自己的作业受种种活动上的刺激。意志陶冶的目的，就在于使儿童调合他自己的诸能力以贡献于世界。这些能力实是世界机能之一部，决不可任它倾向破坏，而要它常能参与创造。凡是意志具有这样倾向的人，就是有用的人，亦就是美化他自己生活好像美的作品似的能与人以美的印象之人。

哥尔利德的教育学说之价值及其缺点

以上所述的话，是哥尔利德的教育学说的崖略。哥尔利德的这种教育思想，如同爱伦·凯女士的教育思想一样，亦是渊源于卢梭的自然主义的教育思想，不过他加以多少的变更而已。具体的说，爱伦·凯女士完全如同卢梭一样主张人性本善，而教育之目的在于由人性之内部导出其善性而已。但是哥尔利德却不是这样，他主张人性生来本无所谓善恶，好像自然本身，没有道德上的善恶可言；并且他只说出从自然所领受的势力及冲动是利己的，而利己的倾向又是生活上所不可缺少的准备。由这一点看来，我个人觉得哥尔利德的教育学说较诸爱伦·凯女士的教育学说稍为合理，即前者富有科学的见地，而后者带有玄学的色彩。但是仔细地考察起来，哥尔利德的教育学说亦不无自相矛盾之处。具体的说，哥尔利德一方面既主张人性本无善恶可言，但他方面又承认儿童的许多性质含有罪恶的意味，例如粗暴、残酷、复仇、抵抗、虚伪、谲诈、杀伤等等行动，都是由自己保存之本能而发动的。这岂不是自相矛盾吗？殊不知儿童的自己保存之本能，简单的说，利己心，确是一种事实，例如人类出胎的时候就会吸乳，这就是自己保存的本能或利己心的存在之一个明证。可是这种自己保存的本能或利己心是生理上的特征，本无善恶可言，当然不能与后天所谓“损害他人”或“利他心”相提并论的。因为如粗暴、残酷、复仇、抵抗、谲诈、杀伤等等的损害他人的行动；又如温和、仁爱、报恩、谦逊、诚实、爱护等等的利他心，都是后天的；具体的说，都是因社会关系而发生的。关于这一层，美国鲍必德（Bobbitt）说得最有价值。鲍必德以为原始时代就有上述的两种矛盾之道德与态度，他并且以为一种是对内的，他一种是对外的，这两种矛盾之道德与态度都是原始时代社会组织上所必需的。详可参考鲍必德的《课程论》（*The Curriculum*）第三章第一节《良好的公民之本质》（*The Nature of the Good Citizen*）。由此，可见有道德上善恶的意味之所谓“利己心”与“利他心”，实是由于社会关系而发生；至于仅有生理上的特征或心理上的倾向之所谓“自己保存的本能”或“利己心”，是自然的，是先天的，初无善恶可言。这两者不可不分别；否则，那就如同哥尔利德一样，“以子之矛，攻子之盾”了。不过从哲学的观点而论，儿童的天性上所有的这种“自己保存的本能”或“利己心”的倾向，就是后起的有道德上善恶的意味之所谓“利己心”与“利他心”的原因；因为人类的天性是发展的，后来它变为善或变为恶，一视儿童所处的社会组织之如何而定。因为如此，所以上述的这两种状态，虽非同一之物，但彼此是相互作用的。更进一步说，儿童初出胎的时候，确如哥尔利德所说，他是自然之一部，并且他的行动是个人的行动；但是要注意的，这时期的个人，虽则各自行动，然而在同类之间，决没有自相残杀，也没有与他种动物集合来残杀同类的。由这一点看来，儿童时期的所谓个人，彼此之间是自由的、平等的，又是互相亲爱的；一句话，就是有社会性的。这种个人，我无以名之，名之曰“个别的个人”。因为所谓“个别”，虽则各自行动，然而没有侵犯他人的行动的意思。详细的说，这时候的人类，究竟还是个人孤立生活，不是人类共同生活，所以在形态上他只算是个人，不是社会，然究其本质，他未尝不已经具有社会性了。到了儿童将进入成长的时代，犹历史由野蛮时代将进入于文明时代，那么，他渐渐与他人发生关系，并且随岁月的推移，人我的关系愈趋愈密，因此，各个人就不能孤立生活，而进入于共同生活了。在这时候的儿童，既然是与他人共同生活，所以他虽则知道“自我”之外还有一个“他我”存在，然而彼此之间还不分畛域而有利害的观念。因此，彼此既不分畛域，而在不互相侵犯的范围之内，一面共同生活，一面各自保存，故我还称之为“个别的个人”。然而儿童一到了完全进入成人的时代，他往往因受从来的社会组织或生产关系的影响，于是不但只图自己的利益或谋自己的生存，并且还要与他人计较得失而容易发生彼此的利害之冲突。这时候的个人，我无以名之，名之曰“特殊的个人”。所谓“特殊”，是与“普遍”相对待的名词，而含有阶级观念。这并非是人类的天性之本质，乃是由社会关系而发生的。例如上面所述的哥尔利德所说的儿童的许多含有罪恶意味的性质，例如粗暴、残酷、复仇、抵抗、虚伪、谲诈、杀伤等等行动，就是特殊的个人所有整个的道德或状态中之片面的行动。除掉这种“特殊的个人”，还有一种最高段的个人之存在。这种最高段的个人，一方面如同“特殊的个人”一样，始终与他人共同生活；但他方面又如同“个别的个人”一样，决没有彼此的利害之冲突。这种最高段的个人，我无以名之，名之曰“普遍的个人”或“社会化的个人”。这种“普遍的个人”或“社会化的个人”，在一方面看来，当然是由社会组织的进展而构成；然在另一方面看来，它却是早已依存于“个别的个人”之本质中了。但是这种最高段的个人，在历史上看来，除掉有些个人已经达到这种最高段的境界外，若就一般社会而论，它是未曾发生过的。如果我们要有这种最高段的个人之发生，那么，必须将来有一种真正的教育之发现。换句话说，真正的教育之终极目的，就是在于“将个别的个人推移到特殊的个人，复次再将特殊的个人推移到普遍的个人，然后永久地形成为一个普遍的个人或社会化的个人”。今后的社会，就是要有这种真正的教育。关于这一点，我个人曾经在拙作《教育哲学》，尤其在它的第七章第三节及《后序二》里面讨论得很详细，兹不复赘。哥尔利德确是已经见到这一层，但是他只见到真正的教育之一面，而未曾发见另一面。具体的说，哥氏只发见儿童的本质，所以他说：“现代的大发见是儿童之发见，现代最紧要的而且最高贵的任务是从教师之手去拯救儿童。”但是他未曾说出儿童是将来社会的成人，应该使他随着社会的进展而变成为普遍的个人或社会化的个人，所以他只重视儿童之个性而排斥社会之权威。因为哥尔利德的教育学说只知注重自然的个人方面，而轻视人为的社会方面，所以论者指他的教育学说为“极端的自然的个人主义的教育”，决非过言。同时还有些人因哥氏的教育学说只趋于一端，因起而要建设趋于另一端之教育学说；虽则易地而观，过犹不及，彼此各有所偏，而没有何等轩轾之可言；然而这亦可以使我们知道哥尔利德的教育学说在儿童的本质上固然有充分的真理，但是在教育的全体上未免还有商榷的余地。据我个人的考察，以为哥尔利德与爱伦·凯女士的这种教育思想，只可以当作一种“儿童学”（Paidology）看待，而不足称为“教育学”（Pedagogic）之全部，因为所谓“教育学”不可不包括自儿童之本质起一直达到怎样养成社会上的有用的人为止，所以不可只偏重于个人的性质之陶冶而忘掉社会的理想之表现。

德国之个人主义教育学者

以上所述的话，是我对于哥尔利德的教育学说的批评。现在为读者参考计，再将德意志方面与哥尔利德持同样的思想的中举出几个主要的代表如下：保罗·弗尔斯托（Paul Förster）、波奴士（A. Bonus）、蒲多尔（H. Pudor）、奥托（Otto）、沙列尔曼（Scharrelmann）等，亦都是德国的个人主义教育学者。他们的教育学说，大同小异，现在无暇一一备述。一般的说，他们无非攻击从来的学校太偏于知识的注入，以文字及书籍的教授为主，墨守规则与形式；又不顾儿童的个性，强使他们立于无差别的划一的教育及教授之下，徒然空费活力于无兴趣的作业。他们以为与其限制学生于教室及书籍之上，反不如使他们多从事于游戏场上的运动、户外课业、竞技、游泳、共同唱歌等，除去学校内的惯例及权威，使变为更快活的自由的场所，以满足

Heinrich Scharrelmann

儿童制作的冲动，引起他们喜悦的感情，养成能照自己的意念而奋斗的人。儿童的希望，务必使他满足，各自保持他固有的天性；这样，才可以成为有力的人，并且能够产生真正的人格。这些意见，最初多就中等教育而言，但后来在初等教育界亦逐渐发生有力的影响。这些学者的思想，本来是出发于想矫正现在的学校缺点，并且不满足于徐缓的改良而主张急剧的变化，所以他们往往不免发表奇警过激的言论，而有徒知破坏不事建设之嫌。另有许多教育学者以为这些言论并非稳健的思想，而发表许多反对的意见。就中最著名的是包尔生（Paulsen）、明希（Münch）与威廉·弗尔斯托（Wilhelm Förster）诸人。因为包尔生与威廉·弗尔斯托二人所发表的意见，我想在后面几章里面一并叙述，此地姑且不谈；明希的意见，因为后面没有说到的机会，就在下面略述一下罢。

明希的传略

明希（Wilhelm Münch），德意志人，一八四三年生于士发次堡（Schwarzburg）。初学习神学，后来研究古代语及现代语学，又研究科学。从一八六六年到一八七七年任好几个地方的中学校教师及校长；一八八八年，被任为督学官；一八九七年，因身体不康健辞职。嗣后担任柏林大学教育学名誉教授。到一九一二年三月二十五日卒。氏的重要著作有《教育之目的及教授之技术》（一八八八年），《将来之教育学》（第二版一九〇八年），《教师之精神》（一九〇三年）。现在将他的《将来之教育学》摘叙于次：

明希对于个人主义的教育之批评

明希以为：现在那些动辄说的人格的权利与价值，似乎以为与其接近高远的轨范或理想，宁可尊重个性的保持；凡自然所赋与的，不问它是什么东西，它自身就具有伦理的价值，为人格养成上所应注意；以为人类任所欲为是神圣的要求，而忘掉人类的生存在乃是从周围的影响而成立。人格越说得多，尊重人格的倾向越发加强，那么，有确实的道德的中心之真人格更不可见了。

教育之主要任务

教育上的第一任务而且是自然的一般的任务，那就在于成长的种族将他的理会力及活动力传达给后代。关于这种事实，务必使后代者顺应而且同化于团体生活，所以对于年幼者之自然的冲动及生活上的表现不免加以适当的限制。但在他方面看来，这种传达，必须凭借人所具有之自己发展力，而后才有遂行的可能。对于这种发展力，唯有保护它使它兴奋而已。维持这种传达同化及自己发展之适当的平衡，不是容易的事；因为这并非自然地生成的，乃必须求之而后获得的，且比之那些偶然发现的事物更容易消失。

学校与传达　自己发表的价值与权利的确定，乃是很迟的事，而且是徐缓的。关于个性及个别指导法的价值亦是同样的。学校从古以来，早以传达与同化为主，教授与训练的意义亦不外乎此；尤其是课业的提示，勉学的习惯与顺从性的养成，都是表示这种倾向。那种均齐划一的倾向之发生，及特别注重最适于传达教化中之传达的部分——知识——亦与学校所有的这种性质有关系的。

传达与能力之发展　知识的传达与人格上的能力修炼相结合，是可能的，并且在事实上已经实行结合过的。学校已渐使学生的理会伴着他所受纳的知识而进行；对于一定的技能——学生之独立的活动——亦已经与以几分价值了，但是对于知识、理会及独立的能力三者之相互的关系，应该常加注意，并且以保持适当的调和为要。

明希对于中等学校之非难　德国的中等学校教育上，从一世纪以前所行的主要理想——一般的陶冶及有价值的能力之调和的发展——在现时人的感情上已经大失威严了。这种理想太笼统，但是又不免褊狭；天性上之正当的而且可宝贵的差别，太被轻视；而且太抽象的，所以缺乏活泼有效的力量。因此，基于这种理想所筑成的中等学校课程终不得当，而新思想的势力就兴起了。尤其是学校的课业，自始至终，不因学生的个性而有所差异；学生之自发的勤劳，比之教师的授课，非常微少；太置重知识的记忆，太以注入及被动为主要的地位；又课业的分量过多，产生相互中和的影响，致总结果不足以养成兴趣及使他获得生活力；凡此诸点，都为新思想所极力非难。

学校改良之必要　现时的要求上确有正当之处。一定的教材的取舍选择，不应该太为传说所束缚；科学的进步，以及开化生活上的变化，实影响于教授材料的选择联络及应注重之点。又知识上的压迫太过，不但使学生厌恶学校生活，而且使他们发生某种道德上的缺点，例如隐蔽、不真实及疏远等感情。学校生活之内外的改良，应该参酌临时的情形与变化的根据而行的。

今后之中学校　大体上，今后的中学校，必须有更充分的而且纯粹的教育场所之意味。学校一面为教授的场所，同时一面施行教育，并非不可能之事；然而能够将它完全实现，却是很少的。但是学校以外之教育往往不确实而且发现危险，所以我们希望它的实现，更加迫切。

但是理论上及实际上的改良，必须有丰富的知识，并且必须慎重考虑，所以漫然提倡新奇的学说决非所宜。从偏颇的见地出发，急激地提出无限的新要求，只不过妨碍有希望的变化之实现而已。假令能够将现存的东西一时倾覆，那反对的见地又将随之而兴起的。

慎重的研究之必要

将少年从学习的压迫中解放出来与以自由之种种提案，其中多属粗率，而且缺乏着实的考虑。制限学校的学科，仅仅保存二三项，那是不可能的事。现时所用的知识的材料，其分量过多之处，实际上决没有像非难者所言之甚，而知识的收获亦不是完全单靠机械的记忆。意识内容的传达，与能力的保护及启示同是教育上的大任务，所以不可以前者为后者的牺牲品。内容丰富是生活能力的条件，倘使过度减少它，那么，就会放弃现在国民所保有的优良的地位。

传达之必要

以上所述的话，是明希对于极端的个人主义的教育之批评。明希的这种批评，在表面上看来，固然亦承认德国的中等学校教育有缺点，以为非将它经过一次改良不可；同时亦承认爱伦·凯女士、哥尔利德等的改良论颇有相当的理由；在骨子里，他却是指摘爱伦·凯女士、哥尔利德的思想的偏颇与言论的过激，而想有以矫正它。他的目的还在于拥护从来中等学校所施行的知识教育，不过多少加以改良而已。实在讲起来，明希的主张，刚刚与爱伦·凯女士、哥尔利德相反，而立于另一端的见地。具体的说，爱、哥两氏是以儿童的本质为出发点，而明希是以学校的性质为根据；换句话说，即前者只着重于教育的本质，后者只着重于教育的制度；再换句话说，即前者是研究教育行动，后者是讨论教育的观念形态。我曾经在前面指出爱、哥两氏的教育学说是"儿童学"而不足称为"教育学"之全部；现在我又指明希的教育学说是"学校论"或"学制论"，亦不是"教育学"之全部。如果我们要组织一种全部的教育学，那么，如我在前面所说，非从儿童的本质起一直说到怎样养成社会上的有用的人为止不可。现在我再说句话：真正的学校教育，是必须以自尊重儿童个人的性能起一直推移到传达成人社会的知识止为旨，而不可只取一端而遗忘另一端的。固然明希亦已见到这一层，他说："知识的传达与人格上的能力的修炼，是可能的，并且在事实上已经实行结合过的。……对于知识、理会及独立的能力三者之相互的关系，应该常加注意，并且以保持适当的调和为要。"但是这些怎样结合及怎样调和，明希未曾说过，我本来无从批判它。然而，我觉得明希以为这些可以结合与

明希的批评之价值

调和，单就“结合”与“调和”两语而论，亦就有商榷之余地了。怎么样说呢？因为教育事象是一个过程，它是从低段逐渐地或突然地向着高段之有机的推进，并不是同程度地相连接之机械的结合，或异数量地相加而二等分之数学的调和。因为如此，所以学校教育在教育的本质方面看来，固然必须以将来的成人社会之理想为究竟；在教育的制度的方面看来，亦固然必须以原始的儿童个人的性能为出发点。然而无论顺推或逆溯，总必须将教育看作一个过程，一方面使原始的儿童个人的性能继续不断地向着将来的成人社会之理想的方面发展而进行；他方面姑不管一个人的固有性能发展而推移到什么阶段的社会之理想的境域，然必须时时刻刻认定这一个阶段的社会之理想仍是依于那一个人的固有性能而存在；因此，它又必须去组成那一个人的个人本质。这样一来，那么，在教育上，知识的传达与人格上的能力的修炼并非结合，乃是相互抵抗，同时又是互相作用。又知识、理会及独立的能力三者之相互的关系，并非可以保持适当的调和，乃是促进其继续的发展。倘我们能够做到这一层，那么，这才算是真正的教育学之全部。然而爱伦·凯女士、哥尔利德与明希各行其是，各有所偏；即使明希说到个人的性能与社会的理想之结合及知识、理会与独立的能力之调和，然而只有走入表面上之妥协与折衷，而未曾达到根本上之发展与进步，那么，他们不是“过犹不及”，就是“停止不进”，都终不能解决教育上之真正的问题。关于这一层，我曾经在拙作《教育哲学》一书里面讨论得很详细，此地恕不再说。

第三节　自由主义的教育（二）

自由主义的教育之另一派

除了上节所举的爱伦·凯女士与哥尔利德二人以外，还有一位教育学者，亦是属于自然的教育学派，而可以称为自由主义的教育家。这就是蒙特梭利女士（Montessori）。蒙特梭利女士虽则与爱伦·凯女士及哥尔利德一样，亦以自然主义为出发点，尊重儿童的个性与自由，以“由儿童而出发”，以“儿童为中心”及“儿童本位”等为口号；然而她的教育学说大半从新心理学，尤其是从所谓“实验心理学”出发，并且她在教学法方面比较地说得多些，因此，有些人将她的教育学说与德国实验教育学的代表者例如摩曼（Meumann）与拉伊（Lay）二人的实验教育学相提并论，而称她为“实验派”或“新心理派”。并且她的教育学说不但以心理学、生理学、生物学及医学为根据，而且以自然科学者之精神去确立教育法，以自由自发的原理为她的哲学的基础。具体的说，她以为自然科学者之精神是在于扩张对于自然现象之兴趣，并且不可不进入于爱自然的纯粹思考之哲学的综合；换句话说，她是欲将经验的自然主义提高到哲学的原理为止。因为如此，所以又有些人称她的教育学说为“经验派”。我曾经在本书前编第十四章——结论——里将她归入于“经验派”，就因于此。但是现在我仔细地一想，觉得蒙特梭利女士的教育学说与尼采、爱伦·凯女士及哥尔利德诸人的教育学说一样，是以卢梭的自然主义为出发点，所以不如将她归入“自然的教育”一派之列；但是在另一方面看来，蒙女士所唱导的新教育法，她的根本思想，大半又是以裴司塔洛齐（Pestalozzi）、福禄培尔（Förbel）等的教育思想为根据，不过多少加以改良而已。同时，因为她的教育学说富有“唯心论”的色彩，并不像爱伦·凯女士与哥尔利德二人的教育学说多少含有“唯物论”的意味，所以蒙特梭利女士的教育学说与凯女士及哥尔利德的教育学说虽则同属于自由主义，然而彼此又有区别，所以不得不在此地另设一节去叙述她。

蒙特梭利的传略

Maria Montessori

蒙特梭利（Dottoressa Maria Montessori）女士，一八七〇年生于意大利。父为宗教家，女士是他的女儿之一。除此之外，她的家世无从详知。女士天资聪颖，曾学习医学于罗马大学。一八九五年，她在该大学毕业，得有医学博士学位。意大利女子得医学博士学位的，以女士为第一人。旋任罗马大学附属精神病院的助手，与低能儿、白痴儿时常接近，于是对于变态儿童的教育感到兴趣。她热心浏览这类书籍，对于法医士伊太（Itard）、塞根（Edouard Seguine）及意大利人类学者塞尔奇（Giuseppe Sergi）三人的著作研究尤力。结果，女士以为变态的儿童之处理，与其说是医学上的问题，宁可说是教育上的问题。后来她再入罗马大学研究精神病理学、心理学、实验教育学等，造诣益深。一八九八年，女士出席意大利吐林（Turin）地方所召集的教育会，即以低能儿的教育为题，公开讲演，鼓吹她自己的主张，大受人欢迎。后来她旅行伦敦、巴黎，对于变态的儿童教育施行种种的研究；并且对于常态的儿童，亦甚加注意；于是潜心从事于一般儿童的教育方法之研究。一九〇七年，罗马改良建筑协会为贫民建筑良好的房屋，有人提议设立儿童教育所，遂将贫民的幼儿教育委托女士去办理。女士名此教育所为“儿童之家”（Casa die Banbini）。她在这教育所里所发明的教育法，就是所谓“蒙特梭利法”（The Montessori Method）。后来，她一面实行，一面从事教育著作。于是她的教育法风靡一时，最初输入美国，后来经过英、德、法、瑞、比等国，再普及于澳洲、印度、日本乃至中国，到处为人所采用。女士的著作，有《科学的教育学》《人类学的教育学》《蒙特梭利法》等。现在，我由这些书里面将女士的教育学说摘要于次：

蒙特梭利的根本思想

蒙特梭利女士的教育学说，如上面所述，一面以卢梭、裴司塔洛齐、福禄培尔等的教育思想为出发点，而多少加以一度的改造；一面还应用伊太、塞根两医士及人类学者塞尔奇等所发明的医学、生理学等上的知识，以为教育法的根据。所以女士的根本思想，不外如次两点：一、对于发展的儿童，以自由自发为必要；二、在教育的初期，以筋肉及感觉的练习为要务。原来塞根的学说，根据生理上的原则，以感觉练习为知识陶冶之最确实的方法；他排斥记忆，以经验为观念之母。蒙女士大抵本于这种思想，在处理低能儿之际，从他们自身的内部使发现活动力，并练习他们的感觉，使直接经验事物，以指导、要求、奖励、使用为主，而限制单纯的教授。

自由之原则

女士在贫儿教育所，专用自由发展的原则，对于儿童的自由，唯有时从社会的见地多少加以限制。除了对于侵害或加暴于他儿童的举动加以限制外，其他一切都不与以抑制，不用禁止的命令或规则去支配儿童，亦不用赏罚的手段。废止抑制，就是所以奖励独立的活动。不是用自力去做事的，不得称为自由之人；所以幼儿之自由活泼的发表，实为达到独立状态的要件。女士教育思想的重要点，命意就在于此。女士说：“自由之人是凭借自己的力而足以活动之人，换句话说，为满足他的必要计，决不求助于他人之人。无论幼儿或成人，依赖他人，就是自由之限制与缺乏之表征。因疾病的原因而自己不能脱靴之麻痹病的，就是不自由之人；因社会上的原因，以亲自脱靴为可耻而不自做的，亦可谓陷于同样的不自由状态。”

学习上之自由

因此，女士认为使儿童居于不动的状态及强迫儿童学习为不当，而加以排斥。她改良椅子，使儿童的运动得以自由。限制共同的作业，废止使多数学生依同样的方法学习同一事项之学级教授。她以为指导者并非在施行普通的意味的所谓教授；他虽则与学生同居，然而他并非教师，却是观察者。他唯有观察各个幼儿的能力性质，与以适应他的程度而可以认为最适当之作业；至于成就与否，完全任诸幼儿。无论直接或间接，不可勉强他们作业，而只有指导幼儿自学，使他们合乎正道而已。他们不能成就作业，既不必矫正他，又不必使之再试。因为幼儿不能成就某种作业，在于未达到程度之故，可以应该与以更简单的作业做他的准备；等他达到一定成熟的程度之后，再使他去做。

误谬之自己发觉

为使幼儿去发见自己的作业上之误谬而行矫正起见，女士给与他们以种种大小不同的立方体木块，指导者先将它叠成塔形以示他们，随即拆毁它，再令他们自己去叠成同样的塔。在这种作业上，若儿童以小立方体为基础，则塔必至于未成而塌倒；儿童经过这种经验，可自觉悟误谬，于是自会以大的木块为基础，而按次将小木块安置于其上。

自由与训练

这种自由的方法，在旁人看来，似乎以为是自由的误用，并且在训练上甚属有害，但是女士以为这不但无害，并且最有帮助于训练。女士非难从来的训练是以禁止活动，决不得谓之善，所以求不活动的训练，应该为儿童自己去求适当的方法而进之活动的训练。但是如果不动，那亦并非来自外部的命令，而由于内部的决定。实际上，女士所监理的教育所的椅子都以学生得能自由行动为度；学生虽有如许自由行动，但并不喧哗，而非常静肃，各自从事作业。

本乎自意之不动的练习

女士又为使学生本乎自意而练习保持不动的姿势起见，设定种种方法，例如沉默游戏，就是一种。这是指导者先在各种的位置保持沉默不动的姿势，使学生熟视，然后再使学生自己去保持同样的状态。当这时候，使学生互相监视，究竟有谁真能不运动或不发声；等到各个学生各能保持这姿势之后，再使全体一同去练习。这样教法，一到了室内寂然无声好像完全没有生活的气息一样的时候，就将窗帏垂下，闭暗教室；使学生瞑目而以手支撑头部；少顷，又使每个学生静寂地各走到在邻室的指导者的傍边。幼儿非常欢喜这种游戏（这宁可叫做练习），确能努力保持沉默不动的姿势。

自治心之养成

女士以为尊重自由独立的思想，当然是要注重使幼儿不待他人之力而自己去处理自己的日常生活上的事项。例如使幼儿自穿衣服，清洁身体，洒扫房屋；或者与同学互相合作去处理学校用具及关照饮食等等，都须要努力。所以女士在她的教育所里，对于初年学生，就施行穿着衣服，系纽及解纽等这一类的必要的练习；又使学得轻移桌子及椅子；使养成坐立能静的习惯；又使步行地板上所画的白线以整齐适当的步武。这种练习不能够全然没有靠着他人的助力，所以有时须使年长学生去襄助年轻的；但是平常宁可努力于举示实例及教训，使学生知道依靠他人之力不如自力之可宝贵。对于年长的学生，则使他们多注意于身体上诸事项，例如提示洗涤耳及眼、清洁牙齿及口腔等的最良方法，或使做室内的装饰及照顾年轻者饮食之作业。其他如植物的栽培，动物的饲养及土器的制作等，亦为女士的教育所的作业。

筋肉及感觉之练习

以上所述，是关于女士所主张的自由发展的法则，现在再来叙述女士所主张的关于筋肉及感觉的练习。女士尊重筋肉及感觉的练习，既如前面所说，是主张在从生理上的根据而出发。详细的说，女士以为体操及一般筋肉上的教育是从助步行、呼吸、发语等生理的运动之适当的发展诸种练习而成立的；并且以为这种练习是使筋肉上的运动得能确实，使生活上的普通动作，例如穿衣、脱衣及搬运种种物品之运动得能熟练。女士为要达到这种目的起见，她发明种种器械，以坚实普通生活上所必要的诸种运动之基础，并且促进它的实现。女士又用不需器械之自由体操，分为须指导之体操与自由运动两类。自由运动使儿童以球、轮及纸鸢等为戏，指导的体操则使之练习步伐。同时使学生学习简单的唱歌，以锻炼呼吸，强壮肺部。女士又使学生自由练习呼吸运动，其目的在于整调呼吸、运动，使作发出良好的声音之预备。此外为同一目的计，更施行唇、舌及牙之特别的练习。

感觉练习

女士非常尊重感觉练习。她以为在从三岁到七岁之间所练习的感觉上的识别力，与后来精神发展有极大的关系。后来无论怎样勤勉学习，或天性怎样聪颖，倘幼时怠于感觉练习，亦不能补偿损害；因此，她制定特别的器具，以供练习之用。

感觉练习之目的与方法

女士以使儿童接受种种刺激之知觉得到灵敏而善于识别，为感觉练习的目的。她以为与其给与儿童以外界周围的事物的知识，或使他仅知其名，不如先养成感觉上的区别力，次以言语确实地表示它的区别，然后使记忆所知觉的事物，正确发表它的名称。这样顺序，才是适当。所以女士在色及形的知觉上，最初先施行区别种种的强度及种类之练习。女士以为这样的感觉上的教育必须认为一种依着自力的教育；精微的感觉上的区别力，舍掉由个人自己去习得外，没有别的方法。关于高深的知识，教师代学生去思考，再将他所思考的知识传授给学生，固非不可；但身体的敏活及感觉的识别，则必须由各人自己去习得。所以女士所发明的练习感觉的器具，在于引起学生自身的活动，并且供给以足为感觉练习的材料。又练习上的法则，女士规定两种：第一，将各感觉离开他感觉而练习之，以期完全发达；第二，练习先由显著反对的事物出发，然后渐渐及于区别不显著的事物。在普通的生活上，某种感觉特多使用，而他种感觉每因不甚使用而陷于发展不完全的状态。例如我们的视觉，使用最多；而触觉虽能发达到成为十分精密的知觉，究因使用太少，所以发达甚不完全。这是一种缺点，欲补救它，可使儿童为“捉迷藏”一类的游戏及作业，以练习他的感觉。现在我略叙述女士所发明的感觉练习用的器具于次：

第一阶段之练习

这种感觉练习用的器具，共有二十六类，以供除嗅觉外之一切感觉练习之用。第一阶段的练习，对于初入学的三岁幼儿，给以木制的圆筒，使他练习，将这圆筒箝入木盘上所有的空洞。最初用同样高度而直径逐渐减少的十个木制的圆筒使他练习，其次给他以高度与直径都逐渐减少的同数木制的圆筒，再次又给他以同样直径而高度逐渐减少的同数木制的圆筒，使他一一箝入适当的空洞内。在这样的继续练习之中，儿童得到种种的经验，从物的厚薄高低及其大小，以区别物的性质。最后使儿童去处理更大的物，使他练习更困难而且更强大的筋肉运动。例如第一，使儿童用十个立方体筑成塔形，其最大的一边有十公分，次为九公分，逐渐减少一公分为止。第二，使儿童用十个正方形体筑成大阶段。第三，使儿童用十个角棒筑成长阶段。

第二阶段之练习

第二阶段的练习，是为练习温度感觉及触觉而设施的。例如使儿童用手放进贮有异温度的水之器中，以区别它的温度；或闭了眼睛，用指尖去接触许多物品等的练习。其练习触觉之物，是个个用滑纸与粗纸所贴成的板及等分为滑的部分及粗的部分的四角板。这种练习亦可以作为色觉练习之用；例如先将用赤、青、黄等色所筑成的毛丝的球或板放置在儿童的面前，互相混杂，然后使儿童去分类其同色的球或板；其次逐渐增加色数；再次逐渐增加差别不显著的颜色使他练习。

第三阶段之练习

第三阶段的练习，是为辨明既知的刺激的程度而设施的。例如提出粗滑不等的程度的许多纸片，使儿童依从程度而加以排列，又将这种种色板从其相类似的色度而加以分类。同时施行听觉的练习，先使儿童区别噪音与乐音，次使细听噪音与乐音，或装置砂、小石子等于小箱内而摇动之，使儿童辨别所发的音响的程度，并且从音响使儿童去辨别箱内所有物品的大小。其他与沉默练习相结合，在极静的室内，使施行细听蝇飞之音及木叶之音等的练习。此外还为练习重量的感觉起见，用数个重量相异的小板，使儿童将它放置在掌上，并将手上下升降以比较它的重量。又使儿童接触种种不同的形体，以养成识别几何形体的能力。为达到这种目的计，一面用木片将它分为种种形体，一面使儿童依从触觉与视觉，以施行毫无错误的将这种种木片箝入之练习。等到这种练习毫无错误的时候，再提示全部形体于厚纸版之上，然后观察版上的形体与木片的形体有无相一致。纸版有三张，第一张是全部形体用青纸贴成的；第二张是唯形体的周围的边上用一公分宽的青纸贴成的；第三张是仅用线表示的。这种练习，是使儿童施行由最具体的立体之练习，逐渐移于平面的练习，最后抽象地了解其用线所表示的形体。

第四阶段之练习

第四阶段的练习，是为练习区别乐音而设施的。例如先使儿童听音度不等的钟声，以养成其一闻钟声即知道是那一类钟撞响的习惯。其他在这一阶段上用不同的方法反覆施行以前所做的诸种练习。具体的说，就是使儿童将用特别的器具所观察的事物放在广大的范围方面去观察，或将与那种特别的器具所关联而得知的言语推广应用于他种事物之上。例如使儿童说出自己或父母所穿着的衣服是光滑的或是粗糙的，使说出天是青色的，使说出周围的房屋的某部分是三角的或是四角的等等；总之，使儿童常适用自己所既知的事物去求新的事物。

读、写、算之学习

女士又将上面所述的这种器具的练习，与读法、写法及算术相结合。她初以为七岁前的儿童，使他学习这种事项，未免过早；但是她后来看到筋肉及感觉的练习成绩很佳，并且看见就是白痴的儿童亦可由这种方法得到能够读写，此外筋肉及感觉经过十分练习以后之儿童自己能写能读，因此，女士以为学龄前的儿童，亦可由这种方法使他学习。

蒙女士之三种根本原则

女士在教授上所主张的三种根本原则：曰简明（brevity），曰单纯（simplicity），曰客观性（objectivity）。她避去共同教授，采用个别教导，每日以二小时为限度。幼儿经过就几何形体的周边而练习知觉之后，可更加以扩张，使熟知已经写过的字母的字形。其方法，用厚纸剪成字母的形，使加熟视（视觉的要素之利用）；同时使用手触接（触觉的要素之利用）；又使他用如同书写字母时所用的方法，将指移动于其上（运动的要素之利用）。同时使儿童懂得用笔的方法，先使他画大字母的字形于纸上，次用赤色或青色铅笔加以着色。那时执笔使他注意如同书写时所用的方法，然后使倾听指导者所发的各字母的声音。这样进行，视觉、触觉及运动觉的要素能与听觉的要素互相结合；儿童目视字母就能发音时，书写的准备已经大略告成，于是再施行用文字去表示所听得的言语之练习。这种方法，就是给与儿童一小箱，内储用厚纸制成的文字，指导者每发一语音，使儿童明了听到组成这一语音的各字母，即从箱里选出各该字母排列于板上，组成这一语音的字形；其次，再使儿童倾听指导者重新所发的这一语音，使儿童模仿，以正确他的发音。女士虽则施行书写上必要的种种练习，但是并不教他直接书写，因为她以为普通儿童不久自能突然地书写，所以没有直接教他书写的必要。在实际上，女士对于四岁的幼儿，从最初准备的练习起到自能书写止，为时不过一个月或六周间；对于五岁的儿童，为时更短。又所写的文字与幼儿所用的厚纸标本甚近似。直接书写的指导，等到儿童自己能够书写之后才始施行。

其次是读法的练习。先将幼儿所熟知并且时常出口的物名，清楚并且明了地书于纸上出示幼儿，使就所组成的文字各字母而发音。幼儿最初对于各个字母迟缓发音，不能捉到文字之全体的意味；但是后来逐渐能够迅速发音将各字母的字音结合为一语而了解其意义又为使这种练习有趣味起见，记载玩具的名称于纸上，当儿童能读的时候，许他取玩具玩耍。这种练习，等到能够读到单语的时候，再练习读成句。这种成句的练习，与练习单语一样，先使儿童书写，而后使他阅读。据女士的实验，以为这种练习，成绩良好。但是女士对于写法及读法本身不甚注重，以为这种工作的继续给与学龄前的儿童以过重的担负，而应该以筋肉及感觉的练习为预备，至于读法及写法的成功不过是副产物而已。　读法练习

女士又看见三岁前后的幼儿能数一到三的数目，所以她想适应年龄，使儿童获得数的观念与计算的技能。但是女士以为这不必用特别的器具，只可利用周围的环境；等到略有基础以后，可再利用儿童对于金钱的兴趣，使他学习找换金钱。但从卫生上的见地，所用的金钱，以未曾用过而新的金钱为限；其他如赤色或青色的骰子或小板，亦可用为学习计算的初步。　算术练习

以上所述，是关于蒙特梭利女士的教育学说及其所发明的新教育法之大略。尤其是这种新教育法，是女士在教育所所实行的，不过她以为其中有些是未曾完全决定的。但是一九一一年终，女士与幼儿教　蒙女士的教育学说及教育法之价值

育所断绝关系，因此直接在女士的指导之下所设立的教育所不幸完全归于消灭。然而女士迄今还继续研究，不稍懈怠。她的方法竭力扩张到年长的学生；并且如前面所说，她的方法从意大利广及到英、美、法、瑞士等国，设立种种幼儿学校以实现她的方法的亦不少。就中尤其是美国柏克赫司特（Helen Parkhurst）女士所提倡的道尔顿制（The Dalton Plan）乃根据新心理学的教育思想并参酌蒙特梭利女士的方法而成的。

Helen Hûss Parkhurst

我对于蒙女士的教育学说之批评

蒙特梭利女士教育法的成功，有些人以为这是与女士的技术与手腕大有关系，恐怕他人不易办到。例如活动是自由的，却有时能教人不动，又如强迫作业，却能养成勉励的倾向；在普通的场合，这种结果是不容易得到的，唯有像女士这样手腕的人才能够做个到。我个人以为这种论调未必尽然。怎样说呢？因为在一方面看来，教育固然是一种艺术，或是一种技术，因此，唯有艺术的天才或有技术的才能的，才有充任教育家的资格；但在另一方面看来，教育无非是一种科学，而有普遍妥当性与必然性，因此，如果有人明白地了解它的性质与法则，无论何人，都能够做得到，而不限于蒙女士一人。不过只怕有些人心怀成见，或为传统的思想与方法所羁绊，而不肯采用女士的方法；或者发见女士的方法有缺点，而不肯再加以一度的改良，甚至即弃而不用。由此可见蒙女士的新思想与新方法的实现，与其说是女士的伎俩与手腕，宁可说是女士的知识与热诚。反转来说亦是如此；即蒙女士的新思想与新方法所以不能为人所实现，又并非由于那些人的技术与手腕，乃归因于那些人没有知识与热诚。但是蒙女士的思想与方法的价值究竟何在？它是否全无缺点？据有些人的见解，以为对于学龄前的儿童之教育及低能儿的教育，女士的方法确有相当的价值，所以在幼稚园教育上，很可参考；但是对于学龄以后的儿童教育，未见得有多大的效果。假令应用这种方法，对于儿童心理的教育的研究，亦还有加工的必要。其实这是当然的结果，不足责的。因为蒙女士的新教育法，本来是为学龄前的儿童及低能儿而发明的；她对于低能儿的教育，格外注意。一八四六年，她发刊《白痴儿之道德卫生及教育论》（*Traitement Moral, Hygiene et Education des Idiots*）一书，一八八六年又用英文发刊《白痴儿与其生理的处理法》（*Idiocy and its Treatment by the Physiological Method*）一书，由此可见蒙女士的命意之所在了。至于学龄以前的儿童及普通儿童的教育，女士以为她自己的方法有些地方亦可以应用，但是她并非绝对地主张到处都可以应用而无碍。所以近人一听见蒙特梭利的方法，就会联想它是一种"幼稚园教育法"，决不会将它当作"一般教育法"看待的。据我个人的见解，以为蒙女士的思想与方法的缺点是另有所在。现在我先举出蒙女士的学说的三要点：第一，蒙女士是一位唯心论者。在一方面看来，女士极力排斥哲学，她说："旧式的教师，太尊重哲学的素养，而努力于了解自己所尊崇的哲学者之观念，开口就说要祖述某哲学者的哲学，动辄引用哲学学说以炫人也。"但是在另一方面看来，女士自己为确定以自由主义为她的教育法之根本原理起见，别卢梭之"社会自由"（social liberty）自称为"一般自由"（university liberty）。所谓"一般自由"究竟是什么，殊令人费解。这亦不无富有哲学的色彩，尤其富有唯心论哲学的嗅味。原来女士以为黑格尔（Hegel）、赫胥黎（Huxley）从唯物论的根据去说明生命是由原形质而发生的，原形质又是由分子而成立的，所以在适当的境遇之下，生命能够自发地由物质所作成的那种主张是误谬的。黑格尔自以为发见了单虫类"穆尼拉"（monera）生物只是由原形质而成，并没有核心，然而蒙女士以为黑格尔的这种见解亦是错误的。据女士的自己见解，以为赤血球，从来概被认为无核心的，但是现在有人证明这并不是这样的；其他从来被认为仅有核心的显微镜生物，而现在亦有人证明兼有原形质的。她以为无论那一种原始的生物，只有原形质而无核心，或只有核心而无原形质，是绝对没有的事。因此，她绝对否认"穆尼拉说"。同时，她还以为所谓原形质，所谓核心，都是物质，这两种物质相结合，决没有发生生命之理。因此，她断定"生命是宿于生活的个体之中"。总之，女士以为生命并非物质的结合，乃是生物的特征；于是她举出生物的两特征：（一）有终极的目的，（二）其形状与大小有限制，一经发展到某种程度的时候，它不会将自体无限地增大，随即去繁殖同类。这两点是与物质有区别的（见 Montessori, *Pedagogical Anthropology*, Chap. I）。第二，蒙女士是一位性善论者。女士的人性论有两点：（一）人类生来就具有后日发展的要素，（二）人性本善。前者就是女士所谓内部的生命。她说："儿童生来就是具有可以成育的身体与可以发展的心灵。……所以我们不可损害或抑压这两种要素所潜伏的神秘的力，而必须任它自然的表现。"关于性善论，他说："生命是宏大的女神，常向上发展，不断地征服周围的障碍而进于胜利之道。……生命，实是为我们所爱慕不置的。"第三，蒙女士是一位自由论者。女士的教育法上一贯的原理所谓"自由主义"，是上述二大假定——"内部生命本具说"与"性善说"——之当然的结论。换句话说，有善的倾向的这种生命，在女士看来，应该任它自由发展，不论巨细的显现，都可以利用的；因此，女士有极端的自由主义之主张。以上三点，是蒙女士教育学说之原理的方面。复次我再来对于这种原理下一种批评。据我个人的见解，以为第一，原始的生物，只有原形质而无核心，或只有核心而无原形质，抑或原形质与核心二者兼有，姑置勿论。但是所谓生命，是否如蒙女士所说是生物的特征，却尚有待讨论的余地。照近来有些生物学家的见解，以为所谓生命，不外乎是蛋白质所起的一种化学作用：它与其他化学物是没有多大的差异的。所差异的，只不过限于彼此所含有的某种原素之性质及其配合之形态的问题而已。因此，所谓生命是物质的。更进一步说，照近代有些唯物的哲学家的见解，以为世界上一切物质都是运动与发展的东西，不过它的发展阶段不同等而已。因此，所谓生命，又就是物质的运动与发展的意思。除非像蒙女士站在唯心论的立场，决不会承认在物质的生命之外，另有一种非物质的生命之存在。因为生命是物质的，是物质的运动与发展，所以它是必然的；具体的说，是完全为因果律所支配的，就没有所谓"终极的目的"之可言。同时，它的形状与大小是与外界周围的环境相维系的，除非外界周围的环境之影响去限制它，它本身的发展程度亦没有何等限制之可言。第二，人类的本性，既如上面所说，是物质的，是物质的运动与发展；再就它的运动与发展而论，又如上面所说，是必然的，是完全为因果律所支配的，所以它本身就没有所谓"善"，亦没有所谓"恶"，更没有所谓"善恶混"。世上所谓"善"，所谓"恶"，实在讲起来，都是外界周围的环境之好坏所使然的；因此，充其量只可以说人性生来就具有趋善避恶之趋向或可能性而已。中国古语有说："近朱则赤，近墨则黑"，就不外乎此。然而蒙女士所以主张"性善说"，一则由于她自己的第一个根本假定——"内部生命本具说”——使然，二则由于她太迷信卢梭、福禄培尔的哲学观念。所以她一方面指摘他人祖述某哲学者哲学观念之非，而她自己却要墨守传统的哲学思想，岂不自相矛盾吗？第三，人性的运动与发展，既如上面所说，是必然的，是完全为因果律所支配的，所以它决非自由的，也决非是有目的的行动。原来女士所谓“自由”之概念，照女士自己的解释，以为“自由就是活动”（Liberty is activity）。但是我以为自由是一件事，活动另是一件事，两者不可混为一谈。因为自由是有目的的，譬如鱼与熊掌，二者不可得兼；但是我们欲舍鱼而取熊掌，或者取熊掌而舍鱼，可以从我所欲，任择其一，这叫作“有目的”，也叫作“自由”。然而所谓“活动”不是这样的，譬如鱼与熊掌，不拘我们取鱼或取熊掌，只有因冲动而伸手向着这两种物品表示出“取”的一种动作，都叫作“活动”，而没有什么目的之可言。再请举一例以证明，譬如蛾之扑火，鸟之构巢，都是自然的刺激所驱使，然后发生如许的反应——活动，并没有所谓什么目的之存在；换句话说，就是无所谓“自由”。设使活动是与自由有关系的，这是说活动是自由之条件，要自由必须先有活动；那么，试问所谓“必然”，难道不要活动吗？譬如我在上面所说，人性是完全为因果律所支配的；假使无论内外界，有某种原因发生，而人类随着这种原因惹起一种结果，在自原因惹起结果，换句话说，自结果反应原因的过程上难道不需要什么活动吗？由此，可见所谓活动是自由与必然之共同条件，决不是自由所独有的条件。因为如此，所以蒙女士以为“自由就是活动”，这是不合逻辑的。再就必然与自由之关系而论，我以为这两者有相互作用的。不过要注意的，如我在上面所说，必然是先自由而存在的，而自由却是为必然所派生的。请即以儿童为例，儿童初出胎时是活动的，但是他的一切行动都是必然的。具体的说，儿童初出胎时就要吸母乳，但是他最初并不知有维持或保护个体的目的之存在，却只为饥寒所迫，自然而然地伸唇动舌去接触乳头而吸乳的。经过相当的时间之后，他才渐渐地意识着某件事情是有裨益于个体保存的，或某件事情是不然的；后来再随岁月的推移，他的意识越发清楚，最后达到所谓“理性”的境域。总之，人类的天性活动，最初是盲目的、无意识的，后来经过相当的训练，再由盲目的或无意识的动作而渐渐变为半意识的，最后达到有意识的动作。总之，人生就是由必然推移到自由的意思。恩格斯（E. Engles）说：“由必然的王国跃到自由的王国。”这一句话，极值得玩味！这种主张，才是真正的自然主义及真正的自发主义。但是蒙女士将自然主义及自发主义与自由主义混为一谈，是极不合理的。这就是因为女士太迷信卢梭的自然主义的缘故，殊不知卢梭的自然主义是一种主观的自然主义，所以卢梭主张人性生来是善的，他说："万物离开神的手时，都是善的；一入社会，就变成为恶了。"其次卢梭主张人性生来是自由的，而不可束缚其自由，他又说："世人往往以为若不用腰布卷缠婴儿，则其姿势将变成为畸形，并反有妨于身体的发达。这是一种谬论，殊不知其他国家之中对于婴儿不用腰布卷缠者不少，然而他们的婴儿因为能得自由之故，所以比之我们的婴儿更多优秀，从未闻因不用腰布去卷缠婴儿而有害及他的身体之虞。"卢梭的性善说，无论如何，是没有科学的价值；因此，自命为科学家并且主张以经验为出发点的蒙女士不应该跟着卢梭的错误而错误的。至于卢梭的自由论，主张自由是先天的，并且误认自由就是活动，这亦是不对的，因此，尊崇卢梭的自然主义之蒙女士亦生同样的误谬。不过卢梭主张我们不应该束缚儿童的活动，这是可以赞同的；因此，蒙女士的教育法之置儿童的自动与自发，亦确是有相当的价值。但是儿童的教育，尤其学龄前的儿童教育，因为他们的天性，在幼少的时候，还是居于必然的状态，所以在这时候的教育，与其任儿童去自由活动，不如由指导者多加以训练；不过指导者不应该站在成人的立场，将成人所有的知识与观念灌输于儿童的脑筋之中；而必须为儿童设身处地，将儿童所喜做的作业示例或示范于儿童，使儿童去模仿；并且这种示例或示范的教育，为时不可过长，能够越短越好，总以使儿童早达到自己意识及自己活动为宜。倘使能够做到这一层，那么，这才是真正的自然主义、自动主义及自发主义的教育，亦才是正当的自由主义的教育。固然蒙女士亦未尝不懂得这种道理，请看她的教育法，就是在她的"自由之原则"之下，亦时时注意指导者的示例或示范之必要。例如女士以为沉默游戏，指导者先在各种的位置保持他沉默不动的姿势，使学生熟视，然后再使学生自己去保持同样的状态，由此可见女士并不反对示例或示范使儿童去模仿了。但是我觉得蒙女士的教育法虽确有可取之处，然其根本假定在于误认人性生来是自由的，并误认自由就是活动，所以她虽则有时置重于示例或示范，但她所示的实例或模范，亦不过以为是发动儿童的自由而已，殊不知这并非发动儿童的自由，乃是促进儿童的活动或发展，使他由"必然"跃进"自由"之境域的意思。因为如此，所以有些人以为假令应用这种方法，对于儿童心理的教育的研究，亦还有加工的必要；这种论调，确有至理。但是这亦看我们站在什么立场去研究儿童的心理，然后才可以决定我们对于蒙女士的教育学说是否赞同。具体的说，如果我们站在唯心论的立场，那么，我们的主张，必定如同蒙女士的主张一样，以为人性是内部的生命，生来是善的，是自由的，乃至以为自由就是活动。否则，如果我们站在唯物论的立场，那么，我们的主张，当然与蒙女士的主张不同，以为人性是自然的，而所谓“自然”，最初是与所谓“必然”有同一意味，并且主张教育必须使儿童迅速地由“必然”跃进“自由”的境域。不宁唯是，并且照现代唯物论者的见解，人类不但由“必然”跃进“自由”的境域，如蒙女士所说，仅养成一个自主独立之人而已；并且要尊重他人的自由，消极的说，彼此不相侵犯，积极的说，彼此互相协助，养成一个社会上有用之人。总之，照唯物论的教育学者的观点，以为最原始的教育，不外乎个体对自然的环境之“刺应结”（R→S），稍后为自己模仿，再后为自己学习，最后为共同合作，无论在人类史上看来，或在人生上看来，抑或在社会上看来，都是这样的。因此，我个人对于蒙女士所主张的个人教育，置重个人的活动，是很赞同的；然而对于她忽视社会教育的方面，毫不提及怎样养成社会上有用之人，是颇不满的。所以论者有以为蒙女士的教育学说，是属于极端的个人主义的教育，决非无故的。但是这亦不足怪的，因为如我在前面所说，蒙女士所以发明这种教育法，其最初的动机，在于要救济变态的儿童——低能儿或白痴儿——同时还要教养学龄前的儿童，所以她仅注意使这些儿童养成为一个自主独立之人，而无暇提及社会教育的方面，但其终极的目的，未尝想不到教育最后是养成儿童为社会上一个有用之人的缘故。惟蒙女士所发明的幼稚儿童教育法，尤其是低能儿的教育法，既又如前面所说，有相当的价值，所以风靡一时，一般教育学者认为它可以作为幼稚园教育上之良好的参考，比之福禄培尔的幼稚园的教育法上所谓“恩物”（gabe）太模仿成人所有的既知的观念，即缩小宇宙间万物之性质、形态及其法则作为玩具，只有抽象的概念而没有适应儿童的性能之具体的功效者，胜过许多。如果我们除掉对于蒙女士的理论之不彻底的地方加以一度的改造外，再将她的有效的教育法大加发展，使这种教育法成为尽善尽美之幼稚园教育法，那么，我们不得不饮水思源，称颂蒙女士为幼稚园新教育法之发明家，对于幼稚园旧教育法之革命家。因此，我们在教育史上不可不将蒙女士的教育学说大书特书的。

本章的结论　以上所述，是我们对于蒙特梭利女士的教育学说之大略的批评。我的批评上所要说的话，本来不止于此，因为现在为篇幅所限制，所以我不能详尽地说明，只得姑告一个结束。同时我要声明的：我的这种批评，不仅只对于蒙女士的教育学说而发，尽可以普遍地应用于前面所举的那几位教育学者——尼采、爱伦·凯女士、哥尔利德等——的教育学说之上。因为他们如同蒙女士一样，有些误认人性生来就有内部的生命，有些误认人性生来本是善的，有些误认自由就是活动，及有些太偏重个人的方面而忽略社会的方面的缘故。因此，我对于蒙女士的教育学说所批评的话，可以说就是本章所举的一切教育学者的教育学说之总批评。此外，我还有几点附带地声明的：第一，我在前面屡次说明过的，这些教育学者的教育学说，有些地方是受斯宾塞的思想的影响；再就学术的源流而论，这些教育学说确是为斯宾塞、卢梭等的思想所胚胎的。卢梭的思想，我在前面已经说过多少的话，可不成问题；至于斯宾塞的思想，是完全未曾提及的。论理在未叙述尼采的教育学说以前，本来必须先将斯宾塞的教育学说叙述一番，才是对的；换句话说，如果从自然主义而出发，那么，应该就着斯宾塞的教育学说之自然主义的方面的思想，一并归入本章——自然的教育——之列，尤其将斯宾塞的教育学说放在第一位。但是现在我一则因为本书的篇幅有限，若再将斯宾塞的自然主义的教育思想列入叙述，势必至非将篇幅扩大不可，所以只得将它省略；二则因为我在本书前编里已经将斯宾塞的教育学说叙述过一遍，当时虽未曾将他的自然主义的方面的思想详细地提及，只叙述过关于他的实利主义的方面的思想一部分；但是要知道的，所谓“实利主义”，实在讲起来，是胚胎于自然主义的；换句话说，自然主义实是实利主义之骨子；因此，我们一领会得实利主义的性质，那就会发生自然主义的思想与观念，举一反三，可以无须赘说了。我所以在本书里面不再叙述斯宾塞的自然主义的方面的思想，亦就不外乎此；同时可以免去复沓重叠之弊。第二，我在前面已经说过的，蒙特梭利女士的教育法，有些部分是根据于摩曼及拉伊等所提倡的新心理学及其实验教育学。现在我既将蒙女士的教育学说放在本章里面叙述，论理亦应该同时将摩曼及拉伊等的教育学说放在本章一并叙述，但是摩曼及拉伊的教育学说是与自然主义没有何等的关系，所以我不能将他们的教育学说用“自然的教育”这一个标题去叙述的。同时在另一方面看来，摩曼及拉伊同是一位个人主义的教育学者；但是他们的个人主义的教育学——实验教育学

——如绪论所说，却是要反对或抵抗海尔巴脱所建设的“个人的教育学”而唱导的。据摩曼及拉伊的见解，以为海尔巴脱的个人的教育学是以哲学的心理学为根据，只凭演绎法去推论儿童的心理而没有实证的，虽则命名它为“科学的教育学”（Wissenschaftliche Pädagogik），然而它实在没有科学上的价值。如果要建设一种真正的科学的教育学，在他们的见地，那么，以为它必须先以生理学、生物学等为根据，用归纳法及实验法去观察或分析儿童的心理，然后再根据这种观察或分析所得的结果规定出一种适应儿童的个性之教育法则，而命名为“实验教育学”；这种实验教育学，才算是真正的科学的教育学。由此，可见摩曼及拉伊等的个人主义的教育是与海尔巴脱的个人主义的教育相斗争的结果，所以我对于海氏所提倡的教育，无以名之，名之为“旧个人主义的教育”；而对于摩、伊两氏所提倡的教育，无以名之，名之为“新个人主义的教育”，简称为“新个人的教育”。因为如此，所以如同田中义能一样，拟将摩曼及伊拉等的教育学说留在下章所谓“新个人的教育”这一个标题之下，连同另几位所谓“新个人主义的教育学者”如魏铿（Eucken）、菩特（Budde）、林德（Linde）等的教育学说一并叙述，不过那时候我在这章里面另设一节所谓“实验的教育”，专叙述摩曼及拉伊等的教育学说，以示他与另几位新个人主义的教育学者的学说又有区别的。第三，我在本章里面对于各位教育学者的教育学说所下之种种批评的话，骤听见，似乎有越过本编所应该叙述的范围之外；具体的说，似乎其中有些话是“教育哲学”的范围以内的问题，应该放在“教育哲学”的领域内去说明，而不应该放在“教育史”的范围内去叙述的。但是在学理上看来，这并不是这样的。黑格尔岂不是告诉过我们吗？黑格尔在研究学术上，以为哲学之研究，不可不在哲学史里面去追寻哲学的缘起、变迁并预测其新趋势；换句话说，哲学史实在是哲学的全部科目中之主要的一科，无论那一种哲学，都是脱离不了哲学史上所示之整个哲学的过程而单独地去研究的。由此，可见哲学与哲学史是有密切的关系；同一道理，教育哲学亦是与教育史有密切的关系。所以在一方面讲，我们研究教育哲学的时候，不得不从教育史上去考察各个时代的教育哲学之缘起、变迁并预测其新趋势；但在他方面讲，我们研究教育史的时候，亦不得不从教育哲学，尤其不得不从现代的教育哲学的观点去批评各个时代教育学者的教育学说，以估量它的价值。况且本篇所叙述的现代教育学者的教育学说，就是所谓“现代教育思想”；

因为它是一种思潮，所以它好像“怒涛狂浪”一样，一起一伏，斗争不已，尤其不得不完全地将它放在“教育哲学”的领域内都作一度严密的评价。所以我在本章里面所发表的我自己的意见，多少是属于“教育哲学”一科目的范围之问题，尤其有些话是我曾经在拙作《教育哲学》一书里面所发表过的材料。同时，除掉前面的那些话外，本来我还有些话要说，但是唯恐太侵蚀本书的篇幅，只得留待读者诸君自己去阅读拙作《教育哲学》一书，那时候就会知道我个人的命意之所在了。但是这是只就本章而论，至于以下各章，如果有些教育学者的教育学说，可以给与我个人作一度教育哲学上之研究，那么，我个人仍要由拙作《教育哲学》里摘些话出来，以作讨论的材料的。现在姑不多说，再继续地叙述别些教育学派的教育学说吧。

第二章
新个人的教育

第一节　人格的教育（一）

人格的教育学之由来

所谓“人格的教育”，可以分作两方面解释：一方面，它是“社会的教育学”的反动。因为社会的教育学太偏重社会方面而没却个人价值的缘故。固然，在社会的教育学者中，亦有些人，例如美国的杜威等，很顾到个人的价值；但就一般而论，所谓社会的教育学者，远自古代、中世纪起，例如柏拉图、亚里士多德的教育论与中世纪经院哲学（旧译烦琐哲学）者的实在论等，都极端否认个人的价值，好像非使人成为社会的奴隶不可；近至近世纪止，例如修拉玛希（Schleiermacher）、威尔曼（Otto Willmann）、德林（Däring）、那笃尔普（Natorp）、契加拉（Ziegler）、白尔格曼（Bergemann）、凯欣斯泰奈（Kerschensteiner）等，虽非极端地否认个人的价值，然而大致总以为人不能离社会团体而生活，结果呢，遂使个人不得不从属于社会团体，而失却个人自身存在的价值。（参考本书前编第十三章）因为如此，所以人格的教育学者要起而反抗，以为人有个人之人格与价值，并不是社会团体的附属品。另一方面，人格的教育是从来的“个人的教育学”的反动。从来的“个人的教育学”可分为两种：第一种就是中世纪末叶所谓“人文主义的教育”及近世纪初期所谓“实利主义的教育”。这两种主义的教育虽非极端地轻视社会方面，然而因为古代及中世纪的教育太偏重社会方面而没却个人价值，所以这些主义要起而反抗，那确是一种事实。同时，前者太偏重个人之形式的陶冶，后者太偏重个人之实质的陶冶，亦是无可讳言。（参考本书前编第六、第七及第九、第十各章）第二种就是前两种主义一入第十八世纪之所谓“启蒙时代”，走到另一极端之“自然主义的教育”。这种主义的教育，如前章所说，是首唱于法国卢梭。卢梭尝反复主张天赋人权、自由、平等的学说，以为人之所以为人，有绝对的价值，至于社会的组织与国家的建设，都不过是增进个人的价值之手段。因此，教育之目的亦无非在于使人成为完全而增进他的价值。这种自然主义的教育思潮，有人称为“教育学的狂澜怒涛”（Pädagogische Sturm und Drang）。卢梭的教育学说，最初被巴西多（Basedow）、撒耳士曼（Salzmann）应用于实际教育上，而成为一种所谓“泛爱主义的教育”。后来它又与英国斯宾塞的教育学说相混合，而成为一种所谓“实利主义的教育”。（参考本书前编第十章）最后，它更被革斯尼（Gesner）、黑尔特（Herder）、瓦夫（Wolf）、康德（Kant）乃至裴司塔洛齐、福禄培尔、海尔巴脱等教育学者所祖述，修正，改良，乃至扩充而成为所谓“新人文主义的教育”。（参考本书前编第十一，第十二两章）就中尤其是裴司塔洛齐，他将卢梭的教育学说之消极的破坏的方面完全抛弃，使它转变为积极的建设的计划。杜威说：“裴司塔洛齐是第一个教育家帮助卢梭发展他的消极的与有点不一致的‘自然主义’使成为一种比较积极的计划，以适当的教育与新的教育法去改良腐败的社会。”美国教育史家格莱夫斯（Graves）亦说：“卢梭已将第十八世纪的专制、特权及虚伪等各种合成的高堂大厦捣得粉碎，而另在破坏之上建筑更加耐久的新屋；因为完成这工程，遂不得不有裴氏出来恢弘大业。”杜、格两氏的见解，可谓将裴氏的工作描写得非常逼真！裴氏将卢梭的教育思想修正，扩充，而且加以许多新的见解，遂成为他自己的教育学说。这种学说又分作两方面：一方面主张教育应该为一种自内的天然发展，他方面又主张教育建筑于由外界经验所生的观念之上。裴氏弟子福禄培尔注力于他的第一方面，而另一个弟子海尔巴脱却注力于他的第二方面的见解之发挥。具体的说，福氏主张教育是谋儿童的天性之内的天然发展，所以他的教育法是要在儿童的生活上去发见本性；而海氏主张教育是使儿童获得外界的经验上所生之观念，所以他将全副精神放在教育方法与教师的作业方面。现在我再总括地说句话，卢梭的教育学说，自巴西多将它应用起，再经过许多位教育学者所祖述，修正，改良乃至扩充，最后到了海尔巴脱的手里，更加以变化，并且用他自己的哲学的伦理学与心理学为基础，系统地组织地建设所谓“科学的教育学”。这种科学的教育学，当然不是今日所谓有真正的意味之教育科学，乃不过是一种有系统的组织的之“哲学的教育学”（Philosophische Pädagogik）而已。关于这一点，此地无暇细述，可参拙作《教育哲学》第一章、第二章。现在所要说的，自卢梭以迄海尔巴脱止，所有一切教育学说，其内容虽有多少的差异，但要旨大都不外乎注重个人的方面。因为如此，所以“社会的教育学”的勃兴，乃是一种自然的反动。这种“社会的教育学”首唱于修拉玛希；而“人格的教育学”又是这种“社会的教育学”的反动。这在上文已经说过，兹不复赘。然而站在个人主义的立场上的人格的教育学者为什么要反抗从来的“个人的教育学”呢？先就第一种“个人的教育学”而论，它既如上面所说，不是有些太偏重个人之形式的陶冶，就是有些太偏重个人之实质的陶冶；至于人格的教育学者呢，它却是要综合或统一上面的这两种陶冶，并且所谓生命、体验、个性、创造、全一性等概念，以打破存在与当为、现实与理想、普遍与特殊、个人与社会之界限，使它由二元论而成为一元论，并且将所建设的教育学命名为“生命教育学”（Lebenspädagogik）。这种主张，就严格的眼光看，固然不是人格的教育学者所具有，乃是后起的文化教育学者所唱导，就是那笃尔普依从他所谓“社会的理想主义”（Sosial-Idealismus）亦曾说过的；但是就广泛的眼光看，在人格的教育学者的教育思想中，亦未曾没有这种主张。至于它能否贯彻这种主张，具体的说，它能否得到存在与当为、实现与理想、普遍与特殊、个人与社会之综合与统一，却是另一个问题。况且在某种意味上看来，例如个人与社会两方面，并未能为人格的教育学者所综合、所统一，它的要旨还是置重个人的方面。不过因为人格的教育学者的个人主义与人文主义的及实利主义的教育学者的个人主义稍有不同，并且可说前者是后两者之反动，所以称为“新个人的主义”。关于这一点，等到读完这些学者学说的内容，自会明白。次就第二种“个人的教育学”而论，例如卢梭的自然主义，为抱有理想主义之人格的教育学者所反对，那是当然的事。自然主义与理想主义，自古以来，本来早已互相对抗着的；就是一派主张人属于自然界，另一派却主张人有固定的精神，所谓“唯物”与“唯心”的论争，早已喧嚣着的。现在我并非谈全部哲学史，亦无暇重新地从古代迄至现在将它的教育思想作再一度的叙述，好在我在上面已经将它作过一度极简略的说明了。况且本节的目的在于要叙述现在的理想主义，至于自然主义，不过要举出它以诏示我们，知道它是理想主义之反对物而已。但是在未叙述人格的教育学者理想主义以前，我姑且借用社会的教育学者修拉玛希的几句话，以明理想主义的意义。修拉玛希说：“人是在自己的内部包有世界，又欲表示自己于世界。”修氏的这几句话，引伸的说，就是以为在一方面看来，人是从自然界去获取他的生存上所必要的材料，且求关于全世界的知识，以多得为上。他不仅获取各个的事物而已，并且探究其因果的关系，明了种种现象之根据的理由，亦以懂得多而有利于生活为上。但是人并非单是环境的产物，他不仅受纳而已，并且消化所受纳的事物，使它变为一种自动力；复次，依从这种自动力去构成世界，使它发展特殊的思想与理想，然后再依从这特别思想与理想去改造环境。一句话，人是能动的，有行动，有制作力的。然在他方面看来，自然的势力是强大的。人不能不服从自然的法则，有时人到底不能够脱离它的羁绊。但是人能够逐渐自由地构成特别的目的，使自然界服从这种目的，由创造的精神去改造自己的生存关系。在个人，使由动植物的生活表现出人类的生活；在种族，使由自然的状态发展到开化的状态。由此，可见精神较诸自然更为强大，而理想能使人成为支配者、创作者。人可以由其创作而达到伟大、自由及独立的的状态，获得有价值的生活内容，而了解生活的意义。修拉玛希的这种见解，是否适当，留待后面讨论。总之，一般理想主义者所有的见解确是这样的；在教育方面，到了所谓理想的人格主义的教育学者的手里，这种见解，可谓登峰造极，何怪其对于卢梭的自然主义有极端的反动。复次，人格的教育学者对于卢梭以后的各位教育学者的自然主义或个人主义究竟有什么态度呢？这些教育学说不消说都是为人格的教育学者所反对的。因为卢梭的后继者们虽非与卢梭站在完全同一的立场，然而彼此是大同小异的，人格的教育学者对于卢梭的教育学说既然表示反抗，那么，他们对于卢梭的后继者们的教育学说当然亦要同样的反抗。但是卢梭与他的后继者们间的教育学说既稍有差异，所以人格的教育学者对于卢梭的教育学说，要站在理想主义的立场去反抗；而对于卢梭的后继者的教育学说，不得不另行改换方面去反抗。具体的说，有些从哲学的方面，有些从伦理的方面，有些从宗教的方面，有些更从艺术的方面出发而反抗。就中尤其是对于海尔巴脱的“个人的教育学”站在知识的立场这一点，他们特别从置重情意的主观性的观点出发而反抗；这就是从艺术的或道德的方面出发而提出反抗。因为如此，所以如前所说，有些人称海尔巴脱的教育学说为“个人的教育学”，而称人格的教育学为“新个人的教育学”。最后，人格的教育学者对于现世纪崇奉卢梭的自然主义而起的各种自然的教育（如本编前章所举的）究竟又有什么态度呢？这些教育学说亦都是为人格的教育学者所反对的。因为这些教育学说将卢梭的自然主义更变为极端而成为一种极端的个人主义的教育学。具体的说，因为这些教育学说是以感觉的个性为主，其结果有陷于无秩序、无限制之流弊的缘故。固然，尼采所谓超人，爱伦·凯女士所谓“新人”及哥尔利德的《教育学》里面所谓“人格”等，亦重视人格的养成，但是他们对于“人格”的意义所下的解释，与人格的教育学者的解释是各异其趣的。前几位教育学者大抵解释个人主义为尊重人格的主义，以为无指导群众之优异的个性，那不算是有人格，所以他们一律地反对学校之目的在于养成无个性的凡庸的人。但是人格的教育学者反对自然主义所谓“个性即人格”的学说，而另创“人格的教育论”。例如前章所举的包尔生、威廉·弗尔斯托、明希等，就是属于这一派。除掉我曾经将明希的“人格论”叙述一过外，其余两人的“人格论”留在下面再说。但是在未叙述包尔生与威廉·弗尔斯托的人格的教育论以前，还有一位极重要的哲学者魏铿的理想主义及以魏铿的理想主义为根柢所建设的人格教育论不可不先行叙述。总上所说，除掉人格的教育学者对于中世纪末叶之个人主义的教育学另有一种态度可以不再多说外，他们对于第十八世纪启蒙时代所起之教育思想的反动，可谓是另一种形态的浪漫主义运动。因为它与启蒙时代所发生的那种所谓“浪漫主义”有区别，所以又可称为“新浪漫主义”。那么，它的特征在那里呢？如上面所说，它的特征在于认定价值生产者之个性或主观之优势。而且重视这种个性或主观上情意之力量，所以它以上面所述的生命哲学为基础，而构成一种所谓“生命教育学”。因为这种新浪漫主义对于第十八世纪启蒙时代的浪漫主义互相对抗，所以有些人对于启蒙时代所谓“教育学的狂澜怒涛”的标语，而称这种新浪漫主义的教育思潮为“第二之教育学的狂澜怒涛”。固然，所谓“第二之教育学的狂澜怒涛”这种标语，不但可以适用于人格的教育学派，而且亦可以通用于社会的教育学派，尤其是那笃尔普所谓“社会的理想主义”及文化哲学派，尤其是斯勃郎格（Spranger）所建设的文化的教育学之上，但是因为人格的教育学派特别注重个人的人格之情意的方面，而更富有浪漫主义的色彩，所以用“第二之教育学的狂澜怒涛”去形容这一派更觉得适切。

人格的教育学之种类

以上所述，就是人格的教育学的思想之由来及其性质之一斑。同时，我们照上面所述的话来看，所谓人格的教育学思潮又可分为三派：（一）以魏铿之理想主义为出发点的一派，（二）以艺术为主的一派，（三）以道德的人格为主的一派。现在我顺序地将这三派叙述于次。但是第一派既然是以魏铿的理想主义为出发点，所以又不得不从魏铿的理想主义说起。原来魏铿的理想主义，有些人称为“新理想主义”，因为在魏铿以前，早已经有人唱导一种理想主义。这是什么样的一种理想主义呢？简单地一句话，就是“新康德派”的理想主义。在哲学上它究竟怎样，姑作别论；至于教育学上，那种社会的教育学者，例如那笃尔普的教育学说，就是属于“新康德派”的一种主张。关于这方面，可参考本书前编第十三章，现在我不过姑举其名，使与魏铿的理想主义互相对照，以示魏铿的理想主义是另一种理想主义，可以称为“新理想主义”。现在先将魏铿的传略及其学说略述于次：

魏铿的传略

魏铿（Rudolf Eucken），德意志人，一八四六年生于普鲁士的爱利希（Aurich）市。少孤，子母二人，相依为活。年十八，进高定根（Göttingen）大学，师事泰希苗拉（Teichmuller）研究亚里士多德哲学，大有所感。后二年，进柏林（Berlin）大学，受突冷得伦布鲁希（Trendelenburg）的影响，研究语学，史学及哲学，更有心得。翌年，他复进高定根大学，得哲学博士学位。他经过五年文科中学校教师之后，再转任为瑞士巴塞尔（Basel）大学教授。一八七四年，继斐奢尔（Kuno Fischer）任耶拿（Jena）大学教授。从这以后，遂潜心钻研幽玄的学说。未几隐退。到一九二六年卒。魏铿的主要的著作，有《大思想家之人生观》（一八九〇年），《精神的生活内容上之战》（一八九六年），《人生之意义与价值》（一九〇八年），《现代之思想》（一九〇九年）等书。现在就上面所举的诸书，将魏铿的学说摘叙于次：

魏铿的学说之根本思想

魏铿倡导超越自然的精神生活说，以为人应该通过自然生活而进入于精神，而且生活于新世界。他说：“现代科学的现实的思想，将各个人限制于自然法则之因果的关系之内；大计划实业的发达，使作业成为强大的生活要素，使人从事于群集的作业，夺去其独立固有之生活，而不顾虑个人的特质；于是丧失生活之内的性质，而代以物质上之成功、快乐及表面的名誉。但是人并非永久地以这种状态为满足，企望有与自然及社会相对立之固有精神生活，乃是他的本性。人得到这种生活之后，他才能了解生活的意义，而且感到幸福。”

精神生活之必要

魏铿的意思，就在于使人脱离自然界及现实世界，进入精神界，以求得真正的自己。但是他却排斥只知有自己，完全与周围断绝关系而唯在主观的情调上，求独立的个人主义；他又非难爱好否定或破坏传统的社会关系之倾向。现在世界上，那只剩有微少残骸的腐朽物固然很多，然而想将它破坏或否定，那背后就不可不有新的建设力，而这种力则由于超越个人的精神能力之精神生活的存在。这种生活是由其固有的运动发展到独立的实在，并合或包容种种差别及反对。我们达到这种生活的时候，然后才能够达到超越社会及自然之状态。反之，如果与这种精神生活断绝关系，那么，所有优点就全归消灭了。这种新生活并非使人终于无为安乐，乃是要益增其要求，使之愈加奋斗，如果努力得到稳固的支持点，那么，我们可以安心从事奋斗。氏以为现代的个人主义，力说个人的优秀，划定优秀的个人与群众间的差别，因此，它反对普通一般的事业，要离开他人而求愉快，似乎以为如此就可以发见伟大的事业。由此，可见这种个人主义对于世人所认为适当的风俗、习惯、法律等都漠不关心，使个人依从他的所好或所欲去发现固有的特质，并且使他毫无顾虑地去求放纵恣情的生活上之权利。然而这种个人论理为满足他的欲望起见，必须需要环境，所以他决非独立的；实在讲起来，他是存在于极不自由的状态之上的。氏以为这种个人主义，并非对于精神的人格去求自由，乃是要求感觉的欲情的人格之自由，一切训练的废止，亦是它的一种主张。

自然界与精神界

魏铿反对视精神的存在为自然过程之继续——自然作用之一部分——之自然主义，他以为自然界必须以精神为它的根本假定，自然是由精神之总括、统合及整理之力而成立的，例如科学、美术、道德、宗教等，决非自然的产物。他说："在科学之研究上，我们并非单只受容感觉界，并且依靠固有思考力去构成的。我们对于宇宙的广大无边不禁生有惊异的感动，这亦非由外物之无限的分量所起之感觉的印象而使这种惊异的心情发动，乃是依靠由内部所发出的莫可测定之所谓观念与周围的环境相关映相比较时才能发生的。这种观念，虽则由外部的印象而惹起，然而决非由它而发生的。我们之本体上的无限与有限之合一，始有'宏大'之感，而且使之经验。道德与宗教亦非自然之产物。在各个时代各个地方，道德与宗教的思想固然互异，并没有固定不动的规范，然而它的里面却有一种固定不动的事物之存在，亦是不可否认的。就道德的内容而论，有种种相差异的思想，然而无论如何，道德的存在这种事实，决不能否认。宗教亦然，虽则有种种宗派的斗争，但是人对于绝对及超自然问题，常有所感动，且大半由此去解决现实问题。所谓形而上的要求，不拘有没有确定的方法去捉住它，然而这种要求常存于人性之内，并且是他的重要的部分。超越一切经验的事项之宗教的及道德的运动实为大部分的创作之源；这种行动不外乎是由人之精神的性质所发出的一定的目的观念之活动。”

精神生活之四大要素

宗教、道德、科学及艺术，就是魏铿以为构成精神生活之四大要素。至于这四大要素之价值，除掉上面一段所绍述的话以外，氏还有详细的说明。但此地为篇幅所限制，无暇将它备述；况且氏的学说固然影响及于教育方面，然而它究竟偏于哲学的方面，所以氏的学说大部分应该让诸西洋哲学史去叙述，至于现在所要说的，限于它与教育学有多少关系的一部分。氏所谓“精神生活”一语，是他的哲学上的根本原理，亦就是后来所谓“人格的教育学”上的一种主张。但是所谓“精神生活”，究竟是什么东西，并且含有怎么样的性质呢？这个问题，看上文所绍述的，亦可以知道崖略；现在为明了计，再反复地将它作一度总括的说明。

精神生活

魏铿所谓“精神生活”，在他自己看来，是全体的内面的本质的之根本生命。因为它是全体的，所以它是普遍的、一体的、超个人的、无限的；因为它是内面的，所以它是自发的、创造的；而其全部的性质，则为独立、自存、自由及自主。因此，它是不断地发展，能无限进步的东西。就是宇宙自身，亦就是所谓精神生活。现实并未成为精神生活，但是与物质的自然相奋斗，并且征服它，才能实现本质的生命。这样的本质的生命，就是宇宙之本质，亦就是个人之真自我，这叫作“人格”。总之，魏铿以为能征服自然而不为自然所役使之生活，才算是精神生活，而使人达到这种精神生活，这又叫作“理想主义”。

普通生活

魏铿对于上述的这种精神生活，在反对的方面，以为世上普通的生活是本能的制限的精神生活，其活动不外乎是单纯的生活之连续。真正的精神生活，常为自主自由，并且有不断的建设及永久的创造。因为如此，所谓真正的精神生活是舍却本能的精神生活或平常人的立脚地而进入于超越的世界的生活。这种真正的精神生活的进步之过程是真、善、美，而它客观地所表现的要素，则为科学、道德、艺术及宗教。教育就是依从这四种要素使向着精神生活彻底地进行的。如果偏于上述的这四种要素中的一种之教育，氏以为这并不是一种真正的教育。后来魏铿的这种思想为好几位教育学者所继承，以包含宗教、道德、艺术、科学的人格之养成为教育理想而建设一种所谓“人格的教育学”。就中最著名者为菩特。所以魏铿的思想究竟有无缺点，等到叙述菩特的教育学说之后，一并将它提出来批评。但是现在有一点先要说明的，就是魏铿的这种新理想主义，在表面上看来，似乎是与“新康德派”学者，例如那笃尔普的教育学说相同。因为魏铿的新理想主义，如上面所说，以为真正的精神生活的进步之过程是真、善、美；而它客观地所表现的要素，则为科学、道德、艺术及宗教；那笃尔普的教育学说，在他的著作《哲学与教育学》（*Philosophie und Padagogik*）一书里面，亦以为教育是养成真、善、美之人，而以论理、伦理及美学为教育学的基础。但是仔细地研究起来，魏铿的哲学思想，是形而上学的，与“新康德派”的那笃尔普以论理为中心所建设之教育学说，颇异其趣。因为魏铿并不以哲学为科学的综合，而以哲学为阐明生命之根柢；并且以为这种生命就是思想与精神的实现，而成形其高深悠远。因为如此，所以那笃尔普的思想，是一种理想主义；而魏铿的思想，是另一种理想主义，而可称为“新理想主义”。同时，那笃尔普根据他自己的理想主义所建设的教育学，他自己称为“社会的教育学”；而菩特继承魏铿的新理想主义所建设的教育学，我们称为“人格的教育学”。现在再将菩特的传略及其教育学说摘叙于次：

Gerhard Budde

菩特的传略

菩特（Gerhard Budde），德意志人，一八六五年二月十九日生于勒尔（Rhyl）。在这地方的国民学校及实科中学校毕业以后，进马尔堡（Marburg）及柏林大学肄业，研究现代语学。从一八九〇年到一九二三年，他担任喜尔得斯亥谟（Hildesheim）女学校（Lyzeun）教师。在这时间内，从一九一〇年起，任汉诺威（Hannover）女子专门学校教授，兼同地方工科大学讲师。一九二二年，升任额外教授。此外，氏与该地方的教育会亦有关系。氏的著作颇多，主要的有《教育理想之变迁》（一九〇九年），《一般陶冶与个人陶冶》（一九一〇年），《现代之陶冶问题》（一九一二年），《旧教育与新教育》（同上），《精神论的教育学》（一九一四年），

《学校改革与言语教授》(一九一七年),《十九世纪及现代之思潮与教育问题》(一九二一年)及其他关于中学校之教育及教授的著作等书。就中尤其《精神论的教育学》(*Noologische Pädagogik*)一书,建设于魏铿的哲学基础之上,所谓“Noologisch”亦借自魏铿的哲学上所用的术语而建设一种所谓“人格的教育学”。现在由菩特的《精神论的教育学》《教育理想之变迁》及《旧教育与新教育》诸书里面将他的教育学说略叙于下:

精神论的教育学

菩特在他的著作《精神论的教育学》一书《自序》里说:

> 这部教育学是建设于魏铿的哲学基础之上,所谓“Noologisch”亦借自魏铿的哲学上所用的术语。我的意思,以为教育学之最高的立脚地,并非像社会的教育学只求于社会团体,亦非像极端的个人的教育学置重个人之自由的倾向,乃是欲求于超越人类界及时代之规范——魏铿所谓精神界或精神生活。精神生活虽则超越人类界,但是能与人类以影响;人类若继续与其自然的部分相斗争,那就可以得而有之。苟认识这种精神生活与它发为宗教、道德、艺术及科学之永久不灭的形相,并且从而有所得,那这是人之真目的。因为如此,所以教育之最高的目的,就在于使成长中之人类去认识精神的生活之永久的轨范,而且得而有之。因为人之真目的存在于与精神生活的关系,所以教育之最高的目的又可称为人道的。这种目的在其他一切目的之上,而社会的目的及自然的目的亦都从属于它。第一,人应该为自己而陶冶自己,决不可为外的目的,亦不应该为人类社会而受陶冶。如果能做到这一层,那么,可以养成独立的人格及精神的个人。就是在现象的世界里,亦能尽力活动,而且所成就的亦很多。

“Noologisch”之考察与心理的考察

菩特就他所主张的“Noologisch”之考察与心理的考察之不同的地方,有如次的议论。他说:“‘Noologisch’之考察,就是欲研究、追求人之独立的精神生活之出现,将各个的活动本于全体,再根据全体而了解它。至于心理的考察是研究心的生活之自然的状态,且究明精神生活怎样由现象中出现及怎样在现象界中活动。精神发展上之真理,唯由这种‘Noologisch’之方法可以阐明它,但是研究其及于经验它的人之影响的时候，乃有待于心理的见地。这两种见地之最显著的对照，可于宗教中看到。譬如甲乙两人，若依从心理的见地去考察他们所信奉的宗教是本乎他们自己的愿望与需要而发生的；换句话说，这时候的宗教就是因他们自己的性质及他们所居的地位之如何而变化其形式的；即甲在这时候将构成一种宗教形式，乙在那时候又将构成另一种不同的宗教形式。若依从‘Noologisch’的见地去考察，那就不是这样的，任何个人，他自己必须由一个超越世界的势力现出于独立的精神生活的时候，宗教乃得成立。必如此而后宗教之地位始能确实，人的生存亦因宗教而得光明。但是怎样而后宗教始能有影响及于人，人有求于宗教究竟是什么及将有什么所得等等问题，尚有待于心理学（宗教心理学）的研究。”菩特主张教育亦应该依从这种见地去研究，他以为人生之主要的运动，非仅就已有的存在之这一点与那一点而改良它，乃在于新的生活之获得，而这种新的生活必由转回而后可能。

人道的目的与社会的及自然的目的

菩特将人属于超越自然的精神界，以为这种目的可以由人与其单纯的人之点（自然的部分）行不断的斗争而达到的。教育就是要使人知得精神生活之要求是实在之根柢，应该绝对地服从它且使之适合其要求，由是而供给以斗争的武器，这就是教育上之人道的目的。氏又以为彼贵重各人的自身，在其离开社会及自然之关系的地方，而视其个人的精神的本体。但是在实际上，我们不能将人完全地离开社会及自然而考究的，所以菩特亦视社会的目的与自然的目的为教育上之第二次的目的。具体的说，氏亦以教育是使人了解其所属的社会之生存条件与之一致为必要；他又以为以支配自然界的法则去利其身体的生活，亦属得当；但是社会的要求及自然的要求必须注意其勿与精神生活之要求相冲突；如冲突时，那必须给与后者以优越的地位，这实为教育上的要项。

关于实际教育之人格的教育

观上所述，可知菩特教育学说的根本思想完全根据魏铿的哲学思想而构成。现在再叙述菩特关于实际教育的方面的意见。氏的关于实际教育的方面的意见，可于《教育理想之变迁》《旧教育与新教育》及其他关于中学校之教育及教授的著作中窥得。氏主张将中学教育本于人格的教育而加改良。氏以为魏铿所说的人格及品性的缺乏，是现代教育上的大缺点。其原因就在于人与外界的关系过多，只知道追求其所得的结果而酿成极激烈的生存竞争。他的作业偏于专门而趋于机械化，因此，他的全部性能多被切断而破碎了。人向来因勤劳而得的内的世界逐渐成为黑暗，失却牵引人心之力，而使精神变为空虚的东西。氏亦主张个性有某种程度的自由之必要，他说："人格及品性，在个性之发展上可以得到有必要的自由之保障的时候，才能看到的。我们不可因恐人误用自由，而束缚生活；那种当养成一定模型之人，标准的人物及标本的种族而轻视个人独得的性质之发展，实属误谬。社会对于个人没有妨害他自由构成心的生活之权利；将人看作全然从属于社会的东西，以为人是他的周围的产物，而完全为社会所支配，那是极不当的。以社会为主之教化是以社会的划一与中庸的人物这种概念为主，其主要点在于以为人并非自己思考，自己行动而为全体服务；一句话，社会状态之改良，就是这种教化之主要的目的。这种社会的教化认定个人之存在为恶劣的东西，将心的生活视为一种手段。殊不知生活之真正的保持者是卓越的个人开化生活上之进步，并非单由在社会上有悟性的分量之增加，乃是由于在什么样的方向上去增加悟性的分量；并且决定这种方向，有待于有指导者资格之个人。伟大的人物，发动活跃其固有的心的性质，依从他的迈往前进的力量去决定时势；他并非时代的仆从，而是时代的主人翁。"

中学校之教授

菩特将上述的这种思想适用于中学校教育，在教授上主张限制知识主义，废止的注入的教授及机械的记忆，而以扩张观念界正确判断及巩固意志为要务，因此，中学校有教授哲学之必要。氏又以为上级的学生所修的科目不宜划一，应该以选择的自由；对于某种学生，或减轻学科，或免除全部。具体的说，氏主张在文科中学校分为（一）古代语、历史；（二）哲学的、文学的学科；（三）数学的、自然科学的学科三组，使学生任择一组。在实科中学校，使学生任择数学的学科或近世语一种。在师范学校亦顾虑学生所有的数学及自然科学的大才与文学的历史的大才而施教。

中学校之训练

至于训练，氏亦主张自由主义。他以为限制自由，甚属不当；因为在全体之下，各个人若设有顺从的状态，那就不能发见各个人之发展。但是顺从是依从确信，而不可不从自己的方面而出发。因为无自由，不足以唤起责任之感，所以应该使学生实行自治，以养成其自治的习惯。从来的教育，对于学生多不信用，以此为训练的基础，这是不对的；今后的教育，应该信用学生，不妨多多委诸学生的自治。

菩特的教育学说之价值与缺点

以上所述，是关于菩特的实际教育上的意见的大略。这种意思，当然是由他建设于魏铿的哲学之基础上所唱导之教育的根本思想而出发的。因为菩特既是魏铿的哲学思想之继承者，所以对于他的教育学说之批评，则不得不先从魏铿的哲学批评起。魏铿的哲学思想究竟有无价值与缺点呢？关于这个问题，亦视我们站在什么根本的立场去解答。如果我们站在唯心论的立场，不拘唯心论者们对于宇宙观、世界观及人生观亦有多种多样的见解，然而他们都认定魏铿所谓的"以精神生活为宇宙之根柢及人生之本质"是对的。然而如果我们站在唯物论的立场，那么，我们认定魏铿的这种假定是极不合理的。不过魏铿的哲学思想对于第十八世纪法兰西的机械论的唯物论哲学不无救济之处。因为机械论的唯物论的哲学认定宇宙、世界及人生之本质都是物质的，但是它以为一切万物之本质所谓物质是固定的、死寂的，仅为因果律所支配的。这种见解，若从现代的唯物论哲学者们的眼光看来，并不是这样的。因为他们以为一切万物之本质固然都是物质的，但是它并不是单纯的物质之机械的结合与移动，乃是物质本身固有的运动与发展之有机的变化与推进。一句话，他们以为一切万物之本质所谓物质是运动的、变化的、发展的；而且它有它的内在矛盾，促进它自然地而运动、变化与发展，不单是靠着外界的因果律而发起一种机械的移动。关于这一点，为篇幅所限制，无暇详述，姑止于此。因为有这一点，所以我以为魏铿的哲学思想颇能救济第十八世纪法兰西的机械论的唯物论哲学之缺陷；因为他认定宇宙、世界及人生之本质是继续发展，永无停止之一日的缘故。可惜魏铿所认定的宇宙、世界及人生之本质是精神生活而不是物质，那是绝对误谬的。因此，如果我们将魏铿的这种根本假定之说明倒转头来放在唯物论的立场之上，那它多少有可取的地方。同时，我个人觉得魏铿的本体论及其发生论固然不足取，然而他力说精神生活的培养之必要，大资参考的。因为照现代的唯物论哲学者的眼光看来，精神固然是为物质所决定的，然而精神一经物质所决定之后，它自有相当的势力，并且有时它能反客为主倒来利用自然，支配自然，控制自然乃至改造自然等等。关于这一点，已经为恩格斯（Engles）及古奴（Cunow）二人所道破，毋待我再说。不过我们如果采用魏铿所主张的精神生活的培养之必要的这种主张，那么，我们不可就将它应用于幼少时代的儿童的身上，而只可以应用于青年时代的学生的身上。因为魏铿的根本思想是在于认定人生来就具有精神生活，所以他主张在儿童时代就使儿童自动地去发展它；然而照唯物论者的见解，以为幼少的儿童还是自然之一部，因此，他固然具有内在的发展，但是他只有发展的可能性，而没有它的实现性，所以欲使它实现，那么，最初只有待于外界的环境之驱使与压迫，使它不得不实现的。后来随岁月的推移，将外界的环境之驱使与压迫逐渐减少，使儿童逐渐转变为一个自动、自主乃至自由的东西。在青年时代的学生，一般的说，他们都已入于自我意识之境域而有自动、自主乃至自由之行动；所以在这时代的教育，只要有适当的指导者在学生之傍，暗示以正当的途径，使学生们自己去寻索，就可以使学生养成一独立自治之人。由此，可见菩特将魏铿的哲学思想特别地应用于中学校的教育之上，是很可赞同的。不过我对于菩特的主张，以为使人知得精神生活之要求是实在之根柢，应该绝对服从它，且使之适合其要求，由是而供给以斗争的武器为教育上之人道的目的，而视社会的目的与自然的目的为教育上之第二次的目的，是不愿赞同的。照我个人的见解，以为这三种目的——人道的、社会的及自然的——在整个的教育过程上看来，是同样的，没有什么轩轾之可言；更彻底的说，是整个的目的上之三种要素。同时，我们要知道的，如果我们照唯物论的观点，所谓自然的目的，却是居于第一位，因为如上面所说，儿童还是属于自然之一部。所以教育的全部过程之第一阶段应该先使儿童一面利用自己的自然的身体，例如耳、目、鼻、舌、皮肤乃至脑等，一面将这些感官与外界周围的环境相接触，以养成一束适当的“刺应结”，这就是自然的目的。它的第二阶段，应该使儿童知道在自我之外，还有一个他我之存在，以养成其社会观念，这就是社会的目的。它的第三阶段，应该使儿童知自我与他我并非各自孤立分离的，乃是两者间有一种内的关系与联络，以养成其人类意识，就是菩特所谓的“人道的目的”，亦就是魏铿所谓的“精神生活”。实在讲起来，我们所谓的“精神生活”不外乎普通所谓“意识”、“精神”乃至“自觉”等而已，决非像魏铿所说“精神生活是超越自然的、世界的乃至时代的之规范”。魏铿只知道责备唯物论者将自然界看作真实在，将精神生活看作自然界的影响是误谬的，并且反复地指摘唯物论者将精神生活解释为物质，不外乎自然现象之连续，其结果遂陷于二元论；殊不知他自己的这种见解，简直是一种形而上学的或玄学的谬论。总之，据我个人的见解，以为自然却是实在之根柢，社会是由“存在”达到“当为”之媒介，至于精神生活呢，他无非是综合或统一“存在”与“当为”这一个阶段上之一种现象作用。不过这种现象作用在全体的人生上是一种极重要的东西，所以我们不得不竭力地培养它，勿使人始终停留于自然界及个人行动而已。有些人以为建设于魏铿的哲学之基础上的菩特之教育思想是温和的个人主义，它对于极端的自然的个人主义所反对之点是大可以采用的。但是我以为菩特的教育思想对于极端的个人主义如卢梭、尼采、爱伦·凯女士、哥尔利德乃至蒙特梭利女士等的个人主义的方面的教育之反对，固可以称为温和的个人主义的教育；然而它对于他们的自然主义的方面及那笃尔普的社会的方面的教育还是极力轻视。因此，在这一点上看来，菩特的教育学说，却可以称为极端的反自然的及反社会的教育，无怪乎他视自然的目的与社会的目的为教育上之第二次的目的。由此，可见菩特的教育学说刚刚与爱伦·凯女士及哥尔利德二人的教育学说相反，即凯、哥两氏的教育学说如前章所说是以儿童为本位，所以我曾经称它为“儿童学”而不是全部的教育学；然菩特的教育学说如上面所说是以青年为对象，并以培养他的精神生活为主要的目的，所以现在我不妨称它为“青年期教育论”（adolescence），亦不是全部的教育学。同时，菩特的教育学说又与明希的教育学说不同，即菩特与明希二人虽则同是置重于青年期的教育，然而明希的教育学说，如前章所说，还是拥护知识主义之教育，不过多少加以改造而已；但是菩特的教育学说，如上面所指示，是极端地排斥知识主义，以为脱离偏知的谬见，去调和或统一个人之知识、感情、意志三者，筑成自律的精神生活，由社会的权威里面排脱出来，由自然的压迫里面解放，去建设真正的人格。由此，可见明希的教育学说还是一种“知识主义的教育学”，而菩特的教育学说顾名思义，简直是所谓“人格的教育学”。以上所举的这两种教育学因为各有所长，亦各有所短，如果我们善为利用，确有互相补偏之效。我对于魏铿的哲学思想与菩特的教育学说之批评，姑止于此。此外，我还有些要说的，因为有些已经在前章里面说明过，可资对照毋须复述，有些已经详载在拙作《教育哲学》一书里面，可资参考，亦毋须赘说。

第二节　人格的教育（二）

艺术派之“人格的教育学”

上节所述的菩特的教育学说，是直接地继承魏铿的哲学思想，具体的说，是亲炙魏铿所谓“精神生活”，并且借用魏铿的哲学上所用的“Noologisch”一语而建设的“精神论的教育学”。我们虽则命名为“人格的教育学”，这亦不过意译而已；然而所谓“Noologisch”与所谓“Persönlichkeit”两语是否相同，究属疑问。因为如有些人所说，菩特的教育学说，虽力言人格陶冶的必要，然他对于人格之内容及陶冶的方法，殊未详说，并且他所谓“人格”亦不免流于空漠。由此，可见菩特的“精神论的教育学”（Noologische Pädagogik）与下面将要叙述的林德所建设的“人格的教育学”（Persönlichkeit Pädagogik）究竟是否为同一之物，实难决定。同时，就两者的内容而论，前者是以魏铿所举的科学、道德、宗教、艺术四种要素为出发点，而后者是唯以艺术一项为根据；由此可见两者之性质似乎又是有区别。因为如此，所以我姑将林德的教育学说视为艺术派之“人格的教育学”，另设一节去叙它罢。

林德的传略

林德（Enrst Linde），德意志人，一八六四年五月二日生于多得林根（Tuttlingen）之古的教育都市额达（Gotha）。从这地方实科中学校出身，转入师范学校。毕业之后，任国民学校教师，现任同地国民学校校长。他一面从事实际教育，一面从事著述。其主要的著作，有《人格的教育学》（*Persönlichkeit Pädagogik*，1897），《艺术与教育》（*Kunst und Erzichung*，1901），《宗教与艺术》（*Religion und Kunst*），《现代教育上之论争》（*Pädagogische Streitfragender Gegenwart*，1902），《自然与精神》（*Natur und Geist*，1907）等书。上举的诸书中，尤其《人格的教育学》与《现代教育上之论争》两书是讨论人格的教育之重要著作。前者顾名思义，一见就是讨论人格的教育之著作。这书的要旨，在于反对过信教授法，而唱导由人格去养成人格之必要。但是氏因前书未曾说得详尽，并且唯恐有人对于前书有所误解，更因为看见现今之人格的教育论上往往有过度的人格热想有以警告它，所以氏在一九一三年再发刊后书，以补充前书之说，现在就由这两书里将林德的教育学说摘叙于次：

Enrst Linde

人格之要案

林德对于人格，举出四要素：

温情、感动性、热心

一、温情、感动性、热心　凡偏向理智，心情冷淡，并且时常计较利害而行动的，决不得说是有人格。感情造成音乐家，又造成一个人，至少它是造成人之要素。即使有人格的人，对于不动情的事物，决不能引起他的热心。这种事物，因为不能使他同化，所以好像“赘物”一样，不过停滞在他的血液内，好像不如早点将它排泄出来为佳。但是一旦使他融合的事物，则他必须收纳它，看作宝物似的，将它贮藏在心内；遇必要时，他必须用尽全力去防护它，而且能够激励他人的热心。因为如此，所以人格不会与它的反对者用冷静的态度去议论长短，使有时陷于无感觉或无安顿的状态。例如对于丑恶卑劣的事情，因为不能与它融合，当然会停止在冷淡的状态。然而与有人格的人相接触的时候，就不会带有粘液质的冷淡迟钝性，而却富有爽快活泼的气概，成为一个有兴奋淋漓的情态之人。

个性

二、个性　个性与人格，往往被人们混为一物，然而这两者决非相同，因为个性不过是人格的一种特征而已。所谓有个性之人，就是认识自己与群众显有区别的之义，尤其是指关于心的方面具有自己固有的意见的人而言。个性的等级是多种多样的，即由与群众有些少的差异之状态起，以至于气骨峻棱，与世殊途之状态止。单说与世殊途，不能称为人格；在人格上，除个性外，还有必要的性质，但无个性，那人格亦不能成立。对于某物，用温情去捉着它，热心地与它发生关系；对于某物，则嫌恶它而拒绝它；这都是以个性为要件的。同一道理，人格亦有种类，有思想家的人格，美术家的人格，宗教家的人格，政治家的人格，研究家的人格，教育家的人格等等，并且各种类中又有种种的区别。然而为这等等人格所共通而必存在之点，就是各人将自己固有的特质认为有价值的，并且以为它是适合于一般的道理；在这一点上，足以称为代表人类的意识之存在。

自由、活动、制作力

三、自由、活动、制作力　强大的人格好像是破坏人类之划一化、平等化的暗示力之岩石似的东西。在人格内藏有前人未知的新真理、新发见与新作业的源泉。群众如果譬作受外部的刺激而运动的事物，那么，人格便是由自力而运动的物体。人格存在的地方，才有真正的自由与真正的活动；因为真正的活动的状态，唯有将自己成为自己的行动及决断的原动力，将自己从束缚平凡虚弱的人们的机纽里内解放出来而得到自由时，才始产生，所以人格未必事事与他人一致行动，不愿追随世俗的流行，尊崇群众所崇拜的东西，而生随声附和的倾向。

力、抵抗力、确定不动、忠实

四、力、抵抗力、确定不动、忠实　这几点都是与前面所举的那几种要素有关联的。例如逆流游泳的人，无论如何，不可不有一种力；而这种力，以抵抗力为主，即维持自己的特质，确保所已构成的内部形式——思想、确信、信仰等——不易被周围群众所同化之倾向。由这种事实看来，人格对于他人似乎不忠实；然而在实际上，较之他人更为忠实。因为他不与他人合作只是为着坚持他的信仰与他的理想，而且要忠实于它的缘故。至于坚持所信，必须要有不屈不挠的精神占定地位而不摇动之力。在这一点上，人格是与所谓“品性”这种概念相一致的。

人格教育之意义

所谓人格教育，就是指以教师或教育者的人格为教育的主要手段，而以养成学生的人格为教育的目的之教育思潮而言。所以讨论人格教育的人，一方面必须注意教育者的人格，他方面必须考察学生的人格。

教师之人格与训练

教育上教育者的人格之重要，在训练方面最能明白认识。古来教育上最注重模范；如果模范不完全，无论训诫或赏罚，都没有什么价值；而模范又与教育者的人格有极大的关系。至于教授方面究竟怎样呢？教授的成功与否，有赖于教师的人格亦甚多。

教师之人格与教授

从来教授有重视材料与重视处理材料的方法。没有材料，固然不能教授；但是在过于重视方法，往往太轻视材料，而发生教授上的形式主义。如裴司塔洛齐尝欲使凡做母亲的人知道教导她的子女之标准的方法，海尔巴脱尝欲给与各位教师以一种所谓“形式的阶段法”的理想的方法。凡过重方法的人，往往不会想到“真能教导学生的就是教师的人格”这一回事。前述人格的四要素是教育者成功上所不可缺的；而做教师的人对于他所处理的事项，尤不可不有一种温情。凡是教授，都有教育的影响之力；所以在教授上，必须以教师的热情做它的告白、证明或预言；而这样的教授要有个性的活动，亦是自明的道理。教师在适合于自己的方法去进行，则成功必多；所以一般地规定划一的形式，拿它来掣肘教师的行动，殊非发展教授之道。教授如果不是单纯的传达，而还有活动及制作的意味，那么，这种教授当然亦属必要。教师不可不假想材料是否在自己的精神内重新地创造出来；换句话说，教师不应该单只做传达材料的搬运者，而必须将自己所已吸收的材料放在自己的精神之内完全地改造它，而且充分地支配它。教师并不是传达死的材料，乃是使材料成为活跃的东西，在活泼泼的形态之下，与学生相接近。又教师当处理繁杂的材料的时候，亦常有把捉着而永久保留的东西；如果能够把捉住这种东西，则其统一的影响亦可以被及于学生的。教育学上的大方针或大目的就不外乎此，而且在教师的人格上得使它表现出来。所以依从人格所施行的教授，不问所授的学科怎样差异，或各种材料的性质怎样不同，但是教师能够成为一个中心，统合种种学科及种种材料，以获得教育的教授之实效。

就培养学生的人格之教授上的要件而论，第一，材料并不是任学生漠不关心地去迎纳它，而必须触动学生的心情，以惹起他的兴趣。具体的说，学生不可不使他得到一种有情调的观念。但是抽象的事项不容易希望他做到这一层，因为儿童在直观界上去生活才能如此。所以第二要件，我们不可不施行直观教授。这种直观教授，往昔已经施行过的，但尤为人格教育所必要。抽象的事项，必先具体地表明它；尤其关于修身方面，当借诗歌或寓言等启示以实例的时候，儿童才能经验到。因为这非常重要，所以学校必须成为经验的学校；而经验，与其来自外部，不如发自内部为更有价值。外部的种种经验，固然亦不无价值；但是听取他人的谈话或阅读书籍而在内部经验到某项事物，且在他的感情上发生一种影响，这虽不能明白地说出，然其价值是非常大的。那种在阴暗里面所获得的，很有价值；因为感情上的所获得，是停留在阴暗里面的，比之知识上明了的所获得，其动人之力更为强大。此外，在人格教育上，保持着快活的调子，施行自由的对话，在不妨碍教授的目的之范围内，使学生自由地发问及发表等等，都是要件。尤其是除去烦恼、恐怖等感情，而使用诙谐，实能传播校内的和煦愉快的空气，使教者与受教者间之心的接触可以自由无碍，因此，在感情及思想的感染上亦最有效果。

学生之人格与教授

以上所述，是林德对于人格教育所举的重要点，但世人对于人格教育误解不少，所以氏为预防误解起见，举出最显著的误解而加以解释。

人格教育上之误解

第一，有些人以为人格教育只要有人格而无需注意方法。这是一种极端的误解。人格教育并非重人格而轻方法，换句话说，并非说人格或方法孰为可取孰为可舍；教育固以人格为可贵，但是并非忽略方法，不过要排斥方法万能的思想而已。

人格与方法

第二，有些人非难教授上过重感情，有妨害教授的主要目的，如悟性的锻炼等。但人格教育的教授，亦不是单纯地与感情发生关系；它着重使学生得到正确的知识，与其他的教授法无异，不过它欲使学生在他所看到的及所吸收的观念之上伴以情调而已。漫然地施行使儿童兴奋的教授，当然是不适当的。又悟性为什么必要，亦是自明的道理；但是悟性的锻炼，向来被人们多加注意，所以这方面的缺点比情

人格与悟性

的方面少些，所以不必多所讨论。总之，今日的教育，对于有许多缺陷之情的方面，应该多多加以注意。

极端的人格教育之弊害

氏以为由上述对于人格教育的误解所发生的非难，固非正当；但是这种教育设使达于极端，那么，在实际上确有发生如次弊害之虞：

人格与个性限制

第三，人格教育若过度地主张个性，那么，无论从教师方面或学生方面看来，都容易发生不良的结果。论者或以为个人的特质不存在，就没有人格，或不能自由运动之处，就不能看见人格的活动；所以他们认为方法论、课程、教授细目等都是有束缚教师的人格的弊害，而主张废除这些一切，而唯以情调与气氛为依归。殊不知情调与气氛固然必要，为各种事业的成功上所不可缺少的；然而单靠重这些事物，会被一时的心的状态所支配，反而失掉人格的要素，如自由及真正的活动状态。所谓有人格的人，就是有支配力的人的意思，同时亦含有支配自己的意味；并且有时又可解作顺从人的意义，因为他确信一定的客观的秩序而且服从他的缘故。所谓人格，并非脱离一切制限之义，乃是在认为必要时有以自动的服从为要件。一面服从外部的法规，一面保持自己的特质，所谓不失自由的状态，可为我们的目的；如果能够做到这一境界的人，就是对于社会及团体有最高价值的人。这从学生方面看来，亦是同样的。然而今日极端的人格教育论之尊重个性，已趋入非常危险的方面。适应个性，原是古来的要求，到现在还须充分地实现它，这虽是今日学级教授的弱点，然而所谓顾虑个性与所谓视学生的个性为神圣虽牺牲一切而尊敬之，其间是大有区别的。试问：个性无论在什么情状之下都有价值吗？个性的权利可以不依从道德的理想及社会的秩序而受限制吗？个人可以不依从道德的理想或服从社会的规定及法律吗？使个性道德化或社会化，必须摘去存在个性上的粗野的赘芽，而圆滑其过度的圭角。但是这件事，如果没有强迫与苦痛，决不能实行；教育如同一般的生活一样，亦以苦痛为一种要件。真正的人格教育，并不排除强迫与苦痛，不过能使学生以快活的兴趣而行动，用不着什么强迫与苦痛而已。人格教育之施行的时间，在教师与儿童俱有喜悦的时候；但是那种尊敬儿童好像神圣似的，那是人格教育的误解，在品性陶冶上就会残留有永续的损害。

偏美的倾向

第四，美的教育之过度的主张，亦是误解人格教育之一种倾向。有些人因为材料可以构成为适于教授的形态，所以要任意地变更它、改造它，而称之为“艺术”，而且将教育家比为“艺术家”。然而材料自身具有固有的权利与价值，这不可不承认的；若不问材料的性质，以为都可以任意地变更或改造，那是误谬的；视我们全部文化的财产为我们自身之想像的构成的原料，殊非正当之道。这种见解，不外乎欲以自己之狭小的个性以代表全体人类而已。我们原为人类之代表者而传达一般的真理，所以对于主观性固然应该与以活动的余地，但是同时对于客观的事物亦不可不承认它有不可否定的权利，所以我们有时宁可承认“人格否定”之价值。

事物的原则

在公私的生活上，我们往往有“人格否定”之必要。譬如学术研究家，当研究的时候，完全离开人格，没有什么“先入为主”的成见，而用清明无翳的眼光从事观察。实际无论在自然科学上，或在历史上，如杂以研究家之固有的心的性质或憎爱之念，那么，在事实之正确的判断上，受害决匪浅鲜。又如讨论的时候，各个辩论家必须除去他个人的利害与感情，而应该完全根据事实而立论。设使不能做到这一层的人，就会各自求其所好而不能着实地施行思想之交换。如果各人无论何时或何地都以自己的人格为率先，那么，彼此间相互的理会及妥协变为不可能；换句话说，在纯粹的事实上决不能使一切人取一致共同的状态。所谓完全之人，是指维持自我而且能够力行之人，但是同时又为他我或全体的利益计而弃却自我之人。在人格之正当的定义中，本来包含及此；然而主张人格教育的人却往往有走到极端之虞。所以人格的原则不可不从事物的原则去补充他。

教育之非人格的要素

教师亦有时在教授上必须完全撤退他自己的人格，单使事物与儿童互相交涉。在学科中，亦有不许心情的干与的，例如算术、几何、文法、外国语、物理等是。又学生有时学习这样干燥无味的学科，最初必须使他纯粹地忍耐从事，后来渐渐增加兴趣，而与这等学科发生关系。在教育上，不但人格互相对立而发生关系，并且必须使学生知道非人格的法则及相信在一切的人格之上还有非人格的一般的存在，且对于它可以表示十分的敬意。社会的秩序、法律、习惯及国家的组织，就是一般的存在之现象或外表，我们对于它应该有严格的顺从，无论怎样苦痛，亦不得不服从它。儿童亦必须渐渐被导入于这种状态，学校的任务就在于此，关于这一点，学校是与以个人的权利为本位而顾虑它之家庭自有区别的。人格教育宛如教育上之女性的要素，欲用温柔的手段，依从慈爱及好意而指导儿童，所以再用稍稍男性的粗硬的事物的教育来补充。后者并不是告诉儿童以他所爱好的童话，或构成儿童有兴趣的想像的想像，乃是发出某种要求，即使不为儿童所欢迎，亦不必顾虑，尽可用严格的命令使他去服从。

主张人格教育的必要之理由

本于以上所说的话去主张事物的教育，决非不当。然而在这种场合，亦不可不避去由一极端走入另一极端之虞。对于事物之方面的注意的缺乏，比之轻视人格，危险稍少；因为实际上，事物的方面自有引人注意之处的缘故。教师可以生而为事物教育家，但修养的结果，才能为人格教育家。所以特别地主张人格教育，在今日仍属必要；且无论何时，可以说都属必要的。

林德的人格教育论之价值

以上所述，是关于林德的人格教育论的大略。林德的这种教育学说，在一方面看来，虽则不是直承魏铿哲学思想的衣钵，然而它与上述的菩特的教育学说相比较，彼此确是大同小异。然在另一方面看来，它虽则与菩特的教育学说一样，同是对于极端的自然的自由论者的教育学说之反动，然而有些地方连同菩特的教育学说亦一并在被反对之列。就前一方面而论，魏铿自己及他的亲炙弟子菩特的根本思想，如前章所说，是唯心论的；因此，林德的根本思想，亦是唯心论的，不过它没有像前两位所有的唯心论的色彩那样浓厚而已。例如林德所举的人格的四种要素，如所谓（一）温情、感动性、热心，（二）个性，（三）自由、活动、制作力，（四）力、抵抗力、确定不动、忠实等，他并未曾说明这些要素的由来，而只说出这些要素的性质与必要；同时，照林德的说法，这些要素似乎是人生来就具有的，并且其中有些例如制作力、抵抗力及忠实等似乎又是属于心的状态，所以我以为林德的根本思想仍是唯心论的，但是林德所举的这些要素中虽则有些似乎是属于心的状态，然而这些确是在现象界里面存在着的，即使用我们的肉眼去观察，亦可以看得见它；况且在教育上，它又确是必要的条件；因此，这些决没有像魏铿与菩特所谓“超自然界及人类界之精神生活”那样不可捉摸的东西。因为如此，所以我以为林德的唯心论多少还有科学上的价值，决不像魏铿与菩特二人的唯心论是形而上学或玄学的，极端的说，是玄之又玄的东西。就后一方面而论，林德曾举出世人对于人格教育，尤其对于个性尊重的误解，这是明明对于极端的自然的自由论者——极端的个人主义者——的教育学说之反动，但是同时他又力说非人格的原则——事物的原则——教育之必要。关于这一点，在菩特的教育学说，完全未曾提及，有时却极力轻视这种原则的教育。因此，林德的这种主张，不但是为着极端的自然的自由论者而发，并且可以说又是为着菩特的“精神论的教育学”而发的。所以我上文以为有些地方连同菩特的教育学说一并在被林德所反对之列。这样说起来，如前节所说，有些人以为菩特的教育学说是对于从来的极端的个人主义而反动之温和的个人主义，那么，林德的教育学说亦是对于同时代的极端的人格的教育学——菩特的“精神论的教育学”——而反动之温和的人格的教育学。所以有些人以为极端的人格教育论，虽则难予同意；然而像林德对于人格教育以这样正当的解释，在大体上看来，是一种稳健的思想。然而林德所以唱导这样温和或稳健的人格教育，其原因实在于他有鉴于从来的个人主义及精神论的教育学说各行其是，各有所偏，思有以矫正它、折衷它而求到一种综合或统一的办法。例如个性与社会、感情与知识、人格与方法、人格与悟性、人格的要素与非人格的要素等等，在林德自己看来，这些都有综合或统一之必要与可能。不拘林德的这种主张是否彻底，换句话说，能否如我们所期待，可以达到如现代的科学的方法尤其是唯物的辩证法将以上所举的那些对立物一段一段地求出一种发展无已的综合性或统一件；又在事实上，不拘林德的根本思想究竟是以感情为出发点而有艺术的色彩，不过要以知识及事物的原则补其偏；然而林德总算是已经看到人格教育是养成全人格的教育而不可有所偏颇的。所以他以为人格教育宛如教育上之女性的要素，此外还再要男性的要素来补充它，这是现代教育学上所谓“兴趣与努力”、“感化与训练”等之综合或统一。美国杜威的教育哲学上所主张的“二元论之统一”，也许就是受着林德的这种主张之影响有以使然的。我以为林德的这种主张，多少还是由他的经验所得的结果，因为他是多年从事实际教育之人，尤其久任国民学校教师与校长，熟察了儿童的本性及其活动确是这样，所以发表这样温和或稳健的议论，并不像爱伦·凯女士、哥尔利德及菩特等在实际教育上不是毫无经验，就是经验不足，仅以卢梭、魏铿等的哲学思想为根据而发表出一种极端的个人主义或精神论的教育学说。因此，林德的教育学说虽有不少缺点，然在大体上，大有可取的地方。此外，林德的教育学说还有两点足资参考的：第一，林德以为学校必须成为经验的学校，而其经验与其来自外部不如发自内部为更有价值。关于这一点，他对于从来偏于养成知识的学校，使学生仅由外部的事物去捉住死的观念，不啻当头一棒！尤其对于我们中国的学校教育大有一针见血之概。因为我们中国从来的修身科及今日的公民科，只知道提出许多德目，例如忠、孝、仁义、亲爱、和平、智、仁、勇等陈列于儿童之前，使他们去朗诵或记忆，而不知道举出儿童的经验上所有的具体的事例使儿童去直观，更不知道使儿童将这种具体的事例诉诸他自己的心情之上去融合。这种教育，简直是观念教育，并不是林德所谓的经验教育。因此，我们听了林德的这一番议论，应该及早觉悟，可以思返了。第二，林德的根本思想，虽则如前面所指示，是以感情为出发点而有艺术的色彩；同时，以教师的人格为前提而以教师与学生间的人格交涉为目的，所以我们曾经称他的教育学说为"艺术派之人格的教育学"；然而林德却反对美的教育之过度主张，以为有些人因为材料可以构成为适于教授的形态，便要任意地变更它、改造它而称之为"艺术"，且将教育家比为"艺术家"，这是对于人格教育的一种误解。林德的这番议论，较诸有些人极端地视教育为一种"艺术"，视教育家为"艺术家"，实稍胜一筹。据这些人的见解，以为使我们所以成为一个教育家的，并非观念的认识或知识的体系，宁可说是基于神的恩惠所受赐的人格之非合理性（Irrationalität）；换句话说，艺术家是从自己的内观之深处去营其制作活动，同样的，教育亦不可不从自己的内观之深处去营其教育活动；再换句话说，制作活动，常是由艺术家之内观性而出发的，同样的，教育活动亦是由教育者的人格之深处而出发的。他们又以为世上人有些是长于理论而拙于实际的；亦有些是长于实际而疏于理论的；在教育社会上，与其希望前一种人，不如希望后一种人，那是自然的道理。日本长田新对于这种见解曾经批评过，以为它无论如何，不足作为拒绝教育理论的存在之理由。因为制作活动由艺术家之内观性而出发的，这并没有何等的理由去拒绝美学或艺术家之存在，同样的，教育活动由教育者的人格之奥底而出发的，这亦没有何等的理由去拒绝教育学之成立。再进一步说，所谓长于理论而拙于实际与长于实际而疏于理论之存在，约言之，理论与实际往往不相一致的这种世态，是使我们越加痛切地感觉到理论与实际相接触之必要，决没有何等口实作为胁迫理论的存在之理由，善良的理论能与善良的实际互相结合，这是一般人所不可不企望的。就是站在要以教育为一种艺术的立场，亦不得拒绝教育学之所以成为"学"。换句话说，假定教育是一种艺术，那么，我们不得不许可其有可以作为艺术之理论的教育学——所谓"教育艺术之美学"（Ästhetik der Erziehungskunst）的教育学——之存在。（见长田新著《现代教育哲学之根本问题》一七八——一七九页）长田新的这种批评，是很合理的。固然长田新与林德二人的议论自有各别的目的，即前者是要积极地拥护教育学可以成为一种学问，而后者不过消极地警告人们勿太重视教育为艺术，而对于教材保留其固有的权利与价值；

然而他们都是要顾到教育之可以成为学与术的两面。以上所述，是关于林德的教育学说之价值的方面。至于它究竟有无缺点？如果有缺点，那么，它的缺点究竟何在？据我个人的考察，以为林德的教育学说上有一个大缺点，现在让我加以批评。

我对于林德的教育学说之批评

林德的教育学说，如上文所说，是要预防人们对于“人格教育”这一个概念有所误解；然而他方面他自己对于“人格”这一个概念却未曾下一个明确的定义而使人易于了解。不过从林德自己所举的人格的诸种要素上看来，那么，我们亦不难发见他对于“人格”这一个概念有什么样的解释。林德对于“人格”这一个概念所下的解释究竟怎样呢？现在可以先简单地解答一句：林德对于“人格”一语所下的定义，不外乎是指有感情，尤其指有温情的心调或心的状态而言。林德的这种见解，是否适当，那就不可不先将“人格”一语的字义作一度简略的说明，然后才能下一种确实的判断。原来“人格”一语，英语叫作“personality”，德语叫作“persönlichkeit”。现在姑不问这两语的语源究竟是什么，单从这两语的字义上看来，无论英语也好，德语也好，都是由“person”一语，再在它的语尾上一加以“nality”，一加以“lichkeit”一语而成。所谓“person”一说，普通译作“人”；但是它的语尾上再加以如许的字义，所以普通将它译作“人格”；而所谓“人格”，引伸的说，就是“人之所以为人之资格”或“人之所以为人之格式”的意思。然而这样的对于“人格”的解释，在逻辑上看来，似乎是犯着循环定义的误谬。因为我们未曾说明人格定义的内包与外延究竟是什么，不容易使人知道“人之所以为人之资格或格式”究竟是怎么样的一回事。从来的学者们关于“人格”之学术的定义，意见纷歧，莫衷一是。就学术的种类而论，有伦理学上、心理学上、法律学上及哲学上种种的人格之定义。同时在任何一种学术上，因各个学者的立场不同，他们又下有种种的人格的解释。这种种的人格之定义或解释，说起来很多，此地为篇幅所限制，不能详述。现在我们姑先只看林德所举的人格的种种要素，就不难发见他具有独特的立场而下这样偏颇的人格的解释；同时，我们又可以由林德的这种解释而推知其他各个学者都不免犯着同样的毛病。然则，人格的定义究竟怎样解释才是适当呢？据我个人的意见，以为如果照普通的解释上所说的人格是“人所以为人之资格或格式”的话，那么，我们就知道人之所以为人与其他生物自有区别的。但是要注意的，人之所以异于其他生物，并不是绝对的差异，而只是程度上的差异；具体的说，乃是说在两者间各有一种特质的差异之存在，并非指两者在一般的本质上有绝对的差异而言。先就一般的本质而言，照唯物论的观点，人是物质的、自然的，其他一切生物亦是物质的、自然的；因此，人就是生物，这就是关于所谓“人格”的定义上之外延的方面。次就特别的性质而论，照教育学的观点，人是有态度的形成、品性的陶冶与人生观的创设之可能性，而其他一切生物却没有这种种可能性；因此，人就是有“人之所以为人之资格或格式”，这就是关于所谓人格的定义上之内包的方面。合上述的外延与内包两方面而下“人格”之定义，那么，我们就可以说：“人”，就是生来就具有态度的形成、品性的陶冶与人生观的创设之可能性的生物；所谓“人格”，就是要人的生物必须具有态度的形成、品性的陶冶与人生观的创设之可能性的资格或格式。苏俄教育学者平克微支说得好：“在全部教育历程之内，大致可以区别为两部分：一部分包括个人天生能力的生长与发展，另一部分则关系态度的形成、品性的陶冶与人生观的创设。前者无论在植物或动物，都可发见；后者则似乎为人类所独有。”（见 A. P. Pinkevitch, *The New Education in the Soviet Republic*, P. 3。）平克微支的这几句话，虽则是指教育过程而言，然而教育过程是与人类发展的过程分离不开的，所以它亦可以当作人格的定义之解释看待。同时，我们须要知道的，平克氏所指示的第一个部分以为“个人天生能力的生长与发展”一语，质言之，就是如我曾在前章里面屡次地所说过的“物质的运动、变化与发展”或“自然的发展”的意味；而这一部分，又确如平克氏所说，是为一般生物——无论植物、动物或人——所共有的。因为如此，所以我们统称一切生物为物质或自然；如果在它的历程上讲，就统称一切生物为“物质的运动、变化与发展”或“自然的发展”，都无不可。至于平克氏所指示的第二个部分，这毫无疑义，可以无须再说明了。以上所述，是指人格之横的方面而言，具体的说，就是指人之所以为人与其他一切生物在社会的方面有什么异同的地方。至于人格之纵的方面，具体的说，人之所以为人与其他一切生物在历史的方面互相比较，究竟有什么异同的地方呢？若从纵的或历史的方面看来，一切生物在初发芽或初出胎的时候，这些生物都是一种浑沌的状态之物质或自然，而没有所谓意识、精神或自觉之存在。到了后来，这些生物一面因各个内部之生理的、物理的及化学的组织之不同，一面因其所处的外界的周围环境之差异，有些是始终停滞在无意识的状态，有些是进步到好像有意识而无意识的模样，有些则完全达到有意识的境域，于是有植物、动物及人类的区分。即就人类而论，他们内部之生理的、物理的及化学的组织亦是千差万别，普通叫作“个性”；同时，他们所处的外界之周围环境更是非常复杂，普通叫作“境遇”。极端的说，人类在未出胎以前，早已受着这两种主因的支配与影响。所以所谓人性是“先天的”或“后天的”，这种区分很难划得清楚。就是近来心理学者对于本能、遗传与环境的论争迄未停止，亦不外乎此。这是题外的话，此地无须多说。现在所要说的，人类的个性既是千差万别，他们的境遇又是非常复杂，所以人类虽则同具有天生的能力之生长与发展，及其关于态度的形成、品性的陶冶与人生观的创设之可能性，然而后来他们就会形成各种各样的型式之人类，即有些是偏于感情的，有些偏于知识的，有些偏于意志的，这普通叫作“人格”。但是所谓“偏”，仍是比较上的话，并非绝对地说某一个人的人格里面只有感情一项而没有其余两项，或另一个人的人格里面只有知识一项而没有其余两项等等。况且所谓知、情、意是整个的意识、精神或心的状态之三相，并不可割裂分离，不过为谋学术上说明便利计，姑将整个的心的状态分作三部分去研究而已。不宁唯是，此外还因外界事物的刺激之性质有种种的差异，姑将人类对于这种种刺激物所发生的反应之型式分为知的、情的及意的而已。就学校的科目而论，例如音乐、图画等，似乎是引起情的反应；数学、自然科学等，似乎是引起知的反应；手工、作业等，似乎是引起意的反应。但是这亦是比较上的话，难道音乐、图画等完全用不着知、意的反应而单靠情的反应吗？其余亦可类推。总之，不拘人类的天性各有所偏向及其所处的环境常生变化，凡是称为一个人，无论如何，他总有知、情、意三种成分，并且这三者常有统一调和之可能，这就是叫作“人格”。人格之所以成为完全或不完全，就是视知、情、意这三者能否统一与调和而定。如果这三者能够有圆满的统一与调和，那么，这可以称为完全的人格；反之，如果这三者不能有平衡的统一与调和，那么，这可以称为不完全的人格。更进一步说，假定这三者偶然缺乏其一或二，甚至全无，那么，简直不是人格或非人格，还有什么完全不完全之可言。照这样说起来，就可知所谓“人格”，是有个人天生能力之生长与发展及知、情、意之圆满的统一与调和的型式之人类的生物的意思。本乎这种解释的所谓“人格”及“人格教育”，正可以适合于上面所举的平克微支的这种说法；具体的说，所谓“个人天生能力之生长与发展”一语，是平克氏自己所说的话，已经不成问题；至于我所谓的“有知、情、意之圆满的统一与调和”这一句话，实际亦就是平克氏所说的“习惯的形成、品性的陶冶与人生观的创设”的意思。怎样说呢？我以为习惯的形成是属于意的，品性的陶冶是属于情的，人生观的创设是属于知的，因此，这两方面的话，岂不是完全相一致吗？说到这里，我们更应该知道在所谓“人格”这一个概念里面，实含有“个性”与“受型性”、“可塑性”、“被陶冶性”及“创造性”等；在所谓“人格教育”这一个概念里面，实有“个性教育”与“道德教育”、“艺术教育”、“知识教育”及“技能教育”等。就“人格”而论，林德已经说到“个性”并非就是人格，不过是人格的要素中之一种；次就“人格教育”而论，林德亦经反对人格教育过度地主张个性，以为所谓顾虑个性与所谓视学生的个性为神圣虽牺牲一切而尊敬之，其间是大有区别的。这种议论，确是一个卓见。可惜的，在林德的根本思想上看来，他实是以感情为出发点，似乎以为感情是人格中之唯一的主要的原素；因此，他在人格教育上，虽则反对“偏美的陶冶”而主张间或有施行“事物的原则”的教育之必要；然而结果呢，仍是有偏重于“感情的陶冶”之倾向。所以我们称林德的教育学说为“艺术派之人格的教育学”，其命意就在于此。更进一步说，林德的教育学说的这一个缺点中之最显著的部分，莫过于他以为“在公私的生活上，我们往往有人格否定之必要”，他又以为“在教育上不但人格与人格互相对立而发生关系，并且必须使学生知道非人格的法则及相信在一切的人格之上还有非人格的一般的存在，且对于它可以表示十分的敬意”。林德所谓的“人格否定”及“非人格的法则”两语，在积极的方面看来，固然可以说是提高“学术的研究”与“事物的原则”之价值；但是在消极的方面看来，却是要破坏如我在上面所举的整个的“人格”与“人格教育”这两个概念。况且这样的由整个的“人格”与“人格教育”这两个概念里面摘出知识这一种成分而称之为“人格否定”或“非人格的法则”；不但有破坏“人格”与“人格教育”本身之全部，并且因为“人格否定”一语，简直是取消“人之所以为人之资格或格式”，还有什么“人格教育”之可言呢？林德的这种说法，大有违背于逻辑的法则，较诸如我在上面所举的有些人要站在以教育为艺术的这一个立场主张“人性中所包含之艺术的心情是人格之非合理性”的那种论调，其误谬的程度，只有过之而无不及的。关于这一点，在所谓“人格教育”之上，实在是最容易使整个的人格教育发生根本上的摇动而有酿成致命伤之虞。即使退一步说，林德的教育学说上的这个缺点，没有像我所批评的过甚，但是因为如上面屡次地所说，林德站在艺术的立场，以感情为人格上之主要的原素，及以感情的陶冶为人格教育上之主要的任务，虽他还竭力主张要有“事物的原则”之教育去补充它，然而结果呢，他的“人格的教育学”就会变成为一种“感情主义的教育学”。这好像海尔巴脱站在他自己的心理学的立场，将“人格”解释为“人自觉自己为一个人之知的作用”，所以他的教育学就会变成为一种“知识主义的教育学”；又像康德站在他自己的伦理学的立场，将“人格”解释为“负担有行为的责任之主体”，并且他以为“具有人格者，是以自己为自己之目的，绝非他人之工具”，所以他的教育学就会变成一种“意志主义的教育学”一样，这三者虽则没有同样的缺点，然而彼此各行其是，各有所偏，若易地以观，那么，这三者好像陷于同一的覆辙似的。总之，林德的教育学说上所具的缺点，不管它是微小的瑕疵或是巨大的漏洞，实是不可讳言。

除此之外，林德的教育学说还有两个小缺点与上述的那一个缺点有关系的，即第一，林德以为培养学生的人格，除掉第一要件在于使教材必须触动学生的心情而惹起他的兴趣外，第二要件是不可不施行直观教授。他以为今后的学校必须成为经验的学校，而其经验与其来自外部不如发自内部为更有价值。关于第一点，我曾经在前面叙述过他的价值了。但是林德为什么不要百尺竿头，更进一步，使学校变成为一种行动的学校呢？原来所谓“人格教育”，其真正的目的，在于使个人力谋他的天生能力之生长与发展及养成他有知、情、意之圆满的统一与调和的型式之人类的生物。如果我们要达到这种真正的目的，那么，第一步非先有一种教育可以使个人去力谋他的天生能力之生长与发展不可；等到第一步有了相当的结果之后，第二步再来设施一种学校去养成个人有知、情、意之圆满的统一与调和的型式之人类的生物。那么，在第一步的工作上，我们需要那一种学校呢？我姑先答一句，这是一种所谓“行动的学校”。因为个人天生能力既是能生长与发展的，所以非先有一种教育可以使个人去活动不可。所谓“行动的学校”就是“活动的学校”之别名；具体的说，这种“行动学校”就是事事在教师的指导或适当的训练之下，使学生经过他自己的活动去做的，然后由“做”里面去获得确实的经验，并养成对于从经验上所得到的那些事物有一种鉴别与欣赏的温情。杜威说：“学从做里面得来"(learning by doing),其命意就在于此。譬如我们中国的公民科所提示的忠、孝、仁、义、亲爱、和平、智、仁、勇等,一定先经学生自己的活动,从日常生活上做起,然后他们才能知道这些德目究竟有什么意义,并且能够对于这些德目发生一种兴趣。(参考拙作《教育哲学·后序二》二二四—二二六页)假使照林德的说法,以为人格教育的第二要件在于施行直观教授,将学校成为"经验的学校";虽则他以为"其经验必须发诸学生之内部",然而既称为经验,多少还是依从于外部的材料,才有所谓"直观教授"之成立,那么,其结果还是只使学生获得许多的死的观念与知识,充其量,不过使他们将这些观念与诉诸过他们自己的温情,而变成为一种可以鉴别或欣赏的东西而已,好像艺术家去玩赏艺术作品似的。这些观念与知识,苟一旦因学生感官的移动及温情的低降,那么,虽既获得,亦一定容易消失的。这就是因为学生未曾将这些观念与知识先经过他们自己的筋肉上之运动去练习而确实地握住它的缘故。德国凯欣斯泰奈所以唱导筋肉运动主义的勤劳教育的必要,就不外乎此。关于这一点,让诸下章再说。因为如此,所以我以为林德所提倡的"经验学校"虽则有相当的价值,然而决非人格教育之根本的方法。如果我们欲使人格教育收有彻底的效果,那么,第一步非先有"行动学校"不可,第二步再来使学校成为"经验学校"尚未为晚。由此,可见林德的教育学说不免有修正或补充的地方。第二,林德的教育学说,一方面既如上面所说,不赞成有些人格教育学者视教育为"艺术",将教育家比为"艺术家",这似乎他赞成教育可以成为一种"学";然他方面他却极端地反对"科学的教育学",以为"科学的教育学"是牺牲人之精神生活,只是期待教育方法的完成,因为所谓"科学的教育学"是牺牲者的残骸,所以人格的教育学的建设,实非得已。这种论调,岂非自相矛盾吗?固然,像海尔巴脱所组织那样的所谓"科学的教育学"并非有真正的意味之教育科学,乃是一种哲学的教育学,然而教育能够成为一种科学,在教育上规定一种有普遍妥当性与必然性的法则可以为一般人所遵守,世上已有定论,毋庸置辩。即使退一步说,像杜威的教育哲学,它反对"一般的方法"而主张"个人的方法",并且举出个人的方法有四种特性:率直、虚心、专心与责任。(见 Dewey, *Democracy and Education*, chap. XIII)殊不知杜威所反对的,只以为海尔巴脱派所规定的"五段教授法"太拘泥于形式而束缚个人的兴趣、态度与行动;因为个人的兴趣、态度与行动千变万状,不能够用一般的固定的方法去限制它，只有让各个人依从他自己的兴趣、态度与行动去处理教材，这就是所谓“个人的方法”。杜威的这种见解，骤观之，似乎与林德所谓“教育是教师之人格与学生之人格相交涉”相同；但是我们要知道的，无论杜威或林德，他们所谓“个人的方法”或“个人的人格”是不是要有一定的标准呢？我以为杜威所举出的个人的方法之四种特性及林德所举的人格之四种要素，不外乎是一种一定的标准欲使一般人拿去做准则的，不过他们是从心理的见地而出发，不像海尔巴脱只从论理的见地，尤其只从形式论理的见地而出发，所以前者可以称为“心理的方法”，后者可以称为“论理的方法”，然而方法在教育上应该为人所重视，那理无二致的。况且杜威所谓“个人的方法”的四种特性，据我个人的考察，实在就是由海尔巴脱所谓“直接的目的”、“专心”与“致思”三种特性发展出来，不过再加以杜威自己所谓“责任”一种特性而创成而已。（参考本书前编国难后第一版第二七〇—二七一页及拙作《教育哲学》一七六页）由此，可见杜威并不想反对方法，不过要将海尔巴脱的形式的五段教授法加以一度的改造，欲使各个教师去运用方法而不为方法所束缚而已。换句话说，杜威并不想反对海尔巴脱系统地、组织地去创设一种教育学而命名为“科学的教育学”，不过以为海氏的“科学的教育学”里面所规定的形式的五段教授法太不合理而已。就是我在上面称海氏的这种“科学的教育学”并非有真正的意味之教育科学，乃是一种“哲学的教育学”，亦不外乎此。具体的说，我对于海氏将教育事象系统地、组织地去建设一种“教育学”是赞成的；但是对于他只用他自己的伦理学去规定教育的目的，及用他自己的心理学去规定教育的方法，并且他自己的伦理学与心理学是一种只用演绎的、思辨的方法而并未曾用过归纳的、实验的方法所创成之哲学的伦理学与心理学；因此，他的“科学的教育学”不啻是一种“哲学的教育学”；不过因为它的体裁是有系统的、有组织的，所以姑命名之为“科学的教育学”而已。然而它与那种用归纳的、实验的方法所建设的有真正的意味之教育学相比较，彼此是不可同日而语的。因为如此，所以有些教育学者例如拉伊及摩曼等根据新心理学用实验的方法去创成一种所谓“实验教育学”，决非偶然的。（参考拙作《教育哲学》第二、第三两章）依上文所述，我觉得林德只可以反对海尔巴脱的“科学的教育学”里面所规定之形式的五段教授法有缺点，而不应该因噎废食地连同“教育可以成为一种科学”这种根本的主张一并取消它。设使林德否认教育之可以成为一种科学，那么，试问他的教育思想为什么还称为“人格的教育学”呢？这岂不是“以子之矛，攻子之盾”吗？现在他既称他自己的教育思想为“人格的教育学”，当然是以承认“教育之可以成为一种科学”为前提的；但是他的“人格的教育学”与海尔巴脱的“科学的教育学”相比较，同是一种“哲学的教育学”，并非如我们所期待之有真正的意味之教育科学，两者好像“鲁卫之政”似的，没有孰优孰劣之可言。因为海氏是以他自己的哲学的伦理学与心理学为出发点，而林德亦是以他自己的哲学思想为根据，不过两者的立场不同；前者是偏重于知识的方面，而后者是偏重于感情的方面而已。因此，所以海氏自称为“科学的教育学”，而林德自称为“人格的教育学”。彼此易地以观，虽有互相排斥的倾向；然在我个人看来，他们实是五十步与百步之差而已。总之，林德对于教育学能否建设为一种科学这个问题所发的议论亦有商榷的余地。以上所述，是我个人对于林德的教育学说之批评。这种批评的话，有些地方亦是摘录自拙作《教育哲学》一书，倘有未能详尽的地方，只得请读者再参考那书，恕不赘述。

其他人格的教育学派

除了上述的林德的人格的教育学外，在德国的方面，还有一位教育学者名叫伊慈奈的教育学说，与林德相近似；并且伊氏对于艺术教育亦以为就是个人的人格之陶冶，所以他的教育学说亦可以称为“艺术派之人格的教育学”。现在述之于次：

伊慈奈的传略

伊慈奈（Hermann Itschner），一八七三年生于德意志。学成以后，任威马尔（Weimar）师范学校教授，并参加艺术教育运动。他从人格的教育学的立场，著有《从教育学校之见地出发的艺术教育》（一九〇一年）及《教授学》（一九一二—一九一三年）二书。后者计共三卷，约有一千余页的巨著，论述教育与各科教授法。下文所述的伊慈奈教育学说，就是根据于这两部书。

Hermann Itschner

教育之目的

伊慈奈以为音乐学校的目的在于养成理想的音乐家，工业学校的目的在于养成理想的工业家；同一道理，小学校及中学校的目的在于未养成这种专门家以前先养成理想的人物。总括地说一句，全般的教育的目的，不可不在于养成有理想的人格之人。但是所谓“理想的人格”究竟是什么呢？氏以为理想的人格就是有像基督那样的人格的意思。基督常有教训说：“你们不可不成为像在天上的父亲那样完全的之人。”天父是有永久不灭全智全能的创造力之完全的人格，决非我们所能够企及的。然而这种思想，陷于皮相上的观察；实在讲起来，在我们的心之奥底是具有接近于独立自由的神之力。基督就是要唤醒这种力，且依从这种力去创造努力而成为神之子。基督所有的这种内的经验，决非可以贫弱的言语所能形容的。但是世人都不明此理，仅仅拘泥于基督的言辞之末，而徒然责难他，实属误谬。原来动物界常有一定阶段的进步，人亦免不了受着这种法则的支配，因此，我们可以一步一步地渐渐接近于理想的人格。

伊氏以为生物摄取食物，同化于自己的体质，以保全生存，这种力叫作“形体化力”（gestaltungskraft）。譬如身体依从这种力去吸收营养，则人格亦依从这种力而发达。但是教师必须先要有可以为儿童的理想那一种人格。但是理想的人格上的第一要件在于活动之自由、个性与自己尊重三者，所以教师自己不可不先有这种精神的修养。原来所谓“教”之一语是含有经验的意味；有经验的人，就是善于“教”之人。因此，教育家必须是经验家。然而世人往往尊重专门的教师；这种教师，在专门的知识以外之事，殆无何等经验，好像盲目者似的，就是他所有的专门知识，亦很缺少经验上的知识，并不是自己所真有的。万一教师不先自养成自己的真正的力及修养自己的人格，那么，他怎样能够发展儿童的人格之萌芽而且陶冶它呢？单以机械的注入知识为能事之现代的教授，是与凶恶的教师去杀害儿童无异。所以今日教育上的急务实在于养成有人格的教师。 形体化力

伊氏关于艺术教育的意见，以为艺术亦以人格的陶冶为目的。一般的说，所谓教授，就是艺术品的创作，所以教师好像画师处理自然一样去处理有人格的儿童而不可不努力地发挥其特性。 艺术教育

伊氏从人格的教育的见地，规定教授的阶段为三：第一，材料收受的阶段（直观），第二，材料与人格相竞争的阶段（认识），第三，依从人格之自由活动的材料征服的阶段（行动与发表）。氏以为材料不能单作为印象去处理，而必须依从自己构成，当作自己的东西去发表，而产生出一种材料，这就是所谓“人格之陶冶”的意思。 教授之阶段

伊慈奈的教育学说之价值与缺点

以上所述，是关于伊慈奈的教育学说的大略。伊氏的教育思想是排斥“个人的教育学”与“社会的教育学”，以为个人与社会是人格的生活之两端；因此，教育学只有一种“人格的教育学”，才不致走到个人或社会的一端；换句话说，舍掉“人格的教育学”，再没有更妥当的教育学了。伊氏的这种主张是否正当，我在前面对于菩特、林德等的教育学说的批评，大部分是可以适用的，兹不复述。现在有一点须要说的，伊氏视教授为艺术品，将教师比为画师，这也许就是林德所反对之一人，由此可见伊氏与林德的教育学说微有不同的地方。

道德的方面之人格的教育学

此外还有一位教育学者，主张人格的教育学，置重于道德的方面，同时又可以称为欧洲伦理运动之主倡者。这一位教育学者就是知名的弗尔德利·威廉·弗尔斯托。因为弗尔斯托的教育思想多少亦是与林德的教育思想相近似，所以将它放在此地一并叙述。

弗尔斯托的传略

Friedrich W. Föerster

弗尔德利·威廉·弗尔斯托(Friedrich Wilhelm Föerster)，一八六九年生于德意志的柏林。他的父亲名叫作威廉·弗尔斯托（Wilhelm Föerster)，是天文学者，曾任德意志伦理教化协会会长。弗尔斯托学成以后，自一八九九年以来，历任瑞士沮利克（Zürich）大学讲师；一九一二年，归任维也纳大学教授；一九一四年，再转任沮利克大学教授，任事六年。一九二〇年，被政府当局误认为政治犯，不得已辞职。氏的著作有《意志自由之伦理上的责任》(一八九八年)，《青年论》(一九〇七年)，《生活之指导》(一九〇九年)，《国家公民的教育》(一九一〇年)，《学校与品性》(一九一〇年）及《性之伦理及教育》等书。

品性陶冶

弗尔斯托在他的著作《学校与品性》一书里面以品性的陶冶为学校教育之中心，且以培养良心、锻炼意志及发展克己牺牲与爱情为知识的陶冶及职务的修养之条件。他以为美的陶冶及身体的陶冶亦必须与这些相结合才有价值；并且攻击现时的自由教育，以为这种教育徒事抽象的一般的辩论，缺乏实际的人及实生活之具体的观察，侈谈人格的价值而不了解其深奥处之心理的根柢。于是他举出个性与人格的区别，而有如次的议论：

近时的自由教育论者，常将个性与人格混为一谈，不知道有官能的我与精神的我、外部的独立与内部的独立之区别，亦不知道什么是对于人有可使他真正发展的性质及可使他自由之点，更不了解人格是什么，当然不明白人格养成的方法，所以他们在人格陶冶上却自由增长其应当抑压的东西。真正的人格实是存在于心的生活之深奥处，必须依从精神能支配感觉与偏性之进行，而才得发展。所谓“精神的支配”，换句话说，所谓“将人成为精神化”，唯由强烈的争斗而始能达到的；具体的说，反对我们的个性之单纯的自由的发动，而后才能完成我们的人格。人格的成立是以个性之死灭为条件，换句话说，高尚的人格是立于支配的地位，而个性则不可不为它所强制，使立于完全服从的状态。在某种意味上讲，人格是集中的，个性是散漫、破裂的；自由的个性之尊重是增长一切偏向、神经过敏性及欲望，使立于外界的支配之下，所以自由不得不卒陷于奴隶状态。那种达到真正的自由及独立的途径，唯有依从训练及抑制，然后才可能的。现在提倡新自由论者，实与雕刻师说石块比所刻成的像更美，雕刻是损害庄丽的自然，因而弃其凿，殆无二致。现时主张人格教育者们多不要发扬有关涉于实质界之内部的制作力，只不过欲除去对自己感情、偏向、冲动与嗜好之一切制限而已；他们相信放任能够将人人变成为人格化。然而高尚的人格及真正的自由，决非这种方法所能够成立的，它只不过产生些自尊自大、地位优越，并未经过特别的内部的修养之个人，使他立于社会之上而已。

个性与人格

现在的人将自由及特质过于在外部的事物之上去追求；这就是因为他们过分地归咎于外部的规定；例如今日学校的一切方法、处置及状态，以为这些都有妨害人格之发展。然而一般地排斥权威，是很危险的；不能顺从之人，就没有真正的人格的势力，而成为弱的人格。品性是因抵抗而增进；制限与抵抗可以防势力的消散，而促进活力的出现。明白各个人的心理状态，而参酌他的性质，这虽是教育的根据；然而有许多地方往往舍个人的特质而不顾，以为如此就是最良

硬训练之价值

个别的指导法，亦是本乎心理之教育学。那种过度地养护个人的特质之软弱的指导法，对于真正的品性陶冶，是非常危险的。在学校方法上，有始终一贯的严格的态度，是为摘去主观性的赘芽及其一切偏向、弱点与错误之极有益的训练法。少年需要这种锻炼，比诸需要身体的锻炼更多。现时徒然空言"进化"、"进步"或"教育"之大多数教育家，偏不就一切教育的本原而发表何等的思想，可谓莫名其妙。他们竟不知道被教育者并非止于现在的状态，而还有成为更一般的且更坚强的人物之运命；并且遭遇这样运命的人，必须受严格的训练，以养成其顺从的习惯。现今的学校教育的缺点很多，这是无可否认的；为满足学校要求上的一种行动的动机，必须更使之成为精神化；又在养成儿童之独立的方法上亦有完全改变的必要。但是所谓独立，是以学校所规定的目的为对象而独力奋斗之义；学校如果以个人的利益及倾向为前提，那是不当的。学校是移植作业及教化上之超自然的要素于个人的心情之上，这就是为着使那个人自己得到自由的意思，而一切真正的自由教育的根据亦就在于此。

顺从之价值

人若能顺从，然后才能立于支配其自然的意志之地位。凡缺乏顺从心之人，在他的全生活上，为自然的意志所支配，决不能鼓舞人之最高尚的精神上之趣味，而获得化育之伟大及不动的意志。那些以为废止顺从的训练，我们的精神的我便可以坚强而明了地发现出来，而且有充分抑压劣等的我之力，这不啻是一种空想。所谓个人的意志，对于人格的育成及人之独立性，有莫大的妨害。为什么呢？因为这种意志是由来自外部刺激及影响或偶然的一时的心的状态所决定的。对于这种末梢的意志之斗争，实是巩固中心意志的原因；假令这种斗争最初由外部的权威所吸收，亦可为真正的创作的人格之源。

教授之目的

弗氏以为教授亦是以人格的发展为目标而有所规定的。例如外国语，若从这种见地看来，并非必修科；至于科学呢，它亦应除去横暴，而以精神的人格为目标。氏对于公民教育亦以人格教育为前提；他以为个人的生活以在不丧失社交性与爱国心的范围去强固个人与国家间的关系为必要，但是它的基础却是公民的责任的自觉与人格的养成。真正的国家的公民之意识是存于人格的意识之深奥处，公民的精神究竟亦是由充满于宗教心的人格而出发。由此，可见伦理的宗教的人格之养成就是公民教育。公民的组织之单纯的知识是没有价值的，固然它以养务责任感的教育为其中心并非不当，然而人格的养成比之共同作业更接近于理想主义。

弗尔斯托的教育学说之价值与缺点

以上所说，是关于弗尔斯托教育学说的大略。原来弗氏的这种教育思想，我在上章第二节里面已经说过了，如同明希的教育学说一样，是为着要反对极端的个人主义的教育而发挥的，所以它对于极端的个人主义的教育不无补偏救弊之处。然而弗氏因为要汲汲乎去救人之偏，所以他只顾到全部的教育过程上之一端，而遗忘其另一端。结果呢，他的教育学说遂有矫枉过正之弊。具体的说，弗氏以为个性不就是人格，这是很对的；但是个性无论如何总是人格中之一种要素。况且在全部的教育过程上，这种要素，如果不先使它得遂行其相当程度的生长与发展，那么，无论习惯的形成也好，品性的陶冶也好，或人生观的创设也好，这些人格的要素都不能够开始进行的。例如对于小学校，尤其对于小学校的初年级学生，必须先尊重他的个性，使这种个性渐渐地生长与发展，等到它生长与发展到某种程度之后，具体的说，例如儿童到了进入中学校的时候，再使他从事于习惯的形成、品性的陶冶与人生观的创设，这才是人格教育的过程之正当的途径。但是弗氏的人格的教育学，开宗明义地首先以品性的陶冶为学校教育的中心，且以培养良心、锻炼意志及发展克己牺牲与爱情为知识的陶冶及职务的修养之条件，如同伊慈奈的人格的教育学开始地就提出“小学校及中学校的目的在于养成理想的人物，即以为全般的教育的目的，不可不在于养成有理想的人格之人”这种议论一样，未免不明了人格教育上之全部过程的途径。具体的说，如果弗、伊两氏的这几句话是专对于中学校教育而言，那是很对的；否则，如果他们连同小学校，尤其连同小学校的初年级教育一并包括在内，那未免太早计了。因为如我在上面所述，小学校时代儿童的个性，正在开始地生长与发展着，好像“花正在发芽着”似的；如果不等到他的个性生长与发展到什么程度，就望他养成一个有健全的品性之人，甚至有理想的人格之人，那么，不啻“宋人揠苗助长”似的，徒然戕贼儿童的天性而已。换句话说，儿童的天性如果完全被消灭，还有什么完全的品性与理想的人格之可言？固然，那种极端的个人教育只知道尊重个性而不提及理想的人格怎样养成，固属不足；然而弗、伊两氏只知道培养理想的人格，而极端地排斥尊重个性，又未免太过。过犹不足，所以同陷于误谬。所可原谅的，原来弗氏的人格的教育学是专为中学校教育而建设的，请看他的主要的著作的名称曰《青年论》，就可以思过半了。就是他的其余几部著作，亦差不多都是为着青年期教育而发挥的。这样一来，那么，弗氏的人格的教育学，除掉它的根本思想富有唯心论的色彩不足取外，它所规定的大部分的方法，大足以作为今日的中学校教育的参考。据有些人的见解，以为弗氏力说训练上之硬主义，是旧式的思想，所以不为好新奇者所欢迎；但是据我个人的考察，以为这未必尽然。怎么说呢？因为弗氏所指示的这种硬主义之训练法，既不是从来的只知道引诱儿童使他发生有趣味的心之软弱的训练法，又不是从来的只知道压迫儿童使他发生害怕心与恐惧心之枯死的训练法，乃是一种如他自己所说的培养良心、锻炼意志及发展克己牺牲与爱情之坚硬的训练法。这种硬主义的训练法，就是现代教育哲学上所重视的所谓“努力”（effort）。并且它并非是单纯的训练，实在讲起来，其中还有多少“兴趣”（interest）的成分。因为它是与所谓兴趣互相对抗而互相消解之结果，所以它里面实含有多少兴趣的成分；一句话，所谓“硬训练”，就是含有兴趣的成分之高段的训练法，并非只是训练一种要素之低段的训练法。关于这一点，此地无暇详述，可参考拙作《教育哲学》第六章第三节，便知其详了。因为如此，所以我以为弗氏所主张之硬主义的训练法，除掉小部分必须修正与补充外，其余大部分亦足以作为今日的中学校训育上之参考的资料，不可漫称它为旧式的思想而弃诸不用的。如果明白这一点，那么，我就用不着再像有些人说出“教育以慎重行事为要，不可舍弃而骛新，忘却坚实的思虑”的那样话来以作警告了。除掉弗尔斯托主张这种道德主义的人格教育学并且力说硬主义的训练之必要外，还有包尔生一人与弗氏有同一的主张，拟留待在后面第四章里面再行叙述。

第三节　艺术的教育

艺术的教育之运动

人格的教育学者曾将教育解作高尚的艺术似的，上节已经叙过了。本节所叙述的艺术教育，是要更进一层将教育成为艺术化之一种思潮。这种思潮运动的目的，在于反对知识主义的教育，以为现代的教育不外乎是学究主义、形式主义、模型主义乃至常识主义，都应该在被排斥之列。它尤其要排斥所谓科学的教育学，以为教育者动辄称现代为科学的时代，因而主张转移一切学风成为科学的，这实是一种误谬的见解。据艺术教育运动者的见解，以为如果将一切人的心都转向于科学的方面，那么，好像“混乱水源”似的，不过灭杀精神的创造力而已。教育究竟不是科学的，而必须成为艺术的。他们又以为艺术家本来就是伟大的教育家；即使是一个学者，亦不可不有生成的艺术家的特质，艺术家与国民精神相接触比之学者与国民精神相接触更为深厚的，原因就是因为有这种生来的艺术的特质的缘故。所以艺术家比学者更容易能够施行优良的教育，并且艺术教育比知识教育更容易能够获得良好的结果。他们更以为向来占有优势的地位之科学的文化将渐渐地遭遇没落的悲运；反而艺术的文化却渐渐地抬头起来，并且有益增隆盛之势。在这时代，教育必须成为艺术化，是明若观火了。总之，艺术的教育若与上节所叙述的人格的教育及下章将要叙述的作业的教育相比较，虽不是同一的事物，然而这些主张的运动都是反知识的倾向的大潮流；因此，彼此是相互关联的。现在我将“艺术的教育”一面连接着“人格的教育”，一面先发着“作业的教育”而叙述，似乎是一个适当的顺序。

艺术教育思想之发展

这种艺术的教育，虽为欧战前德意志学术界所倡导的思想，然而就历史上看来，艺术与教育，自上古以来，就有一种密接的关系；一到近世纪新人文主义勃兴，这两者的关系更加深切。到于现在，有许多教育学者，如上面所说，鉴于知识教育之过度的发达，科学的文化之尽量的膨胀，使一般国民对于艺术趣味日形退化，徒事憧憬于物质文明，甚至酿成一种拜金主义的倾向，所以他们要出来竭力提倡艺术教育的复兴运动，决非偶然。关于这一点，德国约翰·利希德尔（Johnnes Richter）说得很明白；他著有《艺术教育思想之发展》一书，专叙述自第十九世纪以来欧洲艺术教育思想发生的渊源与趋势。叙及英、法等国艺术教育运动的状况外，氏对于德国艺术教育运动的状况与其使命，说得更为详细。利希德尔是德人，他为爱国心所驱使，目睹德国美术工艺品的退化，几乎完全为其他各国，尤其为法国的美术工艺品所凌驾，以为德国的美术品所以如此退步，主要原因实在于艺术的教育太不讲究，而专努力于科学的教育，所以他对于德国的工艺品与教育的前途抱着不少的忧虑而发表一种奇警动听的议论。利希德尔的议论很长，此地为篇幅所限制，不能备述；并且他的议论只限于提示艺术教育运动的必要，并未详叙艺术教育的本质、内容及其方法，所以论性质，本书亦无需绍述。现在不欲绍述利氏议论的全部，但摘出如次的话以证明他的影响及于今日德国艺术教育运动的一斑。利氏说："艺术教育运动，并非由一二教育家的发见，亦非基于方法家的实验，更非赖一伟人的觉醒而勃兴，乃是一个概括的意义之教化问题，从无数的细根而发生出来的。"观利氏的这几句话，可知艺术教育运动实与德国的全部教化问题有关系；更彻底的说，与德国国家的前途运命有关系的。艺术教育是否可以包括教育的全部，是另一问题，留在后面再行讨论；但是艺术教育运动，确如利氏所说，是与今日德国的全部教化问题有关系的。因为今日的德国教育，如前面所说，太偏重于科学的教育，所以不得不有一种艺术教育以补偏救弊。因此，利氏的这种议论，亦容易使德国的教育界起而响应它。

教育者之林布兰

除上述的利希德尔的这一册《艺术教育思想之发展》外，在一八八九年，早已经有一册不署名的著作《教育者之林布兰》（*Rembrandt als Erzieher Von einem Deutschen*）对于德国的艺术教育运动亦曾给与以莫大的刺激。这册书虽未曾署名，最初不知是何人所作，后来经过许多人的考证，以为它是兰该本（Julius Langbehn，1851—1907）所著。这书的趣旨是艺术主义、主情主义，对于当时德国社会，尤其对于教育改革运动，确与以多大的影响。这书到一九〇九年已经四十九版，现在还继续重版，爱读者如此之多，足以证明其势力。这书的内容，此地无暇细述；现在所要说的，就是如刚才所说，它是一种艺术主义、主情主义，而为知识主义的反动，同时带有反个人主义的教育倾向；因此，它对于教育改革运动，亦使它发生这种倾向。照这样看起来，诚如利希德尔所说，艺术教育运动，并非由一二教育家的发见，乃是由时代的趋势所促成。然而时代趋势所促成的思潮，亦未始不会转过来再作时代的趋势之推进的原因。所以利希德尔及兰该本二人的议论与思想，当然可以说是德国艺术教育运动的先驱。不但德国如此，就是英、法等国亦是这样。英国的艺术教育运动固然是受一八五一年伦敦所开设的万国博览会之直接的刺激；因为这博览会所陈列的各国制作品，与拜金时代以前的制作品大异其趣，即从前的工业品是为实用而以手工去精制的，而现在的工业品为赚钱而以机械去滥造的，所以不得不使英国人士有改良工业品的运动；同时，在教育上，亦就有改良工艺教授的主张。例如南痕圣敦（South Hensington）博物馆的设立，是因受当时时代趋势所驱迫的一种实际运动；而参加这种运动的艺术的教育学者拉斯钦（Ruskin），的思想，亦未尝不是促进英国艺术教育运动的主要原因。法国不消说，它最早本有“大美术国”之称，所以无所谓“艺术教育运动”的存在，不过因时代的推移，对于美术工艺品更加精造而愈趋于艺术化而已。自英、法两国提倡改革美术工艺品及建设艺术的教育以来，德、奥及其他各国都起而效法，到处设立美术馆、工艺馆及美术学校，此外还有种种维持这些机关的协会等组织。在德国方面，一九〇一年，德勒斯登（Dreseden）市所开的第一次艺术教育会，实是开德国的艺术教育上的新时期；当时这会以造形美术为主要问题，凡关于教育的重要见地，都从此确定。一九〇三年，威马尔（Weimar）市开第二次艺术教育会，以国语及唱歌为主要问题。一九〇五年，汉堡（Hamburg）开第三次艺术教育会，以音乐及体操为主要问题。在第一次艺术教育会开会的时候，艺术的教育学者兰该（Lange）、利喜德华克（Lichtwark）等都出席，并且对于艺术教育运动作一度的演说。（他们的演说大要，摘叙在后面。）自此以后，所谓“艺术的教育”运动，无论在实际方面或在理论方面，日见进步，几有不可遏止之势。但在我们的眼光看来，这样的艺术教育运动，不免有过度的地方，而不应容其独霸。（关于这一点，以后再说。）不过它确是因时代的要求而兴起的一种教育运动，虽则不能包举教育的全部，然而它如同“人格的教育”及“作业的教育”一样，不失为反知识的倾向之一部分。再就它的理论方面说，各个学者所发表的艺术教育的性质与目的，在各种学科上有怎样及顾虑到什么程度之美的见地，亦有各种各样的议论。不宁唯是，因为英、法、德诸国各有各的地位与境遇，所以这些国家的学者所发表的议论，多少又是要顾虑到自己的国情而出发的。现在按照利希德尔所指示的艺术教育思想之发展的顺序，先叙述英国艺术的教育学者的思想，然后再来叙述德国。至于英国呢，先从英国艺术的教育思想的先驱者拉斯钦说起。

拉斯钦的传略

拉斯钦（John Ruskin），英吉利人，一八一九年二月八日生于伦敦（London），他的父亲是一位富裕的贩酒商人。幼年，伴着父母漫游英国国内各地及欧洲各国，得到关于自然与艺术上之趣味的陶冶。他初学习绘画，模仿荷兰画家林布兰（Rembrandt，1607—1669）的作品。一八三六年，进牛津（Oxford）大学。他的毕业论文是《现代画家论》（*Modern Painters*，1843），后来这篇论文一经刊行，大博声誉，为文坛界及评论界所注目，认它是绝世的杰作。嗣后数年间，为钻研学术起见，滞留在欧洲大陆，尤其用力于意大利艺术的研究，并

John Ruskin

发刊几种关于艺术的著作。一八五八年，他任剑桥（Cambridge）艺术学校教授。一八六七年，任剑桥大学讲师。一八六九年，被选为母校牛津大学美术教授。一八七一年，他将全部私产资助组织圣·乔治基尔特（St. George Guild），一面从事教职，一面从事社会主义运动，尽心力替劳动与慈善的事业经营规划。但是他所主张的实际的效果，只不过复兴农村的手工业而已。他的经济理论的中心思想，是在于认含有爱、欢喜与赞美的人生以外并没有所谓富这一点之上。一八七九年，他患脑病，因而辞职。但后来在一八八三年到一八八五年之间，仍回任牛津大学教授。嗣后，他度晚年的生活于布棱特福（Brentford）地方。他的著作，除上举的《现代画家论》一书外；在教育方面，则有《胡麻与百合》（*Sesame and Lilies*）一书；在艺术方面，则有《英国的艺术》（*The Art of England*）一书。现在由这两书里面，将拉斯钦的教育学说摘叙于次：

艺术与道德

拉斯钦的思想，与有些艺术家动辄以为艺术与道德相背驰这种意见不同，他以为人道是艺术的标准，亦是它的终局，艺术与道德是相一致的，唯有依从艺术而修养有得的人，才是真正的人格。他直视美为德，因此，国民之艺术上的发展，就是道德上的反映，因为不道德的国民，决不能够制作高尚的艺术。从这种见地看来，氏以为一闻人的好尚，就可知他做人之道。因为如此，所以教育不可不先陶冶人的好尚。

艺术与社会救济

拉斯钦相信艺术是救济近代社会的要件，他如上面所说，以为唯有依从艺术而修养有得的人，才是真正的人格，所以他力倡我们可以由艺术指示人类进于神圣的境界而向和平的大道，而且将现代国民颓废的原因归咎于艺术界之非常堕落的状态。氏说：“唯至诚或忠实的情操，然后才能使真正的美的作品成立；所以达到真正的美之陶冶，必须预定纯洁的情操，而包含于其陶冶的努力之中。凡有真正的美的作品之人，能享受精神上的活力及健康与喜悦感情上有益的影响，就是因为这件事。那种蕴藏于作品内之诚实的牺牲精神就所以将那种作品化成为永久的宝物。但是这种牺牲精神之大的预备条件有二：一是尽力于一切事之确实的意志，一是对于‘制作上作业及努力的增进即为善之上进’之确信。往昔的作业是极度勤劳的，用全力所成就的作品实在不少；但是现代则少有捧献人格及全力的，唯以金钱为目的，因金钱的多少而劳动。真实及公明正大的心情亦是艺术所不可缺少；如虚伪的装饰或卖弄技巧以炫外表的美，实为卑贱自己、腐化情操的行动。这种恶风生自机械之作业，所以有复归于真正的手工业的必要，因为一切善良的作业不外乎是自由的手之作业。倾注全力而本乎善的意志与活泼的感情所成就的作品，假令还有未成熟之点与不完全的地方，亦足贵重的；若一种制作品不能使观客感得作品者制作时依从一定的确信与怎样愉快地怎样热心地竭尽心力而动作，那么，这种作业，对于人类实无甚价值。”

住宅与艺术

氏以为凡居住在不洁陋秽的房屋之人，决不能发展高尚的精神；各个人的住宅，应该俨若殿堂，使居住其内者成为神圣一样而不可污染。不快的住宅，不能使人发生爱家的心情，且不能养成爱乡的观念，所以建筑不可不采用能适应国民性、适合乡情及发自爱乡土的精神之样式。一国国民之伟大的建筑，如同国语一样，一面有一般的确定，而一面又有方言的存在，必到达有地方的特殊之样式的时候才始可以。

机械的作业与艺术的作业

如果想作为救济现代社会的堕落之手段，那我们不可不先依从作业。作业不但单为谋生上所必要，而且可以为一切阶级的教育的手段。但是作业分为两种：其一、适应人类给与人类以威严与权力，而且能使精神高尚；其二、却使人类的价值归于消失，而变为粗野与卑劣，前者是艺术的作业，后者是机械的作业。不良的实业主义与分工实是真的纯粹的作业的破坏者；它消灭作业者的幸福，不但使下层社会受害，就是在上流社会所发见的社会的颓废亦种因于此。旧时职工的正直心与熟练已经消灭；忠实、质素、满足与幸福之情绪亦都散失。数百万工人没有愉快，亦没有爱情，而只机械地操作，为一时的现在建筑、构成或作业，以断送一生。作业不本于早已充实的心情与纯洁敬虔的意志，亦不是自己的信仰的发现，更不是像“欲将内部的本质放在木或铁的材料上去发表”的那样的希望之表现。我们的手中所成就的一切作业已经失了那种可以认为人类的特征之“人格的痕迹”。行动上的责任心已经消灭；我们为将来的种族而建设制作，传达我们的劳作、教化、信仰乃至我们的愉快与苦痛之义务的意识，亦早已消失了；我们的工艺品与我们国家的建筑物不复如从前样的含有纯洁高尚的感情。即使是极简单而且极质朴的作业上，艺术亦为活动原理而尽高尚的社会的任务；没有作业的生活，便是罪恶；没有艺术的作业，便是卑劣。艺术有调和的势力，而且有和缓反对及减少阶级的差异的力量；艺术的人生观富于忠诚、敬虔的情感，所以可以救济我们的教化的灭裂与颓废。艺术不但可使个人的生活畅发清明而发生喜悦与幸福的感情，而且有探求人类的共同点，撤去彼此间的障壁，而结成为一团的力量。

教育之任务与要素

拉斯钦在他的著作《胡麻与百合》一书里，关于教育方面，还有几句极有趣味的话，摘录于下：他说："希腊的绅士，都是受着荷马（Homer）的感化的影响；罗马的绅士，无非依从希腊文学而教成的；意大利、法兰西、英吉利的绅士可以说是受着罗马文学的影响，并且各个人的知能的程度，亦都学到莎士比亚（Shakespeare）那样的程度而后已的。"观拉氏的这几句话，可知他在一方面认为儿童之先天的性能本是存在着，使它有充分的发展，乃是教育的任务；而在另一方面，又以依从境遇与经验，使性能向着各方面而行动的陶冶实为必要。氏又在他的著作《英国的艺术》一书里举出教育的要素如下：第一种要素就是养成学生的身体美与强，而教以健康的方法，使他厉行种种运动，如乘马、竞争、游泳等，并且有时又交杂以音乐与舞蹈。氏为谋身体的发育起见，主张学校必须设于空气新鲜的野外。关于精神的陶冶，氏以为对于学生教以尊敬与同情，并且提示所谓五德如信实、正义、节制、勇气、顺从等。氏还痛论从儿童之利己的动机而发生的竞争之弊，以为竞争试验及由它而施行的赏品奖给，都应该完全废止。由此，可见拉氏的教育思想完全受着希腊的教育思想的影响。

拉斯钦的教育学说之继承者

以上所述，是关于拉斯钦的教育思想的大略。拉氏的这种思想，后来为英国摩利斯（William Morris）及克勒牾（Walter Crane）二人所继承而成为艺术上的一种主张。他们的主张，虽则与教育没有很多的关系，然其影响及于艺术的教育上，亦非浅鲜。现在我将这两位的意见摘要于次：

摩利斯与艺术上之平等

摩利斯不是教育学者或教育家，乃是一位工艺家及诗人。他富有平等的思想。关于艺术，他代表平等的倾向，以为使艺术普及于职工界，然后才能使真正的精神的国民的艺术成立。他说："艺术上所有的特质就是使制作者及享受者都发生喜悦的感情；美的修饰的目的在于使人对他所必要或所必做的事物吸收喜悦的感情。人必须由眺望自己及邻人的家屋而旷心悦目，而得到精神上的安慰。像现时一般有权势者独占艺术，将艺术当作奢侈的生活上的事项，其结果遂夺取人类所有的生活上的美，使他们再归于野蛮状态而已。只有由国民及为国民而作成的艺术，才能使作者及用者发生喜悦。又那种弥漫于全社会之投机的利欲的倾向及压制的作业组织是使人类失却鉴赏生活上最可慰藉与最可喜悦的国民的艺术与造作的手。所谓素朴与正义，实是真正的国民的艺术上所不能缺少的道德。

艺术普及之价值

对于制作、劳动的人们，应该给与他们使得满足于美的希望之自由时间。艺术须要平等化，日常平凡的作业须要高尚化，使人发生希望与喜悦以代替他由作业而发生的苦痛与恐怖；这样地使艺术奖励人都到达作业，并使它有保持世界为一全体的势力，这是我们所切望的。在现时渐次扩大的机械的作业之流动中，应该设立一确定点，并努力地求到达这一点，以发见有人类的价值而且满足希望的作业。在这种状态上，无论那一种劳动者，都可成为职工，可成为艺术家，而且可成为一完人。”

克勒牾的艺术观

克勒牾亦提倡人人须艺术化，事事须艺术化，用艺术来烛照全生活，使幸福扩张到最下层人民的身上。他的方法，以为应给与下层人民以家屋，使他们能有自然、素朴而且健全的生活，不至因为过劳的作业而迟钝，亦不至为追求利欲而败德。这样地所成立的生活，就是自然地侵入艺术的办法。他说：“艺术的生存条件，就是人生存立的条件，亦就是它的最高发表；若视艺术为金钱上的事项，或为特别的阶级之私有的财产，是很不正当的。大凡真正的伟人的艺术品都是公共的作品，它能发挥强大的鼓舞的势力，并且表示市民的团体或全国民的理想。”

艺术之社会的价值

“机械的作业与艺术的活动分离，将使美的工艺归于完全消灭，于是有所谓职工与艺术的分别而认为各自存在。现在不良的实业主义之外，又加以营业主义，使现代生活愈益减少美的要素。例如美术展览会，完全属于商业的性质，将美术的殿堂化为商店了。有益于社会的艺术，具有给与人生以满足而增高其生活的价值、养成喜悦的感情及调和或消除极端的贫穷与极端的奢侈间之对峙，而创立新生活上之理想等之任务。同胞的精神，人道的及共同的精神，提供幸福于全人类，其有益于艺术之处很多。欲得美丽的花实，必须先给与肥料以培养其根株；在艺术上亦是这样的，我们必须给与国民以与艺术相接触而发生关系的机会。在希望有爱好艺术、享受艺术之力以前，必须先为国民设置美的环境，使他们呼吸其中。一再惹起其生活上的喜悦，鼓舞其对于有人类的价值的作业之献身的精神及调和隔离的阶级而开拓融洽之道，这都是艺术所应负的最高任务。”

德国学者的艺术观

以上所述的摩利斯与克勒牾的关于艺术所发表的思想，完全胚胎于拉斯钦的思想，没有别的创见。总之，拉斯钦及摩、克两氏的思想都是从社会的见地而出发的。他们都是英国艺术界的思想的代表者；至于德国方面，由社会的见地而主张艺术的亦不少，例如兰该与利喜德华克二人都是。现在再将这两位的学说叙述于次：

兰该的传略

兰该（Konrad Lange），德意志人，生于一八五五年。他最初任哥尼斯堡（Königsberg）大学美学教授，后来转任杜平根（Tübingen）大学美学教授。他建设一种以意识的错觉为美的核心之心理学的美学。关于艺术上的著作，有《艺术之本质》（一九〇二年）与《艺术哲学之方法》（一九〇四年）二书。氏对于美学上的造诣固深，但他并不仅仅是一位美学者，而在教育学上亦发表了不少的意见。氏在教育学上的功绩在于努力艺术教育思想的普及与图画教授的改革意见。就中尤其关于后一点，氏曾与德意志图画教师同盟会作过剧烈的论争，对于图画教授的改革非常有力。氏以为艺术关系于现代的全教化问题，并且影响于社会经济。他尤其特别注意于上流社会子弟的艺术教育，因此，用力于中学校的图画教授及大学的美术史与美学的改良；因为氏相信艺术之社会经济的运命为上流社会所决定。一八九三年，氏发刊《德意志之艺术的教育》（*Die Künstlerischen Erziehung der Deutschen Jugend*）一书，这书给与艺术教育运动以一种新的形相。嗣后在一九〇二年，又发刊《艺术的教育之本体》（*Das Wessen der Künstlerischen Erziehung*）一书，这书表示他对于艺术教育的态度及关于图画教授的见解。现在由这两部书里将兰该的教育学说摘叙于次：

兰该对于德国艺术界之感慨

兰该说：“德意志在一八九〇年的时代，还是科学的时代而未曾产生艺术的新时代。生存竞争通过全社会而正在剧烈地流行着；因此，能使艺术产生之愉快的闲暇与财力在德国不能找得。没有战争的危险，各人的手里面都有些财力，并且各人都有自由发展之可能的时候，才能发见艺术的崛兴，这是历史所显示给我们的。我们现在正生存在不安而且危险的时候，个人的能力之自由的发展尚不可能。寒烈的风雪吹遍祖国，使自己本身所有的沉思状态、快活的感觉生活以及对于美的高尚的热心兴奋，亦不可见。艺术的萌芽，在未发现以前，早已被风雪摧残净尽，所以个人能力之自由的发展，决不可能。我们还没有进入新文明的时期。我们将从社会改革入手，抑或从废止战争入手，二者请择其一。先消除现在紧张的时代，然后才能到达人人所梦想的新时代；于是人类之和平的本能，尤其是艺术的冲动与欲望，才可以不期然而然地遂行发展。我们在这种精神的艺术的要求之外，还必须使经济的方面之思想有同样的发展。即使精神界一般的教化暂作别论，但是一国自己想维持自己，在无须仰给别国资力的状态下，艺术的养成亦殊属必要，因为一国的生存之外部的条件就在于此。德意志位在欧洲的中部，没有什么自然的限界，容易为敌国所侵入。加之，德意志本来是贫弱的国土，它的产物不足养给自己的国民，她的大部分供给不得不求诸外国。所以德意志想脱离与他国之依存的关系，不可不有一种补救的方法，以图谋经济的发展，德意志既成为有力的工业国，经济生活由国家艺术的进步而益加迅速的巩固与有效的增进；但是最可悲的，许多德意志人以为艺术是少数人的事，只有愉快及鉴赏的作用，而毫不见有什么实际上的效果与利益。我们为打破这种误解起见，不可不从经济的见地去解决这个问题。在一切人类的活动中，用比较最少的材料造出比较最大的价值，莫过于艺术。大凡一国的国民，如果他的艺术能力发达到各方面，在经济的关系上看来，每每优越过他国。例如法兰西，它所以称为‘艺术之国’，就是明证。近来我们极力要效法英、法，然而我们迄今还是本末颠倒。具体的说，我们虽已计划对于艺术发达之有效的种种设施，然而从未使艺术之花自行开放。换句话说，我们毫未对于国民唤起或促进其艺术的需要，我们不相信国民中缺乏艺术的创作力与天才，但是只在国民不理解艺术这一点上感到无限的忧虑。我们已经不是感受艺术，为艺术的需要所充满的国民；我们虽则有时偶然地创造一种杰出的艺术品，然而并非艺术的民众。我国人没有评价艺术家的才能的能力，所以在使艺术家能够不断地努力进行上实缺乏预备的条件。因为如此，所以我们的目的并非在于艺术家的养成，乃是在于能够感受艺术的民众的养成。最好的方法，先使有教育的中流社会得到有一定的统一的程度之艺术理解力而成为普通艺术家，因为他们可为艺术与民众间的媒介。”

兰该对于过度的艺术热之警告

兰该于一九〇一年在德勒斯登市所召集的艺术教育会席上说：“我们的目的不偏于专门的艺术家的养成，而在不妨害教育上他种目的之范围内，必须竭力惹起并养成多数人之萌芽的艺术心。因此，美术史或美学这一类新学科没有特别设置的必要；同时，亦不必使学生多讨论技术的事，只有使学生观察美术品，得有鉴赏享乐，那就满足了。又我们并不欲以艺术的理想代替从来道德的或宗教的理想。以艺术为主，以图画、雕刻、作诗、演奏音乐为主要工作的国民，在现世，究竟在那里呢？在生活上，除掉艺术外，还需要其他理想的存在，如果以纯粹的艺术教育或以艺术为主的教化去压迫他种有价值的理想，那是很不应当的。”

兰该认艺术与道德有同等之权利

以上所述，是兰该对于艺术教育运动的意见的大略。兰该虽则热心从事艺术教育运动，然而他并非主张以艺术代替其他一切；因此，有些人指斥兰该是中庸派，保持艺术与道德有同等的权利。关于这一点，以后再行讨论，现在继续地将兰该关于图画教授的意见叙述于次：

兰该对于图画教授所发表之意见

兰该在图画教授上，非难那种视图画为一种技能而施行技能的练习之见解。他以为图画教授的时间，是能力陶冶的时间；因此，图画教授不可不具有艺术的特质。总之，他以为现代的图画教授，不可不依从现代的艺术上的见解而施行的。他说：“在近世艺术之本质上的见解，有两特点：其一是与自然有密接的关系，其二是艺术的人格。”因此，氏主张图画教授必须要适合于这两方面；具体的说，对于“艺术的人格”的意义之感情，求之于图画教授上的个性化；至于与自然结合，必须使图画教授的基础安置于自然模仿之上去求的。氏主张在特定的时间，教授必须采用个人教授的形式；就是订正的时候，亦必须施行各别的教授。氏又非难在自在画上过于采用机械的方法及临画法。他以为图画教授的退步，实基因于使图画变成应用几何学及扑灭一切艺术的成分之数学方法。所以他主张使图画教授由直观的科学再回到艺术的原理。氏又不欲墨守特定的方法；在教授上有一定的方法，固为他所承认；但是他以为与其依从一定的方法，不如信赖教师的敏活的手腕为愈。例如装饰及石膏模型的描写等，为氏所不赞同；他以为一般已经发达的儿童，对于装饰，没有多大的兴趣，如果过用这样的教材，仅使儿童注目于过去的模样，那就有害于儿童对于自然的感觉了。

兰该的图画教授改革方案之价值

以上所述，是兰该对于图画教授改革方案的大略。兰该的这种改革方案可以说是从来图画教授法的革命。因为从来的图画教师大都是墨守特定的方法而少有根据艺术的原理，所以他们一听到兰该的这番议论，无怪乎大起异议而有德意志图画教师同盟会的组织，而与兰该取对抗的形势。至于兰该对于图画教授的改革方案，是否适当，非本书的范围，应该让诸像“图画教学法”那样的书籍再去讨论，现在姑且从略。不过兰该的这种改革意见与他的艺术教育运动的根本思想有密切关系；等到下文对兰该的根本思想有所批评的时候，亦可以间接地窥见。现在先叙述利喜德华克的教育学说：

利喜德华克的传略

利喜德华克（Alfred Lichtwark），亦德意志人，一八五二年生于汉堡（Hamburg）。他初任国民学校教师，后就学于来比锡、柏林等大学。毕业后，任柏林美术工艺博物馆秘书。一八八六年，升任汉堡美术馆馆长，使他成为该市艺术运动的中心人物。一八八七年，发刊《学校里的艺术》（*Die Kunst in die Schule*）。从一八八八年以来，为学生及教师计，在汉堡美术馆内开始施行艺术品的展览而努力于艺术之文化开发及教育改革事业。到一九一四年一月十四日卒。氏的著作除上举一书外，还有《艺术品观察上之练习》（*Übungen in der Betrachtung von Kunstwerken*，8，A. 1909）。这书就是上述的学生、教师对于艺术品的观察之实验的报告。氏以为教师、辩论家、美术批评家以及新闻记者发挥最大的努力，将艺术的精神发扬于国民的各阶级间，使与他有直接关系的汉堡市在德国内发现最优秀的美的教化而成为全德意志的艺术教育的模范；而间接地对于德意志全体之美的陶冶上与以最大的影响。氏与其说是学校教育家，宁可说是国民教育家，将艺术教育当作国民教化上的问题看待，广泛地就种种方面加以考察。一九〇一年，氏在德勒斯登市所召集的第一次艺术教育会席上，对于艺术教育运动的演说，大要如下：“现在的教育动辄将人当作记忆考察的动物去处置，但是人并非仅仅是记忆考察的动物，而且是有血与肉之感情的本体。理论的教育学向来在悟性以外，虽亦有时施行感情的陶冶，但是从事国民教育的教师与关系者努力地将感情与陶冶作为实际教育上的目的，乃是最近的事。补救过度的悟性陶冶与专以机械的记忆为事的时代已经到临了。”观利氏的几句话，可知他所以从事艺术教育运动的命意之所在。现在再将他的教育思想的大要摘叙于次：

艺术与经济

原来利喜德华克如同兰该一样，亦认定经济上的发展是为艺术心的优劣所决定的；而且他以艺术与乡土作为中心思想。氏目睹德人对于色彩毫无感觉或趣味，所以他感叹艺术的衰亡，希望恢复本于“赏玩主义”（Dilttantismus）而制作的工艺美术。（按“Dilttantismus”一语，日人译作“好事家主义”或“素人艺术主义”，因为前者太不通俗，后者又属生硬，所以我姑译为“赏玩主义”。其意义请看后面利氏自己所解释的话，自能明白。）具体的说，一八九〇年氏在柏林的十字街头看见有卖草花的，在那边叫卖花束，他以为这是德意志趣味史的转期，并且以德人对于色彩无趣味为艺术的文化的衰亡之主要原因。氏说："德人的色彩的感觉没有受过陶冶，所以艺术之经济的悲运由此而生。具有高尚色彩的文化的法兰西将它的美术工艺品源源地输入德国，而征服德国艺术之经济的生活。于是德人不得不走入模仿他人这一条路上，而使色彩上的独立性益趋灭亡。如果我们将所有的色彩上的造诣再加以一番陶冶，那么，我们在工业上将可以得到力量；否则，产业上的效力，决不会产生何等结果的。我们若不欲在与他国国民经济竞争上为他所凌驾，那么，对于自己国家的弱点不可不有明了的认识，我们现在立于与他人决赛胜负的关头，应该觉得：将来工业界的振兴与否，是依从于次代国民之艺术的陶冶程度而决定的。我们必须注意从来艺术家的陶冶，而且相信如此才能在世界市场上获得优越的地位。但是国家经济的活力，是依从于那一国家的消费者的文化状态；并且只有靠消费者的教育，然后工业的独立与活动才能有希望。消费者的教育莫如奖励'赏玩主义'。但是最可悲的，教育上的缺陷是在于使'赏玩者'成为嘲笑的人物。我们在音乐界上早已经有许多'赏玩者'了，且以为这是一种自然的倾向；然而在诗文或造形美术方面，并不闻有所谓'赏玩者'的赞扬。我们的贤明的人士，对于造形美术，毫不加以何等注意。实在说，德人是美术上的盲者。德人未曾十分的看过艺术品，早已被人所议论了。他们以为德人实是'以耳代目'的国民。由此可见我们的形式陶冶与感官陶冶是很不完全的。因此，我们想提高形式陶冶，不可不向着造形美术上的'赏玩主义'而进行。为什么呢？因为我们的文化与国民性有一种很大的弱点，而且对于艺术品及工艺品亦没有能批评它或了解它的民众。这种缺陷，只有依从真实的'赏玩者'去补救的一途。我们必须依从'赏玩主义'去挽救工艺的不振，避免样式化的倾向，并且依从健全的批评去促进高级艺术与应用艺术之共同的革新。然而怎样才能提高德人所有的美术品与工艺品的品质，贯注全力，使它产生新机呢？这只要拿世界市场的形势来说明，就绰绰有余了。我们的艺术品所以不能与别国一样的得到同等地位，并非我国的艺术家的才能有所不足，乃是基因于一般艺术的陶冶标准低落在水平线以下的缘故。"

赏玩主义的真义与价值

这种健全而真实的"赏玩主义"具有挽救德意志艺术之经济的悲运之使命，是为利喜德华克氏所确信的。但是，所谓"赏玩主义"

的真义与价值究竟是什么呢？氏有如次的议论。氏说："'赏玩主义'是各个人所有的幸福的源泉。赏玩力可以增进个人的幸福，而'赏玩主义'能努力地发展这种赏玩力。这种主义在论理上亦有效果，是无容疑的。对于诚实的人，赏玩主义的艺术，就是不占据全生活的内容，然而在他的生活上亦得添加许多美味的。固然，那种在皮相上追求满足而辗转于一时的作业上之赏玩主义艺术，大有妨害真正艺术的发达，应该排斥；然而注意自己修养，对于自己的职务尽职并且提高赏玩主义艺术，无论对于个人或所属的国民，都能使他得到幸福。这非仅限于上流社会而已，必须扩张到一般的下层社会，使他们经过相当的时日而发现真正的国民艺术。以往已经存在而今日不能复见的那种国民艺术，并非本于现时赏玩主义艺术的需要而活动，乃是发现于经济的生活；不以眼的陶冶为最初的目的，而只在于必要品的制作。然而，现时的赏玩主义艺术，不是以这种实际的目的为目的，为什么呢？因为实际的必要可以由工艺美术而得到更充分的满足。因为如此，所以只知竞制必要品，使它与经济生活发生直接的关系，那决不能期望发生现时的赏玩主义艺术。但是赏玩主义能发动公众的意见，由正当的批评而给与制作以很大的影响，所以赏玩主义艺术比之古代的国民艺术，在间接上更有效果而且更有利益。美的制作品的不进步，决不是国民间缺乏艺术的天才，而实由于一般国民艺术的陶冶的水准太低的缘故。任何一个国民，除掉他们所能了解且所要求的东西以外，不能由建筑家及其他工艺美术家接受意外的东西。要之，赏玩主义艺术的任务，在于养成能够有感受艺术与理解艺术的能力的大众。然而这不独陶冶艺术上的消费者，而且养成本于适当的判断与批评而奖励国民的制作及促进国家的生产之艺术批评家，此外，还能养成立于艺术家与一般大众间灌输艺术的趣味于大众的艺术教育家。"

艺术教育之方法

关于利氏的艺术教育的方法，在他的著作《艺术品观察上之练习》一书里有如次的议论，氏说："使儿童观察艺术品的目的，在于使他们深入于艺术品之中，养成他们有永久观察艺术品的习惯与感官的觉醒，并非想给与以关于艺术品的知识。因此，对于儿童先使他惹起兴趣，然后使学习肃静地精密地去观察每件艺术品。"氏根据这种理由，以为在艺术品上可以用言语发表之物质的内容以外，只给与儿童以"唯感得含有什么东西之一种预想"就够了。氏又以为关于艺术品的被观察的系统，可以用艺术发达上之一般的过程去说明它；譬犹诗歌，最初采用叙事的形式；造形艺术，亦先以物语的形式为宜。

最初惹起儿童的兴趣，是物语的想像画。就这样的画图而论，儿童不得不精确地去说明为艺术家所欲发表的地方。关于绘画的会话，是一部小戏曲，或者是一首诗。等到物质的内容被说完以后，再使儿童去观察所用的光线与色彩。但是儿童所观察的，是每件艺术品，并非艺术的概念、本质与历史。为什么呢？因为世人精密地观察每件艺术品的时候，有与其对于这些艺术品的印象与以说明，宁可以历史的批评的见解去瞥见全时代，而且关于艺术的倾向加以赏赞或非难之一种状态。如果将这种不本于儿童的经验的艺术史用于学校，只有害而无益。照利氏的这种见解看来，对于艺术的批评，宜应禁止。健全的儿童并没有批评的要求而只有赏玩主义艺术的欲望。关于这种赏玩主义艺术的心情，不可不使儿童尽量发展。所以教师最好不发表什么意见而儿童只管学习赏玩。至于绘画的观察应该从几岁开始呢？利氏以为在学校里面不可过早，绘画的观察以自十二岁光景；雕刻、建筑等以自十四岁起开始为适当。女子常注意化妆品，所以在色彩的认识与性质的感觉力上，较男子为早，因此，艺术的观察，女子亦应该较男子稍早。氏对于启导儿童入于艺术的赏玩之出发点的问题，以为不当求之于美术史而当求之于艺术的直观。关于这一点，如上面所说，氏以为观察艺术品的目的，并非在于扩张知识，而在于使儿童觉醒，且巩固他以观察力与感觉力来感到趣味之教育与价值。氏如同兰该一样，主张观察的练习，必须由原作出发；至于模写、复写等，在较高的学级里，才可利用它作为补助。例如照相之类，在文科中学校里，才可利用它。凡是艺术，不可供作美术史的讲演或说明之用而行皮相的观察。艺术品是深刻的观察之出发点，同时又是它的终极的目的。在这时候，美术史的文明史的要素极力要加以限制，最好使眼有充分的活动。照利氏的意思，以为在学校教育上，一切学科里都不可不努力于艺术的直观能力的发达。为要达到这个目的，并非要特设艺术一科以专供养成赏玩的能力之用。教材必须与艺术的乡土志相结合。这样一来，那么，艺术的感情就能陶冶，艺术品就会变为人生的发表。儿童所观察的艺术品不可过多，必须使他对于每个对象有精密的观察。当观察的时候，又不可过于冗长。

利氏对于儿童的天性之观察

利氏对于儿童的天性亦有一种独特的见解。他在一九〇一年德勒斯登市所召集的第一次艺术教育会席上又说：“观察今日儿童之发展的状态的人，无论谁亦会发现儿童之自然的能力之任何一点都被人们所压迫，尤其如养成虚伪的羞耻的习惯，销磨其天真淡泊的性质，抑压其观察的性向及破坏其勇气等等，而发生不良的影响。儿童本来以快活而且确实的态度放歌高唱，但是他一入学校，则态度一变；儿童本全然无拘无束，自由谈话，但是入学校后不出一年，就失掉这种天性，而到达十二岁的时候为尤甚。儿童毫不怀疑惧的观念去绘画他的观念界所得到的东西，而且常伴以愉快的感情。但是学校教育能否顾虑到此吗？我恐怕它未必能做到这一层吧。凡有教育的责任的人们，不应该忘记了儿童乃是快活的种族。儿童今日还生活于数千年前的幸福的世界——黄金时代，围绕他们的事物及他们所爱的事物应该具有爽快的性质。又为他们提出的事物，必须是他们所爱好的东西。最能使儿童从事着实的作业，而且最使儿童发笑的学校，是最良的学校。”

艺术教育思想对于实际的教育之影响

以上所述，是关于利喜德华克的艺术教育思想的大略。综合以上所举的诸位教育学者所指示的艺术教育的倾向而论，它已经渐渐进入德国的实际教育界。有许多教育学者想依从艺术的精神去改造教育及教授法的全体，使它都准据于艺术的形式。教师的职务与作业不消说起，就是对于学生在学校里的一切活动，亦都主张化成为艺术的。持有这种倾向的代表者当首推韦柏其人。

韦柏的传略

Ernst Weber

韦柏（Ernst Weber），德意志人，一八七三年七月五日生于巴发利亚州（Bavalia）的哥尼斯和樊（Königshofen）地方。最初毕业于威斯波格（Würzburg）师范学校，次毕业于闵行（Müchen）中央体操教员养成所，最后入耶拿大学师事来因（Rein）教授，又入来比锡大学师事服尔克尔德（Johannes Volkelt，1848—）教授。一八九四年，任闵行小学校教师。自一九一二年到一九一四年，任该市本山立补习学校校长。自一九一四年到一九一九年，因大战勃兴，辞职从军。一九一九年，任班堡（Bamberg）市师范学校校长。氏的著作有《教育学之基础科学的美学》（*Äesthetik als Grundwissenschaft der Pädagogik*，1907），《教师之人格》（*Die Lehrepersönlichk*，1911，3，Aufl. 1922），《德意志之国民性与国民教育》（*Deutsches Volkstum und Nationale Erziehung*，

1924）及其他著作，计十数种之多。

教育之任务　韦柏以为教育上有二大思潮：其一，以个人的本质之自由的发展为主；其二，使个人从属于其他团体。前者为卢梭所代表之个人的倾向，后者为修拉玛希所代表之社会的倾向。这两倾向，各有长短；因此，我们不可偏于任何一方面，而必须从根本上去完成教育的任务。所谓根本究竟是什么呢？氏以为这是形成人的本质之自己活动。教育之任务，不外乎形成这种自己活动而已，明显的说，教育之最终的目的，在于个人人格的特质之发挥；再换句话说，唤起自己天性、特质、充实生活的喜悦与创作的享乐，这就是教育的任务。所谓“自己活动”，在氏看来，就是艺术的、感情的、主观的及个人的。因为如此，所以教育上的最高原理，就是所谓“达到自己活动的教育”；同时欲发展这种自己活动，不可不依从艺术的原理。

现代教育之改造　韦柏对于现代的教育认为有四种弊害：即学校、集团教育、强迫及主理主义。氏以为学校与人之一般生活相冲突，集团教育与个人教育相矛盾，强迫与自由相反对，主理主义与情操陶冶相歧视。所以教育改造，必须先消除这些弊害，在学校里面，须引导儿童入于人生的真生活；在集团教育上，须注重个人教育；对于强迫，须尊重正当的自由；对于主理主义，则不可不尽力于情操陶冶。想达到这种目的，只有依赖艺术。因此，教育的研究，不可不依从艺术的原理；而艺术的原理，又须依赖美学。所以美学实为教育学的根柢。

教育之分类　氏将教育学分为三种：第一是教育之纯理的研究，第二是教育上教授训练的原理之实际的应用方面之研究，第三是教育之实际的方面之指导及实际之教育的活动。第一种含有科学的教育学的性质，第二种太缺乏普通的性质，至于第三种，完全是一种艺术的教育，一句话，是艺术。在教育上，唯有第三种最为重要。因此，艺术的原理之研究——美学——在教育学之研究上亦极重要。

教育上所应用之美的轨范　氏更进而将他的业师服尔克尔德在美学上所提示的四种根本的美的轨范应用于教育上。这四种美的轨范，简单的说，就是：（一）形式与内容的一致，（二）人类上的有价值的内容，（三）表现的价值，（四）有机的统一。如再加以申述：第一，艺术家是要构成与种种形式相一致的内容，他们选择人生或自然的生活作为材料，而与以适当的内容。教授亦然，他在空间及时间上将远相隔离之空漠或混杂的生活加以整理，再附以新内容，然后将它提示。第二，艺术要求人类上的有价值的内容。关于这一点，在教育上看来，更觉明白。教育是使人发展他的天性，如果没有人类上的有价值的内容，到底不能实行的。第三，艺术以假面的世界为必要；它所表明的世界，被以实生活的假面，使观赏者宛若亲历其境，而捉住实生活的模样，在教授上亦要这样的表明的居多。但是儿童又必须要知道实物、事实及严密的法则，所以算术、物理、化学等科，不能依从美的法则。第四，在艺术上，以有机的统一为必要；对于复杂的部分，有善为关联而构成为一个整个的全体之必要。在教授上，这件事亦属必要。从来对于这件事已经实行过的，例如所谓“综合教授”，所谓“专心致思”等，都有这种目的。在教育，则在“艺术家”这一个意味上，或在它的工作上，不可不以所现出的集合、统一为模范。

韦柏对于教师之要求

韦柏基于上述的这一种思想，要求教师应该成为一个艺术家，在他的言语与态度方面有构造的能力，而善于辞令，巧于谈话。氏以为现时教员之养成，对于谈话术，非常轻视，殊属不当。氏又以为图画与手工必须以教师自己能学习为度。他感慨现在教师自己少能绘画，或少能不依靠临本而有用纸片、粘土、木片等去制作的能力；以为将来的教师必须离开科学上的动作，而以他的人格上的价值及特别的教育的天才为更重要。教师并非在于终结的既成的状态，他是永久地发展的，而且对于他的发展表示有活泼的努力。氏排斥纸上的教育学而主张人对于人的影响。氏更将教授这事项视为艺术品，而有如次的议论：“教授以依从美的法则为第一要务。新事项的提示，以教师及学生的经验为要。艺术的教师，只依从生活的影响，才能施行感化，而并非依靠心理的概念。严格的科学的思考与沉着地判断或推理事物的能力，究不能成为教育者的资格。有运动自在之艺术家的心情，迅速地专心于新发生的事物，将它有机地化为已有，然后更将它放在新状态上使它发现，如果能够做到这几层，那么，真正的教育者的资格才能成立。教师不可不是一位理想家，并非将他的努力向着利益与金钱而进行的；他必须成为一个艺术家而有向着内部的自由而进行的努力。真正的教育者是一个为理想而奋斗的自由战士。在教育的事项上，教师的最高审判官是他自己的良心。他与一切褊狭的干涉相战争，与细末的规条相反抗，与纸上的教育学相斗争。又真正的教师并非隐遁者，又非夸张者，乃是世界的人。他知道那时代及那时代的国民的习惯有所要求于他，而且能够应付它，使满足他所生活所活动的社会之希望。并是他不仅以这件事为他的生活任务上之最良的东西，而且视它为善良而且愉快的游戏。总之，教师必须是圆纯的人，而有丰富的伦理的内容与构造力之艺术家；艺术的教育实是一个有力改良的原则；在我们的学校里，要占有支配的地位。”

艺术的教育之价值与缺点

综合以上所举的英、德二国许多艺术的教育学者所发表的教育上之艺术见解，其影响及于学校教育之实际的方面，实在不少。图画、手工两科不消说，就是其他各科亦都受影响。例如在国语教育上，注意诗歌与美文，使玩味文艺，而陶冶其艺术心。在拼音或缀字方面，以练习创作的、发表的冲动为重要。在唱歌、音乐方面，依从有能力的教师去陶冶艺术心。在体操方面，谋身体之美的发达，由此使发挥身体美与动作美。其他如教室的修饰、教育的绘画、形体的利用等，都供作努力觉醒儿童的艺术心及养成趣味性之用。复次，推到社会的设施，如利用博物馆、娱乐场、剧场等去养成民众的艺术心；或利用图书馆、巡回或流通文库等去普及文艺的作品。甚至如照相、货币、广告张贴及小卖摊等都变为一种艺术，以供养成国民的艺术的精神之用。

艺术的教育之两大别

以上所述的“艺术的教育”的主张，分析的说，可分两大别：有些人是重在促进艺术上的嗜好、培养鉴赏享乐美术的能力；一句话，以到达或接近艺术的教育为主。有些人重在增进美的表现能力，使从事艺术的制作；一句话，以依从艺术而行动的教育为主。前者认为艺术的发展有待于赏玩力的发展，使赏玩者之有价值的感情有所发动；所以他们以为艺术是一切人类所应有的财产，而且赏玩艺术这一件事是一切人类所必要的。例如利喜德华克、兰该等就是属于这一派。此外，人格的教育学者林德亦有同样的主张，后者认生活是行动，以为那种制作有价值的作品之活动——艺术的活动——实为各个人天赋的性能，只有引起它使它渐趋坚强。我们人类对于世界有种种关系，就由于制作构成的能力而生。在制作之上更为高大而且更足以自夸的，无他，大抵是艺术性有用以达到或接近于艺术之必要；但是这种性以发动自己固有的能力为基础才有价值。在休眠状态之制作的性向，就是由这种性而奋发，而对于人生发生很大的价值。例如韦柏就是属于这一派。此外，还有人例如德勒斯独奈（Albert Dresduer）的主张，更其走到极端。他排斥艺术的赏玩或享乐，而且拒绝以艺术品为教育的要素。他以为艺术所以应用于教育上，其目的必须在于养成富于制作的意志及创作力的国民。人实生而为艺术家，再没有像儿童那样的完全艺术家之存在。论者以为德勒斯独奈的这种主张，若从心理上观察，到底不能承认；因此，他有修正而折衷的必要。再次，关于教师的人格问题，在韦柏看来，以为从前的教师大抵只偏重熟知他所教的材料而以善于支配为能事，然而这样的教师，只以教材为主，毫不顾虑学生的程度，教以不适应学生能力的教材，可说根本不理会什么是教授法；因此，有受人们所谓“学者的教师”的冷评。反之，最近主张注重教师的技术，使这种技术发展到艺术为止，这种新教师的典型，无以名之，可名为“艺术的教育家”。氏又主张将教育依从美学而成为一种教育术，以为艺术与教育不但相互关联，而且是同一的事物，所以从来由科学的见地而处理的教育不可不转变为由艺术的理论及艺术的自身去处理。因为如此，所以如上文所说，韦柏将服尔克尔德在美学上所提示的四种根本的美的轨范应用于教育上。韦柏的这种见地，引起不少的反对论者。现在姑先将德国教育学者萨尔华克（Ernst Von Sallwurk，1809—1926）对于艺术的教育，尤其对于韦柏之过重美的原则的批评叙述一下。萨尔华克在一九〇九年《德意志杂志》上发表《教育呢？抑艺术品呢?》一文，就是对于艺术的教育的批评。萨氏反对艺术的主张，以为他们动辄欢迎技巧的教育者，实是增长过度润色材料的倾向，而且有使科学卑下而以感情上之强烈的刺激为主的那种倾向；一句话，他竭力反抗艺术的教育学者之过度的艺术热。然而教育为实际的术这一件事，为萨氏所十分承认，而且认为这种术并非是机械的而是自由的。所谓“自由的术”这一句话，并非可以严格地适用法则或依从精密的形式，乃是指要有人格的力、特性及伎俩而言。在这一点上，教育与艺术相接近，教育者有应该模仿艺术家的地方。然而在这种活动的性质上，或在它所使成立的结果上，教育家与艺术家相差异的地方究属不少，所以若视两者为同一的事物是不正当的。萨氏的这种见地，可以说是“科学的教育”与“艺术的教育”的折衷，实不无相当的理由。现在再申述我的意见。我以为无论有些人主张教育要到达或接近艺术为止，或者有些人主张教育要依从艺术而行动，他们都因为目睹从来的艺术的思想日趋衰微，一般作品只知道迎合群众的卑劣的趣味，单以营利为目的，不能使一般民众真正地感受美术的价值；其影响侵及学校教育方面，使学校里的艺术科化为乌有，而另以科学的学科替代它；即使有所谓美学一科，亦并非与艺术有怎样的关系，不过当作一种科学去研究，而使它隶属于历史的哲学的学科，所以他们有这样的艺术教育运动。照这样看来，可知这样的艺术教育运动，其最初的动机在于要谋美术工艺品的改良，并非就在于要促进艺术教育本身的发达，不过艺术与教育如上文所说，既有一种密切的关系，所以美术工艺品改良运动，实际就是艺术教育运动主要的原因。分析的说，这种艺术运动，与其说是个人主义，宁可说是带有国家社会主义的色彩。因为在英国方面，受了自然科学勃兴及产业革命结果的影响，一切工业品只求分量的增加而不讲品质的精美。在德国方面，这种情形较英国更甚，它的唯一的商敌，就是法兰西。所以英、德两国知道欲振兴国势，非改良美术工业品不可；欲改良美术工业品，又非促进艺术教育运动不可。不但对外如此，并且他们相信艺术是可以作为救济社会问题的要件；具体的说，艺术是有调和或缓和社会上劳资阶级斗争的功效。例如英国拉斯钦，以为艺术有调和的力量，而且有缓和反对的观念及减少阶级差异的功能，德国利喜德华克亦以为赏玩主义的艺术的任务，在于养成能够有感受艺术与理解艺术的能力的大众。一句话，他们都是站在经济的见地去认识艺术的教育之本质及其任务；所以他们都视艺术是国民的艺术，而非个人的艺术。所以我以为他们的主张，并非个人主义，而是国家社会主义。他们虽则以国家社会的利益为前提，而不以个人的利益为出发点；然而他们却知道艺术多少是依从各个人生来的特性，所以不可不使这种特性尽量地发展。例如韦柏以为“个人的教育学”与“社会的教育学”各有长短；因此，我们不可偏于任何一方面，而必须从根本上去完成教育的任务。由此，可见他们的主张，就是要谋个人与社会的调和，以为在一方面看来，个人是社会上的一分子，但在他方面看来，各个人自有自己活动的存在。至于艺术教育的任务，就是在于养成能够赏玩或享乐艺术的能力之各个消费者，同时养成能够有感受艺术与理解艺术的能力的大众。这是一种个人主义，可是这并不是像卢梭所主张的完全离开社会之单独的个人主义；同时，这是一种社会主义，可是这不像修拉玛希所主张的个人不过是社会的附属品之社会主义，乃是一面承认个人人格的价值，一面又要使个人去维持公众的利益之国民的个人主义。我将这些学者的教育学说放在所谓“新个人的教育”之下去叙述，其命意就在于此。这种见地，在表面上看来，可说是一种健全的稳当的思想，但是若从根本上研究起来，这种主张是否贯彻，还必须视个人所隶属的国家社会是那一种性质的社会而定。譬如像现在资本主义的英、德国家，即使这些国家的教育学者怎样地去提倡艺术教育运动，充其量，在个人方面，只不过使个人成为一个良好的消费者或主顾，他对于各种货物能够鉴别，而且能够监督它，使它不致于滥制粗造或有假冒，就是各个人自身亦不致成为一个浪费者；在社会方面，亦只不过使社会上的劳资阶级各自本于所谓“赏玩主义”得到一个赏玩或享乐艺术的机会，以和缓互相斗争的感情，使彼此各守本分，以维持社会的现状而已。这是指国内的情形而言；至于对外呢，这种艺术教育运动，亦不过在自由竞争的原则之下，将自己的国家的美术工业品在国际上提高地位而已。因此，各国的工业品，虽在国内不以赚钱为目的，但对外仍以经济的互相掠夺为前提。原来所谓艺术是依从美的原则而创作的；而美的原则又是超越利害而存在的；如果欲要贯彻美的原则，那么，不但在国内不应该以赚钱为目的，就是在国际间亦不应该以经济的互相掠夺为前提。所谓“提倡国际正义，涵养人类同情”，亦是艺术教育运动上所应该注意的；因此，我以为像利喜德华克所主张的艺术教育的任务在于养成有能够感受艺术与理解艺术的能力的民众或公众（people），还是不够，而必须再进一步养成这样的人类（mankind）。试问主张艺术运动的人们，除掉英国克勒牾外，谁曾注意及此呢？他们说来说去，无非是图谋国民教材的振作及促进国民艺术心的发展而已。实在讲起来，他们的见地，在个人的方面看来，似乎是“艺术至上主义的艺术观”，因为他们是将艺术当作一种有它自身的发展，有它自身的目的的人类行动看待；在社会的方面看来，似乎又是“功利主义的艺术观”，因为他们是将艺术当作一种维持自己的国家的利益的手段看待。一句话，他们都只是将艺术的现象作用一味夸张着，不曾整个地把捉着艺术现象所有主观的、客观的作用与意义。艺术之真正的意义，照现代哲学者，尤其照唯物史观者的立场看来，不外乎是感情社会化的方法；而所谓“感情社会化”，就是“给人感染”的意味。托尔斯泰（Leo Tolstoy）在他的名著《什么是艺术》里面，将艺术的定义解作“人类情绪传染的手段”。这个定义，恰与刚才所谓“感情社会化的方法”完全一样。稍详细的说，一个艺术家，不问他是文学家、音乐家、图画家或工艺家，组织了他的感情，将他所特有的技术的形态客观地表现出来，使艺术家以外的人们都来读它、听它、看它，乃至使用它，且将那个艺术家所组织的感情摄入自己，再化为具体的感情，这就是所谓“感染了它”，这才完成了艺术的全般意义。这样的定义，既不像艺术至上主义者只将艺术上的表现解为无组织的活动，又不像功利主义者只将什么对于艺术的要求加以公式化；而是将艺术所有主观的与客观的作用综合地结成为简要的言语而称之为“感情社会化”，再理论地称之为“主观客观化”。（关于这一点，似乎还须有详细的说明，此地为篇幅所限制，姑止于此。）因为如此，所以艺术的教育，一方面必须以人类生来所具有的一种美的感受与制作之可能性为出发点，将它放在适当的环境而尽量地去发展它；一方面又必须使各个人所有的那些活泼泼的无数错综的感受力与制作力，用他自己所特有的技术的形态，不拘程度的高低或是否完全，加以一番的组织或整理，再将它客观地表现出来，然后使彼此互相感染，而成为共同的社会意识的要素。这才是真正的“赏玩主义”；因为这种真正的“赏玩主义”里面实含有各个人的自己感情、自己制作与同着他人互相感染两种要素，并不像利喜德华克所说的那种“赏玩主义”只有各个人的自己感受一种要素，一遇着与他人相接触的时候，乃是彼此格不相入而没有共同的社会意识之存在。因此，利喜德华克虽竭力要养成有能够感受艺术与理解艺术的能力之公众或民众，然而结果呢，只不过养成各自感受艺术与理解艺术之散漫无纪的各个人而已，想促进整个的社会之进化怎么能够？我在上文所以称那些艺术的教育为另一种形态之个人主义——新个人主义——就不外乎此。这些艺术的教育学者只知道唱导“美的感情陶冶”的高调，而拼命地排斥“科学的知识陶冶”的存在；殊不知就是艺术的教育自身里面亦要含有科学的知识陶冶的要素，方才能够达到利喜德华克所说“赏玩主义”的艺术教育的目的；设使他只知有美的感情陶冶一种成分，那么，决不成为一种完全的艺术教育了。再就全部的教育而论，那更不消说得，在美的感情陶冶之外，还要有科学的知识陶冶及道德的或技能的意志陶冶之设施。因为在前节里已经说过，所谓人格，实含有知、情、意三种要素，缺了一种，就不得称为人格；这三种要素是否圆满地发达或平均地发展，那亦就是所谓人格健全或不健全。如果照利喜德华克的意见，在学校教育上，一切学科都不可不努力发达艺术的直观能力，那么，这种学校教育简直是一种艺术学校的教育，并不是整个的教育了。但是韦柏却承认儿童必须要知道实物、事实及严密的法则，他以为算术、物理、化学等科不能依从美的法则。关于这一点，韦柏的意见较诸利喜德华克的意见似乎稍胜一筹。不过就韦柏的教育学说全体而论，他仍是太过重美的法则，并且竟将教育家比为艺术家而使他成为一个“艺术的教育家”。对于这层，如上文所说，萨尔华克曾加以批评；此外，人格的教育学者林德亦有同样的批评。如果照韦柏的这样过重美的法则，那么，这种学校教育亦不啻是一种美术学校的教育，并不是整个的教育。即使退一步说，教育应该成为一个艺术家，然而如上文所说，艺术家的教育家必须组织了他的一切心的状态——知识、感情、意志——用他自己所特有的思维、技术与行动的形态客观地表现出来，使各个儿童都来理解它、感动它及应用它，将教育家所组织的一切心的状态摄入自己，再化为具体的知识、感情及意志。这就是普通所谓“人格感化”的意味。所以与其使教育家仅成为一个艺术家而称为“艺术的教育家”，不如使他成为一个兼有科学家、艺术家与道德家三种资格之教育家而称为“人格的教育家”。（这并不是指前章里人格的教育学者所说的人格。）这种“人格的教育家”的名称，不论教那一科目教师，如公民科教师、数学科教师、自然科学教师、历史、地理教师、音乐、图画、手工等教师，乃至体操教师等等，无一不适用的。这样，那么，所有教师，决不致再招“学究的教师”、“技巧的教师”及“传道的教师”的讥评；不仅如是，并且被教育者——学生——亦不会只有教授而无训练，而养成所谓“有教的蛮民”；或者只有美的陶冶而无知的教授与意的训练，而养成一个“柔弱的个人”。总之，在整个的教育上，无论对个人或对社会，必须以养成一个完全的人格为理想；所以欲实现这种理想，决不容许像这些艺术的教育学者那样的专注重主观主义及赏玩或享乐主义，而必须同时兼顾到科学的教育学者所重视的客观主义及训练或努力主义，并且必须将这两方面有机地综合起来，再不断地求到一个最高阶级的可以养成最完全的人格的方法，这才是真正的人格的教育。由此，更可见上文所举那些艺术的教育，假定它的内容与方法都是合理，亦不过是整个的人格的教育学中之微小的一部分，决不能够掩盖人格的教育学之全部。不过这些艺术教育，对于从来的西洋教育，尤其对于从来的德国教育，确是一服清凉散。因为从来的西洋，尤其从来的德国教育，太偏重科学的教育，只知养成有专门知识的人材，所以这种注意美的感情陶冶之艺术的教育，或者可以救济从前教育的偏颇。但是如果他们走到另一极端而太偏于艺术的教育，那么，过犹不及，其弊害亦就相等了。其次，更可虑的，我国人如果一看见这些艺术的教育，就要起而欢迎它，那是很危险的；极端的说，这有时将成为我国教育上的一个致命伤。为什么呢？因为从来的中国教育是注重情意的陶冶；固然那种情意的教育在今日的眼光看来，很朴素而且很简单，然而总不失为一种情意的教育；至如像西洋的学校一样，要使学生用他自己的脑筋与智力组织他的知识，将它客观地表现出来，使他人都来理解它或应用它，将他所组织的知识摄入自己，再化为具体的知识，然后将这种具体的知识推广到实际社会那样的科学的教育，可说是绝无仅有。即使有，亦不过是书本上的注入的知识教育，并没有如刚才所说的将一切学科如哲学、文学、政治、法律、数学、自然科学乃至艺术等等，都必须用科学的方法去组织。在这样民族衰微、政治落伍及经济破产之中国的国家，论理应该先使一般人民养成有组织的头脑，一面去认识国家是什么样的状态，一面怎么样去组织一个现代的国家；至于各个人的赏玩或享乐都可以暂缓一步。因为如此，所以我们中国的学校教育切不可须臾忘掉“科学的教育”的必要，不要以外表的艺术的教育为事，例如教室装饰、化装舞蹈的奖励以及举行演剧等等。因为这样的艺术教育，有时会使个人成为一个“柔弱的个人”。实在讲起来，教育之最高的目的，还是在于教人应该做个良好的创造者或供献者，并非只教人做个良好的消费者。关于这点，利喜德华克似乎亦曾看到，他以为赏玩主义艺术的任务不独在于陶冶艺术上的消费者，并且养成本于适当的判断与批评而奖励国民的制作及促进国家的生产之艺术批评家。但是像利氏的这样说法，还有两个缺点：第一，就是在于仅养成各个人有奖励国民的制作的能力之艺术批评家，并非养成各个人自己都有制作的能力之艺术家，更非养成他们自己都有供献的能力之科学家。固然，我们的目的，应该如同兰该所说的话一样，并非在于专门的艺术家的养成，或者非在于专门的科学家的培植；然而，我们又不可不抱远大的理想，至少限度，非使各个人自己都得一种特长的技能、兴趣及知识不可。第二，就是在于仅养成有促进国家的生产之艺术批评家，并非养成一般人类有共同地促进人类的生产的责任之艺术家与科学家。固然，在今日的国际局势之下，我们还不能够达到“世界大同”这一个终极的目的，然而我们在教育上不可不怀有这种理想，所以除掉奖励国民的制作及促进国家的生产，以巩固民族自决的基础外，还须有时利用艺术的情操与科学的法则去提倡国际的正义，涵养人类的同情，以为将来世界大同的准备。如上所述，前面所举的那些艺术的教育既有如许的种种缺点而有修正与补充的必要，再加以中国国情与西洋国情有不同的地方，所以中国教育若将那些艺术教育的原形态立即应用起来，不但无益，而且有害。尤其英国拉斯钦的那种艺术的教育，如上文所说，虽是一种社会主义的运动，悉心替劳动与慈善的事业经营规划，但是它的实际的效果只不过复兴农村的手工业而已。这样的艺术的教育，在英国也许有用处，因为英国是一个产业革命的发祥地，它跟着产业革命的结果，只知道利用机械的力量制造源源不绝大批的货物，使一般国民减少赏玩、享乐及制作艺术工业品的能力与心情，所以反不如采用拉斯钦的主张，使一般国民返于自然，多用他们自己的手、目乃至头脑去活动、赏玩及制作些手工的工艺品，以补救多量的粗制滥造的机械的工业品。但是中国却不然，她自从海禁洞开以来，外国工业品源源输入，将中国固有的手工业地位取而代之；最近我国农村破产，就是受着外国商品压迫的总结果。但是国内有些人还想仿照拉斯钦的那种办法，想在农村里面振作所谓“中国文化”，谋手工业的复兴，以抵抗外货。我以为这是办不到的，因为世界上的经济现象是向前演进的；具体的说，世界上任何国家的经济的组织都是由手工业推进到机械的工业。假定中国没有外国商品输入，那么，我国手工业或者还能够延长命运；然而时势不我许，那大量的外国商品，无论如何，不能让我们再用复兴的手工业去抵抗它。例如帝国主义者一面掠夺交通权，借运输的力量，将各该国的货物运入内地；一面在各都市遍设金融机关，用通商的手段，将农村所有原料尽量输出；这都是他们破坏中国手工业的铁证。在这种情形之下，试问我国的手工业有没有复兴的可能？所以目前的中国唯一的救济方法，只在于急图适切于目前的一般国民日常生活上所必需要的机械工业品的发达，以抵制外货的输入；同时，使本国农业组织赶紧地转变为工业组织，以促进社会生产力的发展。（关于实业计划问题，非本书所能范围，兹姑不谈。）至于工业品上应该有怎样的美的形式以及怎样地养成一般民众有高尚的兴趣等问题，倘能同时解决更好；不然的话，不妨先偏重实用方面，而将美的形式姑置于次要的地位。这好像日本明治维新时代的初期，工业品先置重实用方面而无暇顾到美的形式的讲究；直到日俄战争，尤其欧洲大战以后，日本才有工夫去讲究美术工艺品的改良一样。原来日本是一个极爱美术的国家，再加以它所有天然的风景及时代的趋势这两种要素，所以它的工业品不知不觉地会趋于美术化，但是它的实业计划，还只在于振兴国内自造的实用工业品以抵抗外货的输入而已。利希德尔以为欧洲美术工艺品的新发展，亦是受了日本美术的影响而促进的；这不过指日本向来爱好美术，并将美术的影响传入于欧洲而言，并非说日本不从事科学的教育而专注重艺术的教育的意思。不但日本如此，就是今日的苏俄亦是这样。它的第一次五年计划，可以说是注重于全国科学化及工业化，不但生产事业如此，就是分配、消费等事业无一不用科学的方法去经营；至于第二次五年计划，才渐渐倾向到艺术的方面，欲将全国不论都市或农村一律都成为艺术化或美术化。由此，可见经济落后的国家，无一不想先从事科学的建设；等到科学的建设有了相当的成绩以后，才来再谋艺术的建设。克勒梧说："艺术的生存条件，就是人生的存立的条件，亦就是它的最高发表。"克勒梧的这一句话，就是指出艺术是依从于社会的生产力，尤其是依从于物质的生产的技术的意思。所以我们欲养成有一种制作高尚的艺术品的能力，不消说我们要有一种如利喜德华克所说的"赏玩主义"的艺术心，但亦非先使社会生产力有相当的发展及物质的生产技术有相当的进步，使我们得到生存的条件不可。但是要请注意的，我并非将艺术当作功利主义的艺术观；当然，所谓艺术是依存于社会的生产力，是与所谓现实上怎样地利用它，或应该怎么样地利用它才好的问题没有什么关系的。要之，艺术为历史之最后的决定的要素——经济条件——所决定，是一件事；如上文那许多艺术的教育学者所说，艺术是解决社会上经济问题之主要的条件，那又是另一件事；这两者不可混为一谈。现在我不再说别的，单就目前的中国情形而论，我们的教育，与其注重艺术的教育，或采用上文所举的有些褊狭的艺术教育，不如先从事科学的教育。若就教育的全般意义上讲，我们能够不偏重人格上所具有的知、情、意三种可能性之任何一面，并使这种可能性有圆满的发达与平均的调和，以养成完全的人格，且做社会上一个有用分子，那再好没有了。这不过是我乘叙述西洋的"艺术的教育"这一种思潮之便，将今后中国教育所应取的态度一并提示而已。

第四节　实验的教育

实验的教育之性质

如前两节所述，人格的教育与艺术的教育，不但反对海尔巴脱派的"科学的教育学"，并且连同一般所谓"科学的教育学"加以排斥。但是本节所将要述的"实验的教育"，虽亦反对海尔巴脱派的"科学的教育学"，然而它却是很置重教育之科学的研究，尤其是从实验的方面建设一种新教育学，而称为"实验教育学"（Experimentelle Pädagogik）。这是上文两种教育学与"实验教育学"相差异的第一点。此外，彼此还有可以互相对照的：就是前两种教育学虽反对海尔巴脱与比尼克（F. E. Beneke）的"科学的教育学"，然而它并非排斥海尔巴脱派的个人主义观，不过不满意海氏一派以知识为出发点去建设一种知识主义的个人的教育学而已；至于这两种教育学自身，却都是以情或意为出发点，而欲建设一种所谓人格主义或艺术主义的个人的教育学。其次，所谓实验教育学，如同前两种教育学一样，亦并非排斥海尔巴脱派的个人主义观；但是它却与前两种教育学各异其趣，即前两种教育学虽与海氏一派的教育不同，一则置重情意，一则置重知识，然而两者都是多出自臆说、偏于思辨；一句话，两者同是属于主观主义。至于实验教育学呢，却是如同海氏一派一样，亦是以心理学为教育学的一种基础，不过它所应用的心理学与海氏一派的教育学所应用的心理学又有区别；具体的说，海氏一派的教育学所应用的心理学是海尔巴脱自己所建设的哲学的心理学（参考本书前编第十二章），这种心理学完全出自个人主观的臆测而没有客观的必然性；而实验教育学所应用的心理学，是冯德（Wilhelm Wundt，1832—1920）的实验心理学，这种心理学是以生理学、生物学、自然科学乃至医学为根据，用归纳的、实验的及统计的方法去研究而确立客观的法则。这样的两相比较，可知前两种教育学与实验教育学虽同是海尔巴脱派的科学的教育学的反动，然而彼此的出发点与研究方法却是不一样的。因为彼此的目的相同，所以我统称为“新个人的教育”；因为彼此的出发点与研究方法不一样，所以我对于后者不得不另设一节，而命题为“实验教育学”。

Wilhelm Wundt

实验教育学之由来

如上所述，实验教育学是以实验心理学为基础；在第十八世纪，德国泛爱派教育学者特拉普（Ernst Christian Trapp，1745—1818）已经有如实验物理一样的而有所谓实验心理学的建设，将教育事实放在这种基础之上去研究；可是真正的实验心理学之成立及教育的实验心理学的研究之实现，实是第十九世纪初以后的事。因为第十九世纪初，自然科学勃兴，凡百学问都受影响，而且起而应用它。尤其是达尔文（Darwin）的进化论，影响及于各种学术界最大，开学术研究的新生面。在心理学方面，例如生理的心理学、精神病理学、动物心理学、变态心理学及儿童心理学等，都是受了自然科学与达尔文的进化论的影响而发生的。这种种心理学一经成立，更有些学者根据生理学、生物学、医学等，用实验的、统计的及比较的方法去研究心理现象，遂产生所谓“实验心理学”。这种“实验心理学”的创始者，当首推冯德。同时，应用这种实验心理学而成立的教育学，就是本节所说的“实验教育学”。实验心理学固然是促进实验教育学的发达的一个动因，然而直接地开实验教育学的端绪的，实是学科负担过重及学生精神过劳诸问题。第十九世纪初，如上文所说，自然科学的应用，一时突进；并且“新人文主义”极一时之盛，竭力主张人格调和的陶冶，而增加种种科目（参考前编第十一、第十二两章）；此外，更加以当时欧洲各国间的交通突然繁剧，又不得不增加特殊的需要的科目；具体的说，当时中学校的主要科目，除固有的拉丁语、希腊语以外，不得不再加以近代语与自然科学等科目。固然，那时候因科目的增加而延长修业年限，然而结果呢，一般儿童多陷于颜色苍白、神经衰弱的状态，于是学生精神的过劳遂为一般医学界所注意，而成为一八六〇年以来的教育界的一大问题。后来各国学者对于学生的“疲劳测定”（Ermüdungmessung），有些由精神病理学的见地，有些由医学上、生理学上的见地，用实验的或统计的方法，作为客观的研究。一八七九年，俄国莫斯科校医施可尔斯基（Skolski）首先开始儿童疲劳的研究；一八九一年，奥国维也纳的步耳革斯坦恩（Leo Bürgerstein）亦有同样的研究。从这以后，疲劳研究大有进步。同时，关于教授法的实验研究亦开始进行。一八九六年，拉伊发表《正字法指导》一书，后来经胡克斯（Huchs）、哈根密勒（Hagenmiller）、伊慈奈（Itschner）、罗波行（Lobehen）、普淮斐（Pfeiffer）、修拉希（Schleish）等加以斟酌补充。在法国，比尼（Binet）亦努力从事实验的研究，一八九六年，发表关于学校学生的受容力及发表力之实验的研究，就是近来所谓“智力测验”（intelligence test）的起源。后来，他再与法国医师西门（Simon）共同协力制成所谓“比尼·西门法”（Binet-Simonsche Methode），在一九〇五年正式发表。这种方法，后来输入美国，经美国斯丹福（Standford）大学教授推孟（Terman）改订，遂成为今日美国最流行的“智力测验法”。在教育方面，英国斐奢尔（G. Fischer）曾著一书，题为《量表集》（*Scale Book*）。然而当时统计学还未发达，所以斐奢尔的研究并没有什么结果。实在讲起来，真正地从事应用测验以解决教育上的

Alfred Binet

种种问题，当首推美国来斯（Rice）。来斯在一八九四——八九五年间编成一种“拼字测验”，这就是“教育测验”或“教育测量”（educational test，or educational measurement）的嚆矢。但是标准测验并非容易编造、尤非长于统计学而精于心理学者不能，所以来斯所发表的测验还需要修正与补充。后来哥仑比亚（Columbia）大学师范院（Teachers College）教授桑戴克（Thorndike）对于统计、心理诸学都很擅长，在一九〇三年，发表《各种算术能力的关系》一书；一九〇四年，又发刊《智力测验法》一书；于是教育测验的编造才有所根据。所以有人称桑氏为教育测验的鼻祖，决非无故。桑氏后来继续研究，迄今不替。氏的直接弟子不必说，就是其他各大学接踵而起研究这种测验的亦很不少。此地为篇幅所限，无暇列举姓名。这种测验，不但应用于学校儿童之心理的及身体的方面，而且推及到“学校调查”（school survey）。例如芝加哥（Chicago）大学教育学院院长吉特（Judd）就是从事这种测验运动的先锋。而他的高足弟子葛雷（Gray）与福礼门（Freeman）诸人，又继加研究。除此以外，在美国方面，还有一位著名的教育学者霍尔（Stanley Hall，1846—1924），他受了拉伊的《初等算术教授》一书的影响，在克拉库（Clark）大学施行实验的研究，贡献不少。以上所述，是美国教育学者继德国的实验教育学者的研究而起的一斑。至于欧洲方面，如比利时安特卫普（Antwerp）市有施维典（Schutin），俄国首都有芮且则大（Netschazev），意大利米拉诺有皮楚阿里（Picuori），瑞士日内瓦（Geneva）市有克拉派勒独（Klapaledo）诸人，都是实验的研究家而闻名全球的。就是德国方面，除掉上文所举的诸氏外，还有布拉牾（Brein）、史笛伦（Stellung）及摩曼（Meumann）等，都是实验心理学者；并且根据实验心理学，一面自己研究教育问题，一面指导他人去研究。此外，国家及都市当局

Edward L. Thorndike

Stanley Hall

亦感到实验教育的趣味，并且认识它的效果，设立教育实验室，以便教员对于教育问题有所实验研究，有时且给与以补助金。教育实验室的讲习员年年增加，由此，可见实验的教育在教育界怎样的普及与怎样的受人欢迎的情形。

德、美两国的实验教育学之比较

上文所述的这一段关于实验教育学的由来，大部分是拉伊在他的著作《实验教育学》(*Experimentelle Didaktik*) 一书里所说过的，不过其中有一部分关于美国的智力测验与教育测量的运动，是我顺便地添加的。德国固然是实验教育学的发祥地，然在今日，美国可以说是实验教育学的大本营，尤其关于智力测验与教育测量的研究，美国可称为世界的中心了。美国实验教育学的势力，为什么后来居上而超过德国呢？其原因约略如下：第一，德国实验教育学的创始者拉伊与摩曼二人，如上文所说，同是根据冯德的心理学出发；因此，他们实验的教育学的发达方向有所限制。拉伊的实验教育学的倾向，在于适用观察、实验、统计等的科学的方法，给与教育学以客观的确实性之基础。这确是一种卓见，但是他反对从来海尔巴脱派的主知主义的倾向，以冯德的主意的心理学为出发点，将主意主义的见解走到极端，对于行动，尤其对于运动感觉、筋肉运动、发表运动等极端重视，而发展所谓行动主义的教育说。这是拉伊最初的特色。这样的倾向，就是为维持实验教育学自身的纯粹性与客观性起见，亦并非一种可取的倾向。加之拉伊的研究倾向与范围，比较地缺乏实质内容而且仅止于初步的领域；具体的说，氏对于学校儿童之心身的发达、学习过程、学校作业上疲劳的研究、禀赋及职业适应性问题等的研究，无论在组织上或内容上，都不很充分。所以拉伊虽被有些人例如步耳格（E. Burger，1872—)、格轮华尔特（G. Grunwald，1879—）等认为实验教育的开山祖，然而他的实验教育学既有许多缺点，无怪乎竟被后起者摩曼所压倒。不仅德国本国，就是英、美及其他各国的实验教育学的名称与内容，现在大都袭用摩曼所残留的型态居多；至于拉伊的实验教育学，几乎完全销声匿迹，而没有人过问了。第二，摩曼以为实验教育学自有独立的知识范围，并非心理学的应用；虽有时应用许多心理学的研究结果或心理学的实验，然而在心理学以外，还有病理学、儿童学、论理学、伦理学、美学等的结果，亦可以供作规定教育学的目的之用。摩曼的这种意见，大致是稳健而妥当的。然而摩曼当时所应用的心理学是一种生理的心理学或自然科学的要素观的心理学，这种心理学是极抽象的分析的心理学，所以对于他所谓“实验”这一种主要作用，似乎还不能名副其实。同时，摩曼将教育学的实验分作两种：一种是为教育问题所适用的心理学的实验，他一种是纯教育学的实验。然而摩曼自己的实验教育学，大部分是儿童心理学的实验；至于纯教育学的研究，不过少量而已。这只要看下面所列的他的计划，就会明白的。摩曼所计划的实验教育学上问题的领域如下：（一）学校时期内儿童精神的及身体的发达，（二）儿童各种精神能力的发达，（三）儿童个性的研究，（四）个人差异的禀赋的研究，（五）儿童的学校作业研究，（六）各科学习作业研究，（七）教师的活动、教授作业、学校制度、教授方法等研究。以上所列七项中，从第一项到第四项完全属于一般心理学研究范围以内，不过稍涉及学龄期间的儿童所施的教育关系而已；至于这问题的本身，可以说是纯心理学的。第五项是一般心理学上的学习研究的主要任务，完全属于教育心理学的范围以内。第六、第七两项固然是教育活动自身中的直接问题，但是摩曼的工作对于第六项仅仅着手于各科教授法及学习法的初步研究，而且极端地倾向于心理学的态度，所谓纯教育学的实验或观察，不过占有微少的部分而已。最后的第七项本来是所谓纯教育事实上的极重要问题，然而摩曼并未曾得有什么成绩，不过指示他研究的方向而已。总之，摩曼的巨著《实验教育学入门讲义》（*Vorlesungen zur Einführung in die Experimentelle Pädagogik* 3Bde；1907；2. A；1911—1920）一书，其内容的最大部分是一般心理学的研究，其次是教育心理的研究，至于纯教育学的研究实极微少。这种弱点，其咎不能归诸摩曼一人，实在讲起来，是受着当时心理学泰斗冯德的自然科学要素观的心理学所支配而然。但是自从摩曼发刊《实验教育学入门讲义》以后，所谓实验的教育思潮一时突起，其势力弥漫于实际教育界，于是实验教育学专门杂志的发行与实验教育研究所的设立，亦崛然兴起。这不独限于德国，就是德国以外各国亦莫不追随摩曼之后而采用他的研究方法。尤其是英、美的教育学者对于摩曼的学风，大受刺激而生共鸣之感。但是摩曼的教育学说，既如上文所说，具有几多弱点，对于实际教育界不能够得到什么效果，所以在一九一五年摩曼死没以后，实验教育学在教育界的声价暂时失坠，伴着它的好像母胎似的冯德所提倡的“要素观的心理学”的衰颓而致招物议了。第三，冯德的心理学既经失势，于是另有英、美，尤其是美国的学术界所建设的机能主义、行动主义及从生物学的见地而出发的最新的心理学起来，取“要素观的心理学”的位置而代之。因此，在现在的形态说、构造心理学、人格主义发展为全体观的时期中，教育的实验及观察，亦由学习活动或各科教授法之初步的抽象的分析的倾向渐次进展到具体的实际的方面。所以摩曼所要发展的“教育之经验科学的研究”的大势，与其说存在于德国，毋宁说是为教育学的后进国家的英、美，尤其是为美国的教育学者所继续研究。在摩曼死殁后十余年间，无论质或量美国都有凌驾德国的趋势。在德国方面，固然亦有人从事于心理学的革新，继承摩曼的事业，以巩固现代教育心理学的基础，例如斯腾（W. Stern，1871—）就是代表的人物。最近还有些心理学者，例如惠塞墨（M. Wertheimer）、苛勒（W. Köhler）、考夫卡（K. Koffka）等，创立一种所谓“基斯塔心理学”或“完形心理学”（Gestalpsychologie），以格式、完形或基斯塔为其基本的原则；他们所最反对的是要素论或原子论的假说，以为形式、关系、容积、

Kurt Koffka

William Stern

类似等的知觉及思想作用等，决不是这些假说所能说明。然而德国的这两种新心理学，前者虽在应用心理学的方面颇致努力而建设一种教

育心理学，例如对于个性教育、职业指导、儿童保护、适材选拔等，都有莫大的贡献；但是斯腾在他所编辑的《教育心理学杂志》里面所建设的心理学，是以他自己的哲学为基础，并且以为欲救治那种“无魂的心理学”之特殊科学的心理学而树立一个新体系的，就是他自己的“人格学”(Persönalistik)。据斯腾的见解，以为生命、世界及文化，若依从数学的、机械的因果法则而成为原子化去说明，是极不当的，而应该基于全体性的理念，当作具体的浑一体去认识的。由此，可见斯腾的心理学对于从来的要素观或原子论的心理学不无革新之处。然而对于实验教育学方面，可说毫无贡献，因为它是完全倾向于演绎的抽象的方面，尤其所谓“人格学”是一种形而上学的心理学的哲学说。所以斯腾的教育学说，与其将它放在“实验的教育”条目之下，不如将它归入上文“人格的教育”条目之内较为妥当。复次，所谓“基斯塔或完形心理学”，确是对于从来的要素观或原子论的心理学的一大革命；不过它的许多论点与原则还须待许多实验的研究去证明。同时，这种新形态的心理学，迄今还未曾应用到教育方面；除掉苏俄心理学者科尼洛夫（K. N. Kornilov）将它更经过一种实验的研究，而且将它应用在教育学外（参考 Kornilov，*The Study of Human Reaction*，*or Reactology*)，其他教育学者很少应用它。由此，可见基斯塔或完形心理学，在教育学的研究上，到现在还未曾占有什么势力。所以在德国，摩曼的实验教育学的势力一度达到顶点，就突然地中途渐趋衰微，反而受了德国学术的刺激与影响而发展的美国，在教育学研究的实质上，将实验教育学的企图形成最活泼的实现。不过在美国，这种教育学的研究，大都不用“实验教育学”这一个名称，而另作为“教育心理学”、“各学科心理学”或者广泛地作为“教育之科学的研究”去发展而已。例如上文所举的霍尔、吉特、桑戴克等，就是其

Wolfgang Köhler

K. N. Kornilov

中最著名的代表。美国的这种教育研究，固如上文所说，受着德国，尤其是受着摩曼的实验教育学的影响，然而它亦有它自身的背景之存在。美国自身的背景，就是心理学者詹姆斯（William James，1842—1910）的“实用主义哲学”（Pragmatism）。这种“实用主义哲学”，是詹姆斯持有一种实证的、生物学的、行动主义的、实际的、具体的倾向所建设之美国式的哲学。詹姆斯在一八九〇年，著有《心理学原理》一书，这书是以活动为心的发展的主要条件。一八九九年，又著有《教师之心理学讲话》，这书可以说是教育心理学的滥觞。这两书的影响及于美国的思想界与教育界极大，好像德国冯德的心理学影响及于德国的思想界与教育界似的。由此，可见美国的“教育心理学”、“各学科心理学”或“教育之科学的研究”的产生，除受了德国摩曼的实验教育学的刺激与影响外，还有詹姆斯的实用主义哲学与机能主义心理学促其成立。除上举的吉特、桑戴克诸人外，还有一位，是美国全教育界的指导者，被人称为“教师之教师”（teacher of teachers）的杜威。他在一八九九年，在芝加哥大学教育学院设立“实验学校”（experimental school），鼓吹教育之事实的经验的研究之精神。嗣后美国除芝加哥及哥仑比亚两大学为教育之科学的研究之中心外，其余各州各地方亦都起而设立实验学校，不过在名称及方法上稍有不同而已。固然，在今日的美国，教育学之经验科学的研究，就它的理论方面而论，还没有系统化的组织，而未能成为学的体系；然而在量的方面，研究既很广泛，在质的方面，研究又很精致，较诸实验教育学在德国诞生的当时，实已有隔世之感。更进一步说，摩曼的实验教育学，在趣旨上虽则不主张只限于儿童中心的观点，而以为应该推及到社会的、文化的及历史的关系等问题；然而在研究方法、结果及其领域上，却仅仅置重在个人教育学的方面。但是美国的实验教育学确能够超过摩曼所谓“个人教育学”的态度以上，而其研究亦不限于儿童中心的观点，直接地扩及到社会关系与文化关系，向着一切教育事实去适用经验科学的探求法。总之，今日的美国教育之经验科学的研究是与从来德国的实验教育学大异其趣。具体的说，美国的一般学者对于教育的研究，大致是将教育活动或教育事实自身放在具体的实际的状态之上，当作一个教育问题去研究；不拘有些人例如杜威等采用“教育哲学”的名称，有些人例如桑戴克等采用“教育心理学”的名称，有些人例如吉特等采用“教育之科学的研究”的名称，有些人例如拉格（H. Rugg）等采用“实验学校”之广义的“教育实验”的名称，有些人例如麦柯尔（W. A. McCall）等采用极广义的“教育事实之科学的探究”（educational research）的意义，有些人例如福礼门等采用极狭义的“实验的教育”（experimental education）一语解作“教育所包含的心理学的问题之学术的攻究”或“教育之心理学的侧面”的意义；然而就一般的倾向而论，大多数的美国教育学者欲要离开“将教育当作心理学的事实法则之应用”那一种态度，渐渐进于“从纯教育学的态度去研究教育问题”这一种方向。不但方法论的方面是这样，就是目的论的方面，它亦是进于科学的探究的地步了。例如哥仑比亚大学师范院教授斯奈登（D. Snedden）一派所提倡的“教育社会学”，就是根据科学的探究方法去规定教育的目的。稍稍详细的说，“教育社会学”就是将学科课程的研究放在社会调查与儿童职业指导教育相关联的职业研究、学校儿童之家庭调查等方法之上去研究；换句话说，它要抛掉从来的个人教育学，仅讨论教师与学生间的关系的那种方法，而直接地进入于社会关系的事实探究。总之，现在美国最流行的教育研究，是要超过个人教育的范围，而对于社会的关系的教育事象亦欲将实验或经验科学的方法尽力开拓，所以美国的一般教育学者，除掉少数人有时采用“实验教育”一语外，大抵不采用“实验教育学”这一个名称，宁可像麦柯尔将“实验”一语解作“探究”，将一般教育之研究广义地解作“教育事实之科学的探究”。由此，可见美国的教育学，与其称为“实验教育学”，不如称作“经验的教育学”较为妥当。不过因为有历史的关系，具体的说，美国的教育学多少是受着摩曼的实验教育学的影响；同时，因为此地便于叙述起见，所以现在我姑将美国的教育学称作“实验教育学”，并将有些教育学者例如霍尔、吉特、桑戴克等的教育学说放在本节一并叙述。至于杜威的教育学说，虽则在一方面看来，以行动为出发点，以儿童为中心，并以经验为根据，因此，它似乎与摩曼的实验教育学上有些论点相同，论理亦应该放在本节一并叙述；然在另一方面看来，它究竟是注重于教育社会化与儿童作业化的两方面；因此，我对于前一点，曾经在本书前编第十四章——社会的教育——末尾连同英的斯宾塞、法的非伊（A. Fouillée，1838—1912）与俄约（J. M. Guyau，1854—1888）提过；至于后一点，我拟在下面一章——作业的教育——里面一并叙述。

美国的实验教育学之优势

照上文看来，可知美国的实验教育学的势力确是有超过德国的实验教育学之处，可谓“后来居上”。如果我们要叙述“实验教育学”，

Jean-Marie Guyau

Alfred Fouillée

似乎非从美国的实验教育学者的教育学说述起不可；但是就史的见地而论，不拘德国的实验教育学现呈有衰微的状态，然而拉伊与摩曼二人总算是实验教育学的开山祖，而美国的实验教育学实是他们的支裔。因此，所以现在除了在上文已经将德、美两国的实验教育学的发生的原因、演进的状态及彼此的差异点略为叙述外，还须按照历史的程序，将德、美两国的实验教育学者的传略及学说叙述一下。现在先就拉伊开始。

拉伊的传略

拉伊（Wilhelm August Lay），德意志人，一八六二年七月三十日生于巴登（Baden）邦（旧名布赖斯高（Breisgau））伯廷根（Bötzingen）村的一个农家。因为他的父亲不愿将田地让给他人，所以氏不得不依父命而经营农业。父殁后，他才离开乡里，在一八七六年，入巴登首府卡尔斯鲁厄（Carlsruhe）第二师范学校。毕业后任夫赖仅（Freiburg）地方的女子小学校教师，在职凡十年。中途因得休假，入夫

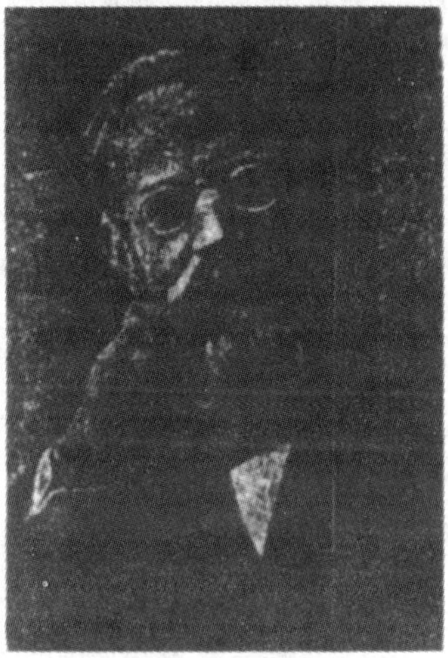

Wilhelm August Lay

赖堡大学，后复入卡尔斯鲁厄工科大学，研究博物学、数学、哲学及教育学等。氏在夫赖堡大学时候，听过曾任美国哈佛（Harvard）大学教授有名的心理学者闵斯德堡（Münsterberg）的讲义，所以氏的教育学说，有取于闵斯德堡的心理学说之处很多。此外，氏还从惠芝曼（Waitzmann）研究博物学，又从奥洛斯·里尔（Aroils Richl）研究哲学。后因患病，中途辍学。一八九二年，氏发刊《理科教授法》（*Methodik des Naturgeschichtlichen Unterricht*），颇引起世人的注目。同年氏在哈犁（Harley）大学提出关于实验教育学的研究论文，由该大学赠与以名誉博士学位。于是氏由小学校教师的地位一跃而为卡尔斯鲁厄第二师范学校母校的教师，这是一八九三年的事。后来氏升任该校校长，在职凡三十年。在这时代内，氏努力从事著作。一八九六年，发刊《正字教授法》（*Führer durch den Rechtschreibunterricht*），一八九六年，发刊《算术教授法》（*Führer durch den Rechenunterricht der Unterstufe*）。这两书使一般教育家及心理学者对于实验的教育学发生很大的兴味。后来氏益加努力实验的研究，在一九〇三年，始才公布他开海尔巴脱以后的教育学说的新纪元的《实验教育学》（*Experimentelle Didaktik*）。这书是氏从筋肉、感觉、想像、记忆、意志等心理的研究而成，后来重版复重版，再四改订，遂成为一部有组织的实验教育学。里尔称赞这书为“使教授学及实际教育的新分科发达之最初的尝试而且成功的”。一九〇四年，氏出席培伦（Beyern）邦努连堡（Nürnberg）地方所招集的万国联合学校卫生会，提出《设立教育实验所》一案，为大多数人所采用。一九〇五年，氏又向巴登教育部提出《教育实验所设立建议书》，文中毫不客气地批评当局的设施，因此，引起督学官的嫌忌。此外，氏又与哥宁斯堡（Königsberg）大学教授摩曼共同发行《实验教育学杂志》，努力发表研究的结果。但在一九〇七年以后，因与摩曼意见不合，遂辞去杂志总编辑，仍继任卡尔斯鲁厄第二师范学校教师，担任物理、化学、博物、地理、教育等科目，并在附属小学校担任指导教生。氏为人勤勉，学而不倦，晚间在书斋研究，更深不眠。他头脑明晰，教授法亦极灵巧。但是他神经过敏，常与人发生冲突，所以容易引起世人的误解。到一九二六年病殁。氏的著作，除上举诸书外，还有《人体学》（*Menschenkunde*）、《行动学校》（*Die Tätschule*，1911）、《心理学》（*Psychologie*，1912）、《实验教授学》（*Experimentelle Didaktik*，1912）、《教育学及教育学》（*Erziehungs und Unterrichtslehre*，1913）、《国民教育》（*Volkerziehung*，

1921）等。

拉伊的学说　拉伊的见解，以为从来的教育学，有些失之空虚，有些陷于独断，有些虽以经验为主，然所说亦不无矛盾，因为这些教育学说都未曾经过实验的研究的缘故。所以我们不可不施行实验的研究。例如筋肉、运动及其他生理的、心理的种种方面，都不可不研究；如此，才能够树立教育学的原理及教授法的根柢。这种实验的教育，在意大利及法兰西，蒙特梭利女士、比尼等称为“新教育学”；在美国，霍尔是指他所主张的精神科学的研究而言。但是这种新教育学，不仅用实验的方法去研究，并且兼应用统计与系统的观察去解决教育教授上的种种问题。在这样的研究之上，从哲学的规范与生物学的原理去形成教育学的全组织，这叫“实验的教育学”。据氏的见解，以为实验、统计、系统的观察与生物学的及哲学的基础有相互的关系，这两者都是使教育学进步发展所不可缺的东西，氏对于生物学的原理分为下列十项：（一）生活团的原理，（二）反应及行动的原理，（三）练习的原理，（四）禀赋及遗传的原理，（五）变态的原理，（六）同化的原理，（七）相关度的原理，（八）分化的原理，（九）周期律的原理，（十）卫生的原理。教育是依从于以上诸原理，同时又不可不依从哲学的指导。关于哲学的指导，氏又分为论理的、伦理的美学、宗教学的规范，教育不可不由此而求得规范的发达。

教育学之分部　拉伊既以为教育是指导儿童的发达，所以他将教育学分为三部分：（一）以素质、禀赋为研究的对象之个人教育学，（二）以自然的影响及生活团之自然的方面为研究的对象之自然教育学，（三）以社会的方面为研究的对象之社会教育学；并且以为这三部分都必须用实验的及哲学的、生物学的方法去研究。氏的实验教育学就是从这三方面去叙述的。复次，氏还主张以儿童对环境的反应之观察、整理与发表为教科编制问题的基础；等到说了这三方面的心理以后，再进入关于各科教授之实验的研究。氏更由观察整理与发表之统一作业说到行动学校——行动或发表——的必要。氏的“行动学校”，是先述古来发表主义的教育及手工教授的发达，并以行动为教育改革的原理。据氏的见解，以为印象与发表之统一及反应是生命的现象，所以行动学校是生活学校。生活并非书本与语言，乃是整个的生活。行动学校是将生活嵌入学校；换句话说，以学级为社会。氏站在行动学校或生活团的立场，将国民的教育分作如次的五阶段：（一）家庭生活团（六岁为止），（二）乡土生活团（九岁为止），（三）地方生活团

（十二岁止），（四）祖国的教育（十四岁止），（五）人道的教育（十五岁止）。

拉伊又以为儿童学与实验教育学的发生，其间并没有划然的境界，并且儿童学上的研究与实验的教育研究亦不容易区别，因为两者都为实验的，且都是有关系于正在发展的儿童，但是儿童研究，单是为理论的见地所指导，并不依从实地的见地；而实验的教育，则常以解决教育及教授的实际问题为目的，所以这两者又是有区别的。 儿童学与实验教育学

复次，再叙述与拉伊同伴的摩曼： 拉伊的同伴摩曼的传略

Ernst Meumann

摩曼（Ernst Meumann），德意志人，一八六二年八月二十九日生于普鲁士的味斯登（Werdengen）。他的父亲是牧师，所以他最初学习神学，继入杜平根（Tübingen）大学，再转学柏林、哈犁、波昂（Bonn）等大学，最后入来比锡大学，在冯德的指导之下研究实验心理学，一八八九年，得到学位。翌年任来比锡大学讲师，后升为额外教授。一九〇〇年转任杜平根大学教授，担任哲学及教育学讲座。一九〇五年，他转任哥宁斯堡大学教授。翌年，转任闵斯德（Münster）大学教授。嗣后他又被哈犁大学所聘，为厄平哥奥斯（Eppinghaus）的后继者；旋再转任来比锡大学教授。最后，一九一一年，他参与汉堡大学的创设，并任该大学教授；同时在这地方发起创立少年研究所。一九一五年，患肺炎，四月二十六日卒，享年五十三岁。他的著作很多，关于实验教育学的书籍，除前举《实验教育学入门讲义》（*Vorlesungen zur Einführung in die Experimentelle Pädagogik*）外，还有《实验教育学纲要》（*Abriss der Experimentelle Pädagogik*，1907）一书，其他关于《实验教育学杂志》有《全体心理学纪录》（*Archiv für die gesamte Psychologie*）及《实验教育学杂志》（*Zeitschrift für Experimentelle Pädagogik*）两种。

摩曼以为实验教育学与其他科学相同，并非突然产生的；它所以产生的原因约有两端：其一，由于组成与科学的教育学之更进步的 实验教育学之成立

希望与企图，尤其是裴司塔洛齐、福禄培尔及后来的泛爱派的努力；其二，由于受与教育关联的他种经验科学的影响，尤其是现代实验心理学、儿童心理学、儿童身体发展的研究及关于儿童之病的及精神病的科学。促成新教育的研究之最重要的刺激，就是采用实验心理学上的方法。将实验心理学的方法应用于儿童心身发展的研究，应用于学校生活，尤其是关于学校儿童作业方面。对于低能儿及病态儿童加以特殊处理，亦促进教育的新研究，给与学校作业之精神的卫生研究以莫大的帮助。这种倾向，结合为一个统一的科学研究，应用教育的理论及实际两方面，而实验教育学遂因而成立。

实验教育学上之研究事项

摩曼于一九〇一年，曾在《德意志学校》杂志上发表他对于实验教育学的意见，他举出使实验教育学成立之科学的研究凡四种：

一、学童之心的作业上的技能及其保全——（一）关于心的作业本身的问题，例如“在完成一定的课业之儿童作业中，有什么特点?”“在什么条件之下，心的作业能够达到内部的或外部的目的?”“费力少而收效多，应该需要有什么条件?”等问题的研究，（二）关于心的作业的结果即疲劳的性质、条件、结果及疲劳与个人之主要性质的关系等问题之解决。

二、与成长者的身心上性质有区别之儿童的特质。

三、纯粹为追求心理学上的目的而对于教育直接获得有价值的结果之实验心理学上之一切研究——关于研究法本身的价值、注意、联想的新研究。

四、关于学校实际事业本身之心理的教育的研究——设立心理的教育的统计，比较各种教科教授方法，本儿童的成绩以决定各种教科的理论与方法，男女同学的研究，劣等儿童的处置等研究。

实验教育学上之要务

摩曼更区别实验教育学重要的任务为四：

一、从来繁杂的研究之综合整理　关于这点，凡一切研究都必须纯粹地由教育的见地去施行，而且心理学者比现在更须参与学校事业。

二、集合种种研究于教育的方案之下　即由实际教育的必要上预先决定研究的事项。

三、特别规定教育的实验法　不但儿童之心的状态须要实验，而且他的作业亦不可不实验。对于儿童不任其自然发达，而在一定的校则所规定的进路上，人工地培养身心上的各种习惯，乃是教育实验的特点。

四、实验教育研究会的设立 学习教育实验研究法或举行模范的基础的研究，例如规定每年举行智力测验回数等。

新研究法之价值

此外，摩曼又以为研究方法的改良与科学的进路大有关系。教育学将随着现代新兴的研究法而继续发达。这种学问，由教授者的科学转变为被教授者的科学，关于教育及教授的任务有变更见解的必要。他说："人们普通以为儿童之知的及道德的活力的锻炼是教育及教授的任务，然而若就儿童之实验的研究结果观察，这种见解未免太褊狭。据我们的实验，儿童的心身作用与成人全然不同，所以成人之力的锻炼与儿童亦应差别。成人修炼已存的能力而求它完成；儿童不然，他一部分要获得现在还没有的能力，一部分将自然的粗率的心的作业变为同于成人所见的简易的作业。因此，对于儿童教育及教授的任务正在于促成这事项。"

独立的科学之教育学及实验教育学的新名称之可否

摩曼更论及（一）教育学能否成为一种独立的科学，（二）新研究法能否给与以科学的新名称两个问题：

> 教育学既有事实的考察之独立的根据，所以能成为一种独立的科学。即教育学不但将儿童之心的生活当作单纯存在的事物，而且以为它常向着一定的目的而发展。换句话说，并非将儿童认为单纯发展的事物，而是将他的发展认为由人为的规定的目的而导成。又教授的材料与方法，并非本于供给材料之科学的立场，而必须依从教育及教授的材料与方法之特别见地，所以教育学所处理的事实虽为他种科学所供给，然而仍不失为充分独立的科学。其次，科学依从它的方法而命名，究竟是否适当？心理学有实验心理学的名称，但是实验不是心的科学所共通，更不是研究上必要的唯一方法，所以实验方面的心理学有附以"实验"的名称的必要。在自然科学方面，并不是这样。因为实验为自然科学所共通，并且是它的主要方法。所谓"实验"，有时对于理论而言；因此，即使是自然科学所谓实验的物理或化学，亦是对于理论的物理或化学而言。教育学应该与心理学一样，一方面有理论的部分，综合整理系统的研究之结果，而他方面应有探究的部分，供给事实的知识。但是这种系统的探究事实的部分迄今尚未成立，所以科学的教育学为着特别表明它有探究事实的部分，使教育上的规范及法则建筑在这部分之

> 上，而与以实验的名称，实属适当。实验不仅是一种方法，而且是表示科学之新的部分，可由这部分的补充而改变它全体的状态。我们不能够希望新方法能够急剧地变化一切，但是新研究方法亦必须慎重将事，按步进行。如果凭很少的试验而下轻率的判断，那么，它不过使人对于正在逐渐发展的新研究法发生怀疑而已。我们如果集中从来离散的势力对于新研究的方向，出以忍耐与努力，才能够有成功的希望。

旧教育学与实验教育学

摩曼对于旧教育学与实验教育学的区别，更在他的著作《实验教育学入门讲义》发如次的议论：

> 教育学从古到今，不是概念的科学，就是规范的科学。旧教育学每每先说明教育与教授的意义、目的及种种任务，其次讲解实际上的规定，认教育学含有为教育及教授的实地指导者的性质的事物。这样决定规范与法则，就它本身而论，固无不当；然而从来教育上的规范颇缺乏精确的根据。凡缺乏事实关系之根本研究的规范，仅是论理的构造，或是无理由而规定的教权，或是个人经验的集合而已。卢梭与海尔巴脱等教育学者对于儿童精神之实际的关系与其身体的发展，实有许多的误谬的论断。从来教育学就是缺乏纯粹的事实的关系之经验的基础。实验教育学的价值不在于设立有裨实际的规定，而在使个个教育家得随时明了他所应用的教育处置的理由。那些机械地服从一定的规则，实妨害教师的活动，消灭儿童的自发力，而且有减少儿童好动倾向的危险。更精密的说，实验教育学就是经验的探究之教育学；这种科学之主要的研究方法是实验，这种方法在教育学的范围内发生很大的革新，所以有“实验教育学”的名称。

实验教育学的内容

以上所说，是摩曼指出实验教育学所以设立的必要。现在再将摩曼对于实验教育学所说明事项略述如下：

据摩曼的见解，以为实验教育学将一切问题都从儿童出发而决定，然而这并不是教育学的全部。就实验教育学全部而论，它包含有下列三点：第一，建立关于儿童态度的法则；第二，建立关于教师活动的法则；第三，建立关于狭义的实际的部分，即教授方便物的使用及学制的法则。这种法则之实验的建立，就是实验教育学。这样的实验教育学所处置的事项有如次的七种：（一）明了关于儿童的事项，即学校儿童身心的发达；（二）探求儿童的种种精神能力，如知觉、记忆、思考力等发达的轨迹；（三）明了个性；（四）确定禀赋学，即个性的能力；（五）儿童在校作业的研究，即作业的技术及经济、学校作业与家庭作业成绩差异的研究；（六）关于各种教科作业的研究；（七）关于教师活动的研究。但是实验教育学所采用的方法，对于精神的分野不能够采用直接测定，所以氏主张采用间接测定。所谓间接测定，计有三种：曰刺激法、发表法、插入法。在采用这种种方法的时候，儿童心理学及教育学都有综合实验的必要，但儿童心理学的实验与教育学的实验又不可不加以区别。

独立的科学的教育学成立之理由

摩曼对于独立的科学的教育学尚举出如次的理由：

全体的教育学是独立的科学。教育学本身有独特的立场；换句话说，它是由教育或陶冶的见地去解决问题。教育学并非伦理学或心理学之单纯的应用，而是普通的事物。它由两部分组合而成：其一，为记述的说明的部分；具体的说，即研究事实本身的问题。例如关于学生的读法、书法等心理过程的法则及其发达的顺序等，如自然科学一样，要研究出一般的法则。其二，为组织的部分；具体的说，即基于教育教授上的一般概念而组织有关系于教育事实方面的问题。在这方面，所有依据种种事情而建立的教育目的及其内容组织等，不免因时与地而生差异；因此，这方面缺乏普遍妥当性。然而这方面不能说完全没有普遍妥当性。据氏的见解，以为一定的教育目的若可以认为妥当的时候，什么样的规范可以支配教育这一个问题能够普遍妥当地决定的，并且用什么样的方法去适合于这种教育目的亦能够普遍妥当地决定的。在这种意味上，教育学就是在规范方面亦得有普遍妥当性。

学习经济

此外如学习经济，亦为摩曼所努力研究的问题。关于学习的内外两条件，即主观的条件与客观的条件，氏曾规定种种的条项。再如家庭作业与学校作业之时间长短及疲劳问题等，氏亦有详细的讨论。现在为篇幅所限，不能一一备述，姑且从略。

德国的实验教育学之批评

以上所述，是拉伊与摩曼两氏的实验教育学的见解，亦可以说是德国实验教育学全体的见解。因为在拉、摩两氏提倡实验教育学的时候，没有著名的第三者；在拉、摩两氏过世以后，也没有后继者起而继续他们的研究。这原因约有几种：第一，实验教育学本身并没有过失；但是当时拉、摩两氏所根据的心理学还是属于一种要素说或能力说的心理学。这种心理学本身已经缺乏科学的根据，所以他们根据它以施行一种实验的研究，决不能够得到圆满的结果。关于这点，曾经在本节开首时说过，兹不复赘。第二，原来德国的教育学者，从历史上看来，差不多都喜欢从概念或理论方面用工夫，而很少如拉、摩两氏一样，肯用实验方法去研究，所以拉、摩两氏的新研究法不容易引起一般教育学者的注意。第三，从来的德国教育学确是侧重于哲学方面；极端的说，侧重于形而上学的方面。拉、摩两氏对于从来的教育学大施攻击，另行建设一种所谓实验教育学，决非无故。但是就另一方面看来，拉、摩两氏所建设的实验教育学是否足以补救从来教育学的缺陷，亦不能不讨论。本来真正的科学方法，对于分析与综合不能偏废，有时认综合比分析更为重要。关于这一点，若详细的说明，恐非篇幅所能容许，现在只引用恩格斯的话来解释吧。恩格斯说："归纳与演绎的相互关系是必要的，有如分析与综合一样。要想在两者之中选出一个方法高高地抬到天上去压倒另一个方法，倒不如老老实实地各归原位地来应用它们。但是要想这样应用它们又必须看到它们的相互关系，看到它们的相互补充。"（见恩格斯著杜畏之译《自然辩证法》二四二页）照恩格斯的这几句话看来，就可知不论归纳与演绎，或分析与综合，都是各有用处；同时，任何两者都是必须相互关系或相互补充的。但是从来一般学者对于任何学术，都不知道这样地去研究，所以使一切学术都得不到完全的进步。恩格斯曾说到希腊人将自然当作一个全体看待。在希腊人，世界上现象之一般的联络是直接的观察之结果。所以他们的哲学的缺点，就在于他们没有达到自然之分析，没有达到单体与全体（部分与全体）的联络之理解。反之，近代的自然科学在测定自然、分析自然上收了很大的功效，但是完全的失却了综合的性质。（参考广州中大法科《社会科学论丛》第三卷第一号一九二页）照恩格斯的这几句话看来，又可知任何学术的研究，一方面必须先用实验的方法将它测定或分析清楚；他方面必须再用认识的方法将那所测定或分析的结果综合起来，然后成为一种科学。从来的教育学就是陷于如恩格斯所指摘的希腊人的哲学的缺点一样，没有达到教育事象的分析，没有达到它的单体与全体（部分与全体）的联络的理解。然而拉、摩两氏所建设的实验教育学，却又是陷于如恩格斯所指摘的近代的自然科学一样，在测定自然，分析自然上收了很大的功效，但是完全地失却了综合的性质。固然，摩曼也曾看到这一层，他说："教育学与心理学一样，一方面有理论的部分，综合整理系统的研究之结果，他方面应有探究的部分，供给事实的知识。然而这种系统的探究事实之部分迄今尚未建立，所以科学的教育学为着特别表明它有探究事实的部分，使教育上的规范及法则建筑在这部分之上，而附以‘实验’的名称，实属适当的。”然而他究竟还是集中注意于实验、测定及分析这一点上，并未曾做到怎样地去综合或统一这些实验、测定及分析所得的种种结果。我们只要看摩曼对于教育学硬加以“实验”的名称，而称为“实验教育学”，就可以思过半了。因为所谓“实验”，实在讲起来，不外乎是侧重于测定与分析的方面，假使他真正地要谋综合与分析的联络，那么，决不能够单用“实验”的名称，只可泛称为“教育学”。李特（Litt）说得好：“实证主义的实验教育学者就是根据于将万有一切看作自然科学的实在之‘自然主义之形而上学’（metaphysik des Naturalismus），其实他们早已表示出哲学与教育学欲切断而不能切断之必然的关系了。”李特的见解，确是至论。（请参考日本长田新著《现代教育哲学之根本问题》第一章及拙作《教育哲学》第三章）由此，可见拉、摩两氏指斥从来的教育学的缺陷，以为那些教育学都是概念的科学或轨范的科学而缺乏最精确的事实的根据，固属很对，然而他们却不知道自己竟跻于从来的教育学另一极端，单探究事实之部分而酿成李特所谓“自然主义之形而上学”，亦未免矫枉过正了。因为如此，所以德国的实验教育学一经有此教育学者的攻击之后便一蹶而不能复振。日本长田新讥评德国的实验教育学的气运好像“荣华的梦”一样，终难持久，决非过言。总之，拉、摩两氏所提倡的实验教育学，对于从来的德国教育学太偏重于演绎的哲学的方法的缺陷，实不无救济的功绩，然而欲希望它自身单独地完成真正意味的教育学的建设，仍不能达到目的。不过，我们不应该因实验教育学尚有不少的缺陷，就停止工作，而应该继续拉、摩两氏的工作，更加以一番努力。近来美国教育学者，竭力提倡实验教育学，其命意也许就在于此。固然，美国的实验教育学并非就是德国所谓实验教育学，然而彼此亦不无关系。美国所谓实验教育学者很多，现在举出与德国实验教育学者有密切关系的一二人，例如霍尔、吉特等作为代表而已。

美国的实验教育学与发生心理学

如果我们要叙述美国的实验教育学，不可不先述发生心理学（Genetic Psychology）及机能派心理学（Functional Psychology）。因为美国的实验教育学与这两种心理学有密切关系。发生心理学虽胚胎于欧洲，例如冯德在他的著作《心理学概论》里曾经论及人类心理学，乃是自低级动物发展而成。然而它被应用于教育学之上，当首推美国的霍尔与吉特诸人。尤其是吉特，显明地表示教育不可不应用发生心理学，所以他著了《教师用发生的心理学》（*Genetic Psychology for Teachers*）一书。什么是发生心理学呢？简单的说，发生心理学是阐明从单纯的意识发展到复杂的意识之径路或精神发展之径路，进而研究关于精神发展的法则，而且研究儿童期、青年期、老年期的精神状态，动物精神的发展，民族精神的发展等的一种心理学。例如儿童心理学、动物心理学、民族心理学等，都包括于发生心理学之中。霍尔的名著《青年期》（*Youth*，*Its Education*，*Regimen and Hygiene*，1907）一书，就是根据发生心理学而编成的。后来有柏德利治（G. E. Partridge）集合霍尔的教育思想，在一九一二年著成《发生的教育哲学》（或译《教育之发生的哲学》）一书，对于发生心理学之应用于教育学这一层更有所发挥。原来发生心理学可以分为两方面：一是就儿童而研究他的精神之发展状态，一是就人类种族而研究他的精神之进化状况，更就最下级的动物的精神而加以研究。有人称前一方面为“儿童研究”，后一方面为“发生心理学”。例如克伯屈（Kilpatrick）说：“最近因为教育界的先觉者大唱儿童与成人间之差异及承认这种差异的必要，而且因为有进化论的指示，所以儿童研究大为进步，科学的及有实际的价值的知识亦大增加。”他又说：“自从关于精神发展的知识增加以后，儿童研究遂分为两部分：即儿童研究与发生心理学。后一部分的研究，尤为科学的，而且其范围包括动物及人类的精神发展；儿童研究虽根据同样的原理，但是只以人类的幼年到成人间的研究为目的。”他并举出英国达尔文与蒲赖耶（W. T. Preyer，1841—1897）及美国霍尔为儿童研究的主要开始者。（见 P. Monroe，*Cychopedea of Education*）由此，可见美国教育学者对于儿童发生的研究，大部分是根据发生心理学，尤其根据达尔文及其门人所唱导的进化论。关于这点，除掉克伯屈外，还有赫利斯（Harris）在吉特的《发生心理学》序文中亦曾说过，可资参考，无需再说。不过有一点须要说明的：如上面所说，霍尔的儿童研究固然是根据于发生心理学，而且根据达尔文的进化论，然而霍尔所采用的达尔文的进化论仅是它的一部分，而非它的全部；具体的说，他仅采用达尔文所主张的“发展”（development），而不承认达尔文所主张的“逐渐发展说”（the theory of gradual development），至于霍尔自己所主张的“发展”，乃是一种所谓“跳跃发展说”（the theory of saltatory development）。霍尔的名著《青年期》里所建议的主要原理，就是主张儿童期到青年期是跳跃的；详细的说，他以为青年期是一个新生（new born）的时期，在这个时期开始的时候，生理上的一切特性突然变化，尤其是性的本能是突如其来的，所谓“春情发动期”，就是指示青年期是由儿童期跳跃过来的意思。这种跳跃发展说，首唱于德国卢圣克兰（Rosenkrantz），而卢圣克兰的教育学说，又渊源于黑格尔的哲学。所以与其说霍尔的教育学说根据于达尔文的进化论上所谓“嬗变”（evolution），宁可说渊源于黑格尔的辩证法上所谓“突变”（revolution）。实在讲起来，美国教育学者中真正地采用达尔文的进化论当以桑戴克为代表。桑戴克说：“人类的任何趋向，与其说是忽然成熟，无宁说是渐渐成熟。就是性的本能，一经细心研究，亦是在好几年间渐渐成熟的。再以现在所有的测验而论，人类从五岁到二十五岁，其推理能力的进步没有一年比其他任何一年有两倍的速度。况且假定儿童有许多种力量；各年龄儿童成绩上的分别大致足以代表那些力量自内发展的速度。现在所得纪录无一足以证明本能依此突然成熟之理。此外又有几种兴趣，多少亦是按照年龄测量过的，都不能证明突然得势之理。”（见桑戴克著陆志韦译《教育心理学概论》一二九——一三二页）因为桑戴克认定人生自生至死为连续的发展，所以又称为“连续发展说”（the theory of concomitant development）。除掉桑戴克外，杜威亦是采用这种主张。以上两种发展说，究竟那一种是合理的呢？现在无暇详论，好在我曾经在拙作《论嬗变与突变》一文（见厦门大学《学报》第一卷第二期及《学艺杂志百号增刊》）及拙著《教育哲学》第六章第一节里讨论过，可资参考，无须复述。不过在事实上看来，最近美国教育学者们中大多数偏于后一派，例如杜威、殷格利斯（Inglis）、基犸（King）等都属于后一派；同时，所谓“初级中学”（junior high school）的运动，就是以这一派为根据的。现在我们姑不问美国的实验教育学有“跳跃发展说”与“逐渐发展说”两派，但是我们可以说它与发生心理学是有一种密切的关系。因为如此，所以美国实验教育学与前面所述的以冯德构造心理学（structural psychology）为根据的德国实验教育学自有区别。

复次，就机能心理学而论，它虽在美国詹姆斯以前似乎早有人唱导过；而且詹姆斯亦未曾自称为“机能派”，然而詹姆斯在一八九〇年著了《心理学原理》一书，以活动为心的发展之主要条件，并发表其对于情绪及习惯之独特的意见，因此构造与机能的区分遂以发　机能心理学韧。所以我们就称詹姆斯为机能派心理学的鼻祖，亦无不可。后来安吉尔（Angell）以詹姆斯的区分为基础遂开始机能派心理学的运动，以与冯德及其门人的构造派心理学相抗衡，而美国的所谓“机能派心理学”遂崭然露头角。近来又有所谓“行为心理学”（behavioristic psychology）出现，这种心理学唱自华特逊（Watson）。其实行为心理学就是机能派心理学的支流，因为机能派不外侧重行为与反对分析这两点。侧重行为而趋于极端的是行为派，如同反对分析而趋于极端的是“基斯塔”派（Gestalt School）一样。所以除掉基斯塔派的心理学因属于德国的新兴的学说，无庸在此地介绍外，就是行为派的心理学，只要懂得机能派心理学的究竟，亦无须再说什么是机能派心理学。简单的说，“机能”一语，溯诸拉丁语源，是从“行”这一个动词与“实行”这一个名词结合而成；因此，所谓“机能心理学”，不外乎是研究精神活动之全系统之“有机的部分”的过程之科学。据机能心理学者的见解，以为一切感觉、情绪与意志作用，都为适应环境的表示，因为欲研究意识内容的功用或机能，则非综合的研究不为功。所以他们与构造派相反，攻击分析，不遗余力。因为机能派的心理学如此主张，所以它与教育学能够发生一种密切的关系，而成为美国的实验教育学的主要原理。同时，因为机能心理学是生物学的发生学的研究精神作用从单纯的到复杂的过程，所以它与发生心理学亦没有多大的区别。发生心理学既是与实验教育学有密切的关系，所以机能心理学亦与它发生关系。请看首先应用发生心理学于教育学上的吉特，他一面提倡发生心理学，一面又尊崇机能心理学，这就可以思过半了。吉特对于分析的心理学与机能的心理学有如次的议论：“分析的研究，在它所注意及它所到达之点纯粹是科学的。分析虽立定应用的基础，但是它自身并非实地的。所以欲求得应用心理学，不可不越出分析的范围，进而理会机能的关系。据机能的研究家的意见，以为从来的教师所以少有所得于心理学，亦因这种科学本来以构成为主的缘故。意识的要素之分析对于指导心的发展之实际的业务，关系很少。詹姆斯的著作，并非单是构成的研究，他着眼的地方很广，对于专攻心理学及教育家都用启发的方法。”（见 P. Monroe，*Cychopedea of Education*）吉特的这几句话更足为证。霍尔早已逝世，他的实验研究法有多少缺点，加以近来美国教育学者大都不赞成他的“跳跃发展说”，所以他的教育学说，在美国的方面几成“明日黄花”。吉特的教育学说不然，因为如上面所说，他一面提倡发生心理学，一面又尊崇机能心理学，所以他的教育学说，很适合美国的教育学者的口味而得到相当的势力。固然，除掉吉特自己外，还有与他争雄的桑戴克一派存在；然而就我个人看来，桑戴克与吉特二人的教育学说，除掉少部分例如“训练转移说”（transfer of training）稍稍有差异外，其余大部分是相同的。所以我们虽仅叙述吉特的教育学说，然而我们亦可以间接地窥见桑戴克的教育学说的一斑。现为节省篇幅计，仅将吉特的传略及其教育学说略述如下：

吉特的传略

吉特（Charles Hubbard Judd），一八七〇年生于英属印度，六岁时移居北美，一八九四年在维基尼阿（Virginia）大学得文学士；后留学于德国来比锡大学，从冯德研究心理学；一八九六年得哲学博士学位。归国后，任维基尼阿大学哲学讲师；后转任纽约大学心理学教授，从一八九六年到一九〇一年止，任事五年。从一九〇四年到一九〇七年，转任耶鲁大学讲师、助教授。一九〇九年再转任芝加哥大学教育学教授，兼任教育学院院长，现今尚在职。氏的著作除上举《教师用发生心理学》一书外，还有《中等学校科目之心理》（*Psychology of Secondary School Subjects*）、《民本的学校系统》（*The Evolution of a Democratic School System*）及《教育之科学的研究导言》（*Introduction to the Scientific Study of Education*, 1918）等。

Charles H. Judd

吉特的教育学说

吉特的教育学说，是以实验及统计为主要的研究法，即依从自然科学的方法而进行的，氏的第一期的教育论发表于第一书——《教师用发生心理学》，其目的在于应用发生心理学于一切教育问题。据氏的见解，以为教师不可不知他自己的心的特质，同时不可不明了儿童与他自己有各异的特质。因此，教师必须先要了解发生的意味，并且要知道成人与儿童对于距离、形状等的认识各有差异。总之，教师与学生，各有各的认识世界。关于发生的理论，氏以为外形的动作与关于外形的动作上的意味是各异其趣的。譬如鸟一看见有许多人来即逃，但是我们不可由此推定鸟有数的观念。同一道理，儿童对于数的认识与成人对于数的认识并非一样。儿童的思考型式完全与成人的思考型式不同。于是氏从这样的发生心理学的见地，主张对于儿童之教师的态度，非经一番根本改造不可。

《教育之科学的研究》

吉特的最后一书——《教育之科学的研究导言》，凡二十三章，而其第二十二章为《教育科学》（*The Science of Education*）是叙述教育学的性质的，现在摘要如下：

科学的研究方法之效果

吉特以为教育的研究，非科学的不可；而科学的本质，不在于结论怎样，而在于研究方法。科学方法，最初仅适用于心的发展问题；到了现在，它应用到学校组织方面：例如学童的升级、学级的编制、校舍的构造、财政的组织等，都应用科学的方法，在实际上获得莫大的效果。

教育理论的研究与教育实际问题的研究

氏以为教育之历史的研究，可分作两种：一是教育理论的研究，一是教育实际问题的研究。前者是个人主观所见，较后者为易。从来的学者如柏拉图、库因惕良（Quintilianus）、夸美纽斯、洛克、卢梭、裴司塔洛齐等所说，对于现今实际的教育学无甚影响。为什么呢？因为过去的教育学说，以过去事实为根据，与今日社会状态、教育性质大异其趣，所以无补于解决现今的教育问题。但是后一种研究法较前一种有意义，适合于现今的运动，看美国各校算术、文法的发达，足以说明现在进行的倾向。

心理学与教育学之关系

氏又以为现代心理学的发达，足以鼓舞实际教育家来解决学校问题。其中儿童心理学的发达，尤足以促进教育方法的发展。例如课程问题、学校管理等，都可以借此解决。心理学与教育学有至密切的关系，即心理学给与教育学以确实的方法，例如记忆、学习、行为、本性等研究的结果，都足以助长教育学的发达。教育学就是采取这种心理的材料，以科学的方法为研究的基础，使适合于陶冶范围，而名曰“教育心理学”。所谓科学的研究法，可分为两种：一、统计法；一、实验法。合这两种方法而研究教育的事实，可称曰“科学的教育学”。统计法如研究特殊的个性；桑戴克曾经精确的研究双生儿的相似点及非双生的兄弟姊妹个性的异同，用这种材料去决定“个性差异”的意义。至于实验法，它的用途颇广，福礼门曾经借助于适当的仪器，以记录人们写信长短的速率；更在差异的条件之下，测验年龄不同、学级互异的各个人。统计法及实验法，为教育学所应用，其范围非常广大；教育上的种种实际问题，都借它去解决。譬如儿童年龄与学年关系问题；普通满六岁入学，七岁进第二级，十二岁毕业小学；但是从实际上调查，有些满八岁尚在第一年级的，有些满十岁尚在第二年级的。据全国统计调查，年龄与学年不平行的，实居多数；其结果，义务年限中，不毕业小学而中途辍学的，实繁有徒。教育学应该明白这原因，并且谋所以补救的方法，又如学校的教科目与市、乡村的生活状态的关系怎样，教育学亦应该精确地使学校中所授的教科目与居民的生活状态有密切的关系。如果不能够适当地配合，那么，所学不适所用，决非实际教育之道。所以调查二者的关系，亦是教育学上的任务。此外如智能测定、个性调查、学力检查等项，亦是教育上的主要任务。

科学的教育学之目的

吉特更以为科学的教育学的目的，在于用实验、观察诸方法去施行严密地试验、比较、分析学校中的一切过程。学校作业结果，亦应该用这样的严密的比较分析方法去评价它。他又以为科学的教育学，指示学校学习必须充分加入社会生活的研究；因为学校不过社会生活一部分或是个人陶冶的过程，所以应该扩充学校实际生活，以促进学校组织的发展。

吉特的教育学说之价值与缺点

以上所述，是关于吉特教育学说的大略。从来的教育学说，大都太偏于抽象的、形式的理论研究，对于教育的实际问题，漠不关心；而吉特则反是，他竭力注重教育实际问题的研究，实足以挽救从来的教育学说的颓风，功不可没。但是他太偏重教育事实的探求，视统计与实验方法为万能，而极端地忽略教育一般的原理，亦未免矫枉过正。郑宗海氏曾对于吉特的见解批评说：“教育的研究，有不能尽出于事实的统计实施之调查或试验一如上述者，则亦有取历史的或比较的方法者，其事虽难如狭义科学的方法之精确而深切，然此亦无可如何之事也。”（见吉特著郑宗海译《教育之科学的研究》一三页）郑氏的这种批评，可谓公允的。实在讲起来，吉特并非不知道教育的一般原理的必要，但是他所以特别地提出教育实际问题的研究的价值，其动机在于要与哥仑比亚大学师范院学派相抗衡。因为哥仑比亚大学师范院有孟禄（Monroe）尊重教育史的研究，杜威努力教育哲学的建设，所以吉特要提出“教育之科学的研究”这一标题，以树立所谓“芝加哥学派”。最近杜威著《教育科学之源泉》（*Source of Science of Education*）一书，其中第一章有说：“在教育，应用科学方法之企图，还是新近的事；在这个期段中，危险是很大的。……在这个情势中，有一种强烈的趋向，即要把有速率的方法的应用与教学的能力看成一个东西。用来度量教育成效的东西，是教室秩序、学生对于指定课程的正确的背诵、考试的及格、学生之升级等。”他又说：“科学很易于被认为售货时用的保证单，而不认作对于眼睛的亮光或对于足的路灯。科学的被重视，是由于固有威权，而不是视为个人启发或个人解放的工具。科学之被赞许，是因为认为它对于在教室中执行的特殊方法给了一种无疑问的威信。”他又说：“又易有一种倾向，要将统计研究和实验工作的结果变成指导学校行政与教学的指引和法则。好像是教师每易于把结果直接的掠取来而施之于活动。……人要证明科学的研究法有真价值的欲望，更力促把科学的结果转变为学校教室中施行的法则和规准。”他又说：“学校行政和教学是一种十分复杂的活动，比在科学结论里包含的那单个因子繁复得多。在教育实施上一个因子之意义，只当与别的许多因子衡比的时候才能决定。”（以上节录自傅维良、张岱年合译本）杜威的这些话，就是对于一般教育学者，尤其对于吉特，太偏重于教育事实的探求，视统计与实验方法为万能的一种批评。露骨的说，这就是吉特对于教育历史派与教育哲学派之反动的反动。据我个人的见解，吉特与杜威的教育学说，在根本上看来，两者并没有多大的差异，因为无论吉特或杜威，他们的根本主张都在于“由儿童出发”，“以儿童为中心”；一句话，所谓“儿童本位”。具体的说，吉特主张儿童与成人间的一切心的状态大有差别，所以教师不能够以他自己的行动去推定儿童的行动；杜威主张教育就是生活，所以儿童应该以他自己的生活为生活，而不可使他模仿成人生活，这岂不是同属于“儿童本位”吗？复次，就研究的方法而论，吉特不消说，就是杜威亦未尝不主张采用科学的方法；换句话说，他亦未尝不主张采用实验的方法。芝加哥大学的实验学校创自杜威，那就可以思过半了。不过杜威并非如同吉特一样，重视统计法，仅仅测定儿童性能的量，而不顾到它的质；他主张实验教育如同自然科学实验者一样，在同一时间，知道他们在测量什么——即质、量与空、时、动的关系。这些普遍的概念将他们的特殊观察结在一起而成一个系统。（见前引书同章）实在讲起来，吉特与杜威的主张可以互相为助。因为如德波林所说，“哲学常对着科学设立一般的指导观念与指导原理。在这一点——如恩格斯所说——哲学家至今支配着自然科学家。但是为说得公平起见，要附带地说：哲学家在其做普通化的工作之际，常从当时可得的科学材料出发。可见哲学的性质、方向以及方法都受当时实证科学的现状的规定”。（见广州中大《社会科学论丛》第二卷第十二号三五—三六页）由此，可见吉特轻视教育之一般理论的研究与杜威轻视教育之事实问题的探求，都是失于偏枯。如果我们要实验教育学得有成效，那么，非将教育之一般理论的研究与教育之事实问题的探求打成一片，互为作用不可。我在前面对于德国的实验教育学批评的时候已经说过，真正的科学的教育学，一方面必须先用实验的方法将教育事象测定或分析清楚，他方面必须再用认识的方法将所测定或分析而得的种种结果综合或统一起来而成为一般的理论。现在对于美国的实验教育学所要提出的期待，亦不过如是而已。

本节的结论

本节所讨论的，关于德、美两国的实验教育学。但是我为什么将实验教育学作为本章——新个人的教育——的殿军呢？这就是因为实验教育学的目的，在于要养成一个健全的个人；凡所论据的，莫不由儿童而出发，或以儿童为中心，所以称为“个人主义的教育学”亦无不可。但是它所采用的材料与方法，都是近世纪以来所建设的“新心理学”，例如拉伊及摩曼的实验教育学是以冯德的构造心理学为根据，吉特的实验教育学是以发生心理学及詹姆斯的机能心理学为基础。固然，这些新心理学还有不少缺陷，即构造心理学不消说还多少含有玄学的观点，就是发生心理学及机能心理学亦不免含有多少主观的成分；然而平心说起来，这些新心理学较诸海尔巴脱以前专凭演绎与思辨而毫没有实验的根据之一种哲学的心理学当然胜过许多。所以实验教育学似乎又可以称为“新心理学的教育学”。但是教育学又确如摩曼所说，自有其事实的考察之独立的根据而得为独立的科学；因此，实验教育学所采用的材料与方法虽则多少由所谓新心理学供给它，然而这些材料与方法，又确如摩曼所说，并非本自供给材料之科学的立场，而应该出自合于教育之材料与方法之特别的见地。实在讲起来，所谓实验教育学本身是一种独立的教育学，并非实验心理学的附庸。所以我不愿像有些人例如大濑氏将实验教育学放在“新心理学的教育学”这一个标题之下，使它失掉它的独立性，宁可一面依从实验教育的本身所抱定的目的，将它放在本章所谓“新个人的教育”这一个标题之下，以示别于所谓“实验心理学”；一面依从实验教育学本身所具有的性质，将它作为本章之殿军，以示别于所谓“人格的教育”、“艺术的教育”等新个人的教育。再进一步说，实验教育学，如前面所说，是以意志或行为为出发点，即拉、摩两氏所应用的冯德的心理学及吉特所应用的詹姆斯的心理学，都是意志主义或侧重行为的心理学；但是他们的着眼点仍是在于个人的意志或行为，而未曾论及社会方面的问题。在意志主义或行为主义的教育学者中虽颇不少注重社会化的，例如德国的凯欣斯泰奈及美国的杜威，一面提倡勤劳或作业的教育，一面主张教育团体化或社会化，所以凯、杜两氏在实验的教育这个观点上看来，虽则与拉、摩两氏及吉特有点相近似，可以一并放在本节叙述之列；然而在凯、杜两氏的教育学说所规定的目的上看来，却与拉、摩两氏及吉特的主张不复相同。所以凯、杜两氏的教育学说宁可另设所谓“作业的教育”一个标题单独地将它提出叙述，以清眉目。

第三章
作业的教育

第一节　作业的教育之由来与意义

“作业”一语，德语叫作“Arbeit”。“Arbcit”是由峨特族（Goths）的语“Arbaipe”、古代峨特族德意志语“Arapeit”及中世峨特族德意志语“Abebeit”三语蜕化而来。这三语的共通语根是“Arb”，含有承继、隶属、奴仆等的意义。因此，所谓“Arbeit”，亦不外乎奴仆的劳作或服役的意味。这种劳作或服役最初是属于人类活动之根本的形式，即所谓农业上的事。所以所谓“作业”，本来是为奴仆所担负的农业上的“苦工”或“贱役”（Knechtarbeit，Frondienst）。当然，后来这种“苦工”或“贱役”，渐次扩张到渔业及手工业。因此，所谓“手工的作业”（Handarbeit，Handbetätigung，manuelle Arbeit）、“技术的作业”（technische Arbeit）及“身体的作业”（korperliche Arbeit）等语因而成立。但是今日所谓农业的作业、手工的作业、技术的作业、身体的作业意味，已经多少变迁，不一定像从前那样的苦力工作仅仅给人以一种痛苦了。　作业的语源

如上所述，“作业”一语，最初只限于身体的活动而有身体的作业的意味；但是到了第十八世纪，一般所谓新人文主义者的诗人或哲学者，尤其在勒新（G. E. Lessing，1729—1781）、康德及宗教改革者路得（Luther）的时代，这个“作业”的名词，渐次应用到精神工作方面，于是所谓“头的作业”（Kopfararbeit）、“书本上的作业”（Bücherarbeit）、“学者的作业”（gelehrte Arbeit）、“精神的作业”（geistige Arbeit）等语因而出现。但是普通所谓“作业”，到现在还仅仅是指身体的作业，尤其是仅指手的作业而言居多。　“作业”一语的意味之变迁

作业的语义既如上述，那么，作业在教育上究竟有什么意义呢？在未解答这个问题以前，姑先述拉伊对于作业的教育之历史的考察。　教育上作业之意义

拉伊对于作业的教育之历史的考察

拉伊在一九一〇年三版订正《实验教授学》的第二年（即一九一一年），刊行《行动学校》（*Die Tätschule*）一书。他在这书里对于作业的教育作过一度历史的考察。他说："作业的教育之先驱者，在文艺时代早已产生。即（一）文艺复兴时代的作业主义——这时代是科学复兴时代；精神生活的一切方面，无不经过改革；山车斯（Sanchez）所谓'学者因书籍研究而催成呕吐的时代'；拒绝盲从教权的时代；观察与实验开始的时代；感官及身体被人重视，尤其脱离'以身体为束缚精神之罪恶的工具'那一种僻见，而将体育视为教育教授之一要素的时代；拉布勒（F. Rabelais，1483—1553）'脱却缁衣（Mönchskleid）去学医'，以体育、独立思考、生活上的教养、实际的活动为理想的时代；蒙泰尼（Montaigne）所谓'我们的学生不但吟诵课业，并且反复实行'，夸美纽斯主张在言语的能力以外还养成手工的能力，并由此练习手技，使他避免误谬，且有敏捷巧妙的动作的时代。（二）敬虔派及启蒙时代——三十年战争的影响，使学校系统的发达一时停顿，后来到了弗兰克（Francks）的时候，手技再在教育的理论及实行上占有地位，但是弗氏以手技不过作为防止懒惰及无用的游戏之手段而已。洛克与夸美纽斯相同，亦受蒙泰尼的影响，在他的《教育案》（*Erziehungsplan*）中加上手工一科，从平民到贵族都须学习。卢梭亦受蒙泰尼与洛克的影响，在一七六二年以手工为精神教育的手段，而主张添加手工一科。他说：'向来我以为懂得教育法的人，他曾知道使学生依从身体的练习与手工，在不知不觉之间养成沉思熟虑的习惯。……学生不可不像农夫的耕耘及哲人的思索。'又学生不但傍观实验，而且不可不学习实验机械的使用法。他们必须访问工厂，知道社会的关系与人类相倚（Abbängigkeit）的关系。此外，在启蒙时代，如同腓特烈大王（Friedrich der Grosse）及约瑟二世（Joseph Ⅱ）所说一样，视国民的幸福为国家唯一的理想，建造道路，开垦耕地，振兴实科学校，奖励工业教育，注重手工的作业，排斥从来的空言教授。（三）裴司塔洛齐——裴司塔洛齐终生不忘勤劳教授、工业教育等问题；他在纽夥夫（Neuhof，New farm）开始贫民教育以来（一七七四—一七八〇），将由学生的手技所获得的利益作为学校的维持费。他所设置的工业的勤劳科目，为裁缝、纺绩、园艺、农业、家政等；一面使学生勤劳，一面授以读书、唱歌。裴氏在教育革新的要点上极力标榜'勤劳与教授的联络问题'及'家庭的、农业的工艺与学校教育统一'。（四）其他诸家——其他如斐希特

（Fichte）、海尔巴脱、福禄培尔等都是勤劳教育即筋肉运动主义的先驱者。”（见拉伊《行动学校》三—四六页）

小西重直对于作业的教育之考察

日本小西重直继续拉伊的议论，更举出最近许多学者对于作业的教育之学理的阐明的资料。他说：“在第十九世纪末叶时代，德国哥尔德谢特尔（Goldscheider）因六年间的研究，发明人类有筋肉感觉的存在；后来依从闵斯德堡（Hugo Münsterberg，1863—1916）及冯德等的研究，筋肉感觉的存在，已经完全证实。又后来，将这种研究的结果确实应用于教育上的，则为赫勒克（Halleck）。他力说在要得到确实的印象，感觉器官须有相当的动作，所以他主张依从直观教授，使感觉器官发生运动。荷德（Huther）在一八九九年刊行《教授之心理的基础》一书，力说教育上筋觉的必要。到一九〇三年，如前面所说，拉伊发刊《实验教授学》一书，在这一方面经过一番组织的研究，所谓‘筋肉运动主义’的学风由是兴起。经过二年后，美国霍尔的名著《青年期之研究》出世；翌年（即一九〇六年），奥瑟亚（O'shea）刊行《教育上动的要素》（*Dynamic Factors in Education*）、科涅尔（Cornell）大学教授德加姆（D. Garmo）刊行《中等教育之原理》（*Principles of Secondary Education*）等书，都是鼓吹这种主义。”（参考小西重直《现今教育之研究》）

塞德尔对于作业的教育之历史的考察

除掉拉伊与小西重直二人外，对于作业的教育加以历史的考察的，本来还有许多人。例如塞德尔（Robert Seidel，1850—）在一八八五年著《社会的及教育学的所必要之作业教授》，一九一〇年经过改版，易名为《作业学校、作业原理及作业方法》。他在这书第六章里，对于作业的教育之历史的考察，曾有极简单的叙述。他以为主张作业教授必要的教育学者，为夸美纽斯、洛克、卢梭、弗兰克、巴西多、撒耳士曼、裴司塔洛齐；此外，他以为作业教授的构成者当推福禄培尔。他在同书第五章第十三节里有如次的议论：“德意志的人幸，不但在于有人认识作业对于儿童教育有广大的意义，而且有对于儿童实际地构成作业的人，那就是幼稚园创设者福禄培尔。……学校的作业教授不过扩充福禄培尔的思想而已。”就是塞德尔自己的作业教授，亦不外乎是福禄培尔教育方法的继承与发展。与塞德尔相同，继承发展福禄培尔的教育思想而唱导作业学校的，又有来比锡教师协会（Leipziger Lehrerverein）会员济培尔（Rudolf Siebel）。济培尔在一九〇九年，用协会的名义，出版《作业学校》一书。这书明言他自己的作业学校思想是基于福禄培尔发达之原理。关于这一点，以后再行叙述。

步耳革对于作业的教育之历史的考察

仿拉伊的《行动学校》，在一九一四年刊行有体系的《作业教育学》(*Arbeitspädagogik*) 一书的，是步耳革 (Eduard Burger，1872—)。他在这书第一篇里亦举出广大的作业学校思想之历史的考察。但是他在同书里面，除掉解释作业学校为由作业原理 (Arbeitsprinzip) 所规定的学校外，还分作业原理为广狭两义，而且以为狭义的作业原理是尊重身体的作业之教育的价值之原理。他说："作业原理并非崭新的事物。如果追求它的痕迹，那么，教育之开始的太古时代就有这种原理存在了。……但是对作业下教育评价的第一人，当推柏拉图。不过柏拉图如同一般的希腊人一样，亦并不重视手工的作业。……直到社会阶级大改革及社会价值标准大变化以后，作业才得到教育学的正当评价。"他又叙述到这样的历史的考察的理由；他说："生命的本质是变化的，所以现在新发现的古昔的思想亦是已经变化了的形式。因为如此，所以现在的改造运动所努力的事物，比较在一世期、二世期、三世期时代的领域内所要求的事物是不同的。由这一点看来，就可知探求教育的作业原理，不但是有益的研究，并且使现代的努力可以得到正当的动向。人们往往过于重视现代改造运动的创始性，所以他们对于既经筑成基础之过去的作业教育家有一顾的必要。"

其他学者对于作业的教育之历史的考察

此外与拉伊及步耳革的历史的考察有同一的趣旨的，是斯图尔发德 (W. Stuhlfath) 的《作业学校之发达》(*von Werden der Arbeitsschule*) 及倭尔夫 (A. Wolff) 的《关于现代教育学上的自己活动之原理》《作业学校之历史》等。这些都与步耳革所说大略相同，无须绍述。与上述诸家之历史的研究不同的，有洛斯革 (Karl Rossger) 的《作业学校之进路》(*Der Weg der Arbeitsschule*，1927) 一书。这书不但将作业学校思想的发生及发达由近世的综合文化与教育思潮的关联加以考察，而且行文流畅，带有文学的趣味。

凯欣斯泰奈的主张

最后还有一位，他虽不属于历史的考察者，然而可以称为代表的作业学校论者，那是凯欣斯泰奈。凯氏当一九〇八年在苏利克 (Zürich) 所举行的裴司塔洛齐纪念祭场里，以《裴司塔洛齐之精神上的将来的学校——作业学校》为题作公开的讲演，说明他自己的作业学校的精神是以裴司塔洛齐的精神为立脚点。嗣后一九一一年，他在《作业学校之概念》(*Bogriff der Arbeitsschule*) 的《序文》里，对于塞德尔叙述"作业学校的思想与教育学的历史是古来所有"。——因为塞德尔如前面所说，在一八八五年已经唱导作业学校论，后来听见凯欣斯泰奈的讲演，大为不服，遂极力批评，以为凯氏所说的话，在二十余年前，已为他所道破，所以凯氏对于塞德尔率性说出作业学校的思想是最古的东西。

古来的作业的教育思想之影响

综上所述，可知作业的教育的思想，并非崭新的事物。具体的说，近世纪以来的作业教育学者中，有些是受裴司塔洛齐的影响，有些是受福禄培尔的暗示。例如尼迈尔（A. H. Niemeyer，1754—1828）受了裴司塔洛齐的影响，在一七九六年首先采用"作业学校"一语，主张教授学校与作业学校的结合。斐希特在一八〇八年《告德意志国民》的讲演里，高唱"从裴司塔洛齐的精神建设新德意志国"，并力说勤劳劳动之教育的价值；斐希特的哲学是"自我之哲学"、"行之哲学"，所以这种哲学可以作为尊重儿童自己活动的作业学校论之哲学的基础。此外例如受了裴司塔洛齐影响的福禄培尔的教育方法与塞德尔、济培尔等的作业学校论有密切关系，已经为他们自己所声明，更不待说。

过去的历史上所谓作业的教育之意义

以上所述，是近来许多教育学者对于作业的教育之历史的考察。但是在过去历史上所考察到的所谓"作业"这一个概念，还仅仅是限于手工的范围。请看裴司塔洛齐的名言所谓"头到、心到、手到"一语，就可以思过半了。因为裴氏所谓"手到"一语，就是指"手的作业"的缘故。固然，裴氏所谓"头到"与"心到"两语，亦可以当作"头的作业"（Kopfarbeit）及"精神的作业"（geistige Arbeit）解释，然实在讲起来，所谓"头的作业"与"精神的作业"，是裴氏以后的，尤其是最近的教育学者所采用的。严格的说，在初期的作业学校论上，"作业"与"学习"这两个概念还是对立着的；直至一七九六年许华勃（Erascmus Schwab，1831—1917）著了《教育及教授之原则》（*Grundsätze der Erziehung und Unterrichts für Eltern, Hauslehrer und Schulmänner*）才开始地采用"作业学校"。他在一八七〇年，更进一步将他的作业的教育思想组织起来成为一种所谓"作业学校论"（Arbeitsschule gedanken），并且高唱作业学校与学习学校的结合实为现代国民教育的急务。在许华勃以后，即一八五一年，米克尔逊（Konrad Michelsen，1862）刊行《教授学校与完全协力的作业学校》，就直接地采用"作业学校"一语为书名了。自此以后，作业学校论的声调，喧腾于教育界，于是所谓"作业学校呢?"抑"学习学校呢?"（Lernschule oder Arbeitsschule）这一个问题争论不休。但是大多数作业学校论者都主张须将旧的学习学校改造为新的作业学校。更后，作业学校论再进入于教育学的研究，主张学习必须一律变成作业；一句话，作业学校论遂进展到方法论了。这是第十九世纪后半叶的事。首先采用“作业教育学”这个名称来代替“作业学校论”的，就是前面所举的步耳革与倭尔夫二人。现在虽有大多数学者站在教育学的立场去研究作业的教育，然而采用“作业教育学”的名称到现在还只有步耳革与倭尔夫二人，其余仍沿用“作业学校论”的名称。

现代作业的教育发生之原因

总之，作业的教育思想，如前面所说，并非崭新的事物，乃是由古来的作业的教育思想蜕化而来；反过来说，作业的教育思想，是新组织之古来的思想，但不是最古的思想自身。例如塞德尔、济培尔等的作业学校论，虽如前面所说，是福禄培尔的继承与发展，然而他们的作业学校论的根本思想却是受过新时代的洗礼的。又如凯欣斯泰奈自己的作业学校论虽如他自己所说，是以裴司塔洛齐的精神为立脚点，然而他的初期的作业学校论，实是受杜威的影响。裴司塔洛齐虽早已主张教育不可不为一般国民而设施，然而第十九世纪的后半叶各国才开始实施义务教育制。此外如自然科学的勃兴、产业技术的进步以及经济生活变革等，都是促进第十九世纪后半叶的新的作业学校论发生的重大原因。

作业学校以外的名称

照上文所说，可知“作业”一语，最初有原始的意味，并非就是一个陶冶概念；至于它一变为陶冶概念，实是作业学校论发生以后的事；嗣后，作业学校论再变而含有教育学的意味，乃更是最近的事。但是在教育学者中，有些人并不一定赞成采用“作业”学校一语，例如拉伊，就是不赞成采用这一语的一人。据拉伊的见解，以为“作业学校论”这一个名称，并非单纯的东西，乃是作业与学习的混合物，所以他自己在一九一一年，刊行《行动学校》以表示歧异。不仅这样，在德国的教育界，除掉“作业学校论”这一个名称外，还有“作业教育”（Arbeitserziehung）、“作业学校思想”（Arbeitsschulegedanken）、“作业教授”（Arbeitsunterricht）、“生产学校”（Produktionsschule）、“产业学校”（Industriesschule）、“工作教授”（Werkunterricht）、“手工室教授”（Werkstättenunterricht）等名称。在英、美的教育界则有“work school”、“industrial education”、“manual trainning”；在法国的教育界则有“école active”、“travaud manuels”等名称。

“作业的教育”的译名问题

作业的教育，在欧、美的教育界，既有上述的这种种名称，所以我们欲综合地将它译成一个适当的名称，亦非容易。日本教育界有

"作业教育"、"勤劳教育"、"劳动教育"、"劳作教育"、"手工教育"等的名称；对于"Arbeitsschule"译为"勤劳学校"、"作业学校"、"劳作学校"、"作为学校"等。我国教育界所采用的关于作业的教育或作业学校的名称，大概转译自日本，所以彼此大同小异。据日本小林澄兄的见解，以为在日本教育学者中，采用"劳动"一语的比采用"劳作"一语的居多；但是在教育上，"劳作"一语是最适当的。他又以为若依从小西重直博士的意见，"劳动"一语的意味，似乎过于实际化；至于"作业"或"勤劳"一语，又是缺乏"创作"或"创造"的意味，所以在教育上不如采用"劳作"、"劳作学校"、"劳作教育学"等语为妥。（见岩波讲座，《教育科学》第十七册，小林澄兄《劳作教育学》六页）再据竹井弥七郎的见解，亦以为"劳作"可以包含"勤劳"、"作业"、"作为"等语的意味，而最适用于教育学上。因为"勤劳"过于伦理的意味，"作业"不能包含价值概念；只有"劳作"一语能够包含"勤劳"与"作业"两个概念。即勤劳是人类之伦理的活动，而作业是一切力之活动。前者过于狭隘，后者过于广泛。（见竹井弥七郎《劳作教育学之发达·自序》二—三页）小林与竹井两氏的见解，与其说是求译语与原语相恰当；宁可说是由于他们自己的立场而出发。具体的说，他们所以主张要采用"劳作"的译语，一则欲表示"创作"或"创造"的意味，一则欲包括价值概念，实在就是他们多少要站在哲学的立场而说话。设使各个译者都要站在他自己的立场而说话，那么，无论采用那一个译名，都无不可。譬如有人要站在伦理的立场，他可采用"勤劳"一语；有人要站在经济的立场，他可以采用"劳动"一语；有人站在心理学的立场，他可以采用"行动"或"行为"一语。凯欣斯泰奈的教育学是由伦理的立场而出发的，那么，我们不妨姑称为"勤劳教育学"；蒲龙斯基的教育学是由经济的立场而出发的，那么，我们不妨姑称为"劳动教育学"；拉伊的教育学是由心理学的立场而出发的，那么，我们不妨姑称为"行动教育学"或"行为教育学"。同一道理，如果依小林与竹井两氏自己的见解，由哲学的立场而出发，那么，当然可以采用"劳作"这一个译名。然而任何一种教育学里面，分析起来说，都是包含有伦理的、经济的、心理学的乃至哲学的成分，不过它的主要观点有所侧重而发生各种各样的形态而已。依这些教育学所侧重的主要观点的差异而分类，那是另一问题；如果我们要离开这些主要观点的差异而作一度概括的鸟瞰，那么，不可不有一个共通的名称或译名。就前一方面而论，我们应该采用最狭义的译名，就后一方面而论，我们应该采用最广义的译名。但是在狭义的眼光看来，所谓“勤劳”、“劳动”、“行动”或“行为”等语，都是狭义的，不一定如竹井氏所说只有“劳动”一语，是最狭义的；所以我们在分类的方面，这些译语，可以按着教育学的性质而采用任何一个。至于在广义的眼光看来，所谓“作业”一语，颇如竹井氏所说是最广义的，因为它不但可以包含有“劳作”（arbeit）、“行动”或“行为”（tät）、“动作”（active）、“工作”（work），乃至“做作”（doing）等语的意味，而且确具有教育上的意味；尤其在我国教育界，所谓“作业”一语，已经成为一个惯用的术语，例如“教室作业”、“课外作业”等语是；而所谓“教室作业”与“课外作业”，不外乎表示精神的劳作与筋肉的劳作的意味。因为如此，所以本书采用“作业”这一个译名；对于上面所举的那种种学校，统称为“作业学校”；对于那种种教育学，统称为“作业教育学”；同时，我概括这种种教育之学与术的两方面，更统称为“作业的教育”。

作业的教育之意义

作业的语源、作业的教育之历史的考察、“作业教育”及“作业学校”的名称与译名，已经讨论过；现在再将作业的教育及作业教育学的意义提出一说。作业的教育及作业学校，如同它的名称与译名一样，一方面有许多的派别，他方面可以得到一个共通的概念。竹井氏说：“劳作学校论及劳作教育学是由繁复的思想出发的，好像步耳革所说一样，它是呈有成为现代思想或现代教育思想的集合地盘之观。同一道理，所谓‘劳作’（arbeit）一语，它的意义与内容不但随时代与个人的见地而生差异，而且同一个人在同一书里所使用的‘劳作’一语，亦时时有各样的意味。”（见前引书二页）照竹井氏的话，可知作业的教育及作业教育学实有种种的派别可分。即就前面所绍述的小西重直，接续着拉伊的议论，举出最近许多作业的教育论的学者亦只提及关于筋肉运动主义者拉伊与其渊源者冯德以及美国的这种主义者，而毫未涉及杜威与凯欣斯泰奈等的作业的教育。由此，可见在筋肉运动主义者拉伊等的作业教育以外，还有杜威与凯欣斯泰奈一派的作业教育存在，原来所谓作业的教育，分别起来，可以分为两大派别：第一派注重手足的作业本身；第二派与其说是注重手足的作业，宁可说是以心意的活动为主。前者的代表是帕皮斯德（Pabst，1854—1918）、谢勒尔（M. Scheler，1874—1928）、凯欣斯泰奈、杜威等是；后者的代表则为拉伊、哥斯堡（F. Gansberg，1871—）、高特希

（H. Gaudig，1860—1923）等是。据入泽宗寿的分类，在上面的第二派中，还有里斯曼（R. Rissmann，1851—1913）及沙列尔曼（H. Scharrelmann，1871—）二人。（见入泽宗寿《教育辞典》五二五页）这是一种分类法，但是摩曼另有一种分类法，他在他的著作《家庭及学校之作业》里，举出关于从来的作业学校运动的两个原理形式：第一个原理形式是将作业与经济的、生产的劳动视为同一的事物，它虽则不期望使儿童成为有经济的意味之劳动者，然而在学校里设置手工的作业，以资儿童之经济的修炼之用；并且使学校成为一个所谓生产学校。例如苏俄的蒲龙斯基（P. P. Blonski）是其代表。第二个原理形式，与其说在经济上，宁可说在教育上高唱手工的作业之高调。例如凯欣斯泰奈是其代表。然而从摩曼的见解，作业学校运动可以更有第三个原理形式成立。这个形式就是尊重“向着由自己活动而发生的独立性”（Zur Selbstandigkeit durch Selbstandigkeit）的作业。这虽非漠视手工的、技术的作业，然而并非过于重视这种作业而特别地主张有新学校运动的必要。在今日例如高特希是这一派的代表。

作业的意义之分歧

上面所举的这种种分类，并非定论，因为分类者各有各的立场，被分类者的思想又常时变迁。例如摩曼的分类法，似乎还有商榷的余地。因为蒲龙斯基，与其说是置重手工的作业，宁可说他是置重机械的作业；又凯欣斯泰奈晚年（即摩曼死后）时候，他并不偏重手工的作业，渐渐接近于高特希一派的主张。由此，可见摩曼的意见不见得完全可承认；换句话说，作业学校运动不能够像摩曼这样简单的分类。实在讲起来，作业教育及作业教育学上的所谓“作业”的意义是有多样性的，这诚如李特所说，恰呈“巴比伦（Babylon）的迷宫”之观，所以我们欲将这许多学者所论述的作业的意义解剖得明晰而得到一个正确的概念，同时得到一个共通的观点，确有相当的困难，但是在另一方面看来，这亦是有办法的；因为这许多学者所论述的“作业”的意义里，必有一个原理存在。是什么原理呢？抽象的说，这就是步耳革所谓“作业原理”（Arbeitsprinzip）。步耳革在他的著作《作业教育学》里解释“作业学校”为由作业原理所规定的学校，我在前面已经说过；小林澄兄再将步耳革的这个定义引伸出来，以为“作业教育学”是以作业原理作为骨干与肌肉的教育学。所以现在不拘所谓“作业的教育”、“作业教育学”或“作业学校”等等名称，不妨如同用“作业”这一个译语来综合那种种的别名一样，将所谓“作业原理”作为种种作业的教育及作业教育学或作业学校的共通原理。

总之，无论作业的教育、作业教育学或作业学校，无一不依从作业原理，且以此为中心要素所建设的一种教育理论与实施。此外，还有一点，在此须说明的，所谓“作业教育学”一语，因为如前所说，仅为德国步耳革与倭尔夫二人所采用，所以在德国的教育界“作业学校”一语比“作业教育学”更其通行，并且似乎常拿“作业学校”来代表一切作业的教育，尤其是凯欣斯泰奈专用“作业学校”这一个名词。因为如此，所以我们为谋检讨作业教育学之建设的便利计，有时亦不得不采用“作业学校”的这一个名称。

本章的叙述法

以上所述，是关于作业的教育上的分派与共通观点的话。作业的教育，如前面所说，一方面既有很难划分的派别，他方面又有一个抽象的共通观点，所以本章对于这许多作业的教育学者的叙述，如果仿照前两章的叙述法，将许多作业的教育学者分作若干派，再将每一派放在特殊的课题之下分节去叙述，不是一件容易的事。固然，我们亦可以斟酌小西重直、摩曼、小林澄兄及大濑甚太郎等的意见，并参以我们自己的立场，将所有作业教育学者分为两派：一派是新心理学派，例如拉伊等属之；他一派是社会派，例如凯欣斯泰奈、杜威等属之。论理在后一派里面，本来可以再分为两派：一是经济派，例如蒲龙斯基等属之；一是非经济派，例如凯欣斯泰奈等属之；然而无论经济派或非经济派，他们都是以社会为前提的；同时，因为经济派的教育学者，除掉蒲龙斯基外，到现在，尚未发现第二人；所以我就将这两派同放在所谓“社会派”的名称之下一并叙述。然而这种叙述法，有一个缺点。具体的说，例如前面所说，凯欣斯泰奈的初期作业教育思想与他晚年的作业教育思想又是不同，他初期的作业教育思想固然是属于社会派，然他晚年的作业教育思想却是渐渐接近于高特希一派——心理学派——了。此外，就是属于同一学派的学者中，彼此间亦互相批评与辩难。所以现在我不如用一个所谓“作业的教育之思想”标题，一面将所有作业的教育学者同归纳在这个标题之下一并叙述，一面按照各国作业的教育学者的思想发表时间的先后顺序叙述。不过本书的篇幅有限，如果我们将这许多作业的教育学者所有的教育思想尽量地叙述，势所不能；所以我就这许多作业的教育学者中，姑举出几人来作为最有威权的代表，对于他们所发表的思想比较地叙述，至于其余的许多作业的教育学者的思想或者作一度简略的叙述。

第二节　作业的教育之思想（一）

作业的教育，如前节所说，虽由来甚古；然而有体系的作业学校论的创设，实是近世纪以来的事；而首先唱导的是许华勃。

近世纪的作业的教育

许华勃（Erasmus Schwab），奥大利人，一八三一年生于特申（Teschen）。他是财政大臣的儿子，幼时经过乡里小学及拉丁学校的教育。及长，在维也纳及阿里木次（Olmütz）等大学研究哲学、古典语学、历史及法律学等。一八五二年以后，任文科中学校教师及校长、地方视学官等职。一八七〇年以后，特别努力于学校园的设立及将手工一科加入小学校与市民学校。一八七〇年，著《小学校园》一书。一八七三年，又著《小学校及市民学校之要素的作业学校》（*Die Arbeitsschuls ale Organischer Bestandteil der Volks und Bürgerschulen*）。同年，在维也纳所招集的世界博览会提出有学校工作场与学校园等设备的模范学校一案，于是影响所及，奥大利到处设立学校园。自一八七二年以后一直到一八九三年止，历任马利波罗（Maryborough）、维也纳等的高等文科中学校校长。一九一七年，病殁。

许华勃的传略

许华勃的作业学校论的主要目的，在于慨叹奥大利《帝国小学校规程》第一条，尤其第三条——地方小学校得设立学校园——毫未实行，而且指摘学校教育方法的缺陷。他以为学校不可不首先确立养成富有爱好劳动的情操之人格的人类的教育目的；并且以为欲达到这种目的，第一，不可不使教授实际化；第二，不可不将共同的劳动加入学校教育。他认定现代最重要的教育问题，就是将作业学校加入小学组织之中；而举出三种作业学校，再说明其教育的价值。

许华勃的作业学校论

一、女子作业学校——在女子作业学校里，每週作业以前及作业之际所有适当的机会，教授以关于作业的种类、作业的材料、手工的用具及关于秩序、清洁、节俭、细心、注意等事。氏以为手工的教育能唤起勤劳的愉快与勤勉的精神，引导生徒入于忍耐与镇静的境域，征服疏忽与轻率，不容许有玩弄儿戏等举动。因为正确的动作并非属于手而是属于精神。

女子作业学校

二、男子作业学校——在男子作业学校里，对于下级生课以厚纸及锯细工，对于中级生课以木工及金属工，对于上级生使制造“模特儿”，以养成艺术的兴趣。

男子作业学校

学校园　三、学校园——学校园是为男女生共同而设立的，其中有野菜小园、动物饲养园、植树园、实验农场、游戏体操场等。

作业学校及学校园之价值　小学校组织里加以作业学校及学校园这一件事，在许华勃看来，是有无限的价值。在作业学校里，教师能够使儿童之身体的及精神的眼去直观物理、化学、博物乃至矿物；就是在算术、测量学、几何学上所得到的利益，亦决非浅鲜。因为在这里面，直观是由自己经验所支持的。

作业学校与个性发达　再从教授的见地看来，作业学校所给与的利益固然如上面所说是一般的；但是作业学校并非依靠单纯的活动冲动。这活动冲动必须成为自己的活动，而且由此以促成个性的发达。真正的力，并非是"知"，乃在于"能"。凡协同努力的是毫无妒心地承认这种真正的力。所以在作业学校里，未成熟者是从成熟者受着友爱的助力。助手（Helfer）的制度，实是被采用作为人格陶冶的手段。

作业学校是自然的　作业学校比现今的小学校为自然的，而且可以由此将不自然的事物从小学校里驱逐出去，而使学校卫生与养护能够圆满施行。那种与酿成早熟的危险而且只限于悟性活动的学习学校相对立之学校就是幼稚园。只有幼稚园才可称为真的学校；因为在这里面，陶冶自会得到调和的结果。因为如此，所以小学校亦不可不根据幼稚园的本质上所有的法则而设施。

作业学校与儿童　设置作业学校以后，儿童自然会欢喜到学校里去。作业学校增进儿童的幸福，使他们的身心有专注的活动，使他们可以得到学习的愉快，而收获教授的效果。这样，学校才能够得到父兄的信任。凡有教养的人及有见识的父兄都会赞成这种学校改革运动。不但如此，就是许多不愿意儿童就学八年制的学校之父兄，亦会使他们的儿童欢喜地到学校去。

许华勃的教育思想之价值　以上所述，是许华勃作业学校论的大略。这种作业学校论，一见就可知是受裴司塔洛齐与福禄培尔的影响。所以许华勃的作业学校论并非是全新的东西。但是在另一方面看，他的教育思想多少含有特殊的时代意义，而适应当时社会的要求。不但如此，他的这种作业学校论的主张，对于后来塞德尔与凯欣斯泰奈等的作业学校论有密切的关系，因此，他自身具有重大的历史的意义。现在再进述与许华勃有密切的关系的塞德尔与凯欣斯泰奈。

塞德尔的传略　塞德尔（Robert Seidel），一八五〇年生于瑞士。十八岁时，听讲关于儿童教育的讲义颇有所感。十九岁时，作关于教育问题的公开讲演。后来，在大工业地萨克森（Saxon）参加过福禄培尔式的幼稚园的设立。在这时代，他还读马克思与康德等的著作。

塞德尔的教育主张

当时适有丹麦作业学校论者卡斯（Adolf von Clauson-Kass，—1906）在德国提倡作业教育，喧腾一时。但是卡斯的目的在于谋小工业的向上；这种目的，只适用于丹麦，而不合于瑞士的国情。（卡斯的主张，以后还有详述的机会。）塞德尔最初虽研究卡斯的主张，然而后来对于他不甚信服；结果弃却卡斯的主张，而另由社会教育学的立场出发，以讨论作业教授的问题。他说："照我个人长期间的经验与研究的结果，小工业实是时代落伍的经济形式；想维持这种小工业，不但非经济的，而且是不可能的。不仅如此，就是小工业者时常不平，以为这种手工教授是他们毁灭的原因。"塞德尔一面指摘卡斯运动的不当，一面认定小工业者的不平为无理由，站在他自己的立场而发展作业教授的思想。一八八二年，沮利克县举行教育会议，他提议讨论作业教授问题，因时间不足中止。一八八四年，又在临时会议提出讨论，当时反对塞德尔主张的颇不乏人。据塞德尔自己说："沮利克县有力的教育家，就是作业教授的反对论者，所以报告者仅搜集有利于反对论的材料，而作业教授遂为小学校所拒绝。"于是他对于作业教授反对论者的议论，力说作业教授万不可缺的理由，在一八八五年，著了《作业教授必要论》（*Arbeitsunterricht, eine Sociale und Pädagogische Notwendigkeit*）一书。

《作业教授必要论》的影响

塞德尔的《作业教授必要论》这一部书，影响及于美、德、英、意等国，各国都用本国语将它翻译出来。尤其在美国，很欢迎这部书。纽约工艺教育协会（Industrial Education Association in New York）以塞德尔为名誉会员，称他是"教育进步上之有非常功绩者"；哈谟（Charles I. Ham）对于塞德尔赞美不置，并且赠送感谢状以作纪念。

德国教育学者与塞德尔之关系

在德国方面，有一位在作业学校运动史上很有功绩者斯恳克多尔夫（Emil von Schenckendorff，1837—）一八八五年在革力次（Gorlitz）开手工教授大会，称赞塞德尔的这部书为"解决问题之最良的书"。一九〇八年，如前节所说，凯欣斯泰奈在沮利克所举行的裴司塔洛齐纪念祭，以《裴司塔洛齐之精神上的将来之学校——作业学校》为题，公开讲演，颇惹起一般人的注意。沮利克的"Wochen-Chronik"招待塞德尔，请对于凯欣斯泰奈的讲演加以批评。塞德尔指出凯欣斯泰奈所说的话，在二十余年前，已经为他所道破。

塞德尔的实际生活

一九一〇年，塞德尔任沮利克大学私讲师；但是他从什么时候起出任该大学私讲师，不得其详。一九一九年，德意志共和国制定《新宪法》；一九二〇年，德国根据《新宪法》召集德意志国学校会议，塞德尔与那笃尔普及库涅尔（Kühnel）等共同作成关于作业学校的报告。所以塞德尔被视为作业学校论者的鼻祖，亦无不当。现在根据塞德尔的《作业教授必要论》一书，将他关于“作业教授之社会的及教育学的必要”这一个观点，摘述如次：

人类的生物

塞德尔以为人类不但是精神的存在物，而且是身体的存在物。人类不但是能感觉、能理解、能思维、能研究的生物，而且是有意欲、能活动、能创造的人格体。儿童尤能够表现人类之意志的活动的本性。儿童宁可要意欲与行动，而并非有过度的思索。他的身体的发达，希望活动，而非希望静止。

现今的学校之缺陷

儿童有向着运动之自然的冲动；然而现今学校，使儿童终日静坐在同一场所。儿童有要作工的本能；然而现今学校对于儿童只是勉强注入毫无兴趣的理论。因为儿童对于理论没有什么兴趣；所以教师非用强迫与人工的手段使儿童注意集中不可。儿童对于理论既没有生气的兴趣，而教师又只知道用人工的手段去刺激儿童的精神而使他紧张，结果呢，不外使儿童的精神成为麻痹而已。现今学校对于实际的活动之身体的陶冶非常漠视，徒然使有价值的实际的技术的素质与能力消灭，教授的全体，都与实际生活没有什么关系；它并不是向着实际生活准备，而是与实际生活疏隔绝缘。

改良之学校负责者

氏以为他对于这种学校的非难，不但教师应当领受，就是政府、政治家以及国民亦不能不负责。换句话说，学校的改造，不但是教师本身问题，而且是全体国民的问题。如果教师站在唯一正当的立脚点，那么，教师才能够以正当的客观性把握住学校改良上的一切问题。

除去学校的弊病之步骤

现今学校的所有弊病，是无疑地可以依从教育学的原则，尤其依从根据教育学的见识所施行的作业教授而免除的。当然，依从这样的作业教授而改造的现今学校，是一种根本的变化。换句话说，现今学校应该由学习学校转变为作业学校。但是这种变化应该徐缓地进行的。具体的说，这种变化必须顺应着由现今的私有资本主义的社会——无论在经济上或政治上——到达民众的社会——即文化社会——的过程而进行的。换句话说，作业学校是将来的学校，而将来的学校是与将来的社会及将来的国家共同到临的。

作业教授之社会的与教育学的必要

以上所述，是塞德尔《作业教授必要论》的总论：他将作业教授由社会的与教育学的两方面的必要加以说明。关于社会方面的必要，氏举出两点如下：

社会情状之变化

（一）社会情状之变化——往前的家庭就是作业社会；家庭给与儿童以作业教育。然而因经济的发达，使从来的作业社会的家庭归于消灭。现代的家庭对于儿童并不能施行什么作业教育，于是国家与社会不得不起而代负儿童之作业陶冶与教育的责任，因此，学校就担当这种陶冶与教育的责任。又次，往前的基尔特（Guild）制度施行作业教育。然而手工业为机器及大工业所灭绝的今日，这种基尔特制度早已不存在了。固然，对于高等的职业陶冶，有工业学校、实业学校等；然而对于一般国民所施行的职业陶冶的机关，迄未产生。但是国民不可不活动，所以国民无论如何非有作业陶冶与教育不可。

国家之任务

（二）国家之任务——现代国家以有同等权利而活动的公民为基础。所以国家对于劳动，仍须给与以学校上的地位，使一般人民都欢喜作业而成为国家的公民。现代国家的富源、权力与光荣，以劳动与科学为基础；所以国家不可不以劳动为教育及陶冶的基础。科学由作业而产生，论理亦是由实际而出发，所以作业教授是最高的社会的国家的要求。

作业教授之教育学的必要

关于作业教授之教育的必要，塞德尔有一种特殊意义的教授原理。他的作业原理，就是他自己所说的裴司塔洛齐的直观原理的基础。他说："作业教授是最高的教授原理。因为直观是预想制造及构成之事；制造、构造及创作等事又是一切认识的基础与试金石。再讲一步说，一切努力是在创造的作业上结实的。又次，作业教授是认识之最上的手段及丰富的源泉。因为它能够给与人们以其他教授所不能得到的知识与认识。但是裴司塔洛齐以为直观是一切认识的基础，那是最大的谬误。因为直观不能提示人们金属是陶冶的或是融解的，亦不能教导人们纱是棉所纺织，地球的里部藏有石炭与矿石，以及岩石含有铁、石炭、盐及镭等金属元素。这种种事物，只有劳动，才能够指示我们。换句话说，只有劳动，才能够尽教授的能事。就是我们制造轮船、铁路或飞机等等，亦并非依赖直观，乃是作业。作业能侵入事物的内部，作业能提示我们事物的体质；总之，作业是最重要的认识根据。"

作业教授之教育的价值

氏根据上述的理由，更将作业教授之教育的价值分为下列三方面：

教育的价值

（一）教育的价值——（a）作业教授使儿童的活动冲动得到满

足而加以陶冶；并且给与他以向着“美”与“有用”的营养与倾向。这样才能够将儿童的本性之最重要的方面施以陶冶。（b）作业教授唤起对于作业及对于生产物之有生气的兴趣与喜悦。这种兴趣与喜悦，由儿童自身的力量而得到。生产物使儿童发生能力的感情，觉醒儿童自己信赖的意念，而且给与儿童以内部的满足——我们全部物质的及精神的文化，其基础就在于作业。所以教育的主要任务，就是给与儿童以作业上的兴趣与喜悦。因为这件事，含有促进文化的意味。作业的喜悦可以预防无思虑的怠惰及不道德的行为。（c）作业教授是不用人为的手段使儿童惹起注意及忍耐。——凡欲由作业制造某种事物的人，不可不先有发愿、注意与忍耐。事物制造上的作业比之头脑的作业更容易发见有无错误的地方。所谓注意，就是使精神潜入于身体之第一关键。感情、思维、意志等都是被注意所刺激而使它活动。（d）作业教授给与思维与意欲以向着“善”与“有用”而进行的营养与方向，而且使变成“善”与“有用”的行动。——思维须要有对象，意义须要有目的。假定对于思维不给与以惹起注意的对象，那么，思维就会向着不注意的对象而进行；对于意欲不给与以理性的目的，那么，意志就会选择非理性的或恶的目的而行动。历史与经验都足以证明这事。儿童的思维与意欲之适当的对象及目的，就是由创造的作业而制成的。

身体的、精神的、技术的陶冶价值

（二）身体的、精神的、技术的陶冶价值——（a）作业教授是觉醒及陶冶技术的与艺术的素质。——大部分的素质，倘不在幼时及早给与以营养的成分，那是很容易萎缩的。素质一经萎缩以后，再欲觉醒它，非常困难；至于发达，更不容易。现在的学习学校，几乎完全没有觉醒及陶冶技术的与艺术的天才。所以大部分技术的与艺术的天才归于埋没，在人类上招致莫大的损失。因为这种技术的与艺术的力对于文化及生活的美化是万不可丧失的。（b）作业教授使大部分的感官与力成为活动的，而且给与以其他教授所不能够给与的知识与认识。——知识与认识只有依从作业才能够得到。大多数儿童的精神只有依从实际的活动而发达，这样的发达的精神才是强有力的而且是开拓的。这件事为从来的教育学所忽略。只有创造的精神才能够作成开拓的进步；而创造的精神非依从自己的作业去陶冶不可。（c）作业教授给与大部分理论的教授以初步的基础，即对于理论的教授设定为儿童所理解的实际的目的。（d）作业教授是大部分理论教授的试金石及实际问题的根据。——对于理论的证明，儿童的精神非常薄弱，所以证明不可不有实际的行动。(e) 作业教授能够使知识及认识容易得到深强的印象。——依从大部分感官与神经或筋肉与力而到达的精神的事物，是给与精神以更强的印象。例如依从手或头所得到的事物，才是我们所有的事物。(f) 作业教授是教授儿童以估价、观察、探究、试验、比较、发见等事。——欲由“模特儿”或图画制造某种事物的，必须先正确地看清楚“模特儿”或图画；并且必须正确地测定尺寸及试验材料的大小，选择颜色与性质，然后再选择工具及研究用法。最后，并须在着手作业的时候，将个个的形状与全体的形状放在眼前作一度测定与比较。在作业过程，随时将作业材料与作业工具加以观察、研究与比较；并且有不断的估价、测定与证明的必要。在作业的过程，如偶然发现困难的地点，那就是导儿童入于研究、比较、发见的途径。(g) 作业教授是练习感官与神经，筋肉与四肢，尤其是练习手，将这种种放在实际的活动，加以训练，使身体增加健康而有元气。

道德的及社会的价值

（三）道德的及社会的价值——(a) 作业教授是捉住人类之善的方面，使人类之善的力量成为活动的。(b) 作业教授是练习者最显著地要求而且练习自己活动——趋善避恶的自己活动。——只有行动，才能够陶冶品性；只有在行动上，才有品性出现。一切的善，亦只有在行动上方能正当地表现出来。仅仅避恶的善，不过是渐渐地趋向着真正的善的端绪而已。(c) 作业教授是防止一切恶的萌芽。——腓特烈二世与人关于教育的讨论的书信中有这样的议论：“叫人类做工作，就是叫人类不要陷于恶德的意思。”实在说，那种依从陶冶的作业使儿童去构成之合自然的工作，确是避免恶德之最上的陶冶手段，与向着德与幸福之最安全的指导。(d) 作业教授是教儿童了解爱惜及尊敬劳动；教儿童正当地评价劳动生产物的价值。这样，儿童才能够理解“活动的人类之社会的价值”。——不作事业的人，他不能够正当地评价大多数国民的劳动及其生产物。事物的伪价值，即金钱价值，是给与人们以“对于制作的努力之一种恶劣的标准”。凡立于指导国民的人物，倘使不知道劳动是怎么一回事，那是国家的大不幸。我们的道德态度，在本质上讲，其基础实存在于人类的价值评价及事物的价值评价。(e) 作业教授是指导儿童之力的认识及力的界限的认识；而且教他由此正当地评价他人的力。知识能使人傲慢；反之，劳动却提高我们的身分，而不会使我们傲慢。因为我们一面活动，一面意识我们的知识与能力的界限。(f) 作业教授是使真正的职业选择成为可能的。——因为只有依从自己活动，才有儿童个性出现；在知识之变动的方面，个性是不会出现的。又只有依从自己活动，儿童才能够学得自己之力与倾向。(g) 作业教授唤起两亲对于学校的兴趣，同时对于学校与生活间之对立的调和有所贡献。——现在的学校对于大多数国民几乎不是为生活而准备的机关，所以大多数的两亲对于学校不但没有兴趣，而且往往敌视它。无产者子弟，一入生活社会，他在学校里所曾习得的知识，几乎完全是无用的；所以在父兄中甚至有视学校为有害的。然而学校如果依从作业教授，对于生活有所准备，那么，一般国民对于学校的兴趣自然增高，而对于学校的厌恶亦自然会消失。

作业教育的结论

塞德尔对于上述的话，下有如次的结论："如果要施行小学校目的上所谓'将全体国民的儿童陶冶为身体健康、精神活泼，而且是一个有用的公民及有良善的道德的人类'，那么，不可不将作业教授加入小学校；换句话说，不可不将小学校改造为作业学校。"

许多教育学者对于作业教授之反对

以上所述，是塞德尔作业学校论的大略。塞德尔这种作业学校论，引起当时许多学者的反对论调，就中尤以沮利克教师会议的反对为最烈。他们所反对的论点，有些是关于作业教授的目的，有些是站在经济的立场，有些是以法律为根据，有些是以教育学为出发点（例如迈尔〔Mayer〕的手工教育论等）。但是塞德尔为维持他自己的主张，对于这些反对论一一加以辩驳。现在为篇幅所限，不能将塞德尔所有的辩驳，概行转述，而只将他对于作业教授之目的所辩驳的论点，摘要叙述。好在这是塞德尔作业教授论的中心，我们可以由此推测其余辩驳论点的所在。

塞德尔对于作业教授反对论之辩驳

塞德尔以为作业教授反对论者完全是由"作业教授是在小学校以养成儿童为职工为目的"这一种误解而出发的。这种误解，实由于他们不明了作业教授之历史而起。原来作业教授有下列三类：

作业教授之三种类

(1) 以手工的陶冶为目的的——这是促进家庭工业，为将来职业的准备，以使手工业向上为目的。这样的作业教授的动机，在本质上看来，是经济的，所以它实在没有教育的意义。例如卡斯的运动属之。

(2) 以手的热练之一般的陶冶为目的的——这是为觉醒作业的愉快与酷爱，使理解实生活而施行的。即以形式陶冶为主要目的，并图作业教授与理解教授相结合，所以它是站在教育学的立场上的。

(3) 以作业教授为调和的人类陶冶所不可缺的一种手段——以

作业为身体的精神的教育所必需而不可缺的一种手段，至于上面的（1）与（2）不过是作业教授的副产物而已。这种意味的作业教授之代表者是卢梭及裴司塔洛齐。

真正的作业教授

上举的三种作业教授中，以第三种为真正的作业教授；但是反对论者以第一种为作业教授，实属误解。

塞德尔的根本思想

这是塞德尔对于作业教授反对论的辩驳的根本思想。塞德尔的根本思想，据竹井氏的考察，以为它是一种所谓“理想的社会主义”。如果竹井氏的考察是对的，那么，塞德尔的根本思想，实是与同时代的那笃尔普的根本思想大同小异。那笃尔普虽则未曾说“作业教授”的话，然而他的社会的教育学往往将知识的、艺术的、道德的一切行为解作“作业”；换句话说，他往往以为作业不可不视为由知识的、艺术的、道德的根本法则所行的意志行为，而且以为人类陶冶之最高的要求不外于意志行为之向上。那笃尔普的这种见地，岂不是与塞德尔所举的第三种作业教授相一致吗？不仅如此，那笃尔普与塞德尔一派，很尊崇裴司塔洛齐。那氏以为裴氏注重内外部的作业；外部的作业是向着生产而行之身体的作业，在裴氏看来，这种外部的作业，是从属于所谓“作业的宗教”（Religion der Arbeit）之内部的作业。所谓内外部作业的关系，如果照这种意味去解释，那么，真正的人类陶冶之可能才是相信。（见 Natorp，*Volkskulter und Persönlichkeitskulter*，1911，S. 140—141）关于这点，日本小林澄兄以为那笃尔普的根本思想与谢勒尔在他的著作《社会学与世界观之论文》（*Sohrifton zur Soziologik und Weltanschauungslehre* Ⅱ. 〔Halbbeng，1924〕*-Arbeit und Ethik*）里面所谓“只有创作的活动——向着目的而进行的活动——才是作业；而这种作业，是与单纯的作业大有区别”。这一种见解相比较，似乎相反而实相成。小林氏更推重那笃尔普与凯欣斯泰奈的作业教育思想在德国作业教育中达到最高峰，以为一九二〇年，德国教育界根据一九一九年所公布的《新宪法》第一四八条所召集的德意志全国学校会议所议决的议案中第一条，就是以那笃尔普的作业概念为基础；而且认作业学校以形成作业协同团体为必要条件这一种见解，除掉那笃尔普与凯欣斯泰奈外，再没有谁说得更为真切。照小林氏所说，固未曾说出那笃尔普与塞德尔的作业教育思想有同一的主张；然就我个人看来，那、塞两氏的根本思想实是大同小异。并且那笃尔普在一九二〇年，即大战后第二年发刊《社会的理想主义之教育》（*Social-Idealismus Neue Richtilinien Sozialer Erziehung*）一书，一方面大骂唯物的社会主义是堕落的社会的秩序之残骸，使人类成为机械化；但他方面大唱“教育的社会主义之道”（der Weg des Sozialismus der Erziehung）。他以为教育的社会主义，在使人类借相互自由而协动，并非赖外界的强制而劳动，那氏的这种见解，明明是与前面所举的塞德尔的那种作业教授论完全相合。所以竹井氏以为塞德尔的根本思想是一种所谓“理想的社会主义”，决非无故。因为塞德尔与那笃尔普二人有同一的根本思想；所以他们同为一九二〇年德意志全国学校会议席上的健将，决非偶然的。

塞德尔的作业教授论之发生的背景

照上文看来，塞德尔的作业教授论与那笃尔普的作业教育思想一样是反经济的；具体的说，他是要离开经济的立场而专以教育学的根据为出发点而主张作业教授的必要。然而这是指塞德尔组织他自己的作业教授论这一点而言；至于当时一般作业学校论发生的原因，无一不由于当时的经济问题；因此，塞德尔自己的作业教授论的背景，亦不能够离开经济问题而存在。请看他自己所说的作业教授之社会的必要这一方面话，不是属于经济的范畴而是什么呢？况且塞氏平日喜读马克思的著作，他的思想当然倾向于社会主义，不过在根本上塞氏的思想与那笃尔普一样，是以唯心论为出发点，并不像马克思一样站在唯物史观的立场。所以宁可说他与那氏同属于“新康德派”，而与马克思的根本思想大有区别。竹井氏所以称塞氏的根本思想为“理想的社会主义”，命意亦就在此。因此，塞氏的作业学校论与后面将要叙述的蒲龙斯基的作业学校论相对照，适成相反。因为蒲龙斯基的作业学校论是以马克思主义为出发点，而为一种纯粹的经济的社会主义；而塞氏的作业学校论，如前面所说，是否认学校上的经济的劳动的。这样，那么，前面所举塞氏对于依据经济的必要所起的作业教授反对论的辩驳，可以说就是对于蒲龙斯基的经济劳动学校论的批评。但是蒲龙斯基的劳动学校的重要部分多关于青年教育问题，而塞氏所说，以关于小学校的儿童教育问题居多，所以我们直认塞氏的辩驳就是对于蒲龙斯基所说的批评，亦未免过早。

塞德尔与许华勃的作业学校论之比较

总之，塞德尔的作业学校论与一般的作业学校论一样，发生自当时的经济问题；不过，因为后来受了作业教授反对论的洗礼，所以使他不得不离开经济的立场，渐入于教育学的范围，而开作业教授之教育学的研究之先河。原来塞德尔的作业学校论在一八八五年出版，与前面所举的许华勃所倡导的作业学校论相距，仅迟十二年，所以在两氏的作业学校论中，可以发见许多共通的观点，因为他们都是受了裴司塔洛齐，尤其都是受了福禄培尔的影响。如果从塞、许两氏共通的观点看，那么，以塞氏作业学校论为许氏作业学校论的扩充，亦无不可。但是在另一方面，塞氏作业学校论因受了作业教授反对论的洗礼，所以在他的根本思想上，当然与许氏作业学校论颇异其趣。

塞德尔与凯欣斯泰奈的作业学校论之比较

复次，再就塞德尔与凯欣斯泰奈二人的作业学校论的关系而论。塞、凯两氏的关系，与许、塞两氏的关系一样，自有渊源可言。具体的说，许氏比塞氏唱导作业学校论早十二年，而塞氏比凯氏唱导作业学校论又早二十多年；许、塞两氏因受裴司塔洛齐与福禄培尔的影响，而塞、凯两氏又同受裴司塔洛齐的影响，这样的两相对照，岂不是相仿佛吗？塞氏对于凯氏说："作业教授论在二十余年前已经为他道破"；然而凯氏对于塞氏说："作业教授论在上古时代早已经发生了。"这两方面的话，在研究教育史的我们看来，都是对的。因为任何一种学说，就历史的眼光看，无论正反两面，都有渊源所在，决不会凭空发生。但是就另一方面讲，这亦与上文所说的"塞德尔的作业学校论因为受了作业教授反对论的洗礼，所以在根本思想上，当然与许华勃作业学校论大异其趣"一样，凯欣斯泰奈的作业学校论亦自有它的时代背景的存在。就是凯氏自己的作业学校论，在前面已经说过，他的初期思想与晚年的思想，亦随时代的推移而发生很大的变化。所以我们不能够承认凯氏作业学校论就是塞德尔作业学校论的原型，因为彼此之间，实有莫大的差异。塞德尔作业学校论只可以说是塞德尔时代的代表者，同一道理，凯欣斯泰奈的作业学校论亦只可以说是凯欣斯泰奈时代的代表者。即一方面不可将依从两个时代的特殊性所发生的两种作业学校论混而为一，他方面又不能够视任何时代的作业学校论代表者为永久的唯一的代表者。塞德尔的作业学校论已大略叙述，现在再进而叙述凯欣斯泰奈的作业学校论。

Georg Kerschensteiner

凯欣斯泰奈的传略

凯欣斯泰奈（Georg Kerschensteiner），德意志人，一八五四年七月二十九日生于闵行（Müchen）一市民的家中。一八六六年入夫赖新（Freising）师范学校预科；一八七一年毕业。以后三年间，任小学校教师。到一八七四年，一面做家庭教师，一面兼修人文的文科中学校课程。从一八七七年到一八八一年，在闵行大学及高等工业学校（工科大学）研究数学及物理。一八八一年，受数学检定试验，及格。明年，任中央气象台助手，又明年，任米兰希顿（Melanchiton）文科中学校助手，在职三年。从一八八五年到一八九〇年，任诺尔痕堡（Nürnberg）商业学校数学、物理教师。从一八九〇年到一八九三年，任士外因福特（Schweinfurt）人文的文科中学校教师。从一八九三年到一八九五年，任闵行鲁铎维文科中学校教师。一八九五年，任该市学务官，任事到一九二〇年为止，颇尽力于该市教育，尤致力于补习教育的改革。从一九一八年以来，任闵行大学名誉教授；从同年起，到一九二〇年止，继斯勃郎格（Spranger）之后任来比锡大学教育学正教授，同时在闵行大学继续讲演。到一九三二年一月十五日病殁。

凯欣斯泰奈的实际教育工作

这是凯欣斯泰奈传略。但是凯氏一生，除掉担任教职外，还做了不少的实际教育工作；这些工作，一面受了许多人的赞叹，但一面亦树立许多的论战。所以在未绍述凯氏作业学校论以前，不得不将凯氏的实际教育工作按着工作时间的先后，编成一个“年谱”似的于下：

凯欣斯泰奈的实际教育年谱

凯欣斯泰奈从事实际教育的活动，应从一八九五年算起；因为这一年他任闵行市的学务官，开始改进该市的小学校，并且主张以补习教育为义务教育而努力公民教育的运动。

一八九六年，他规定小学校第八年级女子班以一周四小时的烹饪为必修科目，并且使这烹饪科目与女子所必需的化学、物理、生理及算术等科目相结合。

一九〇〇年，他规定小学校第八年级男子班以一周七小时的木工、金工作业为必修科目；一九〇三年，改革图画教授；一九〇七年，在大论战以后，规定第八年级的儿童以一周四小时的物理、化学实验为必修科。

这些学校改造的原则，当然可说是凯氏所提倡的公民教育上的一种主张。在一九〇一年，他刊行《德意志青年及少年的公民教育》一书，已经确定学校改造的原则。闵行市学校改造著有成效以后，他到处被人聘请讲演。于是他一面从事学校的实际改造，一面讲演或刊行书籍、杂志等，以期公民教育之彻底的普及。

例如一九〇一年，凯氏在拜厄（Bayer）工艺协会五十年庆祝典礼，一九〇二年十月在杜塞尔多夫（Düsseldorf）所召集的第十一次德意志补习学校协会常会讲演关于女子补习教育适合时代的构成问题；同年十二月在马因斯（Mainz）市公开讲演《闵行市实业学校的改造》。这些演讲亦不消说是以公民的教育为学校改造的根柢。

一九〇四年，在《教育改造杂志》第十一号里发表《职业陶冶呢？抑一般陶冶呢?》一文，大发挥公民教育方法上之职业陶冶的思想。这篇论文，表示对于美国杜威思想的共鸣。一九〇五年二月十五日，在汉堡讲演《小学校的改造》，开始采用“作业学校”（Arbeitsschule）这个名称，力说公民教育的目的、作为这种教育目的的手段之职业陶冶与作为实施职业陶冶的机关之作业学校是三位一体的。

一九〇六年三月六日，他在闵行大学利比喜（Liebig）讲堂讲演《生产的劳动及其教育的价值》；同年十二月，在闵行市讲演《补习学校组织的三大基础》。

一九〇七年，他汇集以上所举的这些讲演稿及论文刊行《学校组织的根本问题》一书。

一九〇八年一月十二日，如前面所说，他在沮利克、裴司塔洛齐纪念祭讲演《裴司塔洛齐之精神的将来之学校——作业学校》，因而引起一般教育界的大注意，认他为作业学校的唱导者；同时如前面所说，竟招塞德尔的妒忌，而大试批评。

在一九一〇年前后，作业学校成为德国教育界的流行思想，种种的作业学校论一时蜂起，所谓“作业学校”的概念遂成为一个讨论的中心问题。一九一一年十月六日至八日德勒斯堡（Dresden）所召集的学校改造同盟第二次大会，为终结作业学校的概念之误解与混乱计，招聘凯欣斯泰奈与高特希二人出席讨论。凯氏对高特希的辩论更惹起一般教育界的大注意，于是以作业学校思想代替艺术教育思想遂成为德国教育界的中心问题。翌年，即一九一二年，德国教育界全国无一不讨论作业学校问题。

从这时起，凯氏在作业学校论上，与锋芒尖锐的高特希相对峙。一九一一年十二月，他刊行《作业学校的概念》一书，以明他自己的立场，而高特希亦刊行同名的《作业学校的概念》一书。这种论争，益使凯氏努力于教育学的研究。他为探求他自己的主张之论理的与哲学的基础计，从一九一二年起，从事那笃尔普与温特尔班得（Wilhelm Windelband，1848—1915）的学说研究，更进而从事康德及裴司塔洛齐的学说研究。他更与斐奢尔（Allois Fischer，1889—）相交，与斐奢尔朝夕相从，达数年之久，互相辩论教育学的问题。

嗣后，欧洲大战勃发，在一九一六年，凯氏刊行《战时及平时的德意志教育》一书，以鼓舞国民的志气；一九一七年刊行《陶冶过程的根本原理》一书，以表示对于当时抬头而起的迪尔推（Dilthey）派文化哲学的共鸣，而且表示与文化教育学者斯勃郎格与李特相接近。欧战终结，旧德意志帝国改革为德意志共和国；一九一九年，成立《新宪法》，在《新学校规定》里，以公民科与作业教授为德意志小学校的必修科，于是凯氏年来的主张，一旦遂成为《宪法》上教育的基础。

一九二〇年，根据一九一九年《新宪法》所召集的全国学校会议席上，凯氏亦为统一学校问题之一报告者，大披露他年来的主张。

先时，如前面所说，即一九一八年，凯氏任闵行大学教育学名誉教授；一九二〇年，因斯勃郎格转任柏林大学教授，他遂承斯氏之后，任来比锡大学正教授，但是这职位附带有许多义务事情，有妨于他的潜心研究，因而辞职，仍返闵行大学。他不知“老之将至”，益努力教育学的研究。一九二三年，在《教师补习教育杂志》上发表《作业之教育学的概念》一书。以后，他的生活无甚变化，一直到一九三二年一月十五日逝世为止，始终任闵行大学名誉教授。

凯欣斯泰奈的著作

凯欣斯泰奈的著作很多，现列举如下：《教案之理论的考察》（一八九九年），《博物初步教授》（一九〇一年），《德意志青年及少年的公民教育》（再版一九〇五年），《学校组织的根本问题》（一九〇七年），《作业学校的概念》（一九一一年），《公民教育的概念》（一九一一年），《品性概念及品性教育》（一九一二年），《战时及平时的德意志学校教育》（一九一六年），《优秀者之自由进路》（一九一八年），《教育者的精神与教员养成问题》（一九二一年），《陶冶过程的根本原则与学校组织的结果》（一九一七年），同书再版（一九二四年），《作为陶冶的原则之权威与自由》（四版一九二四年），（陶冶之理论）（一九二六年）等。

凯欣斯泰奈的作业学校论之发生

照以上所述，凯欣斯泰奈在一九一四年以前，只说过公民教育的必要与补习教育的任务，并未提及关于作业学校论的问题。直到一九〇四年，他在《教育改造杂志》第一号发表了《职业陶冶呢？抑一般陶冶呢?》一文以后，才树立他的作业学校论的基石；一九〇五年二月二十五日，他在汉堡讲演《小学校的改造》的时候，一面明确地采用“作业学校”这个名称，一面主张现在的书籍学校不可不改造为作业学校。从这以后，演讲作文，无一不是发挥作业学校论的主张。凯氏的作业学校论虽发生于一九〇四年以后，但在一九〇四年，他所提倡的公民教育，实在讲，亦就是他的作业的教育之目的，他的作业学校论不过是实现作业的教育之目的之一种方法而已。现在姑由凯氏所说中摘要出来，先作一度概括的叙述：

凯欣斯泰奈所说之概括

> 教育的目的在于公民的教育。但是所谓公民，是具体的国民，（1）即从事自己的职业，（2）为国家而服务，为养成有利于这两种任务的人类计，在小学里不可不将儿童放在实际的协同的劳动之下去训练。因为实际的劳动使儿童涵养职业陶冶的准备；协同的劳动使儿童涵养为全体而服务——为国家而服务——的精神。

作业学校之任务

那种实行实际的协同的劳动（手工及其他）的学校，在凯氏的意思，不外乎作业学校。所以他的作业学校，可以说就是实现公民教育之目的的学校教育方法论。由此，可见凯氏的教育主张，无论在一九〇四年以前或以后是始终一贯的。因为如此，所以凯氏的作业学校论，我无以名之，名之为“公民的作业学校论”。凯氏的根本精神既是公民的教育，而且以裴司塔洛齐的精神为他自己的理想，在这一点上，他的主张似乎与塞德尔的主张相一致；就是在从国家的社会的见地对于教育发表一种强有力的论调这一点上，两者又似乎是属于同一方向的。然而在另一方面看来，塞德尔的思想富于社会主义的色彩，而凯氏的思想富于国家主义的色彩，所以两者却是正相对立的。由此，可见凯氏的作业学校论虽则如前面所说，与塞德尔的作业学校论有渊源的关系，然而凯氏自己的作业学校论自有他自己的立场而独立发展的。所以我称凯氏的作业学校论为“公民的作业学校论”，实所以别于塞德尔的社会主义的作业学校论。

凯氏的作业学校论与其他学者的主张之差异

复次，若将凯氏的作业学校论与来比锡教师协会、拉伊、高特希及其他作业学校论者的主张相比较，又将怎样呢？一九〇九年，来比锡教师协会刊行《作业学校》一书，它的立场是与凯氏的公民的教育及职业陶冶的思想相反的；换句话说，它的立场是儿童中心主义而排斥一切准备教育的见解，以为规定教育上的一切活动，应该从儿童的发展而出发的。照这一点看来，来比锡教师协会的立场实与美国杜威的“教育即生活”那一种思想完全相同，而凯氏自己所承认的他的作业学校论多少受着杜威的思想的影响，却在彼不在此；具体的说，凯氏受着杜威的影响，不是在于杜威的“教育即生活”说，而只是在于杜威的作业教育与社会化教育思想这两点而已。一九一一年十月，如前面所说，学校改造同盟会招待凯氏与高特希作对立的讲演；同年，拉伊刊行《行动学校》一书，批评凯氏的作业学校论是混合物与杂物，而且以为新德意志学校必须是属于站在“行动教育学”的基础上的“行动学校”。同年十二月，凯氏本于前面所说的辩论，刊行《作业学校的概念》一书，高特希亦刊行同样的著作，与凯氏相抗衡。一九一二年柏林所召集的德意志教师大会讨论手工教授问题，本于闵行的韦柏的动议，排斥手工科目，但是作业有益于精神的力与诸感官之调和的陶冶及以注重身体的作业为原则的作业教授之教育的价值这两件事，却为他们所承认。从同年末到一九一三年初，《德意志学校杂志》对于作业学校问题，发表当时知名的教育学者如明希、娄曼（R. Lehmann）、林德、沙列尔曼、来因、巴特（Paul Barth）、条斯（J. Tews）、伊慈奈、格累尔兹（Otto von Greyerz）、梅斯美尔（Oskar Messmer）、高特希、哥第逊（Cordsen）、比勒的济尔（Pretzel）、司奈得（Ernst Schneider）等十四人的意见。（参考大濑甚太郎著《最近世欧美教育史》四九一——五五三页）最后还有一位作业学校论者，亦如前面所说，是逆溯以上所举的那种种作业学校问题的渊源，并批评这种种作业学校论，因而在一九一四年站在教育学的基础上，谋作业教育学的建设，著了《作业教育学》一书，这是奥大利的教育学者步耳革。以上所举的这许多教育学者所唱导的作业学校论，都是对于凯欣斯泰奈的作业学校论的反动，所以他们的作业学校论，除掉拉伊另用“行动学校”的名称外，虽则同是采用“作业学校”这一个名称，然而他们的作业学校论乃是另一种形态的作业学校论。所以竹井氏对于凯氏的公民的作业学校论，而另称他们的作业学校论为人格的、发达的（或发展的）作业学校论，决非无故。但是从另一方面看，凯氏的初期的作业学校论与晚年的主张有多少不同；尤其晚年的主张，如前面所说，渐渐与高特希的作业学校论相接近。这如塞德尔的作业学校论受过了作业学校的反对论，尤其受过了沮利克学校会议的批评与攻击的洗礼，而渐渐加以修正一样；受过了许多作业学校论者，尤其受过了高特希

Paul Barth

的批评的洗礼，而渐渐加以发展。因为如此，所以凯氏的作业学校论的大部分可以说是从作业学校论争以后所发展的作业教育学。现在从这方面出发，将凯氏的公民的作业学校论作一度简略的叙述。

凯欣斯泰奈的作业学校论

凯欣斯泰奈以为德意志从第十八世纪末叶起，经过第十九世纪中，所有公立学校是为实现国家的目的而为国家所管理的机关；但在中世时代，这种公立学校是未曾产生的。现在国家的至少限度对于小学校施以强迫的制度，因而国家从法律的手续去规定小学校之国家的目的。这样，我们对于学校的目的之规定，常常将所给与的国家之目的与任务放在眼中；而这样的国家之目的与任务，又每每并非导我们进于科学的教育学之域。然而我们一经将各时代的国家作为一个进化体考察；换句话说，将它作为依从国民的活动进于伦理的人格之自由的形式，因而渐渐组织为适合目的之人类结合体而考察；再换句话说，将它作为向着由伦理学所指示的文化国家或法治国家之方向而进行的一个国家而考察；那么，对于国家之目的赋与以一种科学的基础是可能的；同时，对于小学校及高等学校赋与以一种科学的基础，亦是可能的。

国家之性质

在目的及制度上，将伦理的思想具体化之国家，是最高的外部的伦理的善。因为如霍布斯（Hobbes）、洛克、斯宾诺莎（Spinoza）所曾经说过的，国家是各个人能够达到最高的内的伦理的善及伦理的自由人格之必然的计划。人类的精神生活与经济生活完全由于与同类相交涉而受到影响。如果一切人类将他们的最高目的完全求之于离开一切外的条件之善之中，那就不能够达到这种目的。不但如此，将一般的最高目的求之于自己本身之中，亦是不可能的。因为一切强制的目的，不拘我们的欢喜或厌恶，然而这种目的是包含有适合于一般人类的要求这一件事；不能够容许各个人自己去自由思考或行动的。所谓一般的意志，只有依从协同生活的秩序而后存在；换句话说，一般的目的，只能够存在于人类社会之全体状态里所实现的善之上。

社会的善

这种社会的善，一经作为最高的目的，那么，一切较低的目的，就都包含在这种最高的目的之中。决定这种较低的目的，是我们的感觉的精神本性；依从这种本性，我们能够追求或发见满足本性的领域而使之确立。在这种领域里，具有对于身体的健康之顾虑、身体的健康上所必需的自然力之支配及利用、两性之结合、为子孙计之身体的及精神的注意、社交本能的满足、知识欲的活动、美的艺术的活动、宗教的要求、伦理的意志自由之构成等等。这种种本能及要求，存在于人类的本性之上；并且由这种种而发生在经济、商业、儿童教育、科学、艺术、宗教、社会等上所要追求之一般的正当目的及目的组织的体系。这种种所有的目的必须包含于最高的目的即最高的善之中。社会的法规就是能够遂行这种目的的组织的事物。只有国家理想使各个人的目的及社会文化组织的目的可以统一；因此，国家有遂行这种目的的可能。固然，理想的国家究竟在那里呢？这确是一个问题；然而这并非是一个空想的问题，而是一个由人类之心的本性里所导出的科学的理想问题。这种种理想的构成虽不是为不完全的人类所能做到，然而在组织向着这样的目的之公民教育的可能范围之内，我们就渐渐能够接近这种理想。

许多学者对于凯氏的公民教育论之误解

凯欣斯泰奈根据上述的意见，以为公民的教育之反对论者并未了解他的真意；有许多人以为公民的教育是盲目地为现在的国家而服务的教育，在凯氏看来，亦是一种误解。于是他转而对于高特希的教育目的论加以批评。

凯氏对于高特希的教育目的论之批评

高特希的教育目的论是一种纯粹形式论；如果依从这样的纯粹形式论去理解教育的目的，那是无望的。高特希以为可以理解的目的应求诸“固有的自我之理想性”；然而这样只有形式而没有内容。固然，高特希亦感觉到这一点而想努力地决定它内容；然而他所能到达的理想，亦不过只是“完全的个人”而已。然而在一切方面，所谓“完全的个人”所有的“理想我”并不能够称为教育之一般的目的；因为凡称为个人都各有一个“理想我”。原来所谓“理想化”，是客观的价值被各个人所实现的意思；这种价值被各个人完成有秩序的程度的意思。然而什么样的价值被各个人所实现，及在什么样的主观的秩序上才得到价值。在本质上讲，这都是关于个人禀赋差异的问题。这样的价值被各个人所实现，同时，这种特殊的人格自身成为一般的客观的财产——人格价值之独自表现。各个人所组织之客观的价值有人格之绝对价值；因此，理想我实含有对于各个人之最高的内的善的意味，那是不待言的。我们能够将无数的人格所有的这种内的善，按着价值的高低，排成为一个自高至低的系列。并且，我们能够在“献身于可称为最高善之伦理的共同体之一般的目的”这件事上，对于追求他们自身的完成与他们生活的任务那一种善给与以最高的地位。他们的目的亦包含于被我们所认为最高的目的那种一般的目的之中。高特希说“固有的自我之理想性”之自己规定，那是可能的；但是这种个人的理想性，在与其他一切个人之理想性相共存的可能范围之内，那才算是外的最高善之本质的特征之一。

如上所说，凯氏以为高特希所谓教育目的规定之理想我，实已包含于所谓伦理的共同体——国家——的目的之中。然而如次节所述，高特希以为凯氏所谓公民教育亦不过只是他所谓那样的教育目的中之一要素而已。关于这一点，让后面再说，现在姑先继续叙述凯氏的学说。（凯、高两氏的相互批评）

凯氏以为在教育学的领域上，将“个人的教育学”与“社会的教育学”的对立，那是完全没有意味的事。各个人之正当的目的，在这种国家社会可表示为最高善的范围之内，实已包含于这种国家社会的一般的目的之中。原来大多数公民如果没有伦理的人格，那么，伦理的共同体决不能够存在。共同体的宪法——人人之一般的目的——如果不是建设在伦理的基础之上，那么，大多数人格者亦决不能够发展。所以凯氏有如次的两个理想：（个人与社会）

一、维持“独自组织的客观的价值”之个人的人格是最高的绝对的内的伦理的善；同样，伦理的共同体，实是人类之最高的外的伦理的善。（凯氏的两个理想）

二、如果国家向着理想的伦理的共同体之方向进行越早，越能扩张那种依从公民的教育将最高的内的善与最高的外的善互为条件的认识。这种认识使一切教育规定更加从伦理的国家概念的见地去应用。

凯氏以为在这两个理想之下，公立学校的目的与任务可以由国家的目的与任务去决定。他又以为国家的目的有二：（一）自己中心的目的——对于国家从属者之内外的保护及身心幸福的注意；（二）爱他的目的——依从国家有发达为一个伦理的共同体，并依从文化国家或法治国家所有的力量之活动渐渐地去建设一个人道的国家于人类社会之上。公立的学校目的，就在于要教育青年或少年去尽这两种目的；凡顾到这两种目的而为国家努力的，就是有用的公民。不仅公立学校的目的如此，就是一般教育的目的，亦都在于教养这种有用的公民。（公立的学校之目的与任务）

根据这种学校的目的，然后发生学校的任务；有了这种学校的任务，然后再发生关于学校一般组织之实质的原则或规范。在凯氏的意思，以为这种组织就是“作业学校”这个概念所表示的组织。然而凯氏以为由学校施行更详细的规范及一切全部的或部分的任务的方法，是应该依从学生身心发达的程度及在什么样的内的及外的环境之下而决定的。从这种目的、任务、方法之全体出发，凯氏以为他所称（学校之组织）

"作业学校"之现代国家的学校之概念于是发生。

公立的学校之三大任务

凯氏以为由公立学校的最高目的出发，有如次的三大任务：

第一任务

第一，是职业陶冶及其准备的任务——无论何人，在国家组织上，如果没有直接的或间接的贡献于国家结合体之目的的作业，那简直不是国家的有用的公民。所以国家对于个人的第一要求，就是在于各个人必须实行国家所有的某种机能——职业，因而直接地或间接地能够促进国家的目的，或者有意地去促进它。照这一点说，那么，公立学校不得不发生最根本的任务。具体的说，公立学校不可不有先使各个学生选择全体组织上所有的一种工作或一种职业，而助成他们个个都能够去实行这种工作或职业。这种任务，固然还不是伦理的，然而是一般公立学校施行伦理的任务之根本条件。

第二任务

第二，是职业陶冶之伦理化——训练个个人能将职业当作一种公职看待。具体的说，个个人不可以为职业只是为维持自己生活或施行自己的伦理主张而做：他们必须知道各个人在整齐的法律秩序及文化社会之下能够专心于自己的工作（当然能够依此而维持自己生活）这回事，是完全依靠有组织的国家的福庇，而且是自己所应该为国家去做的一种公职工作。依从职业的种类，为全体而服务的工作，当然有些是容易的，有些是困难的，或者有些是不可能的。然而有一件事，无论何时都能够做到的。这就是"一切职业的工作，都是为全体服务而不可缺少的这件事"能够使正在发展中的青年或少年及早去意识它。又如青年或少年不受工金，无论做怎样琐末的工作，都认为是最高尚的工作方面之一种义务这种意识，亦常常能够使青年或少年去发达它。

第三任务

第三，是共同体之伦理化——这种任务属于学生之道德及知识的素养。详细些说，学生不可不涵养有一种职业的工作。依从这种工作或者依从为完成自己特殊的人格价值计而尽力的工作，努力于使他所属的国家向着伦理的共同体之理想而发达之注意。这样，主观的人格价值才变成为客观的价值，而且才能够有向着教育价值方面进行的要求。因为向着伦理的共同体的方面进行之理想，是由伦理的自由的人格之结合所给与的。换句话说，伦理的自由的人格，因为彼此间有非常差异的存在，所以必须互相补偏互相协助。总之，共同体之伦理化，非构成共同体的个人之伦理化不为功；所以在共同体之伦理化的内涵，个人之伦理化当然为所包含。

这三种任务之结合

这三种公立学校的任务，在凯氏看来，是非常密切地结合着的；

如果缺乏一种，则其他任何一种任务都不能成立。假定认学校为他种目的的手段，那么，学校将不过是一种技术学校而已。现今的大学教育就陷于这种弊害。固然，随着文化的发展，职业越加特殊化；然而为国家理想所统一的国民精神，无论如何，是必需的。

作业学校之任务

凯氏既以公立学校的第一任务是职业陶冶，所以依他的见解，这就是作业学校的第一任务。他以为欲遂行职业陶冶的任务，不可不在小学校里课以手工的作业为职业陶冶之一般的基础。此外，他对于在小学校里课以手工的作业这一种要求，再提出如次的几个理由。

（1）在一般国民中，手工的劳动者实占最大多数。

（2）这种手工的作业，无论何时，都是适用的。因为一切人类之共同体，身体的作业比之精神的作业需要得更多。

（3）人类的倾向及天性，与其说是属于精神的作业领域，毋宁说是属于手工的作业领域。在文化的过程中，由手工的作业发生精神的一般作业。所以手工业不仅是一切真正的艺术之基础，而且是真正的科学之基础——文化之基础。

（4）不仅这样，就是从三岁起到十四岁的儿童，对于手工作业的本能与冲动，亦是极旺盛的。这就因为身体的手工的活动先于精神的活动而存在。所以为使儿童实际的活动及倾向发达，手工的作业实属必要。

以上理由的结论

凯氏在举出上述几个理由以后，于是下如次的结论：

> 为使儿童系统的发达对于手工的活动之倾向，而且为使儿童格外注意，格外考虑去实行手工的作业过程，一切小学校不可不设置实验的作业室、工作室、学校园、烹饪室、裁缝室、实验室等。简单的说，有善良的组织的小学校，不可不有作为教授科目的作业教授。
>
> 关于这问题，在百年前德国小学校充满了裴司塔洛齐的精神时候，作业学校与作业教授的要求，是自明的道理；然而当时与现代情形不同，亦是无待言的。
>
> 当然，作业教授并非一定的职业之准备，乃是以养成完美的作业之方法，细心、注意、彻底、慎重等习惯及觉醒真正的勤劳之喜悦为目的。由手工的作业教育所养成的性质转移于他种作业领域，较之在精神的作业领域所得到的性质转移于他种作业领域安全得多。因为前者不会为偏见、党见、

宗教的束缚等所妨碍。

由公立学校的第一任务看来，换句话说，由职业陶冶的准备的任务看来，在小学校的组织上，这种系统地发展出来的科目之作业教授，无论如何，是不可缺少的。

作业教授与其他科目之关系

凯氏还简单地说过这一问题，即作业教授与国家利益相结合，作业教授帮助发展写字、读书、算术等精神的技能，及手工的职业以身体的健康、自然法则上的知识、卫生的活动为必要条件，因而在小学校里不可不以体操与理科为重要的科目，而有如次的议论：

精神的技能与手工的技能之关系

精神的技能之发达与手工的技能之发达越加密接地结合，那么，小学校的组织，越能增加幸福；而且精神的能力亦自然越能确实地发达。

职业选择问题

关于职业选择问题，凯氏所说的话，与塞德尔一样，都以为观察儿童的倾向与禀赋而决定。

分团教授

凯氏以为小学校的最上级组织，可将儿童按照他们将来的职业种类分团教授。我们固然不可将小学校当作职业学校看待，但是可以将学校第一任务所发生的作业教授当作将来的职业之准备。如果在学校的分团里所学习的工作，与家庭的职业相一致，这是理想的办法，好像裴司塔洛齐在他的著作《悲歌》（*Schwanengesang*）——英译《白鸟之歌》（*Swan's Song*）里所想像的一样；但是现在，这种办法，几乎不可能；因此，我们不能不断念。然而，在补习学校里，不可不实现这种理想；现在闵行市就正在实现这种理想。

实际的兴趣

氏又以为在小学校里，实际的兴趣是教授活动的中心点。小学校最宝贵的任务，不仅在于注意与考虑怎样将这种实际的兴趣为将来的职业生活计而善加培养，而且注意与考虑怎样能够使与一切实际的工作相结合之纯粹精神的活动有所发达，以及怎样能够使由单纯的实际的兴趣转移向着纯粹精神的活动而进行之理论的兴趣等问题。

杜威的《兴趣与努力》

关于上述这一点，凯氏从杜威的著作《兴趣与努力》（*Interest and Effort*）里引用杜威关于由实际的兴趣转移到理论的兴趣的说明加以演绎，最后批准在德国的小学校未曾将这种实际的兴趣加以活用。

凯氏的学说之反对者

以上所述，是凯氏站在国家的见地所论述的公立学校的目的与任务。但是高特希以为国家虽是重要的一因子，然而只从国家的目的去决定小学校的任务是不适当的。至于凯氏的准备教育的见地，亦有人反对，例如济培尔就是。凯氏对于这些反对论加以辩驳，由下文所述的话就可窥见。

伦理化的意义

凯氏既以为公立学校的第二任务是职业之伦理化，第三任务是为实现共同体之伦理化计以依从作业社会所成立的学校组织为必要；但是所谓伦理化，究竟是什么意味呢？据凯氏的意思，伦理化就是提高我们之内的人格价值的意思。我们不以自己的利益为动机，而上升到伦理的别一世界去的时候，才算是伦理化。例如（1）人被任命为教师，倘他为薪俸而忠实地指导学级，还不是伦理的。（2）不为薪俸而任事，才是伦理的。因为在这种情形之下，他具有自尊自重之念。（3）凡做一种工作，仅从自己之内的价值——内的向上之愉快——出发，问心无愧，更是伦理的。（4）将由工作去尽力于人类社会的进步这件事，当作最上之完美的任务看待，那是最伦理的。总之，人无论做怎样琐末的工作，都有为他所属的社会之幸福计而实行之一种意识，那就是他的工作之伦理化。这种意识，能凭借学校之力而发达；但是为促进公理起见，凭借作业社会的精神比之学校教育是更优的办法。固然，任意加入作业社会不能算是工作之伦理化；然而作业社会这件事物是伦理的理想之维持者；在这场合，它能够由为纯粹的实际的目的而服务转变成为伦理的理想而服务。

斐希特的见解

现代德国学校缺乏这种作业社会的精神。斐希特在百年前已经指出经济的作业社会是时代之本质的因子。然而斐希特的这种思想，在英、美却非常盛行，裴司塔洛齐亦曾将作业陶冶当作知的陶冶及伦理的陶冶之根源看待；就是在现代那笃尔普，亦以作业及作业社会为伦理的陶冶之核心。

小学校之改造

因为上述的理由，所以小学校非改造为作业社会不可；而为要达到这种目的计，尤不可不对于学校教师们自己组织及与学生共同组织的作业社会之献身的精神加以彻底的奖励。依着作业社会的原理之实行，不但施行学生的职业教育之最强有力的伦理化，而且使学生之有价值的天性全部都有所发达。这些性质，在通常的学校教育里，几乎没有加以陶冶的。分析的说，即（1）感情的美满——这本身虽不能算是伦理的，然而在品性的发达上是最有价值的事物。（2）责任感的意识之发达。——在作业社会里，不但有作业团体的指导者，不但个个团员要晓得自己怎样作业，而且对于全体作业的性质亦应该常常意识到有重大的意义。

作业社会的教育力之批评

当然，为评价作业社会之教育的力计，还有高深的精神保护与伦理的判断教育之必要，及使勿陷于集团的利己主义之注意等，这是曾经为弗尔斯托所指摘过的。集团的利己主义，对于国家，至少与个人的利己主义有同样的危险。

共同体之伦理化

复次，再就共同体之伦理化这一个问题而论，这任务，亦是只有靠作业社会的手段，才能够遂行的。

历史、伦理等科目之价值

在历史、伦理及其他科目，关于国家之任务的教授，亦属必要；然而实际的效果，这些科目，都不能收获到。就是所谓公民科教授，到底亦不能够收获到实际的效果。为欲收获优良的效果计，我们不可不使学生实际参加小的级社会或大的学校全体社会之伦理化。这件事在小学里施行．亦是可能的，如息谟逊夫人（Mrs. Simson）在纽约第百十小学校里所施行的“学校国家”制度，就是一例。

第三任务对于补习学校之重要

这第三任务对于补习学校，特别的重要；最有实行它之可能性的，是在中等学校以上。因为德国小学校的最上级生，比之美国小学校的最上级生，年龄少二岁，所以在小学校里实行这种制度颇感困难。至于补习学校所以必须实行这种制度的理由，就是因为在补习学校里学生间相互接触的机会太少。所以学生自治组织之最有效的，是在中等学校以上，尤其在中等学校的上级。文化问题、国家任务问题等的教授，都是与自治组织有密切的关系，然而向来的中等以上的学校，学生自治组织所以不发达的理由，就是因为它的目的只注意知识的陶冶。

英、美的学校

在英、美，这种精神是非常发达的，凯氏举出一个实例，以为他曾向某有名的英国中学校的学生问以“什么是学校的目的?”所有学生都即刻答应“学校的目的在于养成将来的公民”。然而在德国文科中学校的学生是否一律地有如此的答应，却属疑问。

作业学校之概念与内容

以上所述，是凯氏对于从小学校最高目的所发生的三大任务及解决这三大任务的小学校的内的组织之说明的概略。其次，氏对于作业学校的概念与内容，更有如次的说明：

作业学校之概念的特征

凯氏以为小学校的三大任务及由此而发生的组织，是给与学生以品性陶冶之伦理的方向。换句话说，小学校教育的根本问题，无论如何，在于品性陶冶。这是作业学校概念的第一特征。至于它的第二特征，是由品性陶冶之本质自身所给与的；然而我们借着追求品性陶冶之本质这件事而触到教育的根本问题。换句话说，我们向着儿童所有的怎样的心的力及怎样地去处置它，是一个当前的问题，再详细的说，这些力中那一种不变化，那一种是变化的？变化的力能否受着教育的影响？怎样地使这些教育的影响不会抑压个人的性格、素质之有价值的东西，而能够使它们合理的发达？这些问题，都是教育的根本问题。

凯氏的研究之结果

凯氏以为依从他的《品性之概念与品性陶冶》（一九一二年）的研究结果，教育上所能够教养的有价值的力有四：（一）意志的强度，（二）判断力，（三）敏感性，（四）彻底力。这些力，当然并非个个独立地存在的。最后一种——彻底力——时常影响到其他三种，因为我们的意志决定的强度，及将这种意志决定推进到行动的力，完全是依从于我们的心情活动的深度与持久的。而心情活动是与我们的行动之原则、我们的良心之格式及我们的世界观、人生观相结合的东西。

发达前三种品性特征之方法

为着发达前三种品性的特征计，尤以自由的活动与多样的关系为必要。例如欲使意志发达，则意志不可不有赖于行动。欲使意志坚强，则意志不可不需要自由与活动。欲使悟性得到一种更明晰的判断，则悟性不可不极依从自己的经验自身去获得表象与概念。欲使敏感性增加其广度，则悟性与心情不可不及早在实现关系中活动，而且能惯于敏速地多样地发生反应。

传统的学校之缺陷

在儿童只有受动的活动之普通学校里，这些力是不能够完全发达的。裴司塔洛齐所谓儿童的自己活动之要求，常为一般教育家所称道；然而在传统的学校里，这种种品性的根本的陶冶，几乎不可能。不幸得很，在现代，非利己的之独立的人类异常缺乏；同时，文化的、政治的、社会的生活越加个人主义化；委诸国民的公务，没有满足遂行的机会。这样，我们不得不承认好像利喜德华克在第一次艺术大会所说一样，现代的德国教育，实缺乏构成力。

“行动教育学”的口号

因为上述的缘故，所以将儿童之自由选择的自己活动采用于学校的声调渐渐提高；所谓“行动教育学”的口号非常流行；然而这种流行的口号，不久又被别种新口号取而代之。这种新口号，就是当作一个原理的“作业教授”。但是现在能够理解作业学校的真义的究有几人呢？大多数教育家仅采作业教授作为一个原理，而排斥作业教授作为一种科目，而且将它作为品性陶冶之最上的手段亦一并排斥而使它消灭了。

手工运动

在他方面，手工运动，亦惹起大多数教师的注目，一般人仅仅考虑手工的作业。作业大抵是手工的作业，所以人们都相信将作业学校的问题依从传统的科目与手工的活动相结合这件事去解决。就是在小学校上级的历史教授，人们亦相信将制造骑士的“模特儿”或制造古代的建筑物模型等事当作“作业学校”看待。不仅如此，并且叙情诗的说明，或《圣经》的讲解等，亦往往被相信不可不依从新原理。这种误解，好像有些人制造康德的像，而不理解康德所谓“无上命令”的概念一样。这种误解的手工教授，与作业原理的精神完全不相符合的。

作业原理须与各种独自的作业方法相适合

凡随着时间的经过而渐渐发展的一切作业领域，都是各有各的独自的作业方法。作业原理不可不适合于这种种独自的作业方法。例如在历史上，依从年代表或其他史料，或依从讲解，使儿童获得历史的知识；在文学上，将诗文构成为戏剧，使儿童深深地体会或理解其内容；在作业社会上，借着学生间的交际给与以审美的感情陶冶之机会；指导学生使他们依从自己的经验进入于物理、化学、生物学等的法则之核心；他们都不外乎将教授依从生产的作业的原理去构成的。

竹井氏对于凯氏的教育学说之考察

以上所述，是凯氏教育学说大异。其中最后的几句话，在竹井氏看来，似乎是凯氏在受了高特希的批评以后才再附加的，所以这些话与高特希的主张颇相接近。不过手工的作业，无论如何，必须作为一种科目，这是为凯氏所彻底地主张的，亦可以说是凯氏的特色。竹井氏的这种考察，很可赞同；上文曾说凯氏晚年的思想与高特希相接近，就不外此。除上所述外，凯氏在他最晚年另有一种关于作业学校论的说明。详细的说，凯氏从一九一二年光景起，从事“新康德派”的那笃尔普及温特尔班得的研究，康德的研究，再进而从事裴司塔洛齐的研究，乃至与斐奢尔交好，讨论教育问题；最后他的教育学说渐渐转变，与文化哲学派斯勃郎格、李特等的教育学说相接近，而带有文化教育学的色彩。因为如此，所以似乎不如将凯氏最晚年的作业学校论归在下面“文化的教育”一章里叙述，较为便利。至于凯氏的作业学校论的价值究竟何在？有无缺点，待叙述了高特希等的作业学校论以后一并批评吧。

凯氏的人格

但有一点须特加说明的；就是凯氏的作业学校论虽随时代的变迁及反对论者的批评而不断的发展，但是他的中心思想却始终不变，所变的只限于作业学校论之说明的方法而已。不仅凯氏的教育思想有始终一贯的主张，就是他的人格亦具有坚定的不移的特质。他的一生的人格的表现，就是十足的显示勤劳的模范。具体的说，他为谋自己人格的向上计，终生作业，虽到了死前，亦仍旧勤劳地作业着。如果不信，请看他在闵行所居住的家屋，就很朴陋；室中所陈列的东西都是许多作业的工具如刀、锥、锯、斧之类。这不但凯氏要自树作业的模范，而且是他全人格的表现。在裴司塔洛齐以后，大概只有凯欣斯泰奈一人有同样的刻苦勤劳的精神。所以他不但可称为作业学校论者的代表，而且可称为作业教育家的模范，这是我们所不可不特书的。

第三节　作业的教育之思想（二）

凯欣斯泰奈的劲敌

如上所述，凯欣斯泰奈的作业学校论的劲敌，第一个人就是高特希；所以在叙述凯氏作业学校论以后，再来叙述高特希的作业学校论。

高特希的传略

高特希（Hugo Gaudig），德意志人，一八六〇年十二月五日生于哈疵（Harz）的诺德豪赠（Nordhausen）附近斯脱克（Stöcheg）地方。他的父亲是牧师，幼时就学于村落小学，后来入诺德豪赠文科中学校肄业，一八七八年毕业。以后，他入吓列（Halley）大学研究神学与哲学，尤其修习哲学、宗教学、文法学、拉丁语、希腊语、希伯来语及近代外国语等。经过国家检定及格以后，曾在吓列大学充当助手；

Hugo Gaudig

不久又充任奥托·弗利克（Otto Frick）师范学校职员。在这时代内，他的研究专倾向于专门知识方面；但因为与弗利克时常接触，所以对于教授法方面饶有兴趣；他以为教授阶段说毫没有什么价值，而只是妨碍教师自己的创作。一八八七年，任吉拉（Gera）实科中学校教务长；一八九六年，任吓列弗兰克学院附属高等女学校及女子师范学校主任；一九〇七年，任来比锡第二高等女学校及女子师范学校校长。一九一一年，如前面所说，与凯欣斯泰奈在作业学校论上发生正面的冲突。以后，德意志新共和国成立，《新宪法》规定作业教授为义务科以来，从一九二一年一月三十一日起到二日三日止，在教育讲习会，别树自由精神作业主义的旗帜，作盛大的讲演。他在来比锡任内计共二十三年，除掉发表许多教育上的主张外，还做了不少教育实际的工作；到一九二三年病殁于任中。氏的主要著作有《为生成的人格而服务之学校》（*Die Schule im Dienste der Werden den Persönlichkeit*, 1917)，《自由精神作业主义之理论与实际》（*Freie Geistige Schularbeit in Theorie und Praxis*, 1925）等书。现在由这两部书将他的教育学说摘要于下：

高特希的教育学说

高特希以为教育的目的，如果没有全体的生活领域的根本知识，那就不能够确立。但是我们视察现在教育学全体领域，很不难发现那些教育学都缺乏这种根本知识。例如“学生与教师间的社会关系”、“学级之社会的概念”、“社会的结合体对于学校的影响”、“学校对于社会的结合体的影响”、“学校与家庭的协作”、“学校在自治团体中所占的地位”等等问题的研究，都不充分。尤其为人们所最误解的，是“学校之国家法律的地位”这个问题的原理。

心理学的研究之必要

现代教育学上之心理学的特征，是可喜的事。心理学的研究不可不普遍地涉及教育学的各部。所以不但儿童心理是必要的，就是教师心理学、学级心理学、人格心理学、制度及其精神之心理学等，亦都必要的。但是教育学是行动的科学，亦是教育活动的科学，所以教育学不能够完全埋没在心理学中。心理学固然对于教育学给与以教育活动的对象之知识，然而欲得到一种有效的结果，不可不将学生在他们的生活关联中去把捉住真义。又心理学固然指示存在之发达倾向，而且给与以关于目的达成之可能性的盖然判断，所以它能够参与教育目的的规定。心理学固然有时可作为教育方法之心理学，而有益于确定教育方法的意义及测定教育作业的效果；然而心理学在本质上究非存在——当为（Sein Sollen）的科学，因此，它在目的论的教育学上没有科学的价值。因为心理学自身不能够决定精神状态之理想的事物。

艺术教育运动对于作业的教育之阻害

在现代的教育学的研究上，更有一种不足喜的特征。那就是有些教育学一面极度的高唱理念，一面却有使理念归于衰颓的危险，例如“艺术教育运动”就是。此外对于科学的作业有阻害的危险的，是集团思想；最有危险的，尤其是阶级思想。

现在的小学校改造问题

我们欲要求现代小学校的改造，那不可不先考察担任这种改造的力是否已经发动，或者能否发动。原来这所谓力，一部分是人格的，一部分是由制度及时代思潮所给与的。这些力的作用，在部分的上是意图的，因此，它是教育的。这里所谓“教育的”这句话，是最广义的意味；实在讲起来，外在的学校制度，在作为青年或少年教育之目的的范围内，亦是教育的。然而这“力”在没有什么意图或没有教育目的的场合，有时亦有作用的。例如青年或少年的教育与他的发达过程，有时就为这种力所影响。

如果将这些没有什么意图而能给与青年或少年以一切影响的，都总括于所谓“生活领域”（Biosphäre）一语之下，那么，由国民生活的一切生活领域所给与的影响作用，都可综合于“生活领域”一语之中，又可综合于一个作用的全体之中。经济生活及职业生活的影响与社会生活相结合；在他一方面，又与自然生活的现象相结合。因此，生活领域的构成，随地方的差异而有附带条件。所以教育地去陶冶青年或少年的可能性；亦随地方差异而发生变化。但是我们欲确定一定的类型的力之作用，那是可能的。这种类型的力之作用，在学校改造问题上不可不研究的。在全体的力之研究，当然要特别地研究这种力之教育的价值，尤其不可不研究这种力的强度、持久性及其作用的途径与妨害等。

生活领域

以上所述，是高特希教育学的根本见解。至于他对于教育学的作用所下评价的标准，那是在于自己活动。以下所述，就是关于自己活动的原理。

高特希对于教育学之根本见解

高特希以为现代在教育学的领域上发见一个教育的本质。这就是“儿童的力”的发见；更明显的说，就是“儿童的力”的再发见。从教育学的见地看，活动的人们是要将学校的活动建设在儿童自己活动的原理之上。至于自己活动的方法，并非由教师加以不绝的影响去发达儿童的精力，而是在于待儿童的精神与作业的对象相接触以后，儿童的精力自会有所发达。或者说，儿童之意志冲动，是儿童之精神的冲动。学校改革的原则，就在于此。

自己活动之原理

我们虽以自己活动去诱导青年或少年之力，然而以为儿童精神的活动全不依从教师的活动而发生，那又是错误的。学校若仔细地利用儿童既得的事物，自己活动就能够从最初入学日了着手做起。然而所谓“自己活动”，并非放任儿童乱动，乃是要儿童有思虑、有秩序的行为而前进。固然不相信儿童的精神之力，不能够使儿童的力有所活动；但是过信儿童的精神之力，亦徒然使儿童的活动发生混乱。两者都不能够达到教育的目的。

教师与儿童

学校若依从正当的自己活动的方法，那么，学校并非儿童的乐园，乃从最初之日起就成为真正的作业场所。这样，教师诱导儿童的精力，为使儿童向着适合计划的作业而修炼计，不可不加以一番大

学校是作业之场所

努力。

作业学校之成立　如果自己活动成为学校的根本原理，那么，这样组织的学校，就是所谓“作业学校”。将来的学校，大抵就是作业学校。那时候是作业学校的理念为所说明之绝好的时期，尤其是到达“自己活动与手工活动根本上没有差异之原理”作为统一的原理而综合于作业学校之中的一个绝好的时期。设使有人不将学校的精神解为手工业化，那么，在这场合，比手工的作业更觉强调的，尤其是随着技术的作业之自然科学的教科更彻底地实行起来的事，亦是将来的学校之有价值的特征。

学校改革之任务　但是只有自己活动的理念，才得到“诱导青年或少年的力”之力。依从这种自己活动去组织学校之作业过程这件事，就是学校改革的任务。教师应当有帮助儿童自己所生的人格，从人格接触到人格。所谓作业学校就不外乎此。

人格之概念　然而人格的概念究竟怎样解释呢？高特希有如次的议论：

人格的生活原理　现代的国家想提高文化的程度，无一不追求一种统制文化作业的原理。这种原理，就是所谓人格的生活原理。人格的理念，虽适用于个人，然而并非承认现在所有的这样的个人，并且对于各个人不给与以自己自由生活的权利，从人格的见地看来，个人是既生的力之复合体，并且个人在他的独立自性及其动的性质上保持着这种既生的力。在人格上，有许多的东西不可不在除却的意味上将它舍弃。但是这就是在保有与向上的意味上所谓“扬弃”（Aufheben）。

个人主义的特征　如上所述，那么，人格的生活原理，带有个人主义的特征。这种个人主义的特征，是对于现代集团文化的反动。所谓集团文化是现代第四阶级的文化。在这种文化形式上，侵入一种尖锐的个人主义的特征，当然使群众的压迫力与冲突力向下低降的；但是同时却有高的文化形式之向上的意味。当然，个人在他自身上并非反对社会的结合。因为社会的冲动亦是属于个人的本性的缘故。具体的说，个人依从自由的活动使自己从属于存在的社会秩序，且与承认这种生活秩序之一切个人相结合这一件事，在个人是可能的。

人格之理想　人格不但是一种思想，并且同时有一种理想的表现。因为人格，是含有理想的生活构成的意味。因此，人格生活不外乎内的继续的紧张努力的意思。这样一来，人格就是最高的活动的原理，亦就是要求不绝地紧张的作业的原理。然而理想如果当作独自的自我的理想看待，那么，利己主义及幸福主义的门户岂不能打开吗？若从人格的本质上，换句话说，从向着理想之自己构成的作业上看，完全的幸福自然会发生的。不仅如此，在人格之原理的当中，对于幸福的权利，是根深蒂固的。

“理想我”

人格之理想，是自我中心的。为什么呢？因为人格就是“理想我”。然而人格之自我中心的性质，并非为贫弱的自己本身所限制的意味。只有与既生成的生活领域之力相结合，人格才能够成熟。人格所知道的，只是人格的目的，然而这种人格的目的是超过人的。个人将人格的目的投入于他的生活关联之中，然后这个人能够得到人格的烙印。尤其所谓人格之理想是一般的这一件事，不可不说这是有价值的事。人格并非只在上层社会上才算是理想。固然，随着阶级的差异，所有陶冶的分量一定亦发生差异；又决定人格作用的范围所需要的活动，在上层阶级比之在受着他人的经济恩惠的阶级，亦一定来得大；然而若欲贯彻地解决人格的问题，那么，完全的人格的生活，就是在劳动者阶级上，亦能够发达的。

职业的生活领域

在职业的生活领域上，工业劳动者往往因纯粹机械的职业劳动之性质，而蒙不少的损害；然而在他方面看来，因为他的精神的之力为职业生活所要求，几乎完全没有，所以他对于参与他的生活领域，比之中流社会的人民，有更多的所给与之力。反而凡属于中流社会的人们，许多的势力为他的职业所吸收了，因而成为极狭的生活。然而中流社会的利益，因为在知的生活领域上所施惠的，所以陶冶有平均的充实；反而第四阶级的陶冶有莫大的缺陷。如果在第四阶级上，能够将他们的全体生活构成为更人格的，那么，将来的德意志国民可以免除了集团思维、集团感情及集团意志。

人格的分类

人格确是贵族的原理，然而它的原理之实现，并非陷于某种阶级。亦非依从于所有的分量之上。日常生活上的顾虑、爱的营养与渴望，给与人类以为自由的自己向上计之时间与精力，无论何处，人格的生活是能成立的。实在讲起来，这种人格的原理是将人类分为几个阶级的，然而并非将他们分为所有者与无所有者，或者并非将他们分为有产阶级与无产阶级，乃是将他们分为“上人格人”、“下人格人”及“中人格人”而已。但是在“人格人”的阶级上，自人格生成之日起到既完成的人格人止又可以分成为无数的细阶段。既完的人格，即使在理想之极限的场合，这个完成者所有的“理想我”还是实现着的。

小学校之任务

以上所述，是高特希对于人格的概念之一种见解。（编者按：高特希的人格论，竹井氏以为它的内容，颇属含糊，若非有详细的说明，那不容易使人理解的。即我译述至此，亦感同样的困难，所以我只得照原文直译。）氏根据这种见解进而说明小学校的任务如下：

小学校教育目的之决定

高特希以为决定小学校的教育目的究竟在那里这一个问题，一方面可以答说应求之于儿童之外，他方面又可以答说只发见于儿童之中。若从儿童的外部看，有国家、教会、社会及政党等。而同时我们可以承认"学校本来是为儿童而服务的"。

折衷论

有些人想折衷这两方面意见，具体的说，他们以为小学校的任务应求之于"为儿童而服务"而同时"为社会而服务"。然而他们对于"同时"一语，并没有作再进一步的研究。原来所谓"学校本身为什么而服务"这一个问题，如果先不明了"服务"的意义，那是无法解决的。

服务的意义

如果人们将"为国家而服务"解作排他的爱国主义，或者将"教会所期待的服务"解作教理的教授，再或者将"儿童的幸福"解作教育的目的，那么，这种见解是与公民的情操陶冶及宗教陶冶完全不同，而且与为实现幸福主义的真性质而舍去所谓"儿童的幸福"这一种场合又完全不同。在原则上讲，教师拒绝"为社会而服务"这种主张，只限于教师发见在社会的要求中有什么事情与儿童所享受的正当的利益相冲突的场合。在这样的场合，教师可算是儿童的拥护者。然而教师如有与社会相反的思想，其弊害是不可设想的。因为儿童生活在这个社会，而社会又是儿童的生活领域。

为生成的人格而服务

然而人们若将学校的一般任务，尤其特别地将小学校的任务规定为"为生成的人格而服务"，那么，全体的事情就顿时明了了。在所谓"为生成的人格而服务"这个前提上，这种服务若是正当的，那么，它就是"为儿童而服务"的意思。复次，在这个前提上，社会若认这种服务是正当的，那么，同时它又就是"为社会而服务"的意思。原来国家、教会、自治团体、家庭等，对于教育各有一种要求；这种要求，就是一部分的生活领域之要求；因此，任何一种社会自身都不能决定小学教育之全目的及全体任务，而且不可任它去决定的。但是在从生活领域及生活关系上去规定教育的目的，并非抽象的儿童问题，而是个性的问题。这就是因为个性在生活上确是实现"理想我"的一种事物的缘故。更进一步说，社会对于学校教育所提出的要求，不但必须将它经过一度教育学的研究，并且只在学校将它作为实现目的之一种手段的场合，才能够采用的。

对于各个生活领域，决定所应达到的教育目的，是各个生活领域内的正当的代表者所应做的事。然而这些代表们对于教育目的的规定，彼此间又不免发生意见的冲突；这种意见的冲突是生活领域之理想上所惹起之必然的结果。在这种场合，究竟什么人可以来设置法庭而参加小学任务的决定呢？这个法庭，当然是政府之最高的代表者，并且他不可不将社会自身所提出的要求再作一度的新研究。这确定教育目的的法庭，如果漠视社会的意志，而只用自己的权力去行事，那是不行的。那么，我们可否决定教育目的之最后的责任归诸教育学的专门家呢？但这又为一般明了自己的境地的教师所排斥的。因为承认为生成的人格而服务的教师，对于教育任务的决定，自能发表强有力的主张。 教育目的之决定者

教师对于决定教育目的问题，往往与社会发生争端，而且不可不争论；尤其是在社会的代表者不理解社会之理想的性质的场合，更须争论。新时代如果为理想的社会生活而作战，那么，这种要求将新时代容纳于现代生活之中的作战，可以说是很有价值的。 教师与教育目的之决定

其次，如果学校的任务是为生成的人格而服务这件事为人们所理解，那么，那种阻害科学的教育学之发达的“个人教育学”与“社会教育学”的对立可以消除。原来个人的教育学不能超过个人而到达社会，而社会的教育学亦不能超过社会而到达个人。只有人格教育学才是将个人在他的生活关联上去把握他；换句话说，在社会与个人关联上去把握他。人格教育学并非将个人当作独立存在的事物看待，使个人与社会发生关系；乃是以社会上的个人的生活为他的生活领域中之最重要的一部分。这是人格教育学对于个人之观点。本来，社会更加完全，则人格之生活在社会亦更加完全构成；各个人的人格之社会生活更加完全，则这个社会亦更能有完全形式。所以教师若尽力于生成的人格之社会生活，那么，他亦是为社会生活而服务；为社会而服务，同时亦就是为生成的人格而服务。 人格教育学

但是小学校的任务，如果一任官厅去决定，那么，他们将往往只为儿童将来的生活而设想。这样一来，他们将使学校跳出本来为儿童谋发达这一种任务的范围以外了。总之，官厅对于学校任务与目的的规定，将学校期当作只为收获将来的价值与遂行将来的目的之一时期看待；殊不知学校期本身是自有它的内容、价值、目的的存在之一时期。换句话说，学校不可将儿童期作为成人期的牺牲品。人格教育学以生成的人格为目的，所以将发展的全过程放在一切部分上用充分的 官厅设定学校的目的之弊害

兴趣去处置。这样，所谓“连续发展”的见地不可不确立。人格之教育包括一切生活领域与生活关系而言。具体的说，凡一切情操、力、技术等，都不可不有所获得。然而一切领域当然不是有同样的重视。（编者按：这一段话与济培尔、拉伊、杜威等有同一的见解，参照后面。）

目的与手段

在小学校任务的规定上，伴着可以实现的目的，同时为实现目的之手段亦因而发生。这种所发生的手段，就是教育、教授及练习等。然而人们如果将练习当作知的陶冶上的作业而设想，那么，练习就是教授之重要的原素。教育大部分是由行动及向着作业之适合计划的练习而成立的，所以练习确是教育之要素。普通人们都将教育与教授当作对立看待；但是这种见地，从人格教育学的见地看来，不得不反对。

高特希的作业学校

如像我（高特希自称）所定义的作业学校，是只与人格教育学相恰当的学校形式，那知的陶冶之目的仅能依从教育而到达，并非依从教授而到达。因为只在教授上所得到的知识，是否有效，实属疑问。原来作业学校不可不以获得对于作业所必需的情操、力及技术为目的；但是在教授这种概念上，教师活动的要素是非常强盛的，所以它与那种“以自己活动为原则而要求儿童之精神的作业教育”之见解绝对不相容的。当然，作业学校虽极力要求精神的作业，然而决非完全漠视知识。动的知识是作业学校的希望，依从作业所得到的知识之状态，在它的形式方面，不但受人批评，而且它的内容方面对于人格之生活有无价值，亦受人批评的。在小学校任务的规定上，教育与教授若统一为一个教育的活动，那么，我们将它称为“身体的及精神的力之独立使用上的一种练习”，那是更好没有了。

作业学校之方法

高特希根据上述的理由，更举出作业学校的方法如下：

教师心得

普通，教师对于儿童所担负的使命，在一般上，是向着人格而要求之使命。然而这种一般的理想不可不在儿童之个人的理想之全体中成为个人化。凡对于学生把握着抽象的一般的理想之教师，不能够教成学生到达人格；只有从学生个性里发见创造的想像之理想的人格之教师，才能够教成学生到达人格。这种理想的考察法是导入教师于学生的将来生活之中；然而它并非漠视被教育的学生之现状。教师发见在学生的现生活中有不可不除去的缺点；同时，他就发见人格之本质上有不可不发挥的价值。这就是从学生的现在生活引到将来生活去的线索。所以教师不可不解决“为使学生顺着这种线索的方向而前进，怎样地施行有效的教育”这一个问题。

在学生的全部发展过程中，最重要的时期，是离开学校时期。但是作业学校好像看学生在毕业后有适当的发展一样，从最初第一日入学起，就使学生独立地自由活动地去作业。不仅如此，并且作业学校努力于使作业的动机过程必须离学校而独立。这样，学生虽在学校毕业，然而毕业后亦决不会消失要求精神的作业之动机。 学生的精神的作业之动机

作业学校是要使学生觉醒精神的作业之冲动与意志之根源，即所谓情操陶冶。教师的主要技术是使学生的力发生活动。假使不这样，那就是违反人格教育的精神。但是教师想使学生的力发生活动，不可不先观察学生的力之身体的与精神的发达。因此，关于儿童的发达之一般心理学的知识是教育家所不可缺少的。并且，在学生生活的文化状态上所有的精神生活之观察亦属必要。最后，对于学生自身之观察更属必要。只有感染于学生的精神之中，教师才能够免除形式的处置。 作业学校之任务

教师对于学生的希望不可太奢，强欲学生有不适应于他自己发达程度之最高阶段的动机；教师只可平心静气地期望学生的动机之变化，有较强大的动机之统一与结合，及有规律的行动之出现。在一般上，对于精神生活正在动机中的年龄的儿童，切不可期望他在意志行动上就能够立刻收有极大的效果。请以教育的任务与运动问题相比：在运动问题上，我们不可不考虑目的、出发点、妨害、抵抗、运动的时间及其他等等。在出发的时候，最重要的莫过于观察学生的状态。同一道理，在实际的学校作业未开始以前，编制学生个性调查表，是教师所万不可免的义务。 教师对于学生之希望

学校想能够达到“为生成的人格而服务”，那么，学校不可不组织在与学生协同作业的基础之上。这样，学校遂成为学生的人格生成的生活场所。因为人格只有从生活里面才能够成长。所以学校不可不组织于生活领域之上。学校的场所及设备，对于学校生活有极重大的价值；尤其为身体的陶冶计，不可不考虑这一点。最重要的学校生活过程上所行的最狭的世界就是教室。学级是由全体区别出来的作业与生活社会。 陶冶之组织

学校生活领域之组织上的根本原则，是个人的人格发达之助成。然而在这种统一的生活领域之中，有交错混淆而相互区别的生活领域之存在。就中最著的就是知的生活领域，与它有密接的结合的是技术的（身体的、精神的）生活领域。至于美的生活领域，它是不能够 生活领域之组织上的根本原则

独立存在的，大概包含于知的及技术的陶冶的要素之中。

职业陶冶　在成人的生活之中，最必要的是职业；而学校为职业陶冶计，可以作成职业的活动之领域。伴着作业的领域，同时又有游戏及仪式的领域，这些领域，在学校生活全体中似乎不甚显著，但是一种有特殊组织的必要之领域。对于人格的发达的其他显著的生活领域是在学生相互间之关系及教师对于学生之关系中表现出来。这两者是人格对人格之关系，是由成熟的人格对于生成的人格之关系，又是生成的人格相互间之关系。

一般陶冶　学校使这些生活活动从属于一个一般的规定而结合于依从规范所制定的规则之一个整个的全体之上。在成人的人格生活上，自由的一般的领域，屡屡被人所萎缩；然而学校，这是一个中心领域。职业生活，在学校中，依从学生的作业有所代表。在学生相互间及学校对于学生之关系中，社会生活有所代表。这就是同等的地位关系及下位对于上位的关系。宗教的生活领域，一方面在宗教的教授上，他方面在仪式中有所代表。这种代表关系，对于学校作业之全部组织，实有重大的意义。

各生活领域间之关系　这样的在一切领域上的学生生活，不可不如实生活相继续似的而互相继续着。在各生活领域间有密接的关系。学校生活如果可依从人格的陶冶而有所统一，那么，对于这些关系所应行的注意就是学校的义务。在知的与技术的生活领域间明白地有一种内的关系之存在。这样的内的关系是会使精神的活动为正当的方法所手工化，手工的活动为正当的方法所精神化，而且到达愈加明了互相结合的境地。

两种形式的社会生活　在陶冶领域上，有两种形式的社会生活可以展开。依从作业所形成的学生相互间及学生与教师间之作业社会这种形式，是在社会生活中的最重要的形式之一。法规的领域为校规所代表；然而详细的校规是不成文的，学校的作业为这种不成文的校规所遂行。

学校生活之统一　种种生活领域上的学校生活之统一，在为种种生活领域所适用之教育原理上表显出来。教育，无论如何，非与个性相适应不可；在与生活领域的规范不抵触的范围内，将个性充分地伸张。这样，素质能够发达，潜在力能够解放，自己本身的力出发之自己发达能够遂行，而高的陶冶价值亦能够获得。

陶冶之方法　陶冶的方法是由教育最高的目的所给与。教育的目的在于将个性放在作业之中，且依从作业使它渐渐发达为人格。这样的目标，并非为知识而求知识，亦非为能力而求能力，乃是在于作成全体状态——

确实的性向。这种确实的性向，是属于情操、自己活动之力及技术三者。没有情操的活动及强过度的活动是除外的；就是不以力之陶冶为目标而唯积极的知识之满足是求的活动亦是除外的。要之，凡一切活动不以“为自由的作业计之学生的活动”为主要任务的，都是为作业学校的方法所除外的。

作业情操

对于作业的材料、作业自身、知识与能力的获得与长成及在生活领域上因自己个性之发达而惹起的喜悦，都是为作业情操所包含的感情。这种种喜悦，有些在小学校及补习学校里，未曾感觉到，但这是完全离不开学生的生活领域。原来现代的小学校及中等学校的教育，对于作业的动机过程，漠不关心。人们只想收获作业的结果，而忘记掉对于作业动机的注意。所以他们专用赏与罚的手段去养成作业的习惯；然而这种习惯，在毕业以后，就会顿时消失的。反之，如我们所指示，作业与充实的愉快相结合，那么，出校以后，越会发生向着作业而进行的意志了。

其他种种动机

在陶冶领域上的作业动机以外，还有从其他生活领域上所得到的动机。例如经济生活上所要求的能力与知识的收获，亦是有价值的。又如对于社会结合体——家庭、自治团体、国家等生活上价值之认识，亦会发生强有力的动机。从这种生活领域所陶冶的作业，尤其能够收到伦理的价值。此外，从宗教生活与自然生活，亦能够收到陶冶的价值。当然，综合一切价值之价值，就是为人格的生成之陶冶价值。

陶冶价值

价值的认识、价值上的喜悦及渐渐要收获这种价值之意志，就是到达内的全体性之道；在这里，完全不费什么外部的力，只从内的力去遂行作业。然而全部动机过程之向上当然是会徐缓地发达的。换句话说，较高的动机是徐缓地发现于动机过程之中；再换句话说，动机是徐缓地统一于较高的动机之下。价值表象亦徐缓地成为较明了的、较决定的。给与价值表象以动机化的力之感情，亦是徐缓地成为强有力的。

力之发达

其次是力之发达。力之发达是人格教育方法的第二主要目的。这种方法是与仅供作知识之交付的一切方法有区别的。然而我们并非主张知的力能离开一切知识而独立地发达。当然，力是在具体的材料上乃能发达。像这样所发达的力有能够支配与形式陶冶相同的材料之性质。在学校里，最重要的力之陶冶并非个个力之陶冶，乃是在作业时候有机能的协同合作的力之陶冶。

意志过程　精神过程上的重要的因子当然是意志过程，所以凡容易给与意志以冲动的力、决心的能力、对于目的的努力性，尤其认识的要求、冲动及意志等，都是有莫大的价值。此外，人们若考察知的过程之感情方面，那有更广的性向。在极端知的敏感的性向与极端知的钝感的性向之中间，有将全部作业过程促进到种种程度之有价值的感性之性向。此外，真理感情及责任感情等亦是重要的性向。然而最重要的，是人格之性向。

人格之性向　人格是在它自身上将强有力的自然之力为实现自己的个性之理想计而综合的一种力；换句话说，是在生活领域上将自己从自己本身出发去规定之一种力。人格之性向是存在于作业者将自己从自己本身出发去规定，并且在作业之任何状态上毫不费力之时。从目的的设定、经过的探究及达到的结果止，活动不可不由自己本身出发而发生的。凡能够用自己本身之力去作业，就是人格之作业性向。尤其重要的，是作业之人格化。总之，人格的教育不可不使学生用一切的力将个人的精神之力向着他的个性之理想实现的方向而开展。

新思想之接受　人格的倾向之一要素，在接受新思想的方法上，亦是存在的。因为新思想不可不作为人格之本质成分而组入于全部人格之中。在一般上，内的统一之倾向及对于自己矛盾的危险之觉悟，无一不是人格之特质。

人格之本性　人格之本性，在判断上，尤其在价值判断上而认识的。细思熟虑是人格判断上所固有的东西。陶冶努力之人格的性质，是借着陶冶深深地影响于人之精神生活的这件事而认识的。陶冶生活，不但为人所感觉到或意志到它是人格的精神生活之一领域，而且会使它与他的生活全部发生关系。人或知道这样的人格之性向在小学校里几乎不成什么问题；而稍稍踏入于人格教育之精神的人，这种人格的性向之端绪早已为所给与，而且能够使之发达。要之，我们使学生努力而获得之全部的性向，唯在全部的陶冶作业依从自己活动之原理而组织的场合，才能实现。然而在为要到达学生将渐增困难的作业依从他的自己活动去实行计的时候，对于自己活动之有计划的教育是必要的。

作业技术　在作业学校里，学生不可不依从有计划的训练而获得作业技术。但是作业技术上的训练，亦不可不在自己活动之精神上去施行。学生在作业上试验自己。故意的错误方法或不甚适宜的方法，在为养成真正的发见精神计的时候，最初亦没有禁止的必要。

教师提示模范　有时教师提示模范，学生从他自己正在进行的作业里获得技术，而后教师再去阐明技术。依从这种技术的阐明，学生认识所选择的作业方法与合目的性。在其次的阶段上，学生移于忍耐的潜心的实行方面，在不绝的自己判断之下去模仿。这样，学生为支配技术计，一切练习都去做过，于是遂成为自由的作业，而作业技术因而完成。在这时候，学生的个性，当然要被考虑；这样，小学校的学生就能够成为精神的作业者。

高特希的学说之动机与价值

以上所述，是高特希“人格的作业学校论”的大略。这些材料，如前面所说，是由高特希《为生成的人格而服务之学校》一书中摘要出来。除此以外，高特希还有一篇论文揭载在一九一二年《德意志学校》杂志。这篇论文就是高特希于一九一一年十月六日到八日德勒斯登召集学校改造同盟会第二次大会招待凯欣斯泰奈与他二人各自发表作业学校论的意见的时候所发表的。但是这篇论文不过是前书的缩写，所以无须重复绍述。至于高特希的主张，不论在前书或在这论文上所发表，大都一面叙述他自己的见解，一面批评凯欣斯泰奈的主张，与前节所绍述的凯欣斯泰奈的学说有这样的两方面的动机一样。因为如此，所以凯、高两氏的学说的异同，只要读者诸君拿前后的材料一相比较，自甚明晰，无庸再事喋喋。不过有一个问题不可不提出的：就是高、凯两氏的作业学校论相比较，究竟孰优孰劣呢？我们要解答这个问题，我们不得不将他们的根本主张先作一度比较的说明。在教育目的论方面，凯氏以为作业的教育是以养成国家社会的有用的公民为目的，而高氏以为它以养成有“理想我”之完全的人格为目的。因为如此，所以凯氏的教育学说似乎可以归入“社会的教育学”一派，而与那笃尔普等的社会的教育学列在一处叙述；我曾经在本书前篇第十三章第三节《现今之社会的教育学》里将凯氏的教育学说略略绍述过几句话，就因为此。至于高氏的教育学说，它似乎可以归入“人格的教育学”一派，尤其可以与尼采的新个人主义的教育学列在一处叙述。因为高氏不但主张以“为生成的人格而服务”为教育之目的，并且常用“人格教育学”这一个名词；尤其他所谓“理想我”，多少是与尼采所谓“超人”有同一的意义。在教育方法论方面，凯、高两氏同是提倡作业教授或作业陶冶，并且同以为将来的学校是作业学校。因为如此，所以凯、高两氏的教育学说不外乎是一种“作业教育学”，而与所谓“社会的教育学”或所谓“人格的教育学”自有区别。但是凯、高两氏的作业教育学因为各有各的目的，所以如前面所说，前者可称为“公民的作业教育学”，而后者可称为“人格的作业教育学”。这还只是就教育目的论方面而说，如果再就教育方法论本身方面考察，更能发见他们的作业教育学并非同一。具体的说，凯氏的作业学校论以“手工的作业”为中心，而高氏以“精神的作业”为中心。固然，凯氏在他晚年的时代，受了高特希的批评与攻击的影响，渐渐与高氏的思想相接近，然而以手工的作业为一种科目，是凯氏始终一贯而不肯放弃的主张，所以凯、高两氏的作业学校论，在教育方法论上，又是同形而异质。现在有些人以为凯、高两氏的作业学校论的出发点虽不同，但是两者的终结点却是一致的；譬如在教育目的论方面，固然凯氏主张“为国家社会而服务”，而高氏亦未尝不主张“为生成的人格而服务，就是为国家社会而服务”；反过来说，高氏以为最高之目的是“理想我”或理想的人格，而凯氏亦未尝不以为“为国家社会而服务”必须本于人格之自律；结果，在以理想的人格为目的这一点，两氏是一致的。不过凯氏站在客观的见地，而高氏站在主观的见地而已。简单的说，他们以人格陶冶为教育的根本主义是一致的，不过两者对于人格之概念有歧异的意见而已。这种论调，是否适当，姑置勿论；但是单从凯、高两氏出发点的不同这一点上看，就觉得他们的学说很不容易调和或折衷。即使我们强将两者调和起来，得到一种似是而非的折衷，但在凯、高两氏本人看来，或者不肯承认。因为凯氏对于高氏所谓“理想我”之批评，以为它不过是一个抽象的东西；而高氏对于凯氏所谓“公民”，又不能够认为教育之目的。这样站在两极端的见地，怎样能够调和呢？实在讲起来，凯、高两氏所以有两种极端的见地的主张，其原因并不是如有些人所说，前者站在客观的见地，后者站在主观的见地；又不是如有些人所说，前者揭出“公民”这个现实的目的，所以渐进于哲学的考察；后者揭出“人格”这个最高的理想，所以要从事于现实的心理学的研究。那么，这原因究竟在那里呢？就我个人看来，无论凯氏或高氏的教育学说，差不多都是由他自己的哲学观点而出发，同是站在主观的见地，无所谓主观与客观的见地之可分。凯氏的教育学说不消说是一种哲学的教育学，因为他并未曾说过教育必须放在科学的基础之上而研究的话；况且他很推重那笃尔普的教育学说，所以他的作业学校论自然是属于哲学的教育学。至于高特希的教育学说，虽则力说教育学须具有心理学的知识，然而他所谓心理学还只是当时流行的“哲学的心理学”，例如“能力心理学”，至多亦不过是一种构造派的心理学而已；但具有实证科学基础的心理学，如“机能派心理学”、“行为派心理学”，乃至最近“完形派心理学”，在当时德国学术界不是未曾产生，就是不甚流行。试看他所谓力、精神的力、潜在力等语，无一不是“能力心理学”上所说的心之特征。固然，高氏有时将这些力解作“性向”，似乎有“机能派心理学”的见解；然而他对于“性向”的发生、性质与意义，都未曾有明确的解释，使人无从了解这“性向”概念的究竟。高氏说来说去，不过凭着自己所冥思到的一种推论，而且拿这种推论去演绎一切而已。因为如此，所以高氏的人格的作业学校论，不是一种哲学的教育学而是什么呢？但是高氏的哲学观究竟是那种哲学观呢？就我个人考察，这不外是柏拉图的哲学观；因为他所谓“理想我”，不外是柏拉图所谓“哲人”而已。试看高氏将人格分为“上人格人”、“下人格人”与“中人格人”三大类，岂不就是柏拉图所分类的“哲人”、“军人阶级”与“农工商者阶级”吗？固然，高氏自己力说人格的分类不可根据经济的立场，而将人格分为“所有者”与“无所有者”或“有产阶级”与“无产阶级”；然而骨子里，高氏亦何尝没有阶级观念呢？因为高氏在人格之生活原理上，着重个人主义的特征，极端排斥群众文化，以为群众文化是现代之第四阶级的文化，有妨碍于更高的文化形式之向上，非加以排斥不可。像高氏的这种主张，教育不只是在养成少数有高尚圆满的人格之哲人，而对于大多数群众都可以置之不理吗？这明明是一种含有阶级观念的主张。因此，高氏的哲学观与教育观，与柏拉图所谓“哲人教育”及尼采所谓“超人教育”有什么区别呢？再就高氏的主张与凯氏相比较，高氏借少数哲人的力量去压迫群众，而凯氏借国家的权威去压迫个人，亦是五十步与百步之差，没有多大的分别。照以上所述，凯氏以国家社会为前提，所以他的学说是希伯来思想的代表；高氏以个人主义为前提，所以他的学说是希腊思想的代表。总括的说，凯、高两氏学说的争论，仍不出了一般学者对于欧洲文明之渊源以为它不外乎希腊思想与希伯来思想两大派之斗争这一种见解。这是指凯、高两氏的学说内容而言；至于他们的学说形式——方法论——似乎又只是“唯实论”（Realism）与“唯名论”（Nominalism）的争辩。具体的说，凯氏既指摘高氏所谓“理想我”，不过是抽象的东西，那么，他当然承认他自己所谓“公民”是特殊的具体的东西；不仅如此，并且他以为在具体的事物之中，可以看出普遍的事物；具体的说，他以为在国民或公民的生活之中，同时又可以发见人类的生活。在他方面，高氏所谓“理想我”，在高氏自己看来，亦承认它是一般的普遍的东西，并且以为凯氏所谓公民的生活，不过人类生活——人格生活——之一领域，因为人格具有一切生活领域的缘故。这样的双方所辩论的观点，岂不是与唯实论者以全称为真实；至于特殊的个体，不过是这全称之不完全的模仿；一句话，以为“全体先实体而存在”；而唯名论者以特殊的个体为真实，所谓全称，不过由这真实的个体所引出之抽象的空名；一句话，以为“全体后实体而存在”的这种情形颇相仿佛吗？分开来说，高氏的主张与“唯实论”相类似；而凯氏的主张与“唯名论”相接近。不仅凯、高两氏如此，就是从来及现代的教育学者对于个人与社会的关系之争论，大都亦不外乎由“唯实论”与“唯名论”之斗争而发生。因为如此，“唯实论”与“唯名论”的斗争一日不息，个人主义的教育学与社会主义的教育学的争论亦一日不能够停止的。固然，凯、高两氏都不赞成个人的教育学与社会的教育学之对立而希望迅速地互相消解，然而像凯氏所唱导的这种公民教育学而仍偏于国家社会主义，又像高氏所唱导的这种人格教育学而仍偏于个人主义，岂不是“以子之矛，攻子之盾”吗？因此，不消说让凯、高两氏自己去消解个人的教育学与社会的教育学之对立是不可能，就是若非将“唯实论”与“唯名论”的斗争先告一个终结，那么，我们在第三者的地位亦不能够代做这种工作的。固然，在一般学术界，已有许多人在做消解“唯实论”与“唯名论”之斗争的这种工作，然而他们怎样地消解它，是否将它消解得彻底，现在无暇叙述，况且这是哲学史的范围所应该讨论的问题，本书更无权去叙述，所以只得让诸一般哲学者先去解决这个问题，等到他们解决了这问题之后，再让我们来应用吧。不过我个人在拙作《教育哲学》第七章第三节里稍稍做过这种工作，尤其对于“个人与社会的关系之对立”作过一度综合的消解；就是在本篇前章里面，亦有好几处引用过我个人的主张，以解释个人的教育学与社会的教育学之对立物的统一性，现在为避免重复计，不再赘述。现在我所要继续地说明的，凯、高两氏的作业学校论上之根本主张，既如上文所说，各有各的出发点，同时在这些出发点的后面所依从之哲学的背景又没有十分彻底的解决，所以无论如何，两者的结局决不能够到达一致。至于教育方法论方面，亦非如有些人所说，以为没有像教育目的论方面那样对立的程度。现在姑不说些别的，单引高氏对于凯氏所说的作业的概念之批评，就足以证明这两者是不容易调和或折衷的了。高氏说：“凯欣斯泰奈所谓作业之概念这个东西，在教育学的根本原理之名称上，是极不适当的。就是所谓‘作业学校’一语，他亦没有什么说明。例如与作业学校相对立的东西究竟是什么呢？难道是游戏学校及闲暇学校吗？然而作业之概念，在教育学的领域上可以得到两个各异本质的意味：其一，将‘作业’称为‘手工的工作’；因此，作业学校是最尊重手工的作业之学校。其二，将‘作业’称为‘理想的作业方法’，因为它最尊重自己活动之作业方法，所以称作‘作业学校’。当然，这种区别，并没有什么言语的理论可言，不过言语的历史有以使之如此而已。前一种是凯欣斯泰奈的作业学校论，我（高氏自称）是不能够赞成的。”除此之外，高氏还有反对手工的学校之理由，兹姑从略。照以上所述，在教育方法论方面，凯氏尊重手工的作业而自外及内；高氏尊重自由活动的作业而自内及外。这样相反的主张，又怎能够调和或折衷呢？固然，高氏亦以为作业学校并非到处都表示自由活动的作业过程；它的预备阶段亦以规则的作业为必要。这里所谓“规则的作业”，似乎与凯氏所谓“手工的作业”相恰当，同是属于外部的作业。然而高氏仍以为作业学校的目的在于自由活动的作业，所以就是在预备阶段上，无论如何，亦非使学生有自由活动的作业不可。“作业不断续的学生”实是一切教育的考虑之中心点；换句话说，一切教育之教育的工作及教育的制度之目的，无一不在于使学生有作业情操、作业力及作业技术。所以那种以手工技术之教育为满足的实际教育，在根本上是误谬的。照高氏这几句话，可知凯、高两氏的作业学校论简直没有调和或折衷之可能。现在姑不问凯、高两氏的作业学校论能否调和或折衷，但这两者互相比较，其价值的优劣倒是一个问题。就我个人看来，两者各有长处，亦各有短处；并且这些长短又视我们自己的见地及我们所处的环境而定。设使我们自己的见地是属于国家社会主义，并且我们所处的国家社会的民族正是要在一个有纪律有秩序的组织之上去团结，例如目前的中国，那么，我们多少是要采用凯氏的公民的作业学校论。反之，假使我们自己的见地是属于个人主义，并且我们所处的国家社会的人民个个都已经养成有自治的能力，而能为国家社会而服务，例如北美合众国，那么，他们多少是要采用高氏的人格的作业学校论。此外还有历史背景、文明渊源以及政治家的手腕等等，都是与这两种作业学校论的取舍有关的。譬如日本的教育，多少是取法凯氏的作业学校论。但是日本的教育对于凯氏的作业学校论所采取之点，还只限于它的教育目的论；至于它的方法论，因为凯氏主张在学校里由学生们自己去组织自治勤劳团体，与日本国情不相容，所以他的作业的方法仍为日本的教育所不取。反之，这种作业的方法在英、美两国的学校里早已施行，而且施行得很有效果，这是凯氏已经再三称道的。以上所述，是就事实而说话；具体的说，我们对于凯、高两氏的作业学校论的取舍问题，多少存在于是否迁就事实问题而定。现在离开事实问题，单就一般的教育学的原理而论，凯、高两氏的主张又将怎样呢？我以为这亦只是视我们站在什么观点而估定他们的价值。在教育目的论上，如果我们站在教育的起点，当然赞成高氏的主张，因为教育的起点是儿童，而高氏的教育目的论是一种儿童本位论。如果我们站在教育的终点，当然是赞成凯氏的主张；因为教育的终点是成人社会，而凯氏的教育目的论是一种生活准备论。凯、高两氏所以发生争论，就基于此；而凯氏的主张所以再引起济培尔的反对，亦就基于此。至于介于教育的起点与终点之间，是课程问题；广义的说，是教育方法的问题。因为凯、高两氏的教育目的论既各有所偏重，即一是儿童本位论，一是生活准备论，所以他们的教育方法论亦各有所偏重，即一是尊重儿童的个性，以自我为中心，以自己活动为方法；一是尊重外部的秩序，以外的善为中心，以共同协动为方法。凯、高两氏的主张这样地立于两极端，岂不是将自教育的起点走到终点止之整个的教育发展过程截作两断吗？殊不知教育发展过程是整个的，好像“一根不断的线”一样，一方面有起点，又必有终点，他方面要走到终点，亦必自起点始；即一方面既非停止不进，他方面又非一蹴而幾，同时更要知道的，介于教育的始点与终点之间，是课程、教材与教授法；而课程、教材与教授在教育过程上占了最重要的位置。因为它是将儿童渐渐地引导到成人社会去的一条过渡的桥或一只摆渡的船。关于这一点，美国的杜威说得最透彻；他不像凯、高两氏那样各走一端，可谓“允执厥中”的一种主张。所以我以为高氏的作业学校论仅适用于小学的改造方面，因为小学校确是事事应该注重儿童的个性。固然，高氏认为他所提倡的教育原理是一切学校之组织原理，自初等学校起至大学止都可以适用；然而他常常特别地注意小学校的任务。由此，可见高氏的主张大半是为小学校的改造而发挥的。复次，凯氏的作业学校论仅适用于中等以上的学校改造方面，因为中等以上的学校确是事事应该注意社会纪律化。固然，凯氏并没有说过他的作业学校论是为中等以上的学校改造而发挥，然而他常常提出补习学校组织问题，例如前面所举的《女子补习学校之构成》及《补习学校组织之三大基础》等讲题。由此，可见凯氏的主张大半是为中等学校的改组而发挥的。这样，凯、高两氏的作业学校论都有可取之处，亦无优劣之可言。不过，我们无论要采用凯氏或高氏的作业学校，当然先要有一番修正与补充，然后才能够适用。至于我们怎样地将它修正与补充？除掉有些意见在上文曾经提示外，还视我们在什么地方与什么时候采用它而定。这个问题，姑留待我们中国实际教育家自己去解决，现在为篇幅所限，姑止于此，而先将与凯氏的准备教育说相反及与高氏的人格教育论相同之济培尔的作业学校论介绍过来。

济培尔的传略

济培尔（Rodolf Siebel），德意志人，生年不详。他在来比锡手工师范学校充任教师，并为来比锡教师协会（Leipziger Lehrerverein）会员。一九〇九年，他与该会会员福吉尔（P. Vogel）、洛斯革（K. Rössger）、爱尔拉（C. Erler）等合著《作业学校》（*Die Arbeitsschule*）一书。一九一五年，因参加欧洲大战，在夫隆德朗（Flandrin）战死。

济培尔的教育学说

济培尔开宗明义地说："所有继起的阶段之力有强而且充分的发达与陶冶，是依存于先行的所有生活阶段之强有力而且充分的特有的发达。"我（济培尔自称）所以先揭出福禄培尔的这一句话，无非欲表示现代的教育改造运动不可不与福禄培尔相结合。凡对于教育所给与的法则与规则，不可不为儿童的发达；所以对于学校教育的原则，亦不可不由儿童的发达而导出。

儿童的发达是教育之基础

一八七三年，萨克森《小学校法规》上有"小学校教授公民的生活所必需的知识与技能"之规定，这是错误的。我们要求教育的基础在于儿童的发达之上。一切事物都是由发达所给与的必然性而发生的。换句话说，儿童所有现在的必要是可以支配一切的。所以我们对于从将来的必要或从发达以外的其他见地而发生的学校要求，都要排斥。一切从内的必要之必然性而发生的，是发达之本质。"仅有人类的发达不能够导出教育"这种见解，是误谬的。因为这种谬见由于不明了"发达"这个概念。具体的说，就因为有些人将"发达"解作纯粹形式的东西而忘掉它的实质的方面。

发达的意义

人类的发达是大的同化作用，向着环境侵入，或向着周围的文化的当中而侵入的意味。我们并非用我们自己的眼去看，亦非用我们自己的思想去想；乃是用我们的环境的眼去看，亦是用我们的时代的思想去想。感情亦并非纯粹地作为自己的感情而发达，乃是作为以环境与时代为条件的感情而发达的。这不仅可以适用于审美的感情、伦理的感情及行动，而且可以适用于价值判断及原理方面。就是一切高级的技能之发达，亦都是依从于最广义的模仿之上。

人类与环境　人类成长于环境之中。他的发达并非他本身的工作，大部分是在无数的人类的发达之中作成的。他不外乎自己的所有而已。这事完全是自然的过程。将环境所提供的东西应着自己的能力而成为自己的所有这件事，是人类的发达之自然的倾向。然而在发达上，我们以为这是仅限于环境的获得问题，而忽略遗漏必然性及内的合法则性，实属误谬。

现代的学校之缺陷　现代的学校之缺陷，在于从儿童的将来的必要而出发，并非从儿童的现在的必要而出发。换句话说，人们只见目的而不见儿童。当然，人们在教育的时候，有多少意识的目的，而学校以人们持有一种目的为必要，因为学校的设备及其发达的条件都是由其目的而决定。但是如果发达的一切阶段都能够完全实现，那么，终局目的亦会最完全地最确实地到达的。所以只有适应儿童的各个阶段，给与以多方面的而且充分的发达的条件，才是学校的任务，同时亦是一般教育的任务。

学校表示共通性之可能　济培尔更进而主张若教育不可不置基础于发达之上，那么，儿童的发达有无使学校教育能够表示许多的共通性，确是一个问题。在儿童的发达上，不论它的素资是如何的多样，但是它却存在有比个个人的特殊性更多的之共通的一般的特征。具体的说，儿童第一是儿童，第二是个人。我们如果将我们的法则从发达中导出，那么，教育有将它的基础置于儿童的共通性之上，同时不可不要对于他的特殊性给与以充分的发达之可能性。学校教育，到达有“依从儿童的特殊的禀赋之出现去类别儿童之必要”的时候为止，对于一切儿童是能共通的。这时期的决定颇为困难，大概是在十二或十三岁的时候。在一切精神的发表形式中，儿童发达年龄上所有特质的一般的根本特征是表显着的。

儿童与成人之比较　儿童在知觉上比成人为主观的。这就是因为儿童的年龄是弱少的缘故。这种无批评的知觉是依从许多的知觉而渐渐地变为客观的。尤其它是依从持有实际的兴趣之知觉去活用事物及与事物相交涉乃至发表而变成为客观的。换句话说，在有兴趣的事物之知觉的时候，儿童是客观地行动着的，发表是导入儿童于分析之中，所以学校不可不先给与以向着知觉而进行之许多的机会，将知觉尽力导入于与事物有活动的交涉之中，且使之与发表相结合。

儿童的思想　儿童的思想，亦是在直观的事物表象上而行动的。所以教材不可不是具体的。换句话说，儿童的思想是在事物上而活动的；而他的抽象的观念是形成于许多具体的表象之上。所以我们欲导入儿童于抽象的思想之中，不可不充分地涵养具体的表象实质。现在人们所谓儿童之抽象的推论，大抵含有危险性的一般化。他们以为到了十四岁的光景，儿童就会能够推论；然而儿童在这时候，不过在外面上有正当的推论而已；至于“为什么不可不这样的”这一种理由推论，在他还是未了解的。这就是因为儿童知其然而不知其所以然的缘故。

抽象的概念及数的记忆

复次，抽象的概念及数的记忆，较迟发达，所以这些学科，不可不在上级里去教授。人们以为儿童的记忆比成人为早，这是错误的。这只是浪费时间与精力；所以为儿童的将来使他去学习，亦是误谬的。儿童的想像，在表象之多样性及完全性上亦是贫弱的，所以不可不有丰富的表象材料之涵养。儿童的注意，并非是知识的，乃是感觉的。所以他的注意，在直观的对象上，特别地表现出来。不仅如此，他的注意并非能动的，乃是受动的。所以我们将儿童向着意志的注意而教育，不可不留意使儿童惹起在作业及观察时所生的那样的意志冲动。儿童意志的注意不十分发达这一件事，是与一般意志的发达有关系的。儿童基于个个具体的目的及运动理由而行动的。所以人们期望儿童有为成人时代所必需的那样的意志是不可能的。此外还有一句要附加的话，就是儿童的特征在于不绝的活动与运动为必要。

作业学校之特征

那种充满了以上所述的儿童的发达阶段所组织的学校形式，就是今日所谓“作业学校”这一句流行语所表现的特征。所谓“作业学校”一语，最利于与今日的学校表示区别，但是并非对于学校全体的活动之总括的名称。这本来表示人类的活动之种种形式及发表，占有最广的范围，并且他的知识的获得，并非由于口授，而是依从于能动的自己观察与实验这一件事。

作业原理的应用之限制

但是这种作业原理所不能够应用的领域是不可以除外的，因为我们的出发点是儿童，又是最高的多方面的发达。我们所最要注意的，并非是单纯的外面的活动，乃是精神的及身体的活动之结合。我们是排斥单将目的置在实际的技能及所制作的物品之上的作业教授。换句话说，在作业的选择之际，是要着眼于持有怎样的精神陶冶的价值。所以我们使用“作业学校”这一语，多少是为着宣传作用。因为有了这种作用，不可不有短简的特征语的必要。然而所谓“作业学校”一语，在更高的一般的意义上，是有更大的精神的活动——生产的精神之作业——以代从来的学校之受动的容纳的意味。

作业学校之根本特征

作业学校的根本特征有如次的三种：

能动的知觉

（一）代替口授之能动的知觉（认识）——知觉是能动的认识。在教室里，事物这个东西不可不为儿童所使用。更明显的说，儿童不可不穷究到事物的本身。乡土不可不使儿童有真实的探究。人类作业的场所及人类所制造的作品，不可不为儿童所研究。儿童不可不自行观察气候及从事物理、化学与动植物的实验。这是乡土科及乡土化的主张。

知觉与发表之结合

（二）知觉与发表之结合——儿童到处不可不结合知觉与发表。发表使儿童到达分析的知觉，同时越使他到达完全的知觉。换句话说，发表使儿童自去校正知觉。儿童的发表最初是纯粹的概念，但后来渐渐变为自然的发表。对于有天才的人，艺术的表现，实其目的。发表可以分作如下的三个场合：（1）儿童自由地发表；（2）发表的对象，事前先行谈话；（3）发表中才加说明。这三种形式，都不可不应用；因为发表并非是目的，乃是对于目的之手段。

作业

（三）作业——与发表有密切的关系的是作业。因为作业亦是发表所能够做到的。在下级里，这种方法是必要的。作业在理论上与发表所以有区别的，是依从于“所造的对象并非目的，而作业过程才是目的”这一件事；但是在实际上，两者亦可以说是同一的事物。所以关于发表所述过的事，亦能够适用于作业之上。

现在的学校改造运动之二特征

现在的学校改造运动上有两个特征：其一，是将教育作业的基础置于儿童的发达之上；其二，是以行动的、活动的人类为教育理想。一句话，这就是以“使实行你的生活”一句话为标题。即使离开这种目的而考察，有心理学的基础之教育学，对于意志生活，不可不给与以最大的意义。因为在精神生活中，作为一切意识活动的基础的意志现象是存在着的。换句话说，因为意志现象是一切精神的活动之中心点而占有支配的地位。

心的过程之发达

原来心的过程之发达，是向两个方向进行的：（一）由依从于刺激所发生的最简单的反应运动进于复杂的心的过程之形式。即在末梢神经之间到达加以中枢神经的意识活动，则运动就不从属于直接刺激作用。这样的，运动一到达为意识活动所决定，则运动越加成为独立的。（二）心的过程如同（一）一样，渐次地成为复杂化，同时向着与它反对的方向而进行。具体的说，即由那种为练习所复杂化的心的过程进于渐次地中枢的因子被除外，使过程成为机械化，而发生一义的必然的之选择。

依上所述，最先的问题，是依从中枢的因子——意识活动——的陶冶发达。发达只是有机地有所促进，决不是跳跃的发达。我们不可不接受儿童所有的原型态，使它与作业相结合。儿童的意识，比较地被限制着的，只扩张于具体的事物之上。所以意志只向着具体地直接地所给与的事物之上。在这样年龄的儿童，纯粹的精神活动比之外部的活动，发达较迟。所以我们对于这时期的儿童，欲望他将意志向着抽象的作业而进行，那是没有希望的。作业学校必须适应儿童的发达阶段，使他陶冶对于现实的、具体的事物而进行之意志，并给与以外部的动作活动之充裕的余地。（陶冶发达之最先的问题）

然而意志的发达并非只依从意识活动之陶冶才是可能，意志发达之一般条件，特别是身体的状态。心的活动，多少是从属于身体的状态。然而现代的学校只使学生静坐读书，这不但对于身体的发达没有利益，并且直接地有损害。作业学校施行种种的活动，特别地在野外适应于发达阶段，同时对于身心的发达提供以较良好的条件。（意志之发达与身体的状态）

凡对于素质有重大的意义是练习；性向与精力所存在之一切心的状态都是由这练习而获得的。然而缺乏练习的时候，这些不会发达，甚至归于消灭的。能有活动、行动、意欲等的作业学校，是依从这种练习使素质发达。在这点上，作业学校与现代的学校相比较，是不可同日语的。（练习之价值）

其次为学校所应该注意的，是疲劳问题。抽象的精神的活动，比之轻易的身体的工作及适合于儿童的能力之精神的活动，容易使儿童疲劳。现代学校对于儿童所要求之抽象的、偏面的继续的精神活动是损害及心的生活之身体的基础，并且使意志的精神成为迟钝。但是作业学校的作业适合于儿童的能力而有多样的要素，并且可以预防有害的疲劳。（疲劳问题）

又现代学校过于要求所谓“有意的注意”，这是有损害全部的意志活动。但是此地所谓“有意的注意”，并非指一般有意的注意而言，乃是指将目的表象作为本质的内容，并且完全缺乏统觉材料之有意的注意而言的。然而只知依从单纯的目的表象使儿童去注意，不仅是不适当的要素，并且有违反于注意的本质。假定学校要求不能实行的注意，不仅没有什么效果，而且有害于许多儿童的意志生活。因为统觉材料没有存在，所以儿童成为无感觉的或移注意于其他事物。这样，心的精力被阻止，徒然惹起意志生活的混乱。（有意的注意过度之弊害）

复次，凡非属于个个的意志现象而属于意识之一般的状态，对于（心情愉快之必要）

意志的精力，有莫大的作用。具体的说，如果儿童的心情觉得愉快，那么，对于意志，到达某种程度为止，是非常有利的。在作业学校里，真正的作业之心情能够获得，而且能够维持，即使在那种本身并非十分愉快的学校作业亦能够欢喜地做下去的。知觉所伴着的活动感情、成功上的愉快及积极的情感，是给与于心的过程，尤其有利于意志或行动以最有利的条件。这样的作业学校之八学年的继续的影响是造成元气旺盛勇于做事之实行的人类。

动机之预想　原来我们在所有行动上有动机。动机可以区别为主观的动机与客观的动机，但是对于行动加以决定的是主观的动机。如果主观的要素对于意志是决定的，那么，教育不可不施行于这种主观的要素之上。然而一切主观的要素，在终局上，是将它的根源在主观的反应的当中去找得的。这样一来，就可知竭力发生强有力的反应及这种反应向着多方面而表现这些事，对于意志的陶冶是重要的。这种“反应之迹”（spuren）即使它在融合以后，它的根源不为人所认识，然而它亦算是心的构造之显著的要素而作用着的。所以我们不可不极力供给儿童以多种多样的事物，同时使儿童在事物上有所活动。这就是作业学校的原理。

意志全过程之练习　意志——意志之全过程——不可不有所练习。具体的说，我们不可不有使意志过程达到决意，而决意再成为行动之一种练习。就是一个小小的实行，胜于数千数万的决意与计划。儿童是有实行他的意欲之强固的愿望。所以学校不可不给与以使他将他的意志成为行动之机会与手段。

行动之练习　在行动的练习上，它的一般原则在于行动的过程之短缩。所以我们在教育上，一方面必须努力使意识的动作渐渐扩张，他方面又必须注意使中枢的因子好像有所限制而归于消灭似的，换句话说，行动好像成为机械化似的。心的过程之短缩，在精神经济上实有莫大的价值。

行动之机械化　行动之机械化，在经过之敏捷与确实两方向上有显著的实际意义。所以教育不可不谋行动之机械化。然而作业学校决非努力于依从训练去养成一种机械的能力，乃是使儿童自己最初去尝试，由尝试而错误，最后到达成功，即使用十数次考虑去做同一的事，亦在所容许。这样，虽费了许多时间，亦没有多大的损害。机械化最早着手开始，是与意识活动最初被除外的场合各异其趣的。这样地所得到的能力，并非单纯机械的能力可比。

作业学校是将练习扩张到最广的领域。学校在多样的方法上去做伦理的行动，由这一点，就可知作业学校的特征之所在。我们能够想到有关于作业之一切道德。在作业学校里，它不仅有练习这些道德之多方面的机会，而且特殊地直接地将这些道德铭刻于心。具体的说，在作业学校里，儿童继续地与同学相接触。许多作业是为许多儿童所协同的。这样，儿童能够从良心去学习他自己的部分，而且知道自己不过是团体中之很微小的属员，于是学习顺从的方法而练习宽大温厚之德。凡友爱、感谢、义务的感情，尤其是对于社会有价值的共同感情等积极的道德有所发达。

伦理的行动

单纯的学习，在它的倾向，是非社会的。不仅如此，并且学习冲动往往有反社会的作用。例如可厌的虚荣心、猜忌、幸灾乐祸等心情，在现代学校里，是屡见不一见的。然而在作业上，是完全异其趣的。具体的说，在作业学校里，最高的伦理的直观教授是可能的，即不待强迫或命令，儿童可以得到伦理的规范。儿童之伦理的识见，在这种伦理的直观教授之上，不仅更容易被陶冶，而且使由体验而得到的感情成为强调的；感情之强调更与练习相结合而适用于将来的行动——全生活——之上。

单纯的学习之害处

以上所述，是济培尔作业学校论的大略。济培尔的教育学说根据于他自己的发达的心理学的主张，所以有些人称他的作业学校论为“发达的作业学校论”。原来济培尔不仅他的心理学说比高特希的出世得早，而且他的作业学校论的著作比凯欣斯泰奈的出版得先。由此，可见济培尔的心理学说并非拾取高特希的唾余；而他的作业学校论亦非专为反凯欣斯泰奈而作。论理，我们应该将济培尔的作业学校论叙述于凯、高两氏之前，但是我们为什么反将他的作业学校论叙述于凯、高两氏之后呢？这因为济、高两氏的心理学说虽则一以发达论为中心，一以人格论为出发点，然而彼此之间颇有共通之点，可以说是大同小异；况且在另一方面讲，他们并不互相与谋，而是各自发挥，所以孰先孰后，并无关紧要。其次，因为凯欣斯泰奈的作业学校论被人称为近世作业学校论代表，而高特希又如前面所说，是专为凯氏的作业学校论而发表；所以在本节里，如果要叙述近世的作业的教育，不得不先将凯氏的公民的作业学校论叙述说；而在这以后，又不得不紧接与它有直接关系的反对论调之高特希的人格的作业学校论；同时，因为济培尔的发达的作业学校论虽非专为反对凯氏而发达，然而他的主张却是与凯氏准备教育说适相反，如视为反对凯氏的准备教

济培尔的学说之根本主张

育说亦无不可，所以我们将济氏的发达的作业学校论叙述在高氏的作业学校论之后，实属无妨。这样的叙述法，反足以使读者诸君明了欧洲作业的教育派别之一般的趋势。至于济培尔关于“知觉与发表之结合”的意见，多少与拉伊的相一致；然而他所谓发表，是使儿童将他所知觉的事物放在具体的事物上去模仿的意味；所谓“作业”，不外乎物品制作的意味；所以他所谓发表，与拉伊所说的发表之概念，又有区别。复次，除掉前面所绍述的济培尔所说的意志陶冶问题以外，还有关于作业之价值的陶冶意见；但在这一点上，他与步耳革颇有相同的主张。此外济氏关于行动之机械化的意见，除掉与高特希有一致的主张外，还与谢布奈（Scheibner）的见解有相类似的地方。关于上述的诸点，请参照拉伊、步耳革、谢布奈诸人的作业的教育学说便知。以下将这三人的学说作一度极简略的绍述，就由于这种意思。现在先叙述拉伊的行动学校论。

拉伊的行动学校论

拉伊的传略，我在前章最后一节——实验的教育——里已经将它叙述过，兹不再述。至于他的行动学校论，亦曾经说过一点：不过现在为要将拉伊的行动学校论与一般所谓作业学校论作一度比较的说明，所以再补叙一下。

行动学校之出发点

拉伊以为不仅小学校应该改善，就是一般学校都应该改善这件事，是今日一般教育家所共知的。人们都希望依从作业及作业学校去改善，然而我们都希望生活公共的行动及行动学校去改善。行动学校由深广而透彻的教育概念而成长，作业学校由经济的及艺术的努力而发生，不过后来附加以少许的理论而已。总之，行动学校是有机地必然地建设一种新基础于行动教育学——教育科学——之上的“新德意志的教育学”而发达的事物。

行动教育学上的教育之概念

教授养护及训育同是教育之一部分。所以要想理解行动学校，不得不先说明行动教育学之意味上的教育概念。行动教育学之教育概念，有如次的六部分：

生活公共体

（一）生活公共体——学生是自然生活及人类生活所结合的世界之中心点。土地、水、空气、光、热、植物、动物及人类是这种生活公共体的成分。教育学的生活公共体由家庭渐次扩张到地方、国家、地球上去；最后一直扩张到最总括的生活公共体——万有——而后已。

相互作用

（二）相互作用——像日常的经验所指示，在一切人类，他们向着更完全的方面而行动之进步，大部分是为他的生活公共体之成分所决定的。土地、水、光、热、空气、动植物及人类影响及于学生之上，同时学生是在这些生活公共体上有所作用。学生与他的生活公共体之间这样地相互作用。善的生活公共体是改善人类的。

（三）行动——适应于由生活公共体之成分及自己身体所发生的刺激，一般地发生运动或运动防止；换句话说，即发生有适应生活公共体之刺激的意味之整调、表出及表现。学生在这时候，有知觉、同化知觉及适应同化而表出。印象——整理——表出（发表）之统一，无以名之，名之曰“行动”。行动可以分为反射、冲动行动及意识行动。学生与生活公共体间之相互作用，就是由行动而成立。即从最初的呼吸起到最后呼吸止的反射、冲动及意志行动之全部，构成生活的材料，乃至教育（养护、训育、教授）所不可不加工的材料等，都是由行动而成立的。这种丰富的根本认识是行动学校之特质与特性，但是作业学校却没有这些。 行动

（四）发达——一切反射、冲动及意志行动是有解剖学的、生理学的基础，如所谓统一的印象——整理——表出之器官。学生的行动渐次地成为完全的。行动器官及其统一体的精神与身体，在进步的意味上，由低级向着高级而成长变化。一句话，学生是发达的。精神与身体，本来不待他人的干涉，自能发达到某种程度。具体的说，在器官及有机体之发达上，是以我们所有的可称为素质或禀赋这种可能性及性向为基础的。 发达

（五）指导——人类的发达，大部分是依存于生活公共体之自然的及社会的方面之发达。因为生活公共体之发达是促进或决定素质之发达，或者给与它以有利或有害的影响。有计划的影响，我们无以名之，名之曰“发达之指导”。 指导

（六）指导点——凡欲指导发达的事物，一方是身体及精神之发达，他方是人类及生活共同体之完全化的目的。而且，它是有促进人类的发达之研究及“依力而教育”之阶段的目的之研究的义务。教育者不可不由自然科学及文化科学之正当的概念导出指导点。教育者若非以个人的愿望或必要为出发点，独立地依从于一般的、必然的而且有适当性的价值及规范科学之价值与规范，去形成学生之适合自然的发达，那是不行的。 指导点

文化发达之过程中，发生如次的文化领域、价值领域及教育领域，这些领域有可作为最高的指导点之价值。 文化发达之过程

文化领域	教育领域	作为指导点之价值
健康	卫生的教育	健康及国民力
经济	经济的教育	节俭（以最小的消费收最大的效果）
科学	科学的教育	真
艺术	审美的教育	美
法律及道德	伦理的教育	善
宗教	宗教的教育	圣

文化及教育领域之多样统一性是与指导点的价值之多样统一性相恰当。前者是宗教，后者是圣。

教育之概念

根据以上所考察，我们可以导入教育之概念。教育是人类的身体与精神的发达之指导，而其指导是由健康、节俭、真、美、善、圣的价值之统一而发生的。教育是适合价值的发达之指导，而其目的在于适合价值的生活领域上所有的适合价值之人格。

行动学校之成长

行动学校是由这种教育概念及其价值上所有的深奥而透彻的基础而有机地、必然地、统一地成长的。反之，作业学校是一个混合物，是不明了而多义的概念；极端的说，它的全部没有一件是彻底的。欲要建设新德意志学校及德意志教育学于这样粗末的基础之上，实足以证明现代教育学的思考之浅薄，仅具皮相的观察而已。

作业教育不能改革学校

人们对于手工教授及工作教授的希望及对于创作的作业、自己活动及独立性的希望，自古以来，早已存在，然而他们不知道这些希望在学校改革上毫没有什么根本的根据。反之，在人类与生活公共体间有相互作用的行动之多方面的适合价值的陶冶是非常新颖的。换句话说，那种以“欲使适合价值的生活公共体上所有的适合价值有所发达而加以陶冶”为目的之学校，是行动学校。行动是包括一切教育上所有的反射、冲动与意志行动及其结合；不仅作业，就是一切行为乃至最高的行动无一不包含于其中之教育学的概念。在这种意味上，我们所以要主张行动学校。

拉伊的教育学说之根本主张

以上所述，是拉伊行动学校论的大略。拉伊的这种主张，多少与美国杜威的主张（见后）相同，两者同是由生物学的根据而出发。再总括的说，知觉（Wahrnehmung）经过加工（Verarbeitung）而终于发表（Darstellung）之行为。而且这种发表有反作用于知觉及加工之行为，在拉伊看来，这些就是使一切教育有所成立之根据。拉伊以为这种行为最初是为反射运动或冲动所生；这就是从所谓“适应自然界”的一种生物学的根据而出发说明教育的概念之一种主张。此外，拉伊还依据闵斯德堡（H. Münsterberg，1863—1916）的活动说（Aktionstheories）将放射知觉于外部之筋肉运动解作精神现象，尤其将它解作意志作用之基本，而以为从这种行为进于高段的行为之过程中去认教育之发展。关于这一点，拉伊是站在生理学的与心理学的根据的立场而说话；换句话说，拉伊根据他自己的实验教育学的研究法去建设一种所谓行动或行为的教育学。

拉伊对于作业学校论之批评

拉伊既有了上述的行动或行为的教育学的根据，于是对于作业学校论发表批评。氏的批评可分为三方面：（一）对于一般作业学校论的批评。即拉伊以为作业学校是专由经济而出发之混合物与杂物，不过后来略追加点理论而已。作业学校论者排斥“教授”（Lehren）与“学习”（Lernen）两语而采用“作业”（Arbeit）一语，但是他们不了解这些术语的真意味。原来“教授”与“学习”两语的真意义是观察、熟知、体验的意味，他们欲避掉这两个术语，势所不能。反之，“作业”一语，论其语源，是奴隶的劳动的意味，即使扩充这一语的概念而成为教育的概念，亦失之太狭。学校教育，不仅要顾虑作业，而且不可不顾虑到非作业的之艺术的享乐、休养、反射运动等。所以只有包含这种种概念与行动之教育学才有妥当性。德意志的新学校不可不属于站在有这种根据的“行动教育学”之立场上而建设的行动学校。（二）对于凯欣斯泰奈作业学校论的批评。拉伊以为凯氏以公民的教育为教育之终局目的，但是公民是人类之一面，而教育无论如何不可不施行人类之教育与儿童之教育。凯氏从国家概念说明教育之任务，但是教育并非国家事项，毋宁说政治学渐渐采用教育学之形式。凯氏扩张作业概念，但是这不过与第斯多惠（Diesterweg，1790—1866）的自己活动说有同一的主张，并没有何等新原理。作业社会之思想是我（拉伊自称）在一九〇一年所说过的，凯氏不过有实行这种思想之功绩而已。（三）对于济培尔作业学校论的批评。拉伊以为济氏不明了环境之概念。济氏使作业与表现（发表）互相对立，但是济氏并非主张只有所谓“作业”一个原理，而主张知觉、表现、作业三个原理，因而在论理上是不彻底的。拉伊有了上述的对于作业学校论三方面的批评，所以他树立一种所谓“行动”的教育原理，同时根据这种原理主张教授不可不施行，至于学习的方法不可不依从于观察、整理、发表之螺线状的进行。拉伊对于作业学校论的批评，可以说是颇严酷的，同时又是作业学校论之最良的刺激品而促成它有所反省。然而洛斯革的考察，以为拉伊的这种批评又是适用于他自己的行动学校论之上，除掉促成作业学校论有所反省外，并没有更高的价值之存在。洛斯革的这种考察，实在是因为“行动”之概念与“作业”之概念并没有像拉伊的自己所说的那样程度的差异。固然，在一般上讲，作业学校论与拉伊的行动学校论有各异的学术的立脚点，然而如竹井氏所说一样，如果将前面所叙述的济培尔的作业学校论用生物学的见地稍稍推进一下，那么，它就变成为拉伊的行动学校论了。然而，在事实上，也许是反对的；具体的说，济培尔也许是采用当时所唱导的实验教育学的思想，因为他说到知觉与发表，并且以为由发表而进于更深的知觉，就是拉伊所曾经唱导过的。总之，拉伊的行动学校论与一般所谓作业学校论虽各有各的立脚点，然而两者实有一种密接的关系，所以我们不得不将两者放在一处去考察。此外，还有可注意的，在拉伊刊行《行动学校》数年后（即一九一四年）步耳革一方面固模仿拉伊行动学校论的形式，一方面仍采用“作业”这语刊行《作业教育学》一书。由此，可见“作业”与“行动”这两个概念有时可以互相混用。现在就转叙步耳革的作业教育论。

步耳革的传略

步耳革（Eduard Burger），奥大利人，一八七二年三月五日生于波孟·劳斯次（Böhmen Lausitz）的尼特尔·力喜腾华尔特（Nieder Lichtenwalde）地方。他初就学于来得美里次（Leitmeritz）师范学校，获得小学教师的资格。嗣后，更自修而获得国语与历史、自然科学与数学及技术等三科的中等教师资格。自从文科中学校毕业试验合格以后，他更进音斯蒲路克（Innsbruck）大学及格累甫滋（Gleiwitz）、耶拿、布拉格（Prague）诸大学作教育学、哲学、德意志语学、地理学之特殊研究，后来在布拉格大学得奥大利最初的教育学博士学位。他当从事实际教育之际，任多瑙（Donau）国的小学校及市民学校教师；嗣后二十年间，任音斯蒲路克的国立师范学校教授（教务长）；再后，被任为维也纳宫庭顾问官。他在奥大利任最古的教育杂志——《教育改造》（一八五〇年创刊）——总编辑。大战后，他被任为奥大利教育部学校改造局地方最高学校督学官，兼任维也纳师范大学实习部指导员，大有贡献于奥大利之学校改革。

步耳革的教育学说

步耳革的教育学说，详载于他的著作《作业教育学》一书之中。但是这书过详，不能备录，现在只得极简略地将它摘要出来。

步耳革在同书《序文》里说："在现代，像作业学校那样有兴味的教育学问题，舍它再也没有了，而且关于作业学校问题的书籍，非常的多。不拘对于作业学校赞成与反对的论战，但是关于这问题之全部内容，换句话说，对于这问题有一种'作业教育学'的叙述，却不多觏。作业学校之确实的历史的考察及其批判的说明，本不可缺少，但是从来的书籍多不注意及此；至于本书，就是要补充这个缺点而成一个良指导。"

步耳革的作业教育学之趣旨

步耳革根据上述的趣旨，将这书分为（一）作业学校之历史的考察，（二）作业学校之批判的说明，（三）作业学校之指导的解释等三大部门。现在为谋说明的便利计，将它综合地叙述如下：

作业教育学之三大部

步耳革将作业原理分为广狭两义：在狭义方面，这是尊重身体的作业，尤其尊重手工的作业之教育的价值之原则；在广义方面，这是尊重精神的——身体的之自己活动之原则。他对于狭义的身体的作业，更有如次的说明："如果纯粹地从表面去观察，那么，它不过是个个行动（Handlung）的总和；而行动是依从一定的计划而作为的四肢，尤其是手的运动，所以只限于意识的行动，不可不预想意志就是它的心的原因。然而意志是做事的能力，在意志欲有实际的活动的时候，不可不有一种原动力（Anstoss）。这种原动力是决定做甲或做乙之第一次的动机而有什么性质的力。因为有依从这种第一次意志动机立刻就实行的场合与有几分须经过中间活动才实行的场合之区别，所以在意志行动上有时间的迟速发生。复次，在意志行动上，伴以第一次的动机。这有时是防止动机，有时是促进动机。在这种第二次动机上，目的动机是最重要的。

作业的广狭义

步氏从各方面考察手工的作业之教育的价值的时候，对于手工的作业之根源上横着意志这件事既有上述的说明，所以对于一切作业过程更有如次的分析：（1）对于作业目标发生意识之表象的态度，（2）考虑实现作业目标的方法之判断的态度，（3）欲达到作业目标之情意的态度。他以为任何手工的作业是以精神的活动为前提，尤其不可不俟情意的活动。作业，结局是精神的——身体的，所以广义的作业就是自己活动的作业之概念。在这种意味的教育的作业，是（1）精神——物理的活动；（2）这种活动是由可以达到的目标所支配的；（3）欲除去目标达到之妨害物，要有力的消费；（4）精神——物理的活动之究极的结果，在外界发生某种变化；（5）依从外界所被及之某种变化而创造之财产没有金钱的价值，然而为着生产而必要的力

手工的作业之教育的价值

之发展，在教育上有十分的价值，并且间接地对于国民经济是极重要的东西。氏更将这种教育的作业作如次的约说“有教育的意味之作业，是为目的所指导的‘人类之力’的一切活动并且由此直接地使陶冶价值，间接地使经济价值有所创造”。

步耳革的心理说

氏将拉伊所说的“表出”（Ausdruck）视为与“表现”（Darstellung）为同一之物。这就是他对于“那种将所有一切当作有教育的价值的东西看待”表示反对，而只置重于在教育的意味上所谓“表现”；并且，他容许纯粹的精神的作业之存在，而对于“那种要求内部的活动之全过程必定只当作身体的作业设想而有所表现”的教育学简直不表示同意。关于这点，步耳革的主张颇与高特希的主张相接近。此外，氏在心理学说上，还采用布棱他诺（Franz Brentano，1838—1917）派的学说；具体的说，他赞成马德（Marty）的见解，将心的作用分为表象、判断、情意三部分；他在教授的方面，力论表象及判断之陶冶，并奠定作业之教授的价值之基础。

训育的方面

氏在训育的方面，力论情意之陶冶，并奠定作业之训育的价值之基础。关于作业与伦理之关系，氏赞成耶路撒冷（Jerussalem）将道德之整个体系建设于作业的义务之上，而极力推崇所谓“为自己及你的邻人而服务”的耶路撒冷之道德的无上命令。此外，氏还在社会的方面，奠定作业社会之公民的陶冶价值之基础，但是他不赞成凯欣斯泰奈的公民教育论而加以批评；并且他以为凯氏所下的关于教育的作业之定义，将那个陶冶的概念之构成的表征说得过于冗长，有失去定义之单纯性与确实性。因为步耳革的教育目的论接近于高特希，所以他在社会的方面当然不赞成凯氏。但是他对于实际教育家的凯欣斯泰奈之人格却叹赏不置。

教育之究极目的

步耳革亦以为教育之究极目的在于养成“完全人”或“理想人”；而他根据他自己的心理学说，以为身体的生活之完全是健康，表象之完全是美，判断之完全是真，情意之完全是善。这样地以康健、美、真、善、圣为教育之理想，可以说是完全与拉伊的《行动学校》相同；他根据这一点，反对凯氏的立场，主张教育的目的之规定是抽象的、形式的，超越时间与时间而成为普遍妥当的，实属可能。

我对于步耳革的作业教育学之批评

以上所述，是步耳革《作业教育学》的大略。再总括的说，步耳革的这部书，在形式上，是模仿拉伊的《行动学校》；在教育目的论上，是接近于高特希；在心理学说上，是采用布棱他诺派的学说；在伦理学说上，是赞同耶路撒冷，然后再将这种种方面的主张综合起来而组成一种所谓《作业教育学》。因为如此，所以我们如要批评步耳革的《作业教育学》，非先将上述的种种方面的学说批评一过不可。但是其中有些学说，前面已经评述过，现在无须复述。至于其余，此地亦无须评述，读者诸君如参考心理学史与伦理学史，自会明了。

欧战时德国的作业学校论之状况

在德国方面，作业学校论，自从步耳革刊行他的大著以后，一时陷于沉默状态。不久，因为空前的世界大战突然开始，在这时候，作业学校论好像埋于“战争教育学”之下而消失。到一九一七年大战中止，德、奥两国鉴于从前国家组织之不完善，而改为共和国；一九一九年八月十一日，德意志《新宪法》编制公布。在这时候，一时沉默的作业学校论得到再出现于德国教育界的机会。现在就将德意志《新宪法》与作业教授问题的关系叙述一下：

德国《新宪法》与作业教授问题

一九一九年八月十一日所公布的德意志《新宪法》第二部第四章第三节第一百四十八条有如次的规定：“公民科与作业教授为小学校之义务的教科。”当时在威马尔立法的国民议会（六十名）席上，社会民主党议员叔耳次（Schulz）说：“我党对于反对学习学校的作业学校是反对的。当然，我党对于有协同合作之精神的学校是没有什么反对，但是作业学校之本质岂非将身体的作业看作最重要的支配的原理而搀入于教育中吗?”民众党议员塞裴得博士（Dr. Seyfert）说：“作业教育的思想并非是由社会主义的精神而发生的，乃是最早以前的教育的论究之对象。我们认为可作教授处置之原则的作业在法规上是不能缺少的。况且如要儿童有需要创造的学习，那么，作业当然可以作为教育的手段。不仅如此，并且作业思想不可不继续延长到达职业思想为止。这事是对于学校制度之构成的组织原理。就是从前，作业思想对于职业学校及补习学校是重要的，但是今日为避免儿童将许多的时间空费于学校坐椅之上，对于中等学校亦不可不侵入这种作业思想。”中央党议员来因林特尔（Reinlander）说：“我是赞成规定作业教授为学校科目。因为作业不仅对于各个人有用处，并且对于全部国民生活有重大的意义。儿童尊重作业，同时爱好勤劳，能够教成为有用的社会上之一个分子。”社会民主党议员库涅尔特（Kunert）说：“作业学校的任务在于给与儿童之思维及意志以社会的印象。具体的说，即使青年或少年不可不知道‘只有在社会的协同作业的基础之上，才能够构成有伟大的美丽而且强有力的精神之上层建筑’这一件事。”

作业教授问题之讨论

经过以上所讨论的结果，最后遂决定在《新宪法》上规定作业教授为义务科。但是不拘这案已经议决通过，然而各政党议员不仅对于作业教授之概念不甚明了，就是他们对于作业教授所主张之动机亦未必一致。所以一九二〇年六月十一日起到十九日，用内务部长名义在柏林召集全德意志国学校会议。最主要的问题就是统一学校问题、公民科问题及作业教授问题。当时负作业教授问题报告责任的是来比锡师范学校校长库涅尔特博士，马尔堡（Marburg）大学教授那笃尔普博士及沮利克大学私讲师塞德尔等三人。此外为审查关于作业教授的报告起见，再任特别委员五人组织审查会，推定德勒斯登的塞裴得（H. R. Seyfert，1862—）博士为委员长。在这些委员全体一致之下所采用的趣旨，是那笃尔普起稿的。兹节录其趣旨如下：

作业学校之趣旨

> 国民统一的存续之可能性是依从于国民各阶级上所有的勤劳心之确实的基础之上。这件事只有作业到达精神，而精神到达作业，才能够发见自己之所在。然而这件事只靠着社会上之直接的协同作业，才能够发生。所以作业是教育之基础。在一切阶段上，对于作业之关系，不可不有生生相长的维持。作业是施行国民教育的小学校及保持国民统一的统一学校之基础。所以学校并非是单纯的教授之学校，而不可不成为有计划之作业社会。一句话，新学校不可不是作业学校。

新教育趣旨之影响

上述的这个教育趣旨一经决定以后，在德国方面，作为国家的问题之作业学校问题对于向来一时沉静着的作业学校论再添以新元气而使之复活。一九二一年一月三十一日起到二月三日，在来比锡地方，高特希的高等女学校、女子师范学校，在政府的援助之下，开盛大的作业教授讲习会。高特希在讲习会上，将他自己年来所主张的人格教育之思想放在自由精神作业的原理之下大行发挥。在他方面，另有种种与作业教授相接近的关系之主张因而出现，例如厄斯得拉希（Paul Oestreich，1878—）的生产学校论（Produktionsschule）及汉堡地方的社会学校思想等。

最近德国的作业学校论之倾向

如上所述，德国的作业学校论经过种种的途径而到达最近的作业学校论之倾向。在上述的一九二一年高特希的讲习会上谢布奈发表《作业过程之研究》及凯欣斯泰奈站在文化哲学的基础之上修正作业学校之概念，亦是最近的德国作业学校论的倾向之代表。以下再简单地叙述一下。

谢布奈的传略

谢布奈（Otto Scheibner），德意志人，生于一八七七年，今年五十六岁，是耶拿大学名誉教授，《作业学校》杂志总编辑。据他自己在一九二六年所刊行的《作业学校之二十年》的全集《序文》所说，他与高特希约有二十五年的交情，无论在个人方面或公务方面共同作事，甚属相契。由此，可见谢、高两氏互相影响，而且不难窥见谢氏的作业学校论的根本思想是与高氏相一致；简单地说一句，他亦是以儿童的自由精神作业为作业学校的特征。

谢布奈的作业学校之根本的概念

谢布奈对于作业学校之根本的概念，有如次的几句话："学校之陶冶依从于创造的学习——自己活动上所有精神的成长之方法——所施行的这一件事，就是作业学校之真正的意义。"至于高特希，他曾经说过人格之自由作业以后，同时亦更进于儿童之生活领域、生活关系——作业过程、作业体验、作业技术等问题——大试考究，在前面已将它叙述过了；但是比之高特希更组织地去处理这些问题的，就是谢布奈的这种"作业过程之研究"。

作业过程之研究

谢布奈从现象学的见地去分析作业过程。即在横的方面，他将作业过程分析为作业目的、作业手段、作业方案、作业区分及作业结果；在纵的方面，他将作业过程分析为作业技术与作业体验。他更将作业过程从价值教育的见地去考察而分为自己活动、合自然性、经济、合材料性、对象性等五种要求，并将对于作业过程之教育分为作业技术与作业体验两方面，他又有如次的说明："作业是由作业力所发生的。作业力是对于某种材料而表出目的的努力运动，结果呢，遂产生有价值的事物。这种作业过程是由作业技术与作业体验而成立的，但是横着于它的根柢的事物不可不是作业力。因为作业力不外乎身体的与精神的之精力。这种精力是担任冲动的、意志的之决定的进行。但是伴着作业力而起的事物是作业的喜悦（Arbeitsfreudigkeit）及其他感情体验；然后再从这种感情体验更去促进作业力。但是作业体验是否尽于作业力与感情体验之结合呢？这又并非这样的；因为除此以外，决不能够忽略知识的机能之作用于这一方面。所以独立的自由作业，是由一定的精神的全部状态而起，但是它的主动力不可不赖于自发的意志。"谢布奈的这种见解，若与前面所叙述的高特希的见解相对照，有什么差异呢？一句话，两者同是意志主义。不过彼此有点不同的；高特希的见解，还是限于作业学校之原理的说明；而谢布奈的见解，是已进于作业教育之过程的研究；即前者是作业教育目的论，而后者是带有教授原理与学习原理的色彩。至于谢布奈的见解有无价值这个问题，有些我已经在讨论高特希的学说的时候说过，可以参考；有些非放在教育哲学的立场上作一度详细的讨论不可，此地为篇幅所限，姑且不谈。现在我不拘凯欣斯泰奈的最近的作业学校论是带有文化哲学的色彩，但是为便利计，率性在此地将它略述一下。

凯欣斯泰奈的最近的作业学校论

凯欣斯泰奈的初期的作业教授思想根据于杜威的思想，而他的后期的作业教授思想却转变于从文化哲学的基础而出发。关于这一点，前面已经提过；现在将凯氏站在文化哲学的教育思想之下所改造的“作业学校之方法”略述如下：

文化哲学的作业学校之概念

凯氏以为所谓陶冶是文化财之获得，所以他从文化财之构造与个人精神之构造间之关系到达文化哲学的作业学校之概念。他说：“一切文化财是具有它的精神的构造，所以只具有与它完全相同或几近相同精神构造的，才能够获得文化财。并且，文化财，是由与它相同精神过程而产生的；一句话，将这种精神过程之陶冶精力潜在地贮蓄于自己之中。这样地依从相同的精神，那么，文化财就有所获得，有所同化，而使那种为文化财所含蓄的潜在的精力再变化为人格活动之精力。所以这种文化财中所含蓄的潜在的陶冶精力，我无以名之，名之曰‘文化财之内在的陶冶价值’。作业学校就是依从这种方法及全部经营之状态去诱发文化财的陶冶价值之学校。”照凯氏的这样说法，文化财的构造与儿童精神的构造之研究是教育者之第一个任务。因为如凯氏自己所说“个人的陶冶只有依从于精神的构造无论完全或部分能够适合于个人的生活型式之某时期的发达阶段之文化财，才能够做到”的缘故。

凯氏的新见解之价值与缺陷

以上所述的凯氏的这种新见解，因为叙述得过于简单，也许不容易理解。但是凯氏的这样说法，它本身还未曾备有完备的体系，而只有部分的说明。况且如果我们要懂得文化哲学的教育，又非等到下章叙述“文化的教育”不可。所以凯氏的新见解，只可以当作本书尤其本节里所不得不略述的一种史料而已，至于将它作一度详细的研究，如同上面所说一样，非另编专书不可。不过此地有一点不可不说明的，就是凯欣斯泰奈对于作业学校的概念所下的新见解，并非是作业学校的本质问题，乃是方法问题。所以凯氏与谢布奈立于密接的关系之上。如前面所说，高特希与凯氏在教育目的论上大行论辩；然而在教育方法论方面，两者的差异，可以说只是对于手工的作业的尊重之程度问题。这样，作业教育学之对象取了教育方法论的倾向以后；继续着高特希之谢布奈与凯欣斯泰奈二人就消失像昔日高特希与凯欣斯泰奈相对立之关系，一句话，彼此之间就互相携手而研究同一的对象了。

本节的结论

综合本节所论，可见关于德、奥，尤其关于德国方面的作业教育之一斑。就纵的方面论，我们固然可以认定夸美纽斯、洛克、卢梭、弗兰克、巴西多、撒尔士曼、裴司塔洛齐、斐希特、福禄培尔等，尤其裴司塔洛齐与福禄培尔二人是德国作业的教育思想之先驱；但是具体地采用所谓“作业学校”这一个名称应用于作业的教育之上，当然是最近代的事。所以我在本节开始时举出奥的许华勃及德的塞德尔儿人首先采用“作业学校”这一个名称，而开德国的作业教育之先河。然后再一层一层地叙述到谢布奈与凯欣斯泰奈二人的最近的作业学校论，这就是对于德奥两国的作业的教育之历史的考察。就横的方面论，例如塞德尔与凯欣斯泰奈之互相批评，凯欣斯泰奈与高特希之争论，以及高特希、济培尔、步耳革诸人之互相辩驳等等，都是表明德、奥两国的种种作业学校论有相互影响之处，而没有一种各自彻底地主张到底的。但是在历史的考察方面，除掉德、奥两国外，还有北欧方面的作业学校论亦是与德、奥两国的作业的教育有一种历史的关系，例如瑞典所谓“Sloijd”就是。在种种作业学校论间的关系方面，除掉德、奥两国的教育学者们外，还有北美与苏俄等国的作业学校论亦有影响及于德、奥两国，例如美的杜威及苏俄的蒲龙斯基就是。现在我既经叙述过德、奥两国的作业的教育之一斑，为明了作业学校的概念之历史的发达与变迁及种种作业学校论间之相互影响的状况计，不得不再将北欧、北美及苏俄的作业学校论叙述一下。

第四节 作业的教育之思想（三）

北欧之作业运动

在北欧的方面，作业学校运动，与其说是注重于思想方面，毋宁说是从事实际方面。具体的说，北欧的作业教育，大抵是以手工为中心而有经济的意义。不过就中有些作业教育学者的见解，仍然是以裴司塔洛齐，尤其以福禄培尔的教授法为根据，所以现在我将它放在“作业教育之思想”的节目之下一并叙述，亦无不可。

芬兰的作业教授运动

在北欧方面，首先提倡手工中心之作业教授运动的国家，当推芬兰。在芬兰，一八六六年，由昔哥诺斯（Uno Cygnaeus，1888）的努力，规定手工为师范学校及小学校的必修科目。昔哥诺斯的这种见解，一方面根据于裴司塔洛齐，尤其是福禄培尔的教授法，但他方面实因手工是在地理上孤立的住民之生活所必需。氏所采用的手工种类是手细工及锻冶工等而有用于实际生活。

瑞典的作业教授运动

瑞典受邻邦芬兰的刺激，在一八七〇年亦利用农民所适用的手工业于作业教授之上。瑞典的作业教授运动，由两个中心点出发：其一由哥的波耳古（Göteborg）出发，是在国民经济的目的之下；其二由尼斯（Näss）出发，是在裴司塔洛齐及福禄培尔的所有的教育的目的之下而主张作业教授。最著名的是尼斯的“斯类特师范学校”（Slöijd-Seminar zu Näss），在一八七五年为亚伯拉罕逊（Augnst Abrahamson）所设立的；但是担任指导这学校之责的，是在芬兰受过手工教授的瑣罗门（Otso Salomon）。所谓“斯类特”本来是“熟练”的意味，后来又变为非职工者的器具的意味，这种学校在普通科目以外，先课以手细工，它的工具是先用小刀，其次用刨，复次用锯，渐次增加到其他工具。它的根本精神在于一面使儿童有愉快的娱乐，一面操作手细工；最初课以极简单的，渐次臻于复杂的程度，最后到达所谓“熟练”的境域。它所以命名为“斯类特”，实基于此。这样初期的“斯类特”，确是追求经济的目的，但后来转变为教育学的目的了。

挪威的作业教授运动

挪威亦受瑞典的影响，在一八九六年的学校法规上，规定以“斯类特”为小学校及高等小学校的必修科。

丹麦的作业教授运动

在丹麦方面，前面所举的卡斯（Adolf von Clauson-Kass，—1906），就是作业教授的创始者。卡斯的目的在于谋手工业的向上；他采用适合于他自己国家的要求之方法，无论在家中的一隅或寝室的一隅，都能够设置手工作业场。照他的见解，以为工作的作用，第一是助长家政，而增进国民的职业的能力。他以为欲贯彻这种改革，不可不自少年教起。他更以为作业的教师有养成的必要。后来他得政府的援助，在哥本哈根（Copenhagen）开办六星期的作业教师讲习会。

北欧诸国作业教授运动之趣旨

以上所述，是北欧诸国作业教授运动的状况。这些国家的作业教授运动的趣旨，大都是由家庭经济、国民经济的立脚点而出发，而在职业陶冶的意味上所实行的。由经济的见地去实行作业教授这件事，本来是与义务教育制度有密切的关系，所以一般教育思想家的心中所残留的问题，就是怎样地将作业的教育精练作为有普遍妥当性之教育学上的教育思想，于是遂发生所谓“作业的教育”思潮。但是北欧诸国的教育家，只知道将作业教授怎样地应用于实际教育方面，而未曾发生怎样地将它放在教育学上去研究。后来这种作业教授运动一旦输入于德国，同时丹麦的卡斯又在母国活动了十多年以后来到德国，于是引起德国的教育行政家及教育学者的注意，而开由作业教授的实际运动转变为作业教授的理论研究之途径。现在将“北欧诸国，尤其将丹麦的卡斯的主张怎样地影响于德国的教育界”这一个问题重新地叙述一下。

卡斯对于德国之影响

德国普鲁士在一八六四年战胜丹麦，一八六六年战胜奥大利，一八七〇年到一八七一年战胜法兰西，国威大振，各国都认德国的战胜由于教育的振兴，于是益加努力于国家主义的教育之普及。德国在一八七二年在所谓铁血宰相俾斯麦的指挥之下，教育部大臣法尔克（Adalbert Falk，1827—1900）实施彻底的义务教育制。一八七五年，丹麦的卡斯渡德，宣传他所主张的作业教授。当时德国在世界博览会鉴于工业的失败，急图振兴工业教育，于是卡斯的方法大为德人所欢迎。一八七六年他从柏林议员士喇得（Schrader）的周旋与鼓励设立家庭工业促进会（Verein zur Hebung des Hänslichen Gewerbfleiss）。不久，他又受普鲁士政府的任命，视察陷于经济贫穷状况的奥柏修列亚（Oberschelia）地方。他根据视察结果，作成《贫穷救济案》。一八八〇年，他受奥柏伦（Oppeln）县长的任命，在该地方召集会议，报告该地方视察的结果，并力说这种贫穷可以依从少年实际的作业去救济，而使住民渐渐恢复到富裕的状态。他长于口才，很能演说，不但使一般民众都来赞同作业教育，而且对于教育界亦给与以莫大的影响。一八八〇年九月，督学官拉德（Raidt）招聘卡斯到恩登（Emden），任该地的教师手工教师讲习会（Lehrer-handfertigheitskurse）的指导员。从此以后，得到与德国教师相接触的机会。

德国的作业教授运动之开始

卡斯对于德国的影响，就从后来一九一一年参与萨克森《小学校规程》及《教师养成规程》草案的议决一事看来，就可知他的势力的一斑。在他自己所不期待的方面，他的影响更为显著。前述的家庭工业促进会派遣教师黑悟（Julius Höhn）到哥本哈根参观视察卡斯在该地方所经营的作业教授状况。黑悟归国后，即在柏林创办作业学校。同时，孤儿院院长维尔斯基（Wilski）亦受普鲁士政府的任命到丹麦视察。一八八〇年，教师乌尔班（C. Urban）又从奥柏修列亚的贫穷地方出发到丹麦视察。但是这些视察报告有互相矛盾之处，于是普鲁士政府在特选的教育行政家的指导之下，自行遣派委员到丹麦视察；但是这种视察并不能获得像各方面所期待的那样的效果。不仅如此，并且委员的指导者一人司奈得（Schneider）于一八八〇年十二月二十五日在下议院席上提出对于家庭作业的疑问的意见。然而另一方面，前述的视察委员及维尔斯基等再赴瑞典视察。在这时代，瑞典的尼斯的师范学校校长琐罗门对于德国的视察员与以最有力的影响，而惹起德国一般教育家的注意。

德国受了北欧诸国作业学校运动的影响之结果

如上所述，德国作业学校运动受了北欧诸国的刺激与影响，实匪浅鲜，就中，受了这种刺激与影响，对于德国作业学校运动有重大的贡献，在德国作业学校运动史上所不可不特书的，是下议院议员斯恳克多尔夫博士（Dr. Emil von Schenckendroff，1837—）。

斯恳克多尔夫的传略

斯恳克多尔夫，生于一八三七年；既长，任士官职，因病辞职；后来被选为下议院议员。他亦在奥柏修列亚地方活动而努力于贫穷的驱除；并在一八八〇年参加政府委员往北欧视察教育。他鉴于自己的经验而力说健康的价值，一面主张实际的教授，一面奖励儿童的游戏。他在一八八〇年就认实际的教授是对于学校的时代之要求，而极力发挥实际的教授对于全部生活所有的价值与意义。他虽非漠视个人的教育，但是站在国民教育的立场上，看准将来的德国是在于工业及手工业，而主张欲养成这两种的国民，不可不实行作业教授。一八八一年，依从他的努力的结果，在芬哥斯腾（Pfingsten）组织手工及家庭作业的中央委员会（Das Zentral Komitte für Handfertigkeit und Hausfleiss）。这委员会每年举行大会一次，继续努力于活泼的作业教授运动。一八八六年，这委员会在司徒嘉德（Stuttgart）开第六次大会，改名为男儿童手工的德意志协会（Deutscher Verein für Knabenhandarbeit）。一八八八年，他刊行机关杂志《男儿手工作业》（*Blätter für Knabenhandarbeit*）。这杂志的历任总编辑是劳梅尔（Raumer，1783—1865）、革次（Götze，1837—1897）、斯恳克多尔夫、帕皮斯德（Pabst，1854—1918）、塞裴得（Seyfert，1862—）等。一九一二年，帕皮斯德任总编辑时，将这杂志改名为《作业学校》（*Die Arbeitsschule*）。以后经过库涅尔、喜尔得布蓝（Hildebrandt，1824—1894）等，现在是耶拿大学教育学正教授谢布奈当总编辑。这杂志就是在今日，还是德意志的一种有力的教育杂志。

北欧诸家的意见之德意志化

综合以上所述，所谓作业教授运动实发源于北欧诸国；而北欧诸国的教育家尤其是丹麦卡斯的意见一输入德国以后即变成为德意志化而形成所谓“来比锡式”（Leipziger Methode）的作业教授，如上面所说，一面组织德意志工作教育协会，一面刊行《作业学校》杂志，或者经过那一班参与来比锡手工师范学校的设立与经营的诸氏（即上面所举的《作业学校》杂志的历任总编辑）到达勒味尼克（Löweneck）等，无一不尊重手工的作业之表现的意义与价值。以后又有使手工的作业与数学或物理相结合的诸家，及依从手工的作业与图画之结合使完成“到达趣味的教育”之所谓“艺术教育论者”们（参考前章第三节），亦无一不高唱手工的作业有“彻底的劳作”（durcharbeiten）的必要。此外还有社累耳（Heinrich Scherer，1851—）及其一派，一方面将外部的事物变成为内部化之要求，同时他方面又强欲将内部的事物变成为外面化；在后一方面，依存于由手工的作业，使触觉与筋觉成为敏锐的之“工作教授”的这种意味，重视普通教室内的实科教授上所有的手工的作业。有些以赛尼希（Seinig，1861—）为中心的一派，在多特蒙特（Dortmund）作业学校努力于活用手工的作业为教室内的“工作教授”。有些由利次（Hermann Lietz，1868—1919）的“田园教育塾”（Landerziehungshein）所代表的许多田园学校的实施者们，认为有重大的影响及于农事与手工的教育的极力去奖励它。更有些由厄斯得拉希所代表的“彻底的教育改革同盟”的人们在根本趣旨上与蒲龙斯基（见后）相接近，而主张由农事及手工而出发之“生活教育”。

Hermann Lietz

作业的教育思想发生之原因

如上所述，从“斯类特”主义起，迄于“彻底的教育改革同盟”止的一切作业的教育思想，大抵都是与伴着国家主义的勃兴所发生的义务教育制度有直接的关系，同时又有家庭经济与国民经济的背景促成它的实现。所以无论北欧诸国自身及受着北欧诸国的影响之德国的作业教授，大抵又是以手工的作业为中心。这样以经济的见地为根据，以手工的作业为中心，是否始终适合于德国的教育学者的思想；扩大些说，是否适合于德国的一般国民性的要求呢？就德国的一般国民性而论，他们的国家社会如同一般国家社会一样，无论何种事情，都是为经济生活所支配或所决定，然而他们因受了多年传统下来的所谓“理性主义”的薰陶，所以在表面上，他们总不肯承认经济生活是一切事情之最后的决定，而常常表示着在理性的——非经济的——方面求生活，尤其大多数教育学者是这样。从来所谓“理性主义”多少偏重于知识方面而有“主知主义”的别称，所以从来的德国教育学者，例如海尔巴脱等，不注重于有经济的意味之手工教授。但是自第十九世纪后半叶以来，从前的“主知主义”的思想渐渐转变为一种所谓“主意主义”的思想了。这种“主意主义”的思想是以自己活动为中心；在教育上，是以尊重儿童的活动为事。因为这种“主意主义”的教育思想以自己活动为中心，并且尊重儿童的个性与活动，所以它主张作业教授。然在另方面上讲，所谓“主意主义”，亦不外乎是一种“理性主义”，不过不像“主知主义”以知识为出发点，而是以意志为中心的而已。因为如此，所以“主意主义”的教育思想如同“主知主义”的教育思想一样，不赞成有经济的意味之手工教授。不消说，别个教育学者，就是极力主张以手工教授为主要科目的凯欣斯泰奈，如前面所说，后来因受高特希的再三反对与攻击，亦极力扩张作业的概念，认各科都有作业教授之作用与价值，不过对于手工教授仍坚持到底地认为可作必修科目而已。因此，可见德国的作业教育思想，决不是完全地模仿北欧诸国的作业教授方法而丝毫地不加以修正与扩充的。况且在事实上，德国的作业教育思想，大部分是德国教育学者们自己所有的独特的见解，并没有与北欧诸国的教育家们的见解相雷同。

塞德尔对于德国的作业教育思想之纠正

除掉上述的德国的国民性自有一种独特的精神外，在德国的作业教育思想上，瑞士的塞德尔的作业教育思想亦不无影响。如前面第一节里所说，塞德尔指摘当时对于作业教授之反对论者是陷于将作业教授与卡斯运动为同一物之误谬。他将作业教授论分为三类：即（一）立于经济的见地的，例如卡斯的主张；（二）主张作业之形式陶冶价值——图谋作业与理论的教授之结合；（三）主张作业可以作为调和的人类陶冶上所不可缺少的手段，例如卢梭及裴司塔洛齐的主张。他对于最后的一种见解是赞同的。具体的说，他以为“作业教授决不是与一般的人类陶冶相矛盾，乃是一般的人类陶冶上之一种手段。但是它不仅不是为除去社会的贫穷之空想的一个手段，并且是有最高的最深的之教育的意义”。照塞德尔的最后一句话看来，就可知他是明明白白地为着德国普鲁士政府采用卡斯的方法去救济奥柏修列亚地方之贫穷而下警告的。塞德尔除掉对于一般的反对论之答辩外，还有关于经济的、机会的及法的乃至教育及教育家的反对论之答辩都是很有价值的，现在补述于下：

经济的反对论之答辩

塞德尔对于有些人以为“作业教授对于大多数职工会惹起危险的竞争”的论调，有如次的答辩：“作业教授并非将学校工场化，所以没有这样的危险。”他又对于有些人以为“作业教授不利用分业，是反文化的”的论调，有如次的答辩：“作业教授是弥补分业的缺点，所以是文化的。”

机会的及法的反对论之答辩

塞德尔对于机会的及法的反对论有如次的答辩。有些人说：“作业教授，在家庭上已经有充分的实行。”他答说：“家庭是缺乏使作业发生愉快之感。不仅如此，并且在作业上没有使它惹起兴趣之方法与理论。”有些人说：“父可以教子以手工业”，他答说：“这样的事，在现代是不可能的。”有些人说：“以作业教授为义务科，是毁害亲权。”他答说：“第斯多惠曾经表示过这样的论调，但是国家为全体市民打算去遂行个人所不能遂行的任务，这并非侵害任何个人的权利。”有些人说：“农夫的子弟不需要作业教授。”他答说：“小学校科目，并非依从于有无直接的效果及于某种阶级而决定的，乃是依从于对国家社会有怎样的效用而决定的。”并且，他反问：“历史及地理对于农夫有怎样的直接的效用呢?”

教育的及教育家的反对论之答辩

塞德尔对于教育的及教育家的反对论，有如次的答辩。有些人说：“学校的目的，是在于抽象的教授。”他答说：“如果是这样的，那么，作业教授就是它的最重要的手段。”有些人说：“小学校里所采用的科目，不可不作为全体国民所共通的生活之准备。”他答说：“若要全体国民有共通的生活，大抵不外是工业的作业。”有些人说：“体操一科，已经够了。”他答说：“体操的主要目的，是在于养成对于社会及国家有能够遂行义务之健全的身体之人。所以体操教授对于社会生活之目的是间接的。但是作业教授对于社会生活之目的有直接的关系。所以体操教授不能够替代作业教授。反而有十分的考虑之作业教授使体操化为无用的。”有些人说：“学校早已有作业了。因为许多科目，若从机械的方面讲，就是作业。”他答说：“若照这样的说法，那么，作业教授却是使其他一切教授化为无用的。因为若从机械的方面看来，它是一种精神的活动的缘故。”有些人说：“野外的直观教授已经够了。”他答说：“这当然是必要的，但是制造物品是更有兴味，更属必要。”有些人说：“作业教授不能够除去现代学校之不卫生的弊害。”他乃引用卢梭的话“活动分为学习与作业之儿童比之不绝的学习之儿童更迅速地容易地学习的。由此足以证明那种所谓‘作业教授是增加教授时间数’的反对论调，是不能成立的”。有些人说：“儿童期是游戏。”他答说：“这简直不理解儿童的本性。原来儿童爱好作业、造形及建筑等。”有些人说：“学校有实行学生的作业教育的准备之义务，但是实际上并没有将学生放在作业中去训练之义务。”他答说：“国民并非用文学、科学、艺术去求生活，乃是依从作业而生活。所以从国家的见地看来，作业教授是必要的。不仅如此，并且儿童有些长于理论的知识，有些长于实际的活动。所以在理论的教授以外，还有课以作业教授的必要。尤其现代的弊害，在于无论谁都有自由地选择职业的倾向，而这样的倾向是养成最危险的高等游民。所以欲防备这样的危险，除非依从作业教授使儿童向着适应他自己的素质之职业而活动。”有些人说：“作业教授是贬损教师的品位。”他答说：“凡对于实际的作业有心得这一件事，并非贬损教师的品位，反而提高他的品位。”

塞德尔的种种答辩之价值

以上所述，是塞德尔对于作业教授反对论的辩驳。这种辩驳，除掉可以维持他自己的关于作业学校的主张外，同时还能够代德国教育界减少无谓的反对与答辩的纠纷。所以德国教育界所提倡的作业的教育思想，好像“雨后春笋”一样，未尝不是塞德尔间接的影响之功。塞德尔虽是瑞士人，然而居住瑞士境内的一部分人与德国国民有同一民族的关系与同一的国民性，所以塞德尔的见解，余掉小部分含有社会主义的色彩而含有经济的意味外，其余的大部分的思想简直可以代表德国的教育思想。所以在一九二〇年六月十一日到十九日柏林所召集的德意志全国学校会议，塞德尔是作业教授问题报告者的一人，决非偶然。再单就塞德尔与凯欣斯泰奈二人的关系而论，据竹井氏的考察，以为两者绝无关系，因为塞德尔的《作业学校论》一书早已绝版，而凯氏完全没有得读塞德尔的著作的机会；假使凯氏读过塞德尔的著作，他亦必定从他自己的立场而出发，独立地发展作业学校论。据我个人的意思，以为竹井氏的话未必尽然。因为凯、塞是同时代的人，并且两人所居的地方相距并不很远，在欧洲这样的交通极便利的地方，彼此之间，焉得不在无形之中互相传递呢？况且凯、塞两人互相争辩之点，只在于争作业学校论的先驱，并非辩论关于作业学校论的有无相异的地方。由此，可见凯、塞两人对于彼此的作业学校论是互相默契的。

美国杜威亦有影响于德国的作业教育思想

照上面所述的话，德国的作业教育思想，逐渐地脱离北欧诸国的作业的教授意见而变为德国式的作业的教育，除掉归因于德国的国民自有一种独特的精神外，瑞士的塞德尔的作业教育思想确有几分影响。除此以外，美国杜威的作业教育思想，亦影响及于德国，尤其影响及于凯欣斯泰奈的作业学校论。这是凯氏自己所承认的，更无容疑。

实科与作业之关系

但是还有一点须先叙述的，就是第十九世纪后半叶的自然科学及产业技术之长足的进步，亦是促进德国作业教育思想发达的一个重大的原因。所以在教育思想上，发生尊重实科的论调。原来所谓“实科”与所谓“作业”有密切的关系，所以作业学校论当然会与实科尊重论相结合的。

德国的作业教育思想发生之结论

综合德国作业教育思想发生的背景，竹井氏曾列成一表，足资我们参考，现钞录于下：

社会事情　教育问题　教育的要求　作业教育、作业教授

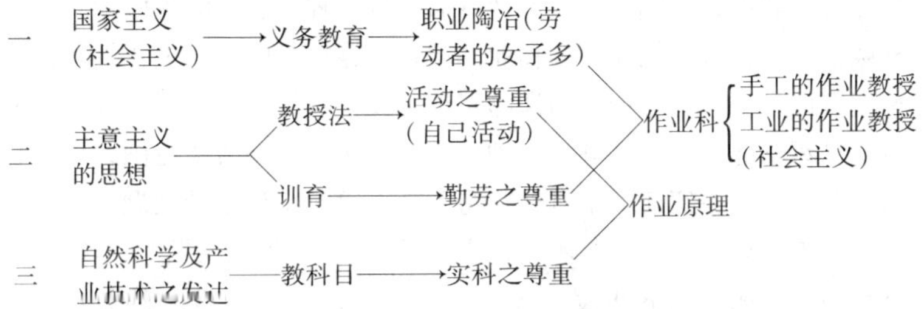

上表虽是竹井氏专为德国作业教育思想的发生而制成，然而它的形式可以适用于任何国家的作业教育思想之演进的状况，不过各国的社会事情各有各的历史背景及现在境遇，所以它的内容不免有多少的差异。上文已经将欧洲，尤其将德国的作业教育思想叙述得相当详尽，可以告一结束，现在再进而叙述美国的作业教育思想。

美国的社会情形

美国是一个新兴的国家，它的土著民族红印度人早已不复生存，现在所谓亚美利加民族，可以说完全是由欧洲移殖过来的；因此，所谓美国，不过是欧洲人的殖民地而已。因为如此，所以在历史上讲，美国的凡百事业，无一不与欧洲有渊源的关系。但是在另一方面看，美国自有它的环境，所以凡百事业又不得不适应它的特殊环境而设施。现在我不说别些，单说教育吧。美国的教育，简单地先说一句，是一种实利主义的教育；但是因为如上文所说，美国的国家与欧洲有一种历史的关系，所以它的教育思想里面，就一般而论，仍不免含有

几分欧洲的人文主义教育的色彩，所以我们称美国的教育为“实利的人文的教育”，自无不可。（参照本书前编第十章第六节）现在姑再返观欧洲的教育思想虽则提倡任何新主义的教育，无论个人的教育或社会的教育、人格的教育或艺术的教育、作业的教育或下章所要叙述的文化的教育，它的骨子里仍然是以人文主义为中心；因此，我们对于欧洲的任何新主义的教育一律地首冠以“人文的”字样而称之为“人文的某某教育”，亦无不可。美国的教育所以与欧洲的教育有区别，就不外乎此。

美国的作业教育思想之发生

如上所述，美国的教育既是以实利或实益为中心，而所谓“实利”或“实益”又是与所谓“作业”有密切的关系，所以作业的教育思想之发生，就时间论，美国比欧洲早（这是与被称为作业的教育之欧洲代表者凯欣斯泰奈相比较）；就范围论，美国比欧洲广（这是因为欧洲的作业教育只限于小学校，充其量亦不过推及于补习学校而已；但是美国的作业教育几乎扩充到大学教育），决非偶然的。美国的教育学者中首先唱导作业的教育而且恃一种强有力的主张者，当推杜威。但是杜威所以要唱导作业的教育，除掉美国的历史背景与社会情形有以促成外，还有詹姆斯的实用主义哲学做他的根据。什么是实用主义哲学呢？这个问题的详细说明，当然非本书所能范围，可以让诸西洋哲学史去绍述。不过现在为引起下面所将讨论的问题——美国的作业教育思想——计，不得不对于所谓“实用主义哲学”姑作一度简单的说明。以下几段，就是对于“实用主义哲学”的叙述，同时说明实用主义与作业的教育思想有什么样的关系：

实用主义之特征

实用主义（pragmatism）反对主理主义或知识主义，可以说是主意主义或行动主义。普通所谓“真理”，大都被人们解为自己的观念与对象相一致，或思考与实在相合一的状态；他们大都以写象的状态——事实或实物之不误的描写——为真理测定的尺度。然而实用主义不是这样。具体的说，实用主义以为真理，不外是我们发表某种事物时候之目的，而且在它所实现的结果对人生有价值的时候，才认为真理之价值。至于真理本身，在实用主义看来，并没有什么价值，而视有什么目的为所实现，才可决定它的价值；人类的一切真理，都不外对于行动性质有效用的事物。实用主义又以为：一切认识固然并非都直接的对于行动有效用，科学上的研究固然亦有不能够直接的应用，而且与实用相距很远；然而若从它作为增进他项知识的根据，或者使与新思想发生结合这点看来，那么，它在行动上，就有莫大的关系了。实用主义并非认真理是静的，而是动的；它以为真理的价值存在于“可得而为之”之事之上。假定某一种发表与过去很少关联，根据亦很薄弱，然而假使它在将来可以促进知识及行动，而能认识前途的曙光，那么，这就是有价值，亦就是真理。我们的主张适当与否，完全由将来的检证而决定。

实用主义以实际上的结果或生活上所必要的满足为真理之要件，在这一点上，与知识主义迥然不同。此外，两者间之显著的差异，在于一则否认终极的真理——永久真理，一则承认它的存在。换句话说，实用主义否认永久的真理之存在，而主张真理存在于不断的运动状态。知识主义或主理主义以为真理从最初时起就已完成存在着；但实用主义以为真理存在于生长成育的状态之中，其成就实有待于将来。总之，所谓绝对真理及已经完成的实在，在实用主义，决不肯加以承认；以为真理不过是限界的概念，不过指示遥在前方之目的点而已。实用主义欲努力促成这种目的之实现，使心的生活脱去好像“影”似的存在，而离开无力的状态，使人所有的最高势力为环境的建设而活动。但是人类的生活究竟为什么呢？如果世界没有将来，人类不干与将来的一部分，那么，生于现世的人类的生活，简直无异于虫类的蠢动了。我们向前生活，而决非后退，我们实为一定的目的而努力奋斗。各种学说与各种哲学体系，只有适合于这种目的，才是正当的。所谓“适合目的”，乃是判断的根据；各种原理与规律只在发见它的效果时，才能被认定。

绝对的真理之否定

将“实用主义”一语应用于哲学上的，是美国的皮阿斯（C. S. Peirce，1839—1914）。皮阿斯在一八七九年首先唱导观念与概念的意味存在于它所发生的效果之上。后来詹姆斯更阐明皮阿斯的主张，并使它发扬而成为一种亚美利加的哲学。照詹姆斯所说，行为依从观念的指导而有所实行，所以在生活中，观念或思维是行动着的。这些事物上所有的真理，依从于有利于其本来的目的上的行为而决定。照这样说法，可知实用主义富于相对的、经验的及多元的性质，而置生活的事实于知识之先；并且，所谓“生活”是指自然的生物学的生活而言；明显的说，是指对于环境的适应而言。因此，我们称实用主义为“主意主义”或“行动主义”。

实用主义哲学之创始者

实用主义经詹姆斯确立以后，不仅在哲学上占有势力，就在其他方面，例如宗教、伦理、心理乃至教育等，亦无不应用。在心理学方面，所谓“机能心理学”，所谓“行为心理学”，就是以实用主义为

实用主义之影响

根据的。在教育方面，所谓“作业学校”，所谓“工作教授”，亦都是以实用主义为出发点。本来行动哲学的实用主义与行动的教育互相提携，乃是很自然的事；在实用主义发源地的美国，这两者更有巩固的团结。据实用主义的见解，以为教育必须依从这种主义而施行，才能适合少年的兴趣而促进他的活动。实用主义者的教育观以为：

目的之知觉与兴趣及努力

“目的的确定，是与兴趣相关联的；教授如果依从实用的见地而施行的地方越多，则它越加有兴趣。请以事例说明：从前有一工人到一农夫处求职，商定工资若干以后，这农夫就命他所雇的工人将堆积在庭园一隅的木料移置到他一隅。这人依雇主的命令去做；做毕工作以后，时间还早，因再请续做他事，于是这雇主又命这工人将所运的木料重新移到原处；但是这工人嫌恶这工作，不告而走了。这工人既得了糊口之道，为什么又要走呢？这就是因为做无目的的工作而生不愉快之感，比之为饥饿所迫更觉难堪。现在的学生对于工作毫无兴趣而且不注意，岂不是与上文所说的事情含有同一的原因吗？学生虽能记忆文字、分析文章，然而因为不知道目的所在，所以没有感得什么兴趣而欲停止这样不愉快的活动。但是依从实用主义的意思，使学生理会最后的目的并明了他达到这个最后的目的之小目的，那么，学生的态度自必一变。卢梭说得好：‘当将某事项教授学生的时候，应该先使他明了它的用处。’关于这件事，就在现在，仍当注意。实际上，没有效果的事物终归消灭，这是经济上的原则。如果不能够满足人的心情上的要求，或者不能够适应人的活动性，那就没有教育的价值了。那种视人为被动地陶冶着的，乃是一种误谬的思想。没有自力的活动，不是真的陶冶；我们应该排除万难，力谋这种思想的普及，使国民精神有所贯彻。”

实用主义教育学者

以上所述，是一种实用主义教育观。这种观点，为詹姆斯所首先唱导。具体的说，詹姆斯力说教育之实用的价值，而且高唱本能活动的必要。自从詹姆斯唱导这种学说以后，一般教育学者如响斯应，而尤以杜威为代表。杜威所谓“工具主义”（instrumentalism），实在讲，就是詹姆斯所谓“实用主义”，不过对于它的根底再加以多少生物学与社会学的见地而已。现在先述杜威的传略与学说如下：

杜威的传略

杜威（John Dewey），一八五九年十月二十日生于弗曼州（Vermont）的柏林顿（Burlington）城。一八七七年毕业于本州大学，毕业后在乡间教学两年。一八八二年进霍铿士（Johns Hopkins）大学研究；一八八四年，得哲学博士学位；同年秋，到密歇根（Michigen）

John Dewey

大学任哲学讲师。一八八九年，到米尼梭太(Minnesota)大学任哲学科主任；明年，密歇根大学重聘任哲学科主任。一八九四年，到芝加哥大学任哲学科与教育科主任。他在芝加哥大学创办一个试验学校，起初只有初等小学校，后来一直办到大学预科。他的教育学说，就在这个试验学校开始实地试验。一九〇二年，芝加哥大学将附属的预备学校与教员实习学校归并，合称为教育学院，请杜威任院长。一九〇四年，哥仑比亚大学请任哲学正教授。从一九〇四年起一直到一九三〇年止，二十七年间，继续在哥仑比亚大学服务。中途，在一九一九年，访问日本；同年，来华讲演，约留二年之久，我国教育界受他的影响很不浅。他返美以后，不多时，又到土耳其视察讲演，赞助新土耳其的教育的改革事业。一九二八年八月，他为视察苏联教育制度起见，又亲往苏俄。归国后，于该年十一月十四日起在《新共和国》(*The New Republic*)杂志上接连着发表六回的论文；翌年，再以《苏俄印象记与革命的世界》(*Impression of Soviet Russia and the Revolutionary World*)为题，发刊单行本。这小册的前半部，除苏俄外还将墨西哥、土耳其及中国等包括在内；后半部是专论苏俄的事情。他对于苏俄的赞美，无微不至，颇引起美国人士的非议，然而他不顾一切，只照自己的意思发表。杜威今年享寿七十有四，在他七十年的时候（即一九三〇年十月），他的门弟子集资为他觞寿，在哥仑比亚大学里为杜威铸半身像，以作纪念。翌年，即一九三一年，他因年老隐退，哥仑比亚大学赠以名誉教授，按年给与年金。杜威的教育学说对于美国教育界的影响很大，几乎没有一个人不奉他的教育学说为圭臬，所以有“教师之教师”(the teacher of teachers)的称誉。他的著作除一般哲学不计外，关于教育方面的很多，著名的有《我的教育信条》(*My Pedagogic Creed*, 1897)，《学校与社会》(*School and Society*, 1899)，《学校与儿童》(*School and the Child*, 1900)，《儿童与课程》(*The Child and the Curriculum*, 1902)，《伦理学》(Ethics, 1908 与 Tufts 合著)，《思维术》(*How We Think*, 1909)，《德育原理》(*Moral Principles in Education*, 1909)，《教育丛论》(*Educational Essays*, 1910)，《达尔文在哲学上的努力及其杂论》(*Influences of Darwin on Philosophy and the Essays*, 1910),《兴趣与努力》(*Interest and Effort in Education*, 1913),《明日的学校》(*School of Tomorrow*, 1916, 与他的女儿合著),《民本主义与教育》(*Democracy and Education*, 1916),《试验的论理学》(*Essays in Experimental Logic*, 1916),《创造的智慧》(*Creative Intelligence*, 1917, 与 Moore 等合著),《哲学的改造》(*Reconstruction in Philosophy*, 1920),《天性与行为》(*Human Nature and Conduct*, 1923),《经验与自然》(*Experience and Nature*, 1925),《公众与其问题》(*People and its Problems*, 1927),《教育科学之源泉》(*The Sources of Science of Education*, 1930),《教育上错综之除去》(一九三一年出版，原名待考) 等。

杜威的学说内容

照上面所述，杜威的教育著作非常宏富，涉及的方面又很广大，我们欲将他所有的著作都加以摘要，势所不能。好在他的著作，我国已经有许多译本，此地似无需多赘。现在只就“作业的教育”这一命题，由他的著作中选择出几本最重要的教育书籍，再由这几本重要的书籍中选择与作业的教育有密切的关系之点叙述如下：

杜威的教育信条

杜威在《我的教育信条》一书里，以为：第一，教育是助长人类固有的发展力而使它完成的工具。教育的过程是使各个人参与人类社会的观念。所以真教育只有一种，就是要儿童被种种社会环境的需要所引起的活动，才是真教育。第二，学校是一种小规模的社会组织，所以学校生活可以作为社会生活。教育既是在社会生活上进行，学校亦是一种团体生活，凡是使儿童能够将来得益的“人类的遗产”，运用他自己的能力，为群众谋福利的各种潜力，都存在于这个小的社会团体里面。简单的说，教育就是生活，并不是预备将来的生活。第三，现在学校科目中有关系的中心点，不在理科，不在文学，亦不在地理或历史，而在于儿童自己的社会生活。第四，教育是使社会进化与改良的根本方法，因为教育是根据于社会观念而支配个人的活动。

杜威对于生活与教育之解释

杜威的教育学说，可以拿两句话来包括：一是“教育就是生活”；一是“教育就是继续不断地重新组织经验，要使经验的意义格外增加，要使个人保持运动后来经验的能力格外增加”。杜威对于生活与教育的解释，在《民本主义与教育》一书第一章里说：“所谓生活，就是向环境施行动作之自新的历程或是约束环境之自新的历程。”他又说：“所谓生活的继续不断，即是使环境对于生物需要之继续不断的重新适应。”他又说：“广义的教育，乃是使社会生活继续不断的方法。”他更总括的说：“生活之本然的要求，就是要努力地使他自己继续不断地存在着。因为这种继续是要不断地依从更新去确实地保持着，所以生活就是自己更新之过程。教育之有关系于社会生活，如同滋养料与生殖之有关系于生物的生活一样。这种教育，在基本上说，是有由交通（communication）而传递经验的意味。所谓‘交通’，乃是一种历程，使人们彼此参与经验，直至个人的经验变成为公共所有物而后已。”

杜威对于作业之解释

杜威对于上述的这种教育的意义，很注重作业（work）的教育，但是他以为作业不是苦役化的意味，而是一种游戏化乃至艺术化的意义，所以他视游戏与作业简直是同一之物。他在同书里《课程中的游戏与作业》一章（即第十五章）中说：“游戏的目的，并非在于对着所产生的结果而确保行为的继续，乃是只以向着同一的方向而进行的活动自身为目的。活动越加复杂的时候，对于一次复一次所产生个个结果越加格外注意，于是活动的意义亦因而增加。这样，游戏就渐渐变成为作业了。如果作业与游戏都能够离开不良的经济状况，那么，两者都是一样自由的，都是在本身上有内的动机。只有不良的经济状况，才使游戏变成为富有的人所享受的无益的消闲品，才使作业变成穷苦的人所担负的苦役的工作。总之，在心理的方面，作业不外‘将意识地所期待的结果看作生活本身的一部’之活动。但是在活动的结果在于活动以外的目的，视活动不过是达到这个目的之手段的场合，那么，这时候的作业立刻变成为苦役的工作了。作业是为‘含有以活动本身为目的的游戏成分之艺术的要素’所充满的。固然在习惯上没有这样的说法，然而在实质上确是这样的。”

《学校与社会》

杜威在《学校与社会》一书里，关于作业的教育，还有如次的议论：

学校的作业教育之必要与宗旨

自从社会生活发生大变动以来，教育上的要求亦随之发生大变动。从前的家庭，在简单孤立的状态之下，对于儿童教育，很属便利。这时候的儿童能够直接地观察社会上他人做事，并且在家庭上帮助父兄从事操作，这事在教育上实有莫大的利益。然而在今日，像从前的家庭上所有的那样的生产的作业已经渐渐离开家庭，而集中于不容易窥见其内容的工场，所以儿童不复能够观察社会上他人作业与事务，因而没有得到练习关于作业的判断力、发明力及计划的精神之机会。在庭园内，与动植物相接近而饲养它栽培它等事，在都会上亦渐渐到了不可用。所以在学校里，特别地应用作业使少年与实际的生活保持关系，在今日实所必需。手工业被采用于学校之内，早已经实行过；但这目的，无非在于满足活动冲动，发展实际的精神，以作襄助家业、图谋生计的准备。这种思想，未免失之偏狭，而不了解学校所以需要手工业的真意义。学校应该为真正的活动的共同生活的场所，而惹起或培养对于社会的必要及其任务之精神。因此，我们主张在学校里采用共同制作的作业；因为这种作业是社会发展上之最大要素，而且最适于培养这种精神。现在的学校，不过略备有社会的精神之发展上所必要的条件之仅少部分而已，它徒使学生倾向于个人的利己的方面而刺激其名誉心，尤其养成他们有互争优胜的努力。但是在施行共同的作业的地方，可以发展学生团体之全体的能力，使作业冲动能够自由地发动。共同作业可以一新学校之精神，使学生了解共同生活的组织，而培养他们有尊重这种组织的精神。关于这一点，一般采用作业者增加重视，而不可仅置重于经济的效果。

学校改良之必要

现今的学校，第一，不可不本于社会的任务，第二，不可不本于学生的真性质与必要而加以改良。使学生静坐在狭小的凳板上，守着受动的状态，那是不适合于少年的性质，而亦非他们所必要的。在工场、实验室、庭园、原野、森林中，或在共同散步，为教师者必须应顺“以儿童的活动及其完全为必要”的情况，这实是扩大眼界之道。儿童要由生活或由有关联于生活之处而学习。儿童在他的本质上或在他的内部的冲动上是活动的；所以若视手的作业为补助的、副次的，使他没有什么计划，随便施行，那是误谬的。教导及训练之一部分存在于作业之内，因为作业要有深切的注意、忍耐与勤劳。人类所有的主要冲动计有四种：（一）交际的冲动，（二）构造的冲动，（三）诠索实验的冲动，（四）技术表明的冲动。这种种冲动都是人类之健全的发展——所必要的活泼的冲动，决不可轻视，尤不应该妨害它或压迫它。对于儿童应该容许他有儿童的生活。儿童现在所需要的事物与他后来成人时所需要的事物决没有冲突。想像生活与实际生活不可不并行顾虑而加以宝贵。想像好像涵养儿童精神的空气；如果儿童的生活是充分的，那么，这种想像越加活动，越加适于发展，就是感情生活亦由是而越加进步。

杜威在同书里又继续的说："学校里的作业，并非是劳苦工作（busy work）的意思，亦不是防止儿童懒惰及恶作剧的学习，乃是一种活动的型式（the mode of activity），且是社会生活上所必要的业务，例如贩卖烹饪、裁缝、纺织等是。作业之心理上的根本的要点，在于保持知识与实际的经验之平行。作业的时候，不仅手、足、耳、目等各种器官同时活动，而且观察、计划、考验等精神亦兼而有之。因为不如此，不能成事。由此，可见作业的目的，并非在于外的经济的方面，而在于作业本身，使儿童的身心不绝地活动，以助长其发展。"

学校的作业教育之目的

杜威对于学校里所采用的种类，在《民本主义与教育》第十五章里又有如次的议论："我们只要阅看已被学校所采用的作业目录，便可见我们关于这一类的资料怎样的丰富。我们学校里的手工，有些用着纸的，有些用着硬纸片的，有些用着木块的，有些用着熟皮的，有些用着布的，有些用着纱线的，有些用着泥沙的，有些用着金属的，有些用着工具，有些不用工具。至于采用的进行的程序亦有许多：例如叠折、割截、穿刺、量度、陶铸、模造、制型、使热、使冷，以及锤、锯、锉、刀等等的运用。至于作业的种类亦有许多：除许多种类的游戏与竞技以外，可以举例的，如户外小旅行、园艺、烹饪、针黹、印刷、订书、纺织、油画、图画、唱歌、演剧、讲故事、诵读、书写等等。——这种种事情都是作为具有社会目的的主动作业，不是仅仅用来练习技能，以应将来的使用的。"

作业的种类

"上面数了这许多种类的作业：教师的问题就是使学生从事这类作业，不但能够获得手上的技能与专艺的效率，不但对于所完成的工作觉得有目前的满足，不但可备后来的应用，所最注意的是由此所得的教育，上面所说的这许多效果都是附属于教育。所谓教育，是指智力的结果与社会化的习惯的养成。"

作业的教育之效果

杜威对于作业的教学法在同章里有如次的议论："教师往往要学生硬照他的命令去做，这是因为教师'不自觉地'猜疑学生的本来经验，所以才过分地应用外面的制裁。这种不自觉的猜疑，不但见于教师的命令，亦见于教师供给学生的材料。学校里的实验室、手工

作业的教学法

室、福禄培尔的幼稚园、蒙特梭利式的儿童室等，都怕将原料供给学生。他们所给与学生的材料不是原料，乃是已经经过别人用心做得完备的材料。普通在学校里的‘书本的学习’有这种要求；现在这种要求亦见于主动的作业所用的材料了。这种已经经过别人用心做得完备的材料，能够制御学生的动作，使他避免错误，这是真确的事实。但是要想学生运用这种现成的材料，就可获得造成这种材料所有的智力，这便是妄想。学生必须从粗率的材料做起，想法利用，使适应于所欲达的目的，才能够获得这种智力。普通学校里太注重已经造好的材料，使人过于张大‘数学的特性’（mathematical qualities）所应有的效用，因为他们以为学生运用具体的物质，能够因知道大小、形式与由此引伸的比例与关系而裨益到他的智力。但是我们要明白，学生必须从事‘有目的的作业’，这种目的使他不得不注意这些数学的特性，由这样得来的关于数学的特性的概念，在他看来，才有明澈了解的意义。学生作业的目的，越与日常经验所需要的目的相近，则学生由此所获得的知识越加真实。如果学生作业的目的仅限于证实数学的特性，学生由此获得的知识不过是专门的性质，不能够应用于生活的经验。”

学生作业时要注意的事情

“学生对于他所从事的作业，须注意于他的全部分。……所谓要注意全部分，在教育的作用方面，并不是指物质的事情。在知识方面，要使学生能够注意全部分，全恃他对于作业有兴趣。能注意全部分是指性质而言；是说作业的情境能够唤起全体的注意。如学校太偏重于养成有效率的技术的技能，不管目前的目的是什么，往往使学校所规划的练习与目的划分而不相联络。……裴司塔洛齐主张应使学生主动地应用他们的感官，不应该使他们硬记语言文字。这种主张虽是公平，但是在实施方面却留下一种计划，称为‘实物教授’（object lessons），有意地用来使学生熟悉所选用的实物的一切特性。这种计划的错误，与上面所说的手工训练一样；他们都以为必使学生先知道实物的特性，然后才能够聪明地应用这种实物。其实学生聪明地应用实物的时候，他就同时用着他的感官；因为他要成功，不能不注意所用的实物的特性。我们试看儿童构造纸鸢的态度。他构造这个纸鸢的时候，他的全副精神都注意于这个纸鸢的全部分，关于所用的木头的木纹与其特性，关于大小、角度与各部分的比例，无不聚精会神，全部顾到。再试看儿童在学校里实物教授的土木课所有的态度。在这时候，由他看起来，所用的木头与它的种种特性的唯一效用不过是用为教课的材料。普通教师都不知道学生作业情境的逐渐发展，使他逐渐明白其中的效用，乃是使学生聚精会神的唯一条件。……学校里有种种作业，如园艺、纺织、木工、金工、烹饪等等，就是将上面所说的那种基本的人类事务引用到学校里去，而作为学校的材料。”

杜威的作业教育论之价值与缺陷

这是杜威作业教育论的大略。这种作业教育论，在一方面看，有些似乎与凯欣斯泰奈的主张相同，有些似乎与高特希的相似。具体的说，凯氏主张以手工教授为学校的主要科目；杜威亦劝人勿轻视手的作业，以为它只是补助的、副次的，没有什么计划，而随便施行。高氏主张教育以陶冶“生成的人格”为目的，学校不可使儿童期为成人期而牺牲；杜威亦主张教育是为儿童自己的生活，并不是预备将来成人的教育。但是在另一方面看，杜威的作业教育论又与凯、高两氏的主张各异其趣。具体的说，凯氏说的作业，虽有时顾及儿童的内心的自律，然而他还是置重于国家社会的外面的命令。至于杜威，他的作业教育论可以说是完全置重于儿童自己的主动的动机与兴趣，不过借各个儿童间的相互合作，以养成社会化的习惯而已。高氏所说的作业，不但在开始时以自己活动为中心，就是在整个的教育过程中始终地以自己活动为唯一的方法，以为各个人的人格一到达“理想我”的境域，那才同时可以到达“为社会而服务”的目的。至于杜威，他的作业教育论虽则是一种“儿童本位观”，然而在整个的教育过程中，随时随处常注意于各个儿童间的参与合作，一面陶冶儿童自己的智力，一面养成社会化的习惯。就杜、凯两氏的比较而论，两者虽则同是一种所谓“公民的作业教育论”，然而凯氏的作业教育论是一种“国家主义的作业教育论”，而杜威的作业教育论是一种“民本主义（或德谟克拉西的）的作业教育论”再就杜、高两氏的比较而论，两者虽则同是一种所谓“儿童本位的作业教育论”，然而高氏的作业教育论是一种“个人主义的作业教育论”，而杜威的作业教育论是一种“社会主义的作业教育论”。所以如果我们将杜威与凯、高两氏的教育学说列在别项，例如“新个人的教育”、“社会的教育”等项去叙述，那么，与其将杜威与高氏同列在前章——新个人的教育——里去叙述，不如将他与凯氏一并列在本书前篇第十三章——社会的教育——里去叙述。我曾经在本书前篇第十三章里，将杜、凯两氏的教育学说同时地略略叙述些，就因为此。复次，再就杜威与瑞士塞德尔的作业教育论比较。塞德尔的作业教育论，如前面所说，一方面富有社会主义的色彩，他方面反对作业的教育含有经济的意味；至于杜威，他亦是与塞氏一样，有这种主张。杜、塞两氏的作业教育论似乎相一致；然而在本质里，塞氏的学说是福禄培尔的继承与发展，而杜威的学说却是反对福禄培尔的主张。这如同凯氏的学说以裴司塔洛齐的学说为出发点，高特希的学说以福禄培尔的学说为立脚点，而杜威的学说却是反对蒙特梭利、福禄培尔乃至裴司塔洛齐的方法一样，彼此之间，又是各不相同。再进一步说，杜威与塞德尔一样，虽则主张作业的教育不可含有经济的意味，然而他们的这种论调实是为了有经济的背景而使他这样说的。因为美国是一个资本主义的经济组织的国家，资本家对于劳动者所要求的工作，只要他们苦役地做得越多越好，毫不顾及劳动者自身的利益。这种影响及于教育之上，在学校里，教师亦只知道要学生读死书或在严格的训练之下要学生去做被动的工作；即使不是被动的，而从来学校里所采用的手工业，其目的亦不过如杜威所指摘，无非在于满足儿童的活动，发展实际的精神，以作襄助家业，图谋生计的准备，毫不知学校本来为真正的活动的共同生活之场所而要在于惹起或培养对于社会的必要及其任务之精神。杜威有鉴于此，所以他主张在学校里采用共同制作的作业；且以为这种作业是社会发展上的最大要素。而且最适于培养这种精神。杜威的这种主张，其直接的目的固在于图谋现在学校的改造而使教育作业化、学校社会化；但其间接的目的，实在于促进社会的改造而实现所谓“德谟克拉西”的精神。然而杜威如同一般美国的教育学者一样，只谈“进化”而不讲“革命”，所以他对于社会的改造，并没有主张根本变化，而不过在美国社会的现状之上加以一番改良而已。固然，杜威在一九二八年亲访苏俄以后，他的思想稍有转变，一面力说“苏俄的学校实是革命的心意之武器”；一面以为“美国教育上有些教育观念之被采用于苏俄的教育组织，较之美国为更有组织，因此不免自愧！纵使他不同意于共产主义的教育家的说法，以为自由主义的教育者之进步的思想，只能在一个趋向于社会主义而行经济革命的国家中可实现，但他在必要上，总不免趋向那健全的心情与理智的人们了”。（见杜威著，吴自强译《苏俄印象记》五六—五七页，江西省教育厅编译处发行。）杜威的这种考察，岂不是宣扬苏俄教育的长处而不满意于美国教育的一种表示吗？但是杜威在未游苏俄以前，在《民本主义与教育》一书里所主张的种种教育观念形态，只反映出美国的社会。倘使资本家与劳动者间能够妥协调和，资本家对于劳动者不加虐待，而劳动者对于资本家不起反抗，双方各自安分守己，不相侵犯，在杜威看来，就算是“德谟克拉西”的精神了。所以平克微支对于杜威的教育哲学，批评它有两个缺点：（一）观念形态的保守：即杜威立于现存的社会制度上，主张以学校适合国家的需要，终属与虎谋皮，而无结果。（二）工作观念的误谬：即杜威欲以工作教育为调和阶级冲突的手段，不啻资产社会的代表者，而非社会主义者所谓工业学校的教育；所以这两者间所谓“工作”，不可同日而语。（见 A. P. Pinkevitch，*The New Education in the Soviet Republic*，pp. 173—177）平克氏的这种批评，决非“无的放矢”。杜威的教育哲学所以对于社会改造不能彻底而有改良、妥协与调和之嫌，其原因就在于它的根据是一种实用主义。实用主义的本旨是以个人为万物的尺度，并且主张凡是有效用的东西就是真理；所以信奉这种主义者，对于资本家与劳动者之任何一方面，无所偏袒，只要他们不互相侵犯，都认为正当。所以杜威在教育哲学上亦只是主张个人与社会之平面的调和，而没有使个人与社会相互对立，然后再求其互相消解或互相渗透。因此，杜威虽则对于一切相对物如心与物、知识与道德、理论与实践、闲暇与劳动、文化与职业，乃至训练与兴趣、教学法与教材等等提出所谓“两元论之统一”，然而他终得不到真正的统一，而只是做到暂时的调和而已。关于这点，我曾经在拙作《教育哲学》里有详细的批评，兹不复述。何恩（H. H. Horne）对于杜威的教育哲学亦批评过，他说：“杜威主张在教育历程以外，无所谓教育目的；但是在平民社会未能实现以前，这种社会的目的确不在于平民化之历程中；这实是一个显著的矛盾。”（见 H. H. Horne，*Philosophy of Education*，Ch. IX）固然，何恩的教育哲学是一种唯神的理想主义，而杜威的教育哲学是一种唯实的实用主义，两者的根本不同，即前者主张教育是为儿童将来的理想生活，而后者主张教育是为儿童目前的现实生活。然而姑离开两者的根本的立场而论，何恩的这种批评，与平克氏的批评一样，自有相当的理由。除此以外，杜威的教育哲学还有许多矛盾的地方。现在姑再举一例。杜威在一方面主张教育社会化而不赞成极端的个人主义；然在他方面，确如飞恩尼（R. L. Finney）所批评：“杜威过重个人与社会生活的意识，而忽略习惯、训练与强迫的价值；结果呢，社会遗产的重要亦被轻视，使现代个人主义的火焰愈益燎原而不可响迩。”（见 R. L. Finney，*A Socialogical Philosophy of Education*，pp. 157—159，470—479）飞恩尼的这种批评，虽似言之过火，然确能指出杜威的矛盾地方。以上所述种种批评，有些归因于杜威的根本假定之错误，有些归因于他太迁就于美国的现存社会制度，有些甚至归因于我们过于吹毛求疵；然而教育史除叙述与说明外，还兼有批评的责任，所以我们对于杜威的批评，不拘是主观的或客观的，纵使有些微见到之处，亦不能不说，所谓“各言其志”而已。不过在另一方面看，杜威的教育哲学确是不少特色，现在姑不说别的，单说他的作业教育思想吧。杜威的作业教育思想，就是平克微支亦认为可资借镜，而举出三种特色：（一）在组织上，学校须与社会相结合。——照杜威的意思，现在的学校组织本是实业发达以前的产物，其不适合于现今实业发达的社会，固属当然的事；所以现在的学校如欲适合现今的社会，非大加改造不可。（二）在内容上，知识须与生活相联络。——教育的目的不在于一种职业的准备，而在于发展儿童对于一种职业之社会的与科学的关系之兴趣与认识。（三）重视生产的作业之价值。——生产的作业最能够以直接的经验使儿童与真实相接触，以引起他活动的动机。（见前引书）平克氏虽始终认杜威是资产社会的教育者，不足与语共产社会之作业的教育，然而他以为谈作业的教育者虽多，而有比较正确的观念，仍当首推杜威。即使退一步说，杜威的作业的教育思想不适于实行经济革命的苏俄，但是如果应用于经济全未发达的国家社会，例如目前的中国，也许可以得到一种帮助；因为像目前中国这样的社会，本无资本阶级存在，倘在实业建设上，遇见什么劳资冲突事件，借用杜威教育哲学里所说的这样平稳中正的主张以资调解，亦未始不是一时权宜的办法。所以我们不能因为杜威的作业教育论稍有瑕疵而遽行排斥。（关于杜威教育哲学全部的评价，最好请读者诸君一阅陈科美的《杜威教育哲学批评之批评》，见暨南大学教育学院《教育季刊》第一卷第三期一九—三一页。）此外，有一点要附带声明的：杜威的作业教育论，如前所说，与凯欣斯泰奈的作业教育论同属于一种所谓“公民的作业教育论”；两氏的作业教育论已先后绍述过；对于他们的公民教育论，似未提及，不免有遗漏之诮；但是公民的教育问题，依理应列在“社会的教育”这命题之下叙述，所以拟等到本书前篇增订的时候，再将他们的公民教育论作一度补充的叙述，现在姑且不谈。以下再进而叙述与杜威立于相反的立场（一是非经济的，一是经济的）而受着杜威的影响之苏俄的蒲龙斯基的作业教育论。

蒲龙斯基的传略

蒲龙斯基（Pavel Petrovich Blonski），苏俄人，一八八四年生。他在一九一七年以前，虽是追随的观念论者，但是以后他变为唯物论者，与马克思主义相接近。他现在为苏维埃劳工学校的建设者之一人，同时又为国家学者会议员及共产主义研究院教育部之指导者，他的主要的著作，除掉他在一九一七年刊行《作业学校》一书外，还有《教育学》及《教育学概论》两书。就中《作业学校》一书就是蒲氏的作业教育论，这部书曾经德国俾格（A. H. Baege）在一九二一年译成德语。我们想明了蒲龙斯基作业教育论的究竟，不可不先读俾格的《序文》。现将俾格的《序文》摘要于下：

俾格的《序文》

> 蒲龙斯基在这部书里面虽则并没有一处用过所谓“生产学校”一语，但是他的所说，明明白白的是生产学校，然而作业学校与生产学校的区别究竟在那里呢？
>
> 在作业学校里，一切作业，在终极点上看，是以有裨益于教育学的任务为唯一目的。反之，生产学校，是要将学校作业建设在经济的生产劳动的基础之上。这种生产学校的理由有两点：
>
> a. 儿童所能够通晓的，只限于实际的经济过程之上。
>
> b. 儿童本身除掉游戏以外，对于有用的劳动，实际是非常欢喜的。凡康健的儿童，很早就表现“使他成为有用的分子”之强烈的欲求。
>
> 生产学校的主张者，是要将学校编入于纯粹经验的社会的全部组织之中。换句话说，他固然不将学校自身当作完成的社会看待，但是在一切关系上，总想有一个与社会的全部组织的各机关有密接的结合之学校。

蒲龙斯基的作业学校之性质

照俾格所说，可知蒲龙斯基的作业学校，不外乎有上述的意味之生产学校。这样，前面所述的厄斯得拉希等的生产学校如果到达彻底的境域，那么，它会变为蒲龙斯基的作业学校论，亦未可知。

蒲龙斯基对于凯欣斯泰奈的作业学校之批评

蒲龙斯基极力反对凯欣斯泰奈的手工的作业学校而另唱工业的作业（劳动）学校。他以为凯氏所说的手工的作业学校是时代落伍的思想。在这一点上，蒲龙斯基似乎与塞德尔反对卡斯的手工教授一样，彼此有同一的见解；然而塞德尔对于学校之工业化却是极力反对的，所以两者间的距离又是很远的。

经济的作业学校之起源

如果追溯经济的作业学校的起源，自古早已发见了。一八六六年，哥夫（Gough）所召集的社会民主党大会已经议决“教育与生产的作业相结合”一案；此外，马克思自己有如次的议论：“生产的作业与教授及体操的结合，这就是生产完全发达的人类之唯一的方法。”蒲龙斯基所以有这样的主张，那是很当然的结果。但是除掉马克思外，蒲龙斯基所受的影响还有几人。据蒲龙斯基在那一部书《自序》里面所说，他所受的影响，是福禄培尔、裴司塔洛齐、马克思、杜威及沙列尔曼诸人。但是蒲龙斯基的中心思想是经济的文化观与世界观；在这种中心思想之上，不过多少采用福禄培尔、裴司塔洛齐、杜威等的教育思想而已。现在姑先举一例：杜威以为作业是应顺自然的环境，但蒲龙斯基却以为作业之真正的任务是在于支配自然的环境；并且他所谓支配，是极含有依从工具而起的身体的支配之意味。由此，可见杜、蒲两氏虽则同注重自然的环境，然而他们因为各有各的出发点，所以一说应顺，一说支配，而有两种不同的结论了。

作业及作业学校之概念

蒲龙斯基以为作业学校（编者按：蒲氏所谓“作业学校”一语，照他的原意，本来应该译为“劳动学校”，但是因为与前面的用语取统一的办法，所以亦译为“作业学校”，以下仿此）是作业教育之学校。我们欲明了作业教育之概念，那么，不可不先究明作业的概念之本质。

作业的概念之本质

氏以为作业是人类使自然服从他的意志，使自然应顺人类的必要，一句话，是人类与自然间所行的过程。在这个过程的内部，人类感觉到某种需要；为满足这种需要计，作业于是发生。这样说来，可知自然与事物，乃是人类的作业之结果使用价值。生产的作业就是使某种所给与的对象变化为人类的有用的事物之一种活动。

作业的教育之意义

照上所述，可知作业教育是儿童在这样的生产的作业之上有受合计划的、有组织的训练的意味。详细些说，儿童因为受了作业教育，他会成为“使自然应顺于人类的必要”之一生物而发达的。所以作业教育是教育人类成为自然之支配者的意味。然而对于生产，比作业生产物更重要的事物是工具与作业方法。一谈到作业，我们不可不先说明工具与作业方法。因为这样，我们才能由此发见到达作业的本质上之关键。

作业的历史之决定

作业的历史是由“什么时代有什么样的工具，那种工具是怎样地使用”这些问题而决定的。这样说来，可知作业教育上之最重要的要素是怎样使用工具的技能之发达。所以作业教育的本质是存在于使儿童惯于使用工具及作业技术。作业教育的方法亦是存在于使儿童在作业活动上有合计划的、有组织的练习。总之，作业教育的意义就是持有自然的支配之武器，使自然服从于人类的利用与必要之一种教育。

作业社会

氏以为拿木匠建筑房屋一事来考察，这不仅有几个木匠在那里协同合作，并且要有泥水匠等加入协同合作。由此，可见作业，在许多场合，是一种集团活动或协同活动。在发达的社会，所谓作业，是专门作业者之协同作业；个个的作业者不过是作业团体内之一部分而已。

作业教育之理想与内容

依上所述，作业学校之概念当可明了。那种孤立的各个人的作业，在发达的社会，既不过是一个抽象的事物；那么，作业教育必然地要以集团作业为理想。换句话说，作业学校是儿童之作业社会。作业学校之内容，并非是抽象的作业过程，而是全部的具体的生产。作业学校的出发点，如同人类的作业生活一样，是综合的生活问题——关于衣、食、住等所有的具体的生活需要品。欲为满足这种需要计，集团作业是必要的。这种集团作业，必须使儿童依从一般的方案去实行同样的作业，或者使儿童协力互助地去分担作业的各部分；就中，尤以后者为多。

儿童作业社会之构成

这样，使儿童在分业的过程上组织起来，再依从“使他们满足社会的必要”这件事感觉得他们并非个个各自分离的儿童，而构成一个分工合作的儿童作业社会。从儿童的集团作业而构成的作业学校，是在社会组织之缩小的形式上组织而成，所以儿童的作业，不过是一般集团作业之一部分。照这样做，儿童一方面在受社会的教育，他方面去施行作业之学习，部分作业之技术的练习，尽量地到达能够使用大工具之专门化。要之，作业教育是社会的作业教育。作业学校是为实现唯一的共同目的，在分业的过程上所组织的儿童作业社会。

作业工具

我们将工业解为机械的生产之方法；换句话说，作业工具是由手工业工具转变为机械的工具之作业方法。凡发动这种作业机械并非人类力，乃是自然力。工业主义是对于自然之人类力的优胜，亦就是现代之特质。

机械的生产之价值

机械是使筋肉作业绰有余裕，就是未成年者亦能够使用它。在机械的生产方法上，儿童作业能够成为技术的这件事，是资本主义工业所已证明的。这件事足以表示机械上的作业用不着多大的预备练习。又机械的生产是能够比较迅速地使由一种机械使用之学习转移到别种机械使用之学习。这事足以证明多方面的作业教育是可能的。工业的生产之原理在于能够将复杂的作业过程分解为比较简单的机械的要素。各种机械之直观的观察，是表示机械构造及运动之基本的要素。

工业的技术之一般化

这样，多方面的工业教育实由于理论的一般化之组织。我们可称这一般化为“工业的技术之哲学”。关于这种作业之一般化，不外乎自然科学之实际的应用。所以在工业上，比之在其他领域上，它与科学更有最密切的关系。工业的技术之哲学（即技术的一般化）是直接地由于科学。换句话说，在工业上，技术的陶冶与科学的陶冶是密切地结合着的。

最高的作业教育

最高的作业教育是工业的陶冶。然而对于青年所施行的工作的作业，并非一面的技术的陶冶，乃是多方面的技术的陶冶。工业的多方面的技术学校是造成作业哲学者，且给与以广的科学技术的陶冶。这样，在人类的自然支配上可称为“最高的获物”之工业，同时又可称为“青年之多方技术的——科学的——哲学的陶冶之最尊崇的女教师”。

作业教育之效果

作业教育是准备将来之力有强的自然支配者。儿童的作业社会——初等作业学校——是为儿童期的这样的教育之基础。工业的多方技术的学校是在这个基础上施行真正适合于时代之第二十世纪的青年教育之场所。

人类之进步

人类的进化存在于人类的自然支配力之不绝的发展。所以我们可以视文化的进步与作业的进步是同一之物。那种到达发展的最高阶段之作业是大工场的作业，而最完全的作业学校是工业学校。

陶冶之目的

陶冶的目的，在于将儿童引入于现代工业的文化之中。这个目的是终局的，只有青年，才能够到达。教育在它本身上不仅有终局的目的，并且兼有出发点的一个过程。这个出发点就是本于自然的给与之儿童的性质。作业学校教育学的中心问题在于“怎样地从所给与的儿童之性质而出发，才能将儿童导入于现代工业的文化之支配中”这一个问题上。

游戏之效用

幼少的儿童所有自然的生活的内容之构成是游戏。游戏又是幼少的儿童之最尊崇的女教师。游戏对于幼儿并非是无目的的精力的浪费，乃是有使儿童全部发达的效用。不仅如此，儿童在游戏上，可以表示他的全部的最深的素质。有了游戏，儿童的运动、感觉器官、注意、想像力、发见、推理力、社会的感情、对于法则的服从之精神等才都有所发达。总之，所谓游戏，是意味着“积集经验”，并且意味着“积集与活动相结合的之经验”。所以我们对于幼儿的教育，不可不从游戏而出发。换句话说，学校前的教育，不外乎教育者利用儿童之自然的游戏而已。

我们所不可不注意的，就是“自三岁到七岁的幼儿之自然的游戏是向着一定的客观的结果而努力的”这一件事。这种向着一定的客观的结果而努力的人类之活动，我们无以名之，名之曰“工作”。所以幼儿的游戏，不外是幼儿之自由的工作。这样，学校前的幼儿教育，在于对于儿童之自由的自然的工作加以教育学的选择及教育学的合目的的组织。 学校前的幼儿之教育

于此又有应当注意的，是“在幼儿的游戏上，模仿活动是他的重要的剧目”这一件事。幼儿的模仿有构成的与演剧的两种。构成的模仿并非正确地去模仿，乃是创始地用自己特有的方法去模仿；演剧的模仿并没有什么其他目的，不过为模仿而模仿而已。 模仿活动

构成的模仿之有教育学的意义是很明白的。因为儿童从社会之习惯上能动地去学习，并且他能够应用教育学上之最重要的法则——由行动去学习行动——到达职业及职务。这件事就是真正的理解学习之唯一的真正的方法。其次对于教育的方法，那种演剧的模仿亦有重要的意义。因为儿童靠着所表象的对象与象征去再生一切事物。例如幼儿在“Pan”的游戏（一种游戏）上会转移于建筑教会。 构成的与演剧的模仿之价值

学校前的幼儿，对于运动与活动，是非常地有兴趣的。他对于成人社会的活动或工作，机械的活动及运动等，深加注意，而开始观察。幼儿之自然的游戏活动就是向着成人社会之工作及机械之复制的一种作用。在这时候，最重要的事物，就是这些可以作为儿童的构成模仿之对象这一件事。并且，这时期对于象征的倾向，确是有教育上的重要的意义。 幼儿喜欢运动与活动

以上所述，是蒲龙斯基对于义务教育年龄前的幼儿的作业教育之教育学的考察。至于初等作业学校——第一阶段的作业学校或少年期的作业学校，他又有如次的议论： 蒲龙斯基对于幼儿的作业教育之考察

蒲氏以为初等作业学校，是儿童作业社会。在这种学校里，为实现共同的目的计，使适应于儿童的发达年龄之家庭的作业成为分业化。所谓家庭的作业，不仅可解作家庭经济，并且是含有“儿童所特有的兴趣之家庭工业及家庭内之机械的作业”的意味。我们的出发点，在于惹起儿童与对于经济的兴趣相结合之生产的作业冲动。这种冲动是向着工具及作业方法而进行；在少年时期，对于工具的兴趣格外发达。于是所谓“儿童的”的定义可以解释为“工具的”的意味。所谓儿童是“工具的”这件事，就是因为与他们的活动有密切的结合的缘故。初等陶冶的内容就由这件事所指示。 初等作业学校

作业工具、对象及作业方法之效用

作业工具对象及作业方法，一方面是由作业到达自然认识；同时，在他方面，是导入于“本于生产手段的进步之社会的文化”。

补习学校之作业教育

复次，在补习学校里，作业与教授的关系渐渐成为密切的，但是它的结合尚未十分到达于有机体的。

青年期的作业学校

蒲龙斯基对于工场作业及工场——青年期的作业学校——有如次的议论：

真正的作业学校

蒲氏以为青年期的作业学校是真正的作业学校。工场不仅与家庭作业一样是清洁的，并且比它有更完善的设备。成人作业的地方，青年亦能够去学习的。并且，在“学校兼工场”这种组织上，可以养成有科学的陶冶之作业者。

工场作业之价值

所谓工场作业与所谓工场，是超越自然的人类理性之最高的胜利之丰富的宝藏。不过有利欲的人类之丑秽，会使它变成为非理性的事物，而且使它变为贫穷困苦的场所。工业不仅是技术及自然认识上之尊崇的女教师，而且同时又是社会生活的女教师。再进一步说，施行最广的社会的陶冶，就是工业。工业是由世界上的一切物品的交易而导入于全世界的知识与全人类的接触。

陶冶组织之三大中心原理

综合以上所述，蒲龙斯基举出陶冶组织的中心原理有下列三点：

（1）对于幼儿是作业的环境之游戏。

（2）对于少年是家庭的作业社会。

（3）对于青年是工业。

地方农村之工业化

除此以外，蒲龙斯基对于地方农村亦力说大工业化的必要，以工业化的社会为理想。关于这一点，为篇幅所限，暂从略。

蒲龙斯基的作业学校论之价值与缺陷

以上所述，是蒲龙斯基的经济的作业学校论——劳动学校论——的大略。至于蒲氏的这种主张究竟有无价值与缺陷，这当视我们站在什么立场而解答。现在姑先将竹井氏对于蒲氏所下的批评介绍如下：

竹井氏对于蒲氏所下的批评

竹井氏说：“德国的作业学校论与蒲龙斯基的作业学校论之间，有根本的区别，已如俾格所指摘。生产学校论或经济的作业学校论所谓‘作业’的概念，是以经济的意义为中心的；反之，作业学校论所谓‘作业’的概念，是以教育的意义为中心的。固然，作业学校论的发生基于经济的作业之必要；然而作业学校论并不一定要从经济的意义而出发，而应该从作业之教育学的根据出发，以筑成作业学校之基础。这种努力，必然地是谋作业的概念之扩张；在现今，作业学校之作业的概念，是到达纯粹的陶冶概念而上升的。其最著的实例，就是谢布奈的作业过程之研究及凯欣斯泰奈的作业之教育学的概念等是。原来蒲龙斯基的见解，以为人类的文化存在于自然之支配与征服，其征服过程就是作业（劳动）。所以只有依从作业，人类的文化才有进步。换句话说，所谓文化的进步，不外于作业的进步而已。最进步的作业是依从机械之作业——工业，所以最上的教育是工业教育。但是工业的基础是机械，所以工业的教育是机械制作、改良及发明的教育。因为除掉机械的制作、改良及发明，简直没有工业的存在及发达之可言。这样，在工业的教育上，最有价值的事物是科学的知识及与它相结合之高等的技术。在工业的世界上，人类的价值是依从他所有的知识及技术之多寡及高低而评定的，精神的作业比之身体的作业更为尊重，那是当然的道理。具体的说，蒲龙斯基所主张的工业教育，当然不得不导入于知识及技术万能之教育。所以他的主张，在于必须将现代的社会及教育大大地科学化、工业化，可以无疑的；并且他为促成文化的进步计，这种教育亦为他所高唱的。尤其是站在国家发展的见地上，科学的工业的教育之必要，那是不待言的。此外，若从现代苏俄的工业状态而考察，蒲龙斯基的主张，当然是被首肯的。然而教育只一面的工业化是很危险的，蒲氏自己亦说过一句话‘只有工业，决非人类文化之最高点’。在这意味上，蒲龙斯基的学说未免是一面的、极端的，不能够算是妥当的教育论。此外，还有可取的，是教育之生产化，但是在这一点上，这亦应该如塞德尔及其他教育学者所说的一样，无论如何，非经过一度教育学的研究不可。再次，蒲氏以为幼儿及儿童对于成人社会之制造的物品有莫大的兴趣，但是在这一点上，他必须提出儿童之玩具选择上所应该考虑的问题。因为科学的教育可以说是从玩具而着手的开始的。”

我对于蒲氏的作业学校论之评价

这是竹井氏对于蒲龙斯基的经济的作业学校论所下的批评。这种批评，亦不无相当的理由，不过有些地方还有商榷的余地。以下让我对于蒲氏的作业学校论评价一下。

我个人的立场

蒲龙斯基的作业学校论，在前面说过，是要看我们站在什么立场而评价的。我个人的立场是经济的，因此，我曾经在拙作《教育哲学》里认定教育就是经济。但是我们所谓“教育就是经济”这一句话，并非说教育就是衣、食、住、行等这些经济要素，乃是说教育是制造可以供给我们的生活之衣、食、住、行等这些经济要素之可能性或能力。这种可能性或能力，我无以名之，名之曰“社会生产力”。因为如此，所以我以为教育的本质就是社会生产力。我对于所谓“生产力”有如次的解释；所谓“生产力”，是指我们制造可以供给我们的生活之必需物品之可能性（malichkeit）而言；换句话说，它就是我们制造物品之能力。我又以为这种可能性或能力，不外乎是一般教育学上所谓“可塑性”或“受型性”（plasticity），或“从经验中学习的能力”（the power to learn from experience）。综合以上所述，我的结论，就是以为教育就是经济，经济就是教育，二而一，一而二的。同时，我又以为教育就是文化；而所谓“文化”，我认定孙本文对于“文化”所下的定义是很对的。孙本文说：“文化是人类调适于环境所创造以满足生活需要的工具。”他又说：“这种工具，既经创造，又常因人类生活的需要与环境的压迫，而增加，而改变，而布之远方，传之后代。”（见《社会学刊》第一卷第四期二页）照孙本文的这几句话看来，那么，所谓教育岂不是含有文化的意味吗？实在讲起来，教育与文化，或文化与教育，亦是一而二，二而一的。（这是我个人的立场的大略，欲知其详，请参考拙作《教育哲学》，尤其请参考该书第四章第一节——教育本质论；因为非如此，我在上文所说的话过于简略，不免引起误会。）现在假定我个人的立场是对的，那么，我当然认定蒲龙斯基的作业学校论亦是合理的。怎样说呢？因为蒲龙斯基的学说，已经为竹井氏所指示，以为在蒲氏看来，人类的文化是在于自然之支配与征服，其征服过程是作业（劳动）。所以只有作业，人类的文化才有进步。换句话说，所谓文化的进步，不外乎是作业的进步。最进步的作业是依从机械之作业——工业，所以最上的教育是作业教育。如果读者诸君肯将竹井氏所指示的这几句话与上面所举的我自己的那种立场相比较，不拘我是有意地或无意地，就不难发觉我个人与蒲氏的主张颇相一致。不过有几点我要与蒲氏商榷而已。在我未提出商榷意见以前，对于竹井氏“作业学校论并非可以从经济的意义而出发，而必须依从作业之教育学的根据而出发，以筑成作业学校之基础”几句话，先作一度讨论。竹井氏是明白地认定蒲氏的作业学校论只有经济的意义而没有作业之教育学的根据。其实不是这样的。原来一切学术在一方面，固然应该有它本身的独立性；然在他方面，它是与其他某几种学术有相互密接的关系。教育学当然亦不能例外。教育学的独立性固然是在于以教育事象为研究的对象，然而它有时欲说明这种教育事象之本质、意义、目的乃至价值等等，不能不借助于其他种种科学，例如社会学、生物学、生理学、心理学乃至经济学、国家学、政治学、法律学等等。在教育目的论方面，在教育方法论方面，尤其在教育价值论方面，都非借助于这些科学不可。更进一步说，如果我们要站在经济史观的立场，我们以为这种种科学之最后的决定要素都是经济生活。我们可以极端的说，无论教育的本质、意义、目的、方法或价值等等，无一不可以从经济的意义而出发。就是竹井氏自己亦承认作业学校论之发生是基于经济的作业之必要；那么，难道其他种种科学之发生不是基于经济的生活之必要吗？况且竹井氏所谓“发生”一语，是站在教育的方面而说的；如果我们易地以观，即站在经济的方面而说，那么，我们未始不可以说作业学校论之最后的决定要素是经济生活。由此，可见蒲龙斯基的作业学校论是从经济的意义而出发的这种主张，并没有什么错误。不仅如此，并且由此可以知道蒲氏所以从经济的意义而出发，即所以从作业之教育学的根据而出发的意味。不过蒲氏的注意点太集中于经济一方面，而鲜论及生物学、心理学等方面，并且有些地方似乎不适合于心理学的原则而已。因为如此，所以竹井氏有上述的这样的批评。但是这不足以责难蒲氏的。为什么呢？因为蒲氏的作业学校论本来是一种作业教育目的论，所以他注重于社会组织与经济生活这两方面。设使它是一种作业教育方法论，那么，它当然会顾到生物学、心理学等等方面。所以竹井举出谢布奈的作业过程之研究及凯欣斯泰奈的作业之教育学的概念来抵制蒲氏的作业学校论，未免不公平。况且就凯氏而论，他初期的作业学校论亦只是一种作业教育目的论，所以凯氏当时的论调亦只是由国家学而出发，还没有涉及什么心理学方面的话；直至晚年，他才更进一步将作业教育目的论渐渐推进到作业教育方法论方面，于是应用所谓“格物的态度”（sachlichkeit）去解释作业态度，并且以这种作业态度为他自己的作业教育学的概念之核心。所谓“格物的态度”是客观的态度之义。详细些说，这是一心不乱地向着客观的价值之态度，或是忘却自己而没入于物中之态度，更或是不以自己为中心而以他我为中心之态度。照凯氏的见解，以为作业者纯粹“格物的”所行动的作业，含有教育学的价值。所以有些人称凯氏的作业教育学为“格物的态度的教育学”（sachlichkeitspadagogik）。但这是从作业态度而说，如果从作业的内容而说，那么，凯氏晚年的作业教育学可以称为“文化教育学”。（参考前面）凯氏所谓“格物的态度”或“作业态度”，实在讲，是心理学上的问题，亦就是教育方法论上的问题。假使蒲氏说出什么关于作业教育方法论的话，那么，他当然亦会说出什么作业态度来的。但是蒲氏，如上面所说，集中注意于作业教育目的论的问题，而他的作业教育目的论又是以经济生活为中心，所以如果从作业内容去命名蒲氏的作业学校论，那么，不妨称为“经济教育学”。然在另一方面看，任何一种教育学，不拘它的教育目的论是以经济的意义为中心，或以国家的见地为根据，或以个人的主义为基础。它总不能够舍弃他种科学例如生物学、心理学等等而不顾，积极的说，有时至少总须借助于这些科学的地方，现在姑不说别的教育学，就是蒲氏的作业学校论，它虽则是一种作业教育目的论而以经济的意义为中心，然而它何尝未涉及作业态度的问题呢？蒲氏开宗明义地说：“作业是人类使自然服从他的意志……”，他又说：“作业教育是养成人类为自然的支配者的意味。”就前一句话而论，所谓“意志”，岂不就是心的现象吗？就后一句话而论，所谓“自然的支配者”，岂不就是人类对自然之一种作业态度吗？由此，可见蒲氏并非如竹井氏所指摘，没有像谢布奈的作业过程之研究，又没有像凯欣斯泰奈的作业之教育学的概念。不过，我们只可以退一步说，蒲氏对于作业过程之分析及对于作业态度之说明，还没有到达像谢、凯两氏的那样详尽的程度而已。同时，我们又可以说蒲氏与谢、凯两氏对于这些问题的研究又是各有各的出发点而已。如果我们要从作业的态度去命名蒲氏的作业学校论，那么，我们似乎可以称为“意志教育学”。因为蒲氏的作业学校论侧重于人类的意志，并且要使人类的意志去支配自然的环境。据我个人的考察，蒲氏作业学校论的缺陷在此而不在彼。具体的说，蒲氏作业学校论的缺陷在于以人类的意志为出发点这个问题，而不在于以经济的意义为中心那个问题。原来蒲氏的主张，渊源或根据于马克思；而马克思的意思以为一切意识为存在所决定，并非一切存在为意识所决定。如果我们将马克思的这种见解，放在作业学校论上去解释作业与作业教育，那么，我们应该如同杜威所说一样，以为作业是人类应顺自然的环境，作业教育是养成人类为自然的适应者。因为在本质论上或在发生论上讲，无论如何，非如此说不可。至于社会或个人若发展到某种程度的阶段的时候，无论社会意识或个人意识可以反客为主去控制、支配或改造自然的环境，那是某一个问题。如果像蒲氏一样，一方面既要根据马克思的学说上的根本假定，但他方面却说自然为人类的意志所支配，这岂不自相矛盾吗？设使蒲氏的作业学校论专为青年期及成人期的教育而发挥，那可以说得通的；因为青年及成人比之儿童，尤其比之幼儿，已经发达到较高程度的阶段，他们的意志已经亦有相当程度的坚固，因此，他们可以去控制、支配或改造自然的环境；况且青年期或成人期的作业教育的目的，须在于使青年或成人为自然的支配者。然而，如果蒲氏的作业学校论是从儿童期尤其即从幼儿期起有这样的主张，那未免有点太早计了；所以在幼儿期及儿童期，反不如采用杜威的主张，以为作业教育是养成儿童为自然的适应者；尤其在幼儿期，可以采用凯欣斯泰奈的主张，以为作业教育多少是依从外部的强制。照杜威的意思，就是说先有适当的自然的环境，然后才有适当的反应。照凯氏的意思，就是说若要儿童作业，非先有指导者去安排适当的环境强制地使儿童去实行不可。杜、凯两氏的这些主张都是为幼儿期及儿童期的教育而发挥的；同时，在理论上，幼儿期及儿童期的作业教育，亦非如此不可。幸而蒲氏的作业学校论，在全体上，似乎是为青年期及成人期的教育而发挥的地方居多。所以蒲氏的作业学校论，没有多大的缺陷，不过稍有疵瑕而容易修正的。以上所述，是我个人要与蒲氏商榷的第一点。至于第二点，据蒲氏的见解，以为机械上的作业，是表示不需要多大的预备的练习。关于这一点，蒲氏的所说，是否正当呢？据苏俄有些别的教育学者的考察，以为苏俄的教育有一个问题不可不急行解决的，就是“不断地举行实习”问题。现在列宁格勒（Leningard）正有重视“生产教育”一语以代“不断实习”之倾向。然而这些学者以为这种倾向是有点超时代的，因为不断实习是对于生产教育之先决条件，如果没有必要的准备，而想一跃达到百分之百的生产教育，是何异孩提之童想即刻成为大人。不断的实习应当及早有个适当的准备才成。因为二部教育的完成与修业年限的缩短，全视这个实习的良否以规定的。（参考商务《教育杂志》第二十二卷第九号五五页）照这几句话看来，可知蒲氏的那种见解，确有商榷的余地。这或者因为蒲氏太拘泥于辩证法上所谓“由量变到质”这一句话，以为儿童似乎到某个时刻可以即刻转变为成人，所以在儿童时期内对于机械上的作业不必需要有相当程度的预备练习，而要使儿童迅速地转变为机械生产的工人。殊不知辩证法上所谓“突变”（revolution）是所谓“嬗变”（evolution）的对立名词，它本身亦是辩证的。具体的说，所谓“突变”是与所谓“嬗变”互相对立而又互相关联，或互相对抗而又互相消解的东西；所以所谓“突变”，可以称为“在嬗变中陡然的破裂”。总之，所谓“突变”，决不能够离开“嬗变”；如果一离开“嬗变”，那就无所谓“突变”了。（关于“嬗变”与“突变”之关系问题，我另有专著，在厦门大学《学报》第一卷第二期及《学艺杂志·百号增刊》里面发表过的，可资参考。）同一道理，所谓“机械的作业”，实在讲起来，是“预备练习”之结果；换句话说，所谓“预备练习”，是“机械的作业之前提条件”。这两者是互相对立而又互相关联，或互相对抗而又互相消解的，一句话所谓“机械的作业”，就是“在预备练习中陡然的破裂”。由此，可见蒲氏所谓“机械上的作业，是表示不需要多大的预习练习”这一句话，未必就是真理。固然，像美国的一般教育学说那样的墨守达尔文的进化论，以为儿童的一切天性都是逐渐的发展，是有点“不及”的；但是像蒲氏这样的硬说机械上的作业不需要多大的预备练习，亦属“太过”。（参考拙作《教育哲学》第六章第一节）“过犹不及”，所以我以为蒲氏的作业学校论还有修正的必要。最后还有一点须要商榷的，这是与第二点有关系的。据蒲氏的见解，一方面以为儿童有技术的陶冶之必要，他方面以为技术的陶冶与科学的陶冶须有密切的结合，并且似乎以为技术的陶冶是先于科学的陶冶而举行。关于这一点，小林澄兄有如次的批评，他说：“蒲氏所谓‘作业是自然的环境之支配’，但是他所谓‘支配’，是意味着‘主在依从工具之身体的支配’；至于精神的支配所以因之而起的问题，在他的研究，是极粗杂的。并且，这两者间所有的关系——即前者（身体的支配）依存于后者（精神的支配）之关系，在他的所说看来，亦是颇不彻底的。”（见岩波讲座，《教育科学》第十七册一七页）竹井氏另有一种批评，他说：“在工业的世界，人类的价值是从他所有的知识及技术之多寡及高低而评定的；精神的作业比之身体的作业更为尊重是当然的道理。具体的说，蒲氏所提倡的工作教育，当然不可不导入于知识及技术万能之教育。”（见竹井弥七郎著《劳作教育学之发达》三八五页）现在姑不管小林、竹井两氏站在什么立场去评价蒲氏的作业学校论；具体的说，不管小林氏以为身体的支配是依存于精神的支配或后者依存于前者；亦不管竹井氏以为精神的作业比之身体的作业更为尊重，或后者比之前者更为尊重；但是我只要问蒲氏既以为技术的陶冶与科学的陶冶须有密切的结合，那么，这两者应该怎样地结合及有怎样的密切的结合？据苏俄心理学者科尼洛夫的研究，他说：“……因为此处所谓的‘能力之中枢的耗费’，就是指平常的精神劳动而言；周边的耗费就是指体力劳动。所以我已经断定，现在苏维埃联邦努力把精神劳动与手工劳动综合，设若这种综合是不同时的混和，而是一种合理适当的由这种劳动转变成那种劳动，在理论上与实际上，都是可以成功的。讲到这里，还有一点要说明，就是实验的事实告诉我们：当周边的耗费转变为中枢的耗费是比相反的转变更感困难。这就是说，由精神劳动转变为体力劳动比较相反的转变更为容易。在实际上的意思，就是要改变一个精神作业者成为一个手工作业者比之改变一个手工作业者成为一个精神作业者容易得多。”（参考商务《教育杂志》第二十三卷第十一号二四页——郭一岑译，《苏俄科尼洛夫之心理学》）固然，科尼洛夫告诉我们：以为我们亦不要将这条原则过于重视，而认为是普遍的，尤其在人类行为这般动力的发展的历程中更不必看得太重，这条原则亦是与一切的原则一样，在应用上有一定的限制。此外，依照辩证律，它又要变成它自身的反对者了。然而科尼洛夫既将这条原则经过一次实验而得到相当程度的结论，那么，我们在作业教育上，不可将这条原则完全抹煞而不顾。所以我觉得蒲氏对于作业的教育上的身体的支配与精神的支配这两方面的教材之排列与教学法等等，应该还有一度心理学的研究之必要，而不可就遽言非照蒲氏那样的说法做去不可。这样，我觉得竹井氏指摘蒲氏的作业学校论还缺乏作业之教育学的根据，亦非无故。综上所下的批评，我以为蒲氏的作业学校论确如前面所说，它的重要部多关于青年教育问题，所以有上述的种种主张与结论。他指摘凯氏的手工的作业学校论是时代落伍的思想，亦是“仁者见仁，智者见智”的论调，不啻塞德尔从他自己的见地去批评蒲氏的作业学校论一般。殊不知凯氏的手工的作业学校论本来是为小学校，充其量是为补习学校而发挥，所以他主张手工的作业教授之必要，而不一定像蒲氏一样主张机械的作业。平心而论，凯、蒲两氏的作业学校论都有用处。我曾经在拙作《师范学校教科书教育史》（民国二十一年十一月，商务出版）结论里面说过几句话：“在纵的方面，小学宜注重手工业生产教育，初级中学宜并重手工业与机械业两种生产教育，高级中学宜注重机械业生产教育。这种措施，并非硬要仅以手工业或机械业的为生产教育之中心，乃是因为要顾到学生的生理与心理两方面的状态的缘故。”这几句话，就是要折衷凯、蒲两氏的作业学校论，认定他们各有相当的理由，都足以采用；不过视我们实施哪一种教育——小学教育呢？抑中等以上的学校教育呢？——时，怎样地去配置而已。这不仅对于凯、蒲两氏的作业学校论如此看法，就是对于以上所述的任何一个作业学校论者的主张都应该如此看法。这就是我对于一般作业学校论者之总评价。除此以外，与前面所举的许多作业学校论者有关系的，就是所谓“劳动教育之运动”。关于这一点，论理应该略述一下，但现为篇幅所限，姑且从略。不过不得不将“劳动教育之运动”这个标题提起一下，使读者知道在近代的尤其在现代的西洋教育史上有这一回事。至于我为什么将“作业的教育”这一个课题叙述得这样详尽，其原因就是在于现在我们中国正在注目生产教育问题，所以我们对于生产教育的概念不可不有一种明确的认识。本章所叙述的关于西洋的作业的教育之发达，亦不无可以作为我们中国研究生产教育者之一助。下面一章，再来叙述可以作为我们中国民族复兴教育问题的参考之文化的教育吧。

第四章
文化的教育

第一节　文化的教育之意义

欲明文化的教育之意义，不可不先明文化之意义。所谓“文化”，英语叫作“Culture”德语叫作“Kurtur”，语源都是“耕作”的意味。详细些说，凡是对于野生的或自然的东西加以人力，使它的素质适合于人类的理想而成为有用的东西，就是所谓“文化”。孙本文说：“文化是人类调适于环境所创造以满足生活需要的工具。”这是一个适当的定义。但是普通所谓“文化”，往往分作物质的文化与精神的文化，前者是使木、石等自然物有效用，例如衣、食、住、行就是；后者是使人类的精神能发展，例如人情、风俗、习惯、传说、制度、政治、宗教、道德等就是。实在讲起来，所谓文化，不拘其为物质的或精神的，都不外乎孙本文所说是。人类调适于环境所创造以满足生活需要的工具而已。然而时代是前进的，社会是变迁的，因此，各个时代社会的人类所制造的生活上所必需的工具各异其形态与性质。因此，在历史上有所谓“古代的文化”、“中世的文化”及“近代的文化”等名称。又因为各个时代的文化逐渐地向前发展，后一代的文化比前一代的文化必定更丰富更进步，好像人类的财产如果经营得法，就越积越多，没有止境一样。因此，所以有些人，更其是德国的学者，将这样逐渐发展的文化称为“文化财”（Kurturgüter）。所谓“文化财”，按本义，是指文化所产生；换句话说，是指价值所附托的实在的客观而言，例如宗教、法律、国家、道德、科学、文学、艺术等就是。但是这些成立的动因，所谓“文化价值”，与所谓“文化财”自有区别。由此，可见各个时代的文化本身并没有多大的价值，它所以有价值，实因为它能够逐渐发展，使一代一代的文化日益改善，而到达最高最完全的境域的缘故。文化本身只有发展的可能性，

文化之意义

它所以能够实现它的发展，必另有一种事物使然。这事物是什么呢？据一般教育学者的见解，就是教育。具体的说，他们以为教育就是教育者将这样的文化财传达给被教育者的一种事业。但是文化财之单纯的传达，陷于注入的教育，而有漠视个性的发达之诮。因此，所以近来有些教育学者，除掉文化的传达外，更高唱文化的创造之思潮，这就是本节所谓“文化教育学”的思潮。

文化的教育之特质

依上所述，所谓文化的教育，似乎是注重文化的传达，并创造其价值，不像从来的种种教育学漠视文化。然而仔细地考察，文化的教育所以与从来的种种教育学有区别，并不在于一注重文化，一漠视文化，而在于两者对于文化的解释有不同的见地。具体的说，如果一个民族还是独立的国家，它的教育，无论何时，都是借着前代将它自身的文化财传递给次代的。所以自有历史以来，任何一种教育学，莫不以传递文化为任务，并不限于所谓“文化的教育”如此；不过从来的种种教育学，与今日所谓“文化的教育”，对于文化的概念各有不同的见地。再具体的说，从来的教育学中，有些将文化看作知识，有些将文化看作情意，有些将文化只看作陶冶个人的人格之要素，有些将文化只看作扶植国家的势力之手段，支离破裂，对于文化没有整个的观念；而所谓“文化的教育”，那以为文化是整个的，即使有时为便利计，将整个的文化现象分为若干部门，如政治、宗教、道德等，然而人类的理想是在于将这些文化的各方面调和统一，使达到于最高最完全的境域。不仅如此，“文化的教育”不像从来的教育学，将文化看作静止的事物，而是解作发展的过程。所以所谓“文化的教育”，不像从来的教育学，将教育解作文化的传递就算了事，乃是再进一步，在文化的传递之上，更唱文化的创造之必要。因为文化的传递，只不过将既成的固有的文化传授给他人；而文化的创造乃是使人对于既成的固有的文化再行加工使它成为更完善的。这样的教育学，所以命名为“文化教育学”，就在于此。

文化的教育自身有无缺陷问题

但是从另一方面看，文化的教育自身已否到达最高阶段的境域呢？这是另一个问题，这个问题非等到叙述了一切文化教育学以后，是不能解答的。至于现在所要说的，不拘文化的教育已否到达最高阶段的境域，但是它比之从来的种种教育学，总算是到达较高的阶段了。因为除掉上面一段所述的比较点外，在方法论上，文化教育学的研究方法，较诸从来的任何一种教育学，总算稍胜一筹。但是文化教育学的研究方法，多少还有商榷的余地，所以不拘它比从来的种种教育学的研究方法怎样优美，亦只可说是现代教育学的一侧面而已。日本伏见猛弥在东京帝国大学教育思潮研究会所刊的《教育思潮研究》第六卷第三辑里发表《现代德意志教育学之一侧面》一文，其中包含有三种新研究方法：（一）了解的方法,（二）辩证论的方法，（三）现象学的方法；所谓“了解的方法”，就是文化教育学的研究方法。伏见氏所谓“一侧面”，实在就是指出文化教育学的研究方法还不是最完善的。关于这点，让后面再说，现在所要说的，姑先就方法论方面，将从来的种种教育学的研究方法与文化教育学的研究方法作一度比较的说明。关于这点，日本乙竹岩造在他的著作《文化教育学之新研究》一书里面所叙述的话，足资参考，现在将它摘译如下：

经验科学的见地

在最近的教育思潮里面，有许多相互对立的见地。第一可注意的是经验科学的见地与哲学的见地之对立。所谓“教育之经验科学的见地”，是将教育学组织为纯粹的经验科学，使它与哲学完全脱离关系的一种主张。例如克来司玛（J. R. Kretzschmar）所谓“哲学的教育学之末运”（Das Ende der Philosophischen Pädagogik），就是以为现今教育学不可不脱离思辨的、形而上学的世界观之桎梏，而应该从教育的经验出发。稍详细些说，这就是采用新研究方法——实验、观察、统计等——的所谓经验科学或实证科学的方法，从日常现实之教育诸事象本身里去归纳出一般原则，然后以这原则为基础去组织一种教育学。这种思潮的代表是实验教育学。然而实验教育学的对象，因为认识方法为自然科学的归纳法所制限，所以除掉机械的因果的关联外，别无他物。一句话，它不过无限地在同一形态的反复之下去发见它的时间的现实关联而已。但是教育的本质，不可不求诸陶冶的影响——教育的关联。所谓陶冶的影响，既不是从“时间的生起”而发动，亦不是还元于“时间的生起”；一句话，它是超时间的，而自有它的源泉之所在。在实验教育学的方法里，只看见时间的因果之连锁而不能够捉住超时间的事物，因此，教育的真髓不存在于实验教育学的对象之中。像这样的去组织教育学，不啻建筑高楼大厦于毫无基础的基石之上，可谓愚拙已极。同时，它纯粹地墨守经验科学的见地，其自身亦不无自相矛盾之处。因为经验科学的见地，一方面全不借助哲学之力，只以经验为唯一对象，然他方面实在是一种形而上学，它自身不能够有实验的证明。一句话，这是一种自然主义的形而上学。这样的一面高唱脱离哲学，一面却与哲学相即不离，岂非自相矛盾吗？

哲学的见地

斯腾（Ehrich Stern，1889—）将教育之根本动机放置在价值意识之上。那种形成教育的核心之价值关联，一面以经验的契机为必须条件，同时一面又不可不有超经验的关联；换句话说，它不受经验的制约而有指导统制经验之力。超经验的价值之诸形式（总称“理念”），并非为时间的因果系列所还元的。对于在经验科学的见地所忽略的所还元的理念给与以最高的权威去组织一种教育学，就是所谓哲学的教育学。这种思潮的代表是那笃尔普的社会的教育学。照那氏的见解，以为理念是超越经验之时间的推移过程之现实而依属于观念之世界；换句话说，是存在于哲学之世界。那氏根据这种见地，以为教育学的基础科学就是哲学；所谓教育学，不外乎具体化的哲学而已。这种中心概念的理念，若仅依从经验的归纳，那是不能够发见的；宁可说，凡所经验的规准及目的，唯依从理念的普遍的法律，才是可能。经验界上一切现象，都是在理念统率之上而活动的兵卒，它的目的与方向不可不从属于理念之超时间的法则。所以经验的事象之教育活动亦不可不在这种无制约的理念之下去发见其可能的根据，而得到它的方向与组织。照那氏的见解，理念不但规定陶冶的意味与目的，并且规定陶冶过程。在自然科学的见地上，只有经验的心里之实在性作为课题，它不是忽略“超越意识活动上的时空的制约之法则性与意味之超时间的妥当性”，就是消沉于时间的过程之中。反之，如果从哲学的见地，那么，对于前者所等闲的所贬视的事物容许以最高的价值，对于“逻各斯”（Logos）的观念性加以无限的尊崇。这两者是全然相反之两极的对立。

发生主义的见地

那种重视心意的事实性之思想，更在采取发生主义的见地之教育学说上能够看到，杜威一派的美国教育学说就是属于这一流。照这一派的意思，以为儿童自有他自已特有的要求与境地。无论在表象的活动上或意志感情的生活上，儿童的精神状态与成人相比较，是各异其质。因此，欲使儿童本身生活有全体的发达，不可施用成人的意志与想像，而必须慎重地调查或观察儿童自身之个性的素质，提供以适合于儿童的个性之环境，然后使儿童自身去遭遇种种经验，经过尝试与错误而理解事实，则儿童的经验自然扩充。如果给与以适应儿童的个性之辅导，使儿童的生活得到充分发展的机会，那么，后来成人的生活的活动，就没有遗憾了。在儿童自身里面具有无限的进展向上之自然的成长力，只有不加以成人所施的具案的干涉之自然，才是最正确而且最安全的指导者；短简的说，只有环境，才是最良的忠告者。自己试验经验，自己发见失败，才能够理解真正的经验的认识，并非用固定的目的与观念的理想去束缚儿童的生活。这样的理想与目的，简直没有意味的东西。凡可称为真实的理想与目的，是从“与现实的经验相遭遇时所得到的新认识”里面自然地发生的。儿童的理想与目的是从儿童自己的经验所酿成的；设使超越儿童的经验而依从成人的经验所作成之彼岸的观念，不能够作为儿童的生活之指导原理。教育是成长的过程，使儿童的能力自由发现，在儿童的个性的素质之自由发展里面去认识教育之本质，而排斥先验的理想之不变的当为之要求。

理想主义的见地

与上面所述的发生主义的见地相对立的，是理想主义的见地。照这种见地的意思，以为成长并非意味着单纯的自然的发展，乃是意味着价值内容之有更丰富的进步向上。换句话说，所谓成长，就是一步一步地接近于所谓“不得不如此”这种规范的要求。这种规范的要求，并非只靠着现实的经验而生，乃是归因于人类心内之本然的倾向之活动；换句话说，它是归因于先验的能力之发动。从这种先验的当为之法则去建设教育学，就是所谓理想主义的见地。持有这种立场的，不仅那笃尔普，所谓“西南德意志学派”亦有这样倾向。就中尤其是赫尼斯华尔特（Richard Hönigswald, 1875—）极力主张“依规范而生活经验之统制”。但是我（乙竹氏自称）对于这种见地不能够同意。教育的要求，若只从“本于理念之轨范”，那不能够演绎出来的。因为教育的基础所谓个人及共同社会的精神生活之全部构造不能够纯粹地单从超越的理念之源泉而溢出的。况且教育上之具体的提案动机及社会上经济上之教化问题等等，若说是只为规范的法则所制约，那不足置信的。宁可说即着“具体地所经验的生活及时代之种种要求”，才有理念的要求之发现，或者说过“生出来的具体的生活经验”去仰望理念之塔。

其他种种对立

除掉以上所述的种种对立以外，还有个人的教育学与社会的教育学之对立，形式的陶冶与实质的陶冶之对立等等。所谓实质的陶冶，是使儿童尽量地收获实质——文化财；所谓形式的陶冶是以文化财为资料去练磨必要的机能。前者视过程为获得内容的手段，一切价值是在内容之中所汇集的；换句话说，使儿童获得丰富的内容乃是教育的目的。因此，可称为教授学之唯物主义。后者不问所学的事物的性质，客观的价值内容，而只注意儿童的精神机能，以精神活动能否有活泼的活动为唯一的关心之事。因此，可称为教育的机能主义或势力主义。

文化教育学之任务

对于上述的种种对立而担任公平的审判者与调停者，那就是所谓文化教育学。但是那种种对立，各有各的深奥的根柢所在，如果仅仅总和地综合双方而解决，那不能够完成真实的调停。如果要完成真实的调停，那么，非将双方主张共同弃扬，并且指示双方所成立的深奥的可能的根据不可。实在讲，所谓调停，并非截一方之长以补另一方之短，乃是有一种必然的结果，不可不追求根柢于调停的可能范围之中。

文化教育学之第一个特色

文化教育学的第一个特色，是由整个的根源的生活本身而出发的。上述的种种相异的教育学说，在它的根本上偏重于心意之时间的过程与意味之超时间的规范性、观念性与实在性，机能与内容等相对立的概念之任何一方面但是这种种根本概念，都是在认识里面所能够认识得到的；因此，如果停止于认识的水平线内，而欲调和这种种主张之顽固的斗争，那是不可能的。现在我们所不可不注意的，认识是生活的一部，它不过是全体的生活所产生而已。我们对于认识以前之具体的根源的体验之世界不应该忘记掉的。我们的认识基础是在于一种信念的要素。这种信念，并非只从思维关联而来，乃是从在冲动、意志、感情上所给与的生活关联而来的。所以认识既不是由感能的体验，亦不是由思维之论理的概念的经验而出发，乃是由横在奥底的自我与世界在根源的统一上所统合之生活关联——内部的之精神的体验——而出发的。这是文化教育学的第一个立场。

文化教育学之第二个特色

在这种根源的精神生活里既然置有一切思考以前的根底，那么，第二个问题，就是要问它的本质究竟是什么呢？关于这问题，颇受迪尔推及西谟墨尔（Georg Simmel，1858—1918）思想的影响，尤其采用西谟墨尔所谓“生活之跃进”来规定生活关联之本质的特质。设使只有为所生活或为所体验的内容，不能够成为生活；但是有时却离开内容而与内容成为相对峙的形势。客观的精神之各种形式，有时亦使生活进步向上的。生活一面不绝地创造形式，设定自己的界限；但一面破坏形式，超越过界限而逸去的。唯有这种内在的矛盾——二律背反——才能够形成生活之本质。这种矛盾当“生活以上之超越的要素一面参加于生活的过程而展开。一面被征服而逸去的”时候，才会发生。修拉玛希所谓“理想与现实之联结”这种思想就由此而表明。文化教育学的出发点所谓根源的生活之特质是存在于“生活征服超越的理想而形成为常住之跃进”这一点上。由此，可见文化教育学与生活教育学及与生活教育学相连关的表现主义、艺术主义相比较，是各异其趣的。生活教育学一面反对那种“重视生活之创造的势力充实之方面，将一切事物都依从因果关系去说明之机械主义”；同时反抗“依从论理的法则而成立之合理主义、形式主义”；不仅如此，它还极力主张“对于必然之自由”，“对于分裂之全体”，“对于无限的反覆之创造”及“对于概念的图式之形成的充实”等。一句话，生活教育学的中心概念是生活、体验、自由、全一性；因为它从这种立场出发，所以它不承认理想与现实、存在与当为之二元的对立。生活教育学认定一切事物在生活的不断常住之流上相融合的；因此，在生活自身之中包含着人类心意之形成——教育之准备与唤起。要之，生活教育学认定生活自身之自然的发展能够与当为的要求相一致

Georg Simmel

的。然而它对于超经验的价值内容或客观化的精神之诸种形式，并非全然不承认的。不过在他看来，这种种价值是仅给与生活之创造作用以一种刺激或兴奋，在使生活充实其全可能性，并觉得它自身的本质的时候，方才能够赋与以一种意味。生活教育学固然承认价值内容给与生活以目的的组织与方向，但是它不承认价值是一个穷极目的，而以为生活之创造进步上自有最后的目的之存在。因此，价值自身并没有客观的妥当性，乃是为生活之主观活动所规定的。意味的发生这件事，并非观念的价值关联，乃是不绝流动的现实的生活关联。在意味决定上，理念之主位附属于生活；具有妥当性的价值之事物，为生活所决定。理念不过只作为生活的手段，才能保持其价值。此外，表明生活教育学的特质，是表现主义的见地。照这种见地，可以放任儿童随时所发现的兴趣与注意，使儿童在一时的要求倾向上自由学习，就是所谓教育陶冶。然而上述的思想，只看到产生意味形象而运用之生活，而忘记掉意味形象自身之客观的价值及它与生活之特殊的关联。更进一步说，人类为表现他自己计，第一不可不客观的而依靠于超越主观之活动的某种事物这件事，完全为生活教育学所忽略的。

文化教育学之使命

生活教育学固然要调和教育学上之种种对立，但是如上所述，它自身含有许多缺点，所以它的企图终归于失败。文化教育学虽同生活教育学一样，在根本上亦以生活为出发点，但是它有它自身的创意与使命之所在。文化教育学并非如生活教育学一样，将生活之本质解作单纯的创造的活动，乃是将它看作“超越的飞跃”。在文化教育学看来，只有生活与理念之对立、流动的活动与彼岸的意味内容之内的紧张，才是精神的生活之构造的根本动机。依从关于这种精神的生活之根本构造这种见解，再去研究教育与客观的文化的意义内容之关系，就是文化教育学的使命。文化教育学所以有这样的命名亦基于此。

斯勃郎格对于文化之解释

斯勃郎格将文化分为文化创造与文化蕃殖。他更将文化创造比为树木成长的年轮之增加，将文化蕃殖比为树木成长上的新鲜汁液之循环。而担负这种文化蕃殖的任务的，就是教育。年轮之增加与新鲜的滋养有必然的相关。教育是文化发展之唯一的动力。然而同时为促进教育活动之可能计，还以客观的价值关联为必需条件。斯腾曾亦说过人类是跨住于现实世界与价值世界之两样的世界。我们要进入于价值世界，同时要造成与价值世界相一致之现实世界。使低价值进入于高价值，这是人类之本然的要求。只有即着这种人类本来的价值意识，教育动机才能明白，教育活动才能理解。当依从价值意识使价值世界与现实世界相交涉的时候，才产生文化。文化与教育，好像一面使价值意识有根据，一面满足价值意识之两轮一般。教育若没有文化，那是不会产生的。这并非说教育之具体的实现形式影响及于文化的情态，乃是说只有待于文化及其价值之传达与扩充，教育才有可能。在这种意味上，文化对于教育这一个概念有最密接的关系，并且是它的最必需的条件。教育在最高的意义上是文化作为。但是要注意的，同是文化作为，然而并非如其他文化创造一样，只以客观的意味形象为直接的目的，而以教育是以“使客观的精神参加于主观的体验为止”为直接目的。教育为依从社会的爱——一种之教育爱——使未成熟者的全人的价值有所发展计，将客观的精神的诸价值参入于未成熟者的主观体验之中。这如同斯勃郎格所说一样，为“由所施与的爱使儿童之全整的价值感受及价值形成之能力从儿童的内部有所发展”计，具有感受他人的心境之意志。在使这种价值感受及价值形成之能力有所发展之上，客观的文化财之摄取是它的必需条件。我们的心意只有自己去吸收客观的文化财，自己的本质与构造才有实现的可能。然而一切文化财并非都有教育的影响；只有个人的心意构造与文化财之关联在教育的理念下有所统整的时候，才会发生陶冶的影响。此外，李特尔曾说过文化与教育有相即不可离的关系，并且他对于科恩(Cohn)以自律的人格之充实为教育的目的这种主张大试非难。据李特的见解，以为自律的人格固然在教育目的上是一种重要的东西，然而它如果一离开社会的历史的实在，那不过一个空疏的概念而已。自律的人格之充实，只有赖于文化，才能成就。因此，如果轻视教育与文化之密接的关系，那么，自律的人格之充实这句话，亦不过陷于抽象的东西而已。所以教育有负于社会的历史的文化之处是极重要的。

教育与文化之关系

以上所述，是关于教育与文化之相即的关系，但是这不能够导出文化哲学即教育学的结论。只有文化价值被选择为陶冶的素材的时候，才入于教育学的课题范围之内；并且，它与可陶冶性及历史哲学才有必然的结合之可能。文化教育学在根源的体验内容上是以精神生活为出发点；在它的方法上，不采用从来的分析的心理学而采用精神科学的心理学或理解心理学。李特特别地依从傅塞尔（Edmund Husserl，1859—1928）之现象学的方法。这样的在精神的现实之上所建设的教育学不可不称为真正的教育学。文化教育学所以有这样的名称，而高唱文化与教育有相即不可离的关系，乃是由“对于根源的精神生活之本质构造所有的精神科学的见解”之源泉所流出的必然之结果。

日本教育学者对于文化教育学研究之踊跃

以上所述，是乙竹岩造对于文化教育学研究的一种见解。除掉乙竹氏外，日本教育学者对于文化教育学研究的资料，可说是汗牛充栋。固然，日本教育学者对于文化教育学之研究多少带着颜色的眼镜，有些地方故意就着他们自己的国情，将它宣扬得过度；然而文化教育学确如乙竹氏所称赞，是由从来的种种教育学之对立中蜕化出来，虽未曾到达最高阶段的境域，但是它指示我们以一种新研究方法，总算是与真正的教育学相接近的。但是要注意的，据我个人的考察，文化教育学所以与从来的种种教育学有区别，并不在于一注意文化，一漠视文化，而在于两者对于文化之解释有不同的见地。所以我觉得文化教育学者将他们自己研究所得而建设之教育学独称为“文化教育学”，似乎还有商榷的余地，如果依从文化教育学与从来的种种教育学对于文化的概念有相异见地的解释这一点看，那么，与其像乙竹氏指出文化教育学所以命名为“文化教育学”是归因于它研究教育与客观的文化的意义内容之关系，不如像伏见氏指出文化教育学的研究方法是一种新方法，称之为“了解（或译理解）的方法”，而姑将它的内容当作第二个问题看待为愈。

乙竹与伏见两氏对于文化教育学的研究之比较

原来乙竹氏的这篇文章，对于文化教育学的新研究，大部分就文化教育学的内容而言。具体的说，乙竹氏根据历史，先找出种种对立的教育学说，然后再下所谓“文化教育学将这种种对立的教育学说调停起来或综合起来”一个结论。可是乙竹氏对于文化教育学用什么样的方法怎样地去调停或综合这一个问题，并未曾有详细的说明。至于伏见氏呢，他的那一篇文章——《现代德意志教育学之一侧面》——虽则开首时如同乙竹氏一样，亦从历史上指出从来的教育学的研究方法有先验的演绎的方法与实验的归纳的方法之对立，同时指摘这些研究方法是传统的因袭的而另有新研究方法出现之必要，但是它的要旨，却是如伏见氏自己的附注所说是主在方法论的问题。伏见氏将现代德意志教育学的研究方法分为三种：（一）了解的方法（verstehende Methode），（二）辩证论的方法（dialektische Methode），（三）现象学的方法（phänomenologische Methode）。他对于这三种方法各下以一种说明：第一种方法是以"现实把握"为出发点，以"理念构成"为连带的任务；第二种方法是以"理念构成"为出发点，以"现实把握"为连带的任务；第三种方法是从高一阶段的立场以同时遂行"现实把握"与"理念构成"为任务。就中第一种方法的教育学，就是此地所谓文化教育学。伏见氏的这种说明，只视方法的差异而命名，并不以内容为前提而下定义，所以这不但使所谓文化教育学自身在纵的方面——历史的方面——与从来的种种教育学相比较而可以得到一个明确的观念，并且使我们知道在横的方面——同一时代的方面——除掉文化教育学所采用的这种新研究方法外，还有与这种新研究方法相关系的其他种种新研究方法之存在。普通叙述现代西洋教育史者，往往将所谓文化教育学与同时代的其他种种新研究方法的教育学划分为两项，对于前者称为"文化教育学"，对于后者另附以别名，例如对于上举的第三种方法的教育学称为"现象学的教育学"。殊不知所谓"文化教育学"与所谓"现象学的教育学"不能够成为对立之名称，因为所谓"文化"是关于内容方面的话，所谓"现象学"是关于方法方面的话。如果我们要站在方法的方面，那么，我们应该将前者称为"了解或理解的教育学"。这才能够与所谓"现象学的教育学"相对称。否则，如果我们要站在内容的方面，那么，我们应该如前面所说一样，认定自有历史以来，任何一种教育学，莫不以传递文化为任务，并不限于所谓"文化教育学"是如此的；不过从来的种种教育学与今日所谓"文化教育学"对于文化的概念各有不同的见地，因此，我们对于从来的种种教育学姑作别论，对于现代的种种教育学，不拘其所采用的研究方法有怎样的差异，都应该归纳在所谓"文化教育学"这个名称一并叙述，亦属无妨。何况伏见氏所举的这三种方法，在形式上既是大同小异，因为这三种方法同是采取辩证法的形态，不过因为各有各的出发点，所以彼此易地以观，各是另一种形态的辩证法而已。（关于这一点，我曾经在拙作《教育哲学·后序二》三五—四九页里讨论过了，兹不复赘。）在事实上，例如李特，克里克等教育学者的教育学说简直又与第一种方法及第二种方法都有密接的关系。因为如此，所以现在我一面沿袭普通叙述现代西洋教育史的惯例，仍然采用所谓“文化的教育”作为本章的名称，一面根据理论与事实两方面，将与文化教育学有密接的关系之其他现代西洋教育学，例如所谓“现象学的教育学”亦同时放在本章里一并叙述。不过因为所谓“现象学的教育学”的发生是最近时的事，比之所谓“文化教育学”为时稍晚，所以我为维持史的顺序计，先叙述“文化教育学”，后叙述“现象学的教育学”。同时，因为在真正的有组织的文化教育学未发生以前，自有促成这种教育学产生与组织的动因之存在。所以本节所叙述的，还是只限于文化的教育之意义；如果我们要明了文化的教育思潮，尤其要明了文化教育学组织的由来，那么，不得不另设一节以讨论这一个问题。下面一节，就是这一个问题的讨究。

第二节　文化教育学之由来

文化教育学勃兴之原因

文化的教育学说的勃兴，固如上节所说，由于从来种种教育学说的互相对立，不能不另有一种教育学说出来，采取它们的长处，补救它们的短处，经过弃扬作用，而加以综合。但是除了教育学术界自身的倾向之内部的动因以外，还有一种促进文化的教育学说勃兴之消极的机缘存在着。这种消极的机缘就是早已存在而且风靡一时的“新康德派”忽呈衰运。一九二四年四月二十二日，全世界学术界举行康德诞生二百年纪念祭，一方面固表示思想界上康德学派的全盛，但他方面却露出这派的凋残零落之感。因为这派的健将温特尔班得（Wilhelm Windelband，1848—1915）在一九一五年十月二十二日即世界大战中途病殁，他的高足弟子而属望最殷的拉斯克（Emil Lask，1875—1915）亦于同年战死，于是巴登（Baden）学派仅剩下已达高龄的立刻尔得（Heinrich Rickert，1863—）、科筶（Jonas Cohn，1867—）二人。马尔堡（Marburg）学派失去创始者的伟杰科痕（Hermann Cohen，1848—1918）；不久，他的继承者那笃尔普在康德诞生二百年纪念祭以后即一九二四年八月亦溘然长逝。加以魏铿亡故，对于纯粹理

Heinrich Rickert

Jonas Cohn

Hermann Cohen

性主义的哲学，亦不禁有将星殒地之概。厌旧喜新，人之常情，自前世纪末叶以来那种绝叫“返乎康德”或“康德之超越”而喧嚣于思想界的“新康德学派”渐渐失了世人的信仰。以后那久为“新康德派”全盛势力所压倒，几乎虚度七十七岁的生涯的迪尔推及其少壮学徒的思想竟崛然兴起，好像“乘风破浪”一样，席卷教育学术界，使从来的思想转变到另一方面。从这以后，迪尔推的声誉与功绩，忽然被世人所认识而喧传。这是所谓“精神科学派”勃兴的由来，而文化的教育学说就是以这学派的教育思想为中心而形成的。

文化教育学之渊源

如上所述，文化的教育学说之直接的渊源，当首推迪尔推。但是迪尔推的思想亦并非突然发生，若再加以追溯，亦另有渊源所在。具体的说，迪尔推的思想直接地继承修拉玛希的学说；更追溯起来，他是受着斐希特，谢林（Schelling），黑格尔等的影响。若就他的高足弟子而为这种学说的中心代表者斯勃郎格而论，他是心承包尔生，祖述霍波德（Humboldt），而且最近又受着立刻尔得的价值哲学与傅塞尔的现象学的影响。更进一步说，具有这种学说的重镇之称的李特，他是采用傅塞尔的现象学与黑格尔的辩证法以作方法的原理；又如斯腾，除掉师承斯勃郎格，李特等而祖述先后的学统以外，还参酌西谟墨尔的文化哲学与魏铿的纯粹理性主义。最后，在晚年时代有贡献于这派的发展的硕学者凯欣斯泰奈，不但广泛地包容德国传统下来的种种思想，而且与美国杜威一派的经验的教育学说互相呼应。若从这种种论点看来，文化教育学，并非与康德派的哲学绝不相容，亦不是采用所谓生命哲学的原型；换句话说，它既非与规范的见地相对抗，亦非对于经验的见地漠不关心；总之，它是投入于这种种思潮漩涡之中，而占到一个稳实的地位。原来在近世纪初，大陆的思想界，对于向来尊重希腊、罗马文化的“古典主义”（Klassizismus），另有一派崇拜所谓“日耳曼民族接近罗马文化而作成的文化”之理想家崛然兴起。这就是所谓“浪漫主义”（Romantik）。再换句说，这是对于古典主义尊重理知生活而成为主情主义尊重感情生活之一个学派。例如文化教育学的先驱者修拉玛希就是属于这一派。修拉玛希在宗教艺术上以感情为主，在教育上注重情操陶冶，注重个性与社会的关系，或力说自然与人为的关系；他将教育解释为前进者传递精神的财产于后进者，使后进者更创造其价值。除掉修氏外，同时代的人物如霍波德亦是文化教育学的先驱者。所以我们在未叙述迪尔推与他的弟子的教育学说以前，不可不先将霍波德的传略与思想略述一下。

霍波德的传略

霍波德（Friedrich Wilhelm Christian Karl Ferdinand von Humboldt），德意志人，一七六七年六月二十二日生于波次但（Potsdam）。他本是世家子弟，幼时聘人文主义者堪比（Joachim Heinrich Campe，1746—1818）为家庭教师，受泛爱学派的教育，对于古典的研究，造诣颇深。一七七八年，他与兄共入法兰克福（Frankfort）大学研究法律学、古典、康德哲学。翌年，转学高定根（Göttingen）大学，受言语学者亥涅（Christian Gottlob Heyne，1729—1812）的薰陶。毕业以后，游历德国内地与法兰西、瑞士等国。一七九〇年，被任为外交官，仅一年而即辞职；一八〇二年，又被任为外交官，但他仍然在公务之余，与古典研究者相交接。一八〇八年，他被任为宗教教育事务长官（即教育部大臣），在职八阅月。他在职中，实行大学入学试验新法规，特别对于中等教员检定试验大试改革，并且在中等教育上筑成新人文主义的基础。他对于柏林大学的创立帮助亦不少。以后他又被任为外交官，历任奥、英等国大使，并列席巴黎和平会议。晚年（自一八一九年以后），完全脱离公务，专心从事古典的研究而成为言语学者。一八二〇年，刊行《比较言语学的研究》；一八二五年，又刊行《文法形式之发生与其对于理念发达之影响》等书。一八三五年四月八日，病殁。

Whilhelm V. Humboldt

霍波德的思想

霍波德的思想，受康德、谢勒尔、哥德的影响，同时研究言语学、哲学、美学、教育学、法律、政治等。他以为言语是思想的表现，而言语的发达就是表现思想的发展。他又以为个人借言语与社会相结合，而国语就是国民性的表现。心身之美的调和、自然之灵化及人类性之发达，就是霍波德的人文主义的中心。霍波德以多样、个性及全体性为历史的三大要素，这种思想，就是迪尔推派见地的渊源。总之，霍波德的思想，与其他人文主义者一样，采取希腊文化的精神，反对基督教的出世思想，而高唱入世的思想。他在希腊思想上看到完全的美的陶冶与人类性的完全，并且以为可由哲学、数学、言语学、历史等以教育人类。

斯勃郎格与霍波德

现代文化教育学者斯勃郎格，实绍述霍波德的思想，他以为近代的人文主义有三个时代：第一，文艺复兴运动；第二，霍波德新人文主义的运动；第三，斯勃郎格本身的运动。至于包尔生可称为初期的文化教育学者。

包尔生的传略

包尔生（Friedrich Paulsen），德意志人，一八四六年七月十六日生在好斯敦（Holstein）之郎根浑（Langenhorn）附近一富裕的农家。他四岁时就能读书，五岁时入本乡国民小学，受业于汤姆逊（Pastor Thomson）。一八六一年，即十六岁时，升入亚尔多纳（Altona）的文科中学校。一八六六年毕业，遵后母命，入埃尔兰根（Erlangen）大学习神学。但不能研习，乃改攻哲学，并习古代语言学与历史，想被任为高等学校的教师。从一八六七年到一八七〇年，就学于柏林、波昂（Bonn）及基尔（Kiel），受业于突冷得伦布鲁希、哈姆斯（Harms）及波尼次（Bonitz）。一八七〇年得学位以后，乃转入柏林大学，前后五年，半在完成他的知识，尤特别研究实验物理学、化学、人类学、经济学、法律学及政治学等；半在撰著其《康德知识论的发达之研究》。从一八七五年到一八七八年，他在柏林任家庭教师，兼任柏林大学讲师。一八七八年，升任该大学助教授。一八九三年，更升任哲学及教育学正教授。一九〇八年八月十四日，病殁于柏林市外斯忒格里次（Steglitz），享年六十四岁。氏的著作有《哲学与科学的关系》（一八七七年），《伦理学体系》（一八八九年），《哲学概念》（一八九二年），《现代德意志教育与性的道德》（一九〇八年），《教育论文集》（一九一二年），《我的生涯》（一九〇七年）。就中最著名的有《德意志学校及大学教育史》（*Geschichte des Gelehrtenunterrichts auf den deutschen Schulen und Universitäten*，1885—1896）与《教育学》（*Pädagogik*，1911）二书。

包尔生的思想

包尔生在哲学方面，继承斯宾诺莎，陆宰（Hermann Lotze，1817—1881）等的思想，站在唯心的一元论的立场，以为无论心或物不外乎一实在的表现。他在教育方面，对于中等教育改革运动，主张实科中学校、中等实科学校毕业生与从来文科中学校毕业生同样有入大学的权利，而贯彻他的主张。

包尔生的教育学说

包尔生在教育学的方面，有如次的议论：

人类之特色

氏以为人类所以与其他动物有区别，因有两种特色：一、能营家庭生活；二、能使历史发展。前者是人类幼时需要长期的保护，为筑成将来发达的基础计而生的现象；后者更分为两种特色：其一，是继续前代各种特殊的生活内容之存在；其二，那种种特殊的事物是互相关联，互相统一着的。

人类之永久的生活

一切个人的生活并非永续的；但是人类的生活是永久的，并且常常得到充实。这就是因为依从教育，使个人的精神发展着，以前代的文化财为遗产，给与于各个人，并传递以产生这种文化财之种种能力，使他有贡献于人类的永久的生活。

文化教育学之倡导

要之，包尔生以人类生活为中心，主张永续的家族生活的必要。在这一点上，他算定教育的根柢，尊重历史的生活，将教育解作“传递前代之理想的文化财于次代之理性的活动”。由此，可见他是一个文化教育学的倡导者。

包尔生对于自由主义的教育之攻击

包尔生对于本于自然的自由主义之教育思想大试攻击。他说：“为着这种教育思潮的压迫，学校只得减少作业时间，使儿童不劳而受教育；并且以为使儿童在不知不觉间理会所教的材料就是优良的教育法；又以为家课及试验的废止就是适切的改善；更以为使儿童自然地及自由地理会一切事物就是完全的教授方法。倘使儿童不能够学习，这不是归因于教授方法的不得当，就是归因于教师手段的拙劣。从来教育上只有父母及教师行使意志而不容许儿童的主我心有发现的余地。在我们看来，倘使儿童的成绩不良，其原因不应该求之于教案、儿童的过劳及教师的拙劣，而由于儿童的勤勉、注意及善意的缺乏。软弱的新教育比之所谓旧教育岂能够增进儿童的幸福？儿童却知道他人不能够真正地了解他自己，这岂非大不幸吗？可怜得很，现代的自由主义教育及其他，对于现代少年的欢喜与苦痛，实在不能彻底明白。我们不可不复归于从来的着实、严格的教育法。具体的说，我们不可不排斥过劳问题，软弱主义而努力于谋服从、勤劳、克己三大命令的彻底。这三大命令实在永久地是真正的教育者之指导。

所谓服从，是用自由意志将比自己更优良而且有更高见识的人之意志作为自己的意志之义。倘使在学校里不学得服从，以后一入实际生活，不是单止于外面的服从，就是变成为反抗者。那些完全依从儿童的性向而满足他的欲望的办法，非常错误。因为这是使儿童成长以后，在自然的及社会的必要之下去服从他自己的意志，很缺乏重要的锻炼。但是流于残酷、徒用感情施行非法的教育，亦断非我们所可取。这样的教育之破坏服从性，实不让于那种软弱教育。 服从

复次，所谓勤劳，是反对劣等的官能性之满足的意味。积极的说，这就是使离开瞬间的嗜好，意识一定的目的，并且对于这目的而紧张其身心之力的意味。原来教育的任务在于使成长不断的次代的国民去完成生活上的本务。因此，教育不可不施行永续的锻炼，巩固儿童的意志之力，养成勤劳的活动能力，使适于达到一定的目的。当然，我们对于儿童要求他去做‘非成人所不能做的事’，是不行的。无论何事，都不可忘记掉适度。不过我们不说过劳问题而主张意志力养成的必要，对于少年，亦须使他怀着‘能做其所要做的’信条。教育单只考虑身体是不行的。学校的目的在于教育自身。譬犹医生，决不可说只有卫生上的要求。假使只以身体为重要，那么，与其入教室，不如使他始终游玩户外为愈。 勤劳

最后所谓克己，是限制欲望之义。倘使我们留意儿童的繁荣与幸福，那么，应使儿童常表不足的状态，而自行爱好勤劳；即使对于所容许的快乐，亦不可不使儿童能够自己克服自己。” 克己

以上所述，是包尔生反对施行极端的放任的教育的思潮。固然， 包尔生的学说之价值与缺陷

氏在教育上亦尊重儿童的个性，以养成自治自重的精神为必要；然而他以为极端的放任的教育决没有好的结果。包尔生的这种议论只可以说是对于自然主义的自由教育学说作一种补偏救弊的药石，有时可以采取；在另一方面看，它自身亦不无偏枯之处；过度应用，很容易酿成另一极端的弊害，所以应该有修正的必要。包尔生的学说，虽是文化教育学的先导，然而它不过是初期的文化教育学者；在它以后的文化教育学，决不是完全像包尔生所说一样，而已经将它经过一度的修正了。以下再述与文化教育学有直接的渊源关系的迪尔推的传略与思想。

迪尔推的传略

Wilhelm Dilthey

迪尔推（Wilhelm Dilthey），德意志人。一八三四年十一月十日生于莱因河畔俾布立喜（Biebrich）一牧师的家里。氏初研究神学，入高定根大学；不久，转入柏林大学，专攻哲学与历史，在柏林大学获得学位。一八六四年，任柏林大学讲师；后来历任巴塞尔（Bassel），基尔，比勒斯劳（Breslau）诸大学教授。一八八二年，再回柏林大学，继陆宰以后，充任教授。一九一一年，他旅行多年期望的忒鲁尔（Terol），途中在洛亚（Rohr）河畔波层（Bozen）得病，同年十月一日病殁。氏生前是一位名望不甚高的学者，直至他死后，他的学说才被世人所认识。从一九二二年以来，他的遗著为他的门弟子所整理，汇为全集，陆续出版。就中最主要的著作有《修拉玛希传》（*Leben Schleiermachers*, 1867—1870），《精神科学概论》（*Einleitung in die Geisteswissenschaften*, 1883），《关于普遍妥当的教育科学之可能》（*Über die Mögichkeit einer Allgemeingültigen Pädagogischen Wissenschaft*, 1888），《记述的心理学及分析的心理学考》（*Ideen Über einer Beschreibende und Zergliedernde Psychologie*, 1894），《个性研究论》（*Beiträge Zum Studium der Individualität*, 1896），《解释学之成立》（*Entstehung der Hermeneutik*, 1900），《精神科学之基础研究》（*Studiun zur Grundlegung der Geisteswissenschaften*, 1995）等。

迪尔推的思想

思想史上的迪尔推的地位，能够与康德并驾齐驱。具体的说，康德在他的著作《纯粹理性批判》(*Kritik der reiner Vernunft*, 1781) 里奠定自然科学的认识之基础；同样的，迪尔推是奠定历史的认识或精神科学的认识之基础的第一人。请看氏的主要著作《精神科学概论》序文里，有所谓“历史的理性批判”(Kritik der Historischen Vernunft) 的企图之自白，就可知崖略了。这种企图，虽未完成，然而他高唱精神界与自然界有完全各别之认识领域，总算是确立今日精神科学派之独自的地位与任务。

新心理学之提倡

迪尔推以为一切精神科学的基础不可不求之于心理学；但是从来的自然科学的心理学不胜任，宁可另行建设一种适合于所谓精神生活的独自对象的新心理学。据氏的见解，以为从来的心理学，宛如自然科学，将现象当作单纯的元素之因果的结合去说明一样，亦将精神现象当作简单的心的要素之因果的结合而构造的事物去说明的一种“说明的、构成的心理学”(Erklärende, konstruktive Psychologie)。反之，新心理学是由我们直接所体验的精神生活全体而出发的，但是将它视为“一切机能是合目的地结合着而成为全一的构造”的一件事情，并且以为不可不分析、记述它的形态。在这种意味上的新心理学，氏初称为“实质心理学”(Realpsychologie) 或“人类学”(Anthropologie)，后来改名为“记述的、分析的心理学”(Beschreibende, analystische Psychologie) 或“构造心理学”(Struktur-psychologie)。

新心理学之中心概念

构造 (Struktur) 实是迪尔推心理学的中心概念，是人类精神生活之根元的形态。这种精神生活就是氏的学问体系之一切的出发点。据氏的见解，所谓精神生活，是内面的、直接的经验之事实，即显现于我们的意识之上，欲怀疑而不可能，欲拒绝而亦不可能，这无以名之，名曰“体验”(Erlebenis)。在这体验上，冲动与感情是基底或动力，以支配或统率一切心的机能。只有这种体验的精神生活是最具体的、现实的、根本的；而所谓知识，实由它所发生；除掉它，再没有可以追溯的了。氏更以为就是外界的事实亦不过是意识的事实与过程的结合所给与的。换句话说，对象及事实，只有靠着这种体验之意识而存在。再详细些说，形成体验的基调之冲动作用，感觉到受着什么抵抗，而且有所抑制，那个抵抗者与抑制者就是对于自我之外界而定立着的。

精神生活之构成

这样的根本的精神生活，无论采取它的最幼稚的阶段或最高的阶段，总常有统一的状态，在它自身的内部，一切机能是完全地保持着紧密的关联。换句话说，在这里面，知识、冲动生活、感情生活及意志行为到达精神生活之有组织的全体而有所结合着。但是这样的全一的精神生活，更为它的周围环境所制约，或者翻过来去操纵环境，就是对外亦有不可切断的关联。这样的精神生活依从它自身内部的统一性与环境的关联而取了特定的组织，这就是精神构造之横的断面。精神构造，除掉这个所谓"全一的组织"之横的断面外，更有一个所谓"不断的连续发展"之纵的断面。精神生活与其说常有发展的"倾动"（Tendenz），宁可说有"冲迫"（Drang）。换句话说，有精神生活自身之中，抱着"求而不充实"的虚空，并且将"可以充实它的对象"认作价值去追求。为着这种追求起见，感情与冲动是它的主动力。它率着全精神从一个瞬间向着其次的瞬间连续地生动着，于是精神生活愈益向着完全的构造而继续合目的之发展。更详细些说，精神若从它的对外的关联看来，借着与环境相关的"顺应"（Anpassung），去促成"比冲动更丰富的满足与比生活及幸福更高段的充实"之发生；若从它的对内的关联看来，构造自身借着"行将更完全的倾动"去继续不断着发展。

精神生活之收拾关联

这发展的成果就是精神生活明确它所追求的价值方向，丰富确定着对于这方向的诸机能之分歧与关联，并且整理着它与环境的交涉。在这里面，如果显现出具有特质的形态，那就是"个性"。迪尔推将这个性命名为"精神生活之收拾关联"（Erworbener Zusammenhang）。收拾关联之精神生活，是过去人类全生活的成果，同时又是将来生活的基底；在现在中负有过去及含有未来的形态。只有这样的现在意识，才是体验本质；又只有这样的现在之连续，才形成人类的历史。所谓"人之精神是历史的"这一句话，就是含有这样意味；迪尔推所谓"人是什么这个问题，只依从历史才能答覆"这一句话，亦就基于此。

客观的文化

这构造与关联的精神生活，常在它与客观的文化之交涉中存在着。各个人所有的主观的精神生活是向着社会有所客观地投射着的。它若一旦为所客观化，那么，就超越过创造者的个人之生灭，永久地保存于历史之中；它虽则渐渐为将来的个人之精神所受容及由此而时时刻刻有所改造，然而一代一代地传递下来的。如同个人在生活之全关联上不绝地发展着一样，全人类的历史亦是不断地进步着。一句话，"全人类"是最综合的个性。迪尔推对于这种伟大的精神关联，附以所谓"作用关联"（Wirkungszusammenhang）一个名称。例如学问、艺术、宗教等文化诸体系（Systeme der Kultur）是由这种全体的作用关联之分化所产生之各个的作用关联。

理会及理解

主观的精神生活固然在客观化以后就成为客观的精神生活——文化，但是这样的文化又是由“理会”（Verstehen 或译作“理解”或“了解”）之作用主观地受容着的。只有理会，才是与自然界的认识相对立而成为精神界之独自的认识方法。这是迪尔推学说中的主要问题。照迪尔推的见解，以为精神生活借着感官的外部的表征而有所表现，所以能够倒过来以这种表征为机缘而认识内面所有的生动的精神生活。这就是“理会”。所谓“体验”、“表现”与“理会”三者，是主观的精神交流之循环线。这样场合的理会，决非单纯的知的过程，乃是具有知、情、意之统一的关联，使客观的精神渗透到主观的体验而后止。所以理会只有本于体验，才是可能；反过来说，体验是依从理会而增加其丰富性。理会是以他人的精神生活或它的客观的表现之一切文化财为对象而行动的。理会那种以文字为表征而表现的作品这件事，特称为“解释”（Interpretation）；研究这种作品解释所应该遵守的一定的方法与根据这件事，特称为“解释学”（Hermeneutik）。关于这一点，迪尔推继承修拉玛希所已经试验过的解释学的功绩，而订立几多原则。例如：第一，读者所以能够解释他人的作品之根据是存在于读者与作者有同一的人类性。第二，作品与读者相对立，作品所以对于读者而成为对象，其原因就在于两者间有精神构造的差异；但是这种差异只是由形成精神构造的知、情、意等机能之强度而来的程度上的差异。第三，因为有上述的第二点，所以将读者的精神构造变容为作品的精神构造，因此，读者能将他自己与作品交换位置，然后再去解释它。这样，“换位”（Transposition）就是“变容”（Transformation）。第四，这种变容是读者依从一种想像力（解释学的想像力）将自己的精神构造之某一方面强调高扬起来，而将另一方面抑压低落下去。所以在解释上，艺术的操作是必要的，解释是与“诗作”（Dichtung）相容的。第五，作品的精神，只有作为“作品者的全部精神之一肢体”看待，才能捉住其全部意味；又作品者的精神构造，只有以那个人生活的时代精神为前提，才能够被理会。这样，部分只有在较大的全体中，才能够被理会。然而全体的理会，亦可以由部分的理会而得到，所以全体与部分，在不断的循环上是互相理会而进行的。这种理会，在形式论理学上是一个难点（Aporie）；但是理会与解释之事实的进行，是恰好地去寻探这个循环的途径。

迪尔推的教育思想

迪尔推的教育思想，一八八八年，在《普鲁士学士会院报告》

里载《关于普遍妥当的教育科学之可能性》论文，一方面承认教育学之普遍妥当性，但另一方面却否认它。具体的说，氏先推举海尔巴脱，以为教育的目的可以由规定人生的目的之伦理学而规定；然而他又以为对于人生的最后目的之内容的规定，无论何时，都为历史的条件所支配；因此，可以博得一般人的承认之道德的体系迄今尚未成立。详细的说，若依从“人类的精神生活都有一种完全性”这件事；换句话说，若依从“在目的关联之中有所作用的许多过程及其结合之完成有同一的形式的规定”这件事，那么，普遍妥当性的教育目的似乎可以规定；然而在另一方面看，人类精神生活的内容，因为常在历史的社会的制约之下，所以它的理想因时空的区别而变化，所以普遍妥当性的教育目的不能够规定。

教育学的二部门及其研究课题

迪尔推又依从上述的理由，将科学的教育学分为二部门：第一部门是以“将一个文化体系的教育作用从历史的、社会学的及心理学的三方面去分析去记述”为任务。详细的说，第一，教育之历史是探究教育及学校之起源与发达，比较汇类各种教育形态，设定教育类型；复次，在社会学的方面，考察教育及学校与家庭、自治团体、国家、教会等社会有如何的关系而再去理会学校管理方面；最后，在心理学的方面，从内面考察教师之教育的能力及它对于学生的素质所及到的关系。教育学的第三部门是以“教育上个个过程之分析的叙述及导出那种规定教育之普遍妥当的法则”为任务。这就如上面所述，一方面由精神之合目的性去导出完全的概念而他方面由完全的概念去导出教育上的个个规范的一种主张。氏由此而叙述对于直观、环境、练习、反覆等的原理；其他如教科的分类、价值、排列及教授法等的研究，亦由此而出发。照迪尔推的考察，以为从来教育学，尤其是海尔巴脱的科学的教育学，对于上述的这种规范，在知的陶冶之领域内，已经导出许多原则，例如直观的原则、注意与兴趣的原则等；然而关于情意的领域内，迄今还未曾导出什么原则。

迪尔推的学说之批评

这是迪尔推学说的大略。至于迪尔推学说究竟有无价值与缺陷，等到叙述全部文化教育学以后再行叙述。不过现在可以说的，迪尔推之哲学的、心理学的劳作，确如乙竹氏所说。不拘内容怎样丰富，然而还未曾有严密的体系之组织，再就他的教育学说而论，并没有注集全力于这一方面，所以对于教育问题的全部亦未曾有什么处置。关于这几点有明确的、致密的发展的，宁可说是氏的门弟子与他的后辈。以下一章，就是叙述迪尔推门弟子辈的学说。

第三节　文化教育学之组织

在迪尔推的许多弟子中，最受他的影响而且可称为这一派的中坚的，当首推斯勃郎格。 迪尔推的高足弟子

斯勃郎格（Eduard Spranger），德意志人。一八八二年六月二十七日生于柏林西郊格罗斯利希泰斐尔特（Crosslichterfeld）一商人的家里。他经过实科中学校及高等学校，升入柏林大学，受业于迪尔推与包尔生二人，所以氏并备迪尔推的诗人风度与包尔生的温厚性情。 斯勃郎格的传略

Eduard Spranger

氏对于裴司塔洛齐的教育精神有所感动，奉为教育者的典型，同时对于霍波德的人文主义思潮与教育改革事业亦有所倾倒。氏在一九〇五年，柏林大学毕业以后，即任该大学哲学讲师，年仅二十有三，由此可见他的天才的优越。一九一一年，继摩曼之后，任来比锡大学额外教授；翌年，升任正教授，欧洲大战与德意志革命，正是他在来比锡大学任职中，所以他的爱国心与教育的热诚益加膨涨。一九二〇年，他回母校柏林大学继里尔（Alois Richl，1844—1924）之后，任哲学、教育学等正教授，现在尚在职中。氏除任教授外，兼任同大学哲学教育学中央研究所所长。从一九二〇年以来，他与斐奢尔（Fischer）、李特、诺尔（Nohl）等迪尔推学派者刊行《教育》（*Die Erziehung*）杂志。氏的主要的著作有《霍波德与人文思想》（*Wilhelm von Humboldt und die Humanitätsidee*，1909），《霍波德与教育制度之改革》（*Wilhelm von Humboldt und die Reform des Bildungswesens*，1910），《威廉·迪尔推》（*Wilhelm Dilthey*，1912），《生活形式论》（*Lebensformen*，4Aufl，1924），《文化与教育》（*Kultur und Erziehung*，2Aufl，1923），《关于教员养成之思想》（*Gedanken Über Lehrerbildung*，1920），《精神科学之现状与学校》（*Der Gegenwärtige stand der Geisteswissen-*

schaften und die Schule, 1922),《青年期之心理学》(*Psychologie des Jugendalters*, 1924),《历史哲学的解释上的现代德意志之陶冶理想》(*Das Deutsche Bildungsideal der Gegenwart in Geschichtphilosophischer Beleuchtung*, 1928),《民族、国家、教育》(*Volk*, *Siaat*, *Erziehung*, 1933) 等。但是要注意的，斯勃郎格虽则以筑设文化教育学为已任，然而他以所谓“文化教育学”(Kulturpädagogik) 这个名称刊行著作，迄今未曾实现。这或者是他因为与现代的有些学者，例如克里克一样，不愿采用“Pädagogik”一语，亦未可知。

斯勃郎格的学说

斯勃郎格的学说，与迪尔推一样，以精神生活的概念为基础的出发点。照氏的见解，以为追求价值之精神 (Geist) 是一切实在之根本；物质界或自然的意识之世界，本来是为精神所表示意义之一种素材；换句话说，它不过是精神的意味之运载者而已。这样的精神，可以分为三种：第一，“客观的精神”(Der objektive Geist)，例如科学、艺术、经济、法律、宗教等文化就是。这种客观的精神就是个人的精神上主观的价值体验之客观化；但是它在客观化以上，离开个人的精神，而存续于历史与社会而进行；而且这些精神相互关联形成为一大文化关联，作为诸精神科学之研究的对象。文化既是这样客观地投射个人之体验，但是又可以翻过来说，在个人的体验上常为新生命所唤醒。所以在客观的精神之对极，有第二的“主观的精神”(Der subjektive Geist)。这种主观的精神，就是理会或构成客观的精神之个人的精神。详细些说，这就是种种心的机能先自构造地组织，然后再去造出一种有超个人的意味之精神的业绩而进行之自我活动。照氏的这种见解，可知他所谓精神构造，与迪尔推所说一样，不单是为精神生活之内在的欲求所统一，而且是对着超越个人之客观的价值之希求。(关于这一点，斯勃郎格还受着立刻尔得等价值哲学的影响，读者可参考立刻尔得等的著作。) 这样的研究这种价值关系的主观的精神，是精神科学的心理学之任务；斯勃郎格在他的著作《生活形式论》与《青年期之心理学》二书里，就是要遂行这种任务。氏更以为在统一主观的精神与客观的精神之对立而使两者的交涉成为可能的以后，而有第三种精神。这第三种精神，名之曰“绝对的精神”(Der obsolute Geist) 或“规范的精神”(Der normative Geist)，并且以为研究这种精神的学问，可名曰“文化伦理学”。氏以为绝对的精神是超个人的、超历史的有妥当性之价值自体，好像领导主观的精神与客观的精神之永远的星辰一般。

斯勃郎格将精神生活分为所谓“类型”（Typen）去研究，并且加以一种体系的提示。照氏的见解，以为在所谓“类型”中，有两种可分。第一是从经验的屡次反覆的多数的精神生活所归纳而求得的所谓“平均类型”（Durchschnittstypen）；第二是从各种精神活动之先天的法则所演绎，并且预想这些法则一经组合就“有不得不如此”的所谓“观念的（理想的）类型”（Idealtypen）。氏所追求的是限于后一种类型。氏以为只有这种理想的类型，才是理会经验的生活形式之范畴，亦才是“方法的探求原理”（Das methodische Forscungsprinzip）。氏将这种类型应着精神活动之基本的方向，设定如次的六种，而名曰“理想的基本类型”（Dis idealen Grundtypen）。这基本类型，无论何种，都包含有精神活动之一切价值方向；同时，其中的任何一种价值最为它所追求以作中心的活动，至于其余价值作用在某种样式上是居于从属的地位，因此，具体的生活才有千差万别的形态之出现。所谓“生活形式”或“生活形态”（Lebensformen），就是指此而言。在理论的生活形式上，那种欲到达普遍妥当的认识之活动是一个中心，而经济的、审美的、社会的、权力的、宗教的诸活动都是它的手段或补助。在经济的生活形式上，那种为使自然物的资料有益于生活手段计，用最小的劳力以收莫大的效果之活动是一个中心，而使其余价值与它相结合。在审美的生活形式上，那种将物的素材变为灵魂化而形成为美的形相之艺术活动是一个中心，而使其余活动与它相结合。在社会的生活形式上，那种与他人相融和合体之爱的活动是一个中心，而使其余诸活动与它相结合。在权力的生活形式上，那种支配他人之权力活动是一个中心，而使一切活动与它相结合。在宗教的生活形式上，使所追求的价值常与自己生活的全部价值发生关系，用虔敬的信念去扩大助长他的生活欲求或限制禁止，而竭力发扬自己的最高价值。通过这种种生活形式之任何一种，有“一以贯之”的道德原理，而且恰当于实现它的德目之存在。这样，“生活形式”，是依从诸多价值的位置之规定而生的，称为“价值定位”（Werkonstellation）或“精神构造”（Geistige Struktur）。

生活形式

这样的价值定位或精神构造，依从各人的先天的素质与后天的影响，渐渐成为固定的永续的倾向，称为“个性”（Individualität）。这种意味的个性，并非单纯的个别性或特殊性，乃是超个人的价值作用在各个人身上为他独自之法式所结合统一。因为它本来是价值生活的主体，所以将它称为“人格”（Persönlichkeit），更为适切。文化教育

个性及人格

学上所有的“生活形式”、“价值定位”、“精神构造”、“个性”、“人格”等名词，在大体上是对于同一的精神生活上之各种各样的形态所给与之相异的名称而已。

文化与文化财

但是这样的精神生活，其结果会产生学理、生产方法、艺术作品、社会制度、道德、法律、宗教教义等，即所谓“文化”（Kultur）。这些文化，固然最初是客观地将个人或集团之主观的精神生活表现出来，然而不久即为多数人所订正助长，而为历史所传达，为社会所扩充，而成为超越个人之短的生涯与狭的体验之客观的精神生活。所谓“文化财”（Kulturgüter），就是这样的超个人的、客观的——历史的、社会的——精神生活之具体的表现。但是为永续发展这样的文化计，不可不将它容纳于代代相生的个人的主观的体验之中，再生长到更优的体验的地位，然后客观地表现出来。教育之本质就是存在于这样的文化之传递与扩充。

教育之本质

教育作用之本质存在于文化之传达与扩充这一个前提，是斯勃朗格教育学说的中心。这种教育学说所以有“文化教育学”的名称，亦因于此。照氏的见解，以为教育是社会的精神活动之爱的作用。所谓“爱”，是与追求共通价值者的他人相协同合体之意识。但是教育爱，与所谓“恋爱”似同而实异。第一，恋爱为所谓“美”之一方面的价值而与他人相结合；而教育爱为一切价值之综合的全体价值——人格价值——而与他人相结合。第二，恋爱对于价值现实性——对手者既经形成的表现的价值——追求爱情；而教育爱为价值可能性——行将形成的表现的价值——而施爱他人。所以恋爱遇着对手者越美丽，越有强烈的爱情；但是教育爱，遇对手者越未成熟、越不完全，而越表示深大的亲爱。

教育爱之特质

氏以为更从别方面看，爱可以区别为“受容的爱”与“施与的爱”两种。前者是倾倒于对手者既经获得而形成的价值有所受容，而后者是将自己既经获得形成的价值施与于他人而使之丰富。从这种见地看，教育爱是施与的爱。教育者对于被教育者所施与的，就是先辈依从多年之历史的、社会的生活所创造所传承的文化财。但是不可不注意的，就是“文化创造”（Kulturschaffung）与“文化蕃殖”（Kulturfortpflanzung）的区别。

文化创造与文化蕃殖

所谓“文化创造”，是将自己主观上的新的价值体验形成为客观的文化财之一种作用。这种活动的方向，就是主观之客观化。但是所谓“文化蕃殖”，是将这样所创造成的客观的文化财扶植于后辈而使它活泼泼的永久持续着。这种活动的方向，就是客观之主观化。教育之本质，不消说是存在于后者——文化蕃殖。然而所谓教育之文化蕃殖，并非是单纯的文化之传达。假使它是单纯的文化之传达，那么，就是演剧，亦会传达诗人所创造的文化财于观众。假使教育只是这样的永远反覆既成文化之范围与高度，决不能促成文化的进步与扩充。教育之所以为教育，是存在于深入于子弟的精神之奥底，先培养价值受容的能力，进而养成他自己形成价值之能力。换句话说，这就是要以历史的、社会的所给与的文化财之传达为方法，使对于它的上面所有光辉的文化理想有所觉醒，振起文化的意志，而创造新的文化财。氏对于教育之定义约说如下："教育是欲依存对于他人的精神之施与的爱（Gebenden Liebe），使它的全体的价值受容性（Totale Wertempfänglichkeit）及价值形式能力（Wertgestungsfähigkeit）从它的内部发展出来之意志。"

教育者之生活形式

有这样的使命之教育作用，从"担任这种使命之教育者自身应该有什么样的生活形式"上看来，亦就会明白的。因为一切文化事象是适应于它的生活形式之客观化；教育是一种文化事象，若从它的主观的方面看来，它是归着于教育者的生活形式的。斯勃郎格对于教育者的生活形式，不曾有何体系的叙述；但是基塞（Gie Wsen）大学额外教授斯腾对于这一点有所发挥，因为斯腾是忠实地发展斯勃郎格学说的一人；现在将转述斯腾的所说，以资补充。

斯腾对于教育者的生活形式之所见

斯腾说："教育者是社会的生活形式之人，而以爱为中心活动；但是他的爱有两个方向：第一，它是向着正在生长中的人类，第二，它是向着客观的文化价值。换句话说，教育者是立于爱的文化价值与生长而幼少的灵魂中间去结合双方的媒介者。"斯腾更详细的说："教育者是社会生活形式之人。他是向心于正在生长中的少年，去发见未来的超个人的价值之担当者，使个人的精神内所存在着的一切价值可能性，以文化价值之传达为手段而有所发达。因为这人只有依从文化价值，才能够发展他的特殊的精神。所以教育者不可不对于子弟的个性与文化价值同时的倾心着的。"斯腾的这种见解，是有所感而发的。具体的说，例如爱伦·凯女士大叫"第二十世纪是儿童之世纪"，称扬儿童的权利，置教育的重点于自发自展之上，这可说是对于从来的他律的教育之一大警告。然而在斯腾看来，这带有一种危险性。因为他以为与儿童的权利同时可以尊敬的是文化的权利；与个人的自由同时可以重视的是超个人的价值。只有参以文化价值之受容与理会，新文化的创造才是可能；并且，儿童之真正的自由与光荣亦在于此。

教育者与理论的活动

如上所述，教育者的生活形式，既是以子弟爱与文化爱为核心，然而其他种种精神活动以什么样的关系而互相连络的呢？照斯勃郎格与斯腾的见解，以为：第一，就理论的活动而论，理论的人是向心于事实自身，而不甚倾注于人类的方面；换句话说，他是排斥一切人类理念，而只捉住认识之妥当性与客观性。学者与教育者的区别就在于此。固然，有些学者同时是教育者；但是有时候，优秀著名的学者却是最冷酷无情的非教育者的人，亦并非完全没有的。但是理论的活动，在教育者的精神生活上充分地演成从属的、补助的剧目，亦是不可拒绝的。我们不应该与那种人格的教育学所说一样，只倚赖教师的热情，而且不可不有关于子弟的心意、陶冶的方法、教育的界限等之冷静的认识。而且以教育为职业的教师们，关于教材的知识实为他们的必需条件。在这一点上，就可知理论的精神活动是在教育者之精神构造中占有重要的地位。

教育者与审美的活动

第二，教育者不可不辨别他的子弟的个性，所以他是以审美的精神活动为必要。此地所谓辨别个性，就是理会个性之义；在理会的过程上，审美的想像力是必要的。这是精神科学的心理学之一个要点。但是用审美的态度去爱被教育者这件事，决不可侵害教育者的精神构造的正座。

教育者与经济的活动

第三，经济的精神活动，在教育者之本质的精神上似乎是绝缘的。教育并非冀求报酬之事，乃是放弃功利主义而向前进展之没我的服务。然而经济的活动之本来的意味基于力的计算之有效的活动，所谓“用最小的劳力收最大的效果”这一个原则，亦可以有效地适用于教育活动之上。教育者至少不可不计量子弟的力，考虑自己的力，以没有误算的要求去立定教育的目标。况且在教育设施计划、教育方法设计上，可以活用经济的知识，而找到简便而且有利的途径这件事，更是不待说的。

教育者与权力的活动

第四，权力的精神活动，一见就可知与“以依从爱而出发的社会的协同为本领的教育者之生活”各异其趣的。恃有老大的年龄与高贵的地位，用权力去压迫子弟，断非真正的教育之道。在这一点上，请倾听自由教育论者所说的真理吧。然而因有内面的卓越超群的材力与指导诱掖的热诚之故，自能得到子弟的畏服这件事，是为教育者所最属望的。更进一层说，为着未成熟的子弟计，那种为教育爱所导出的支配的态度及作为自律的前提之他律的统整，是教育活动之必需的条件这件事，亦可以承认的。况且权力的活动之真意味，在于支配他人以前之自己支配；因此，教育者无论如何，是自己支配之人。在这种意味上，他是一个权力的人。

教育者与宗教的活动

最后，宗教的精神活动，是与教育的生活颇有密接的关系。被教育者的价值可能性之承认——即使在现实的方面看来是何等丑劣的，然而它实蕴含有何等可宝贵的价值之确信——是与“一切众生，都有佛性”，相信世界全体终局有光明的一日之宗教的态度相密接的。然而这并非是超越现世而否定世上的生活之宗教，乃是通过现世的生活而往天国去之奋斗的宗教。这种宗教是帮助教育者去奖励子弟。裴司塔洛齐的信条，就是“往天国之道是在于遂行地上之义务”这一句话。教育者的生活，就是立于这种意味的宗教的背景而大放光彩的。

教育者的个性或人格

要之，教育者之生活形式，是以子弟爱与文化爱为核心，使其他理论的、审美的、经济的、权力的、宗教的精神诸活动都从属于这个核心的活动而结合。这就是教育者之个性或人格。这对于那种人格的教育学说所倡导的教育者的人格，更能够捉住精细而具体的形态。

陶冶理想与陶冶价值

文化的教育学说将教育之本质认为文化蕃殖，但是可以蕃殖之客观的文化，本来是人人的主观的精神生活之所产，只有通过这样的精神生活，才有所传达与扩充。所以教育之本质，可认为存在于精神生活——人格之陶冶——之上。所谓被陶冶之人，并非意味着对于诸多价值之实现的文化财有丰富的知识并保持其所有。陶冶所以为陶冶，乃是在于使受容诸多价值之能力，尤其使形成价值之能力有所发达。换句话说，陶冶不是单纯的传达，乃是力之养成，使所给与的东西为他的生活所同化。

人文主义或理念主义

人间所追及的价值之根本的方向，既如上所述，是理论的、经济的、审美的、社会的、权力的、宗教的数种，而完全地调和地实现这些方向的情态，叫作“人文主义”或“人文理念”。但是所谓“理念”，如果认作陶冶之企图，那是不行的。因为我们的背后，有数千年历史的连续；在我们的周围，又有广阔的社会的环境之存续，我们实存在这样的历史的社会的实在之上。所以陶冶理想（Bildungsideal），在斯勃郎格看来，是带有历史的制约，所有国民及所有时代之一切生长着的力都有影响及于它的。民族、人种不消说，就是经济的、社会的、政治的等等关系，道德的、艺术的、科学的、宗教的等等要求，亦莫不与它相结合。在这种意味上，陶冶理想，确如闵

Richard Müller-Freienfels

拉·弗来安斐尔斯（Richard Müller-Freienfels，1882—）所说一样，是这种种无数的要素之结晶，而为国民所保存的。换句话说，陶冶理想，是可以认为保存的事物之发达，并非仅借理论或技术而造成的。由此，可见文化教育的学说实是历史主义之发扬。

文化的教育学与规范的教育学

并且，教育问题，不但是使历史上所存在的文化财，从古代一直传达到现代而相续着，并且不可不为发展向上计，使它益进奋励。在客观的精神上，它有两个意义：其一，将历史上所存在的文化放在真的价值内容上去理会；其二，将它放在所谓"规范的精神"之文化理念上去思考。照斯勃郎格的意见，以为教育不可不同时完成这两个意义。在这一点上，文化的教育学说，与规范的教育学说有相通之点。具体的说，规范的教育学说是由理念出发而支配现实，文化的教育学说却是伸长历史的发展而进于理念。

个性与人格

若从另一方面看，人是为他的素质与环境所制约，各有各的独自的个性。个性是一面性，亦是被制限的力。我们所能够做的，不外乎通过这样的个性，参与陶冶理想，适应于自己的素质与环境，完成为国民一分子，使有贡献于文化之全部的发展。但是在这里面，人格的陶冶培养是可以遂行的。人格毕竟是个性之中含有普遍性的，而普遍性是放在个性之中去显现的。文化的教育学说所以同时重视文化财的构造与心意的构造，就因于此，在这种意味上，文化的教育学说并非与人格的教育学说相反的。

陶冶价值

如上所述，精神构造，只有依从客观的文化财之摄取与受容，才会发达；并且，精神构造是随人而有多少的差异，所以有效用于陶冶之文化财亦应随精神构造的类型而可分为种种。关于这点，斯勃郎格或斯腾在陶冶价值论上，列举知的陶冶价值，技术的经济的陶冶价值，审美的陶冶价值，社会的陶冶价值，宗教的陶冶价值，并且以为文化的教育学说的一特质，就是在这些陶冶价值（Bildungswert）包括人类生活的全幅，而且类型地有所整序的一点上。

但是须注意的，客观的文化财并非是无差别地都可以用它的原型作为陶冶的材料，乃是必须谋适合于受容这种文化财的少年子弟的心意，才能够充分地发挥陶冶价值的陶冶财（Bildungsgüter）。换句话说，这就是将既经完成的文化财还元于生成的过程，归到于生动的情态的时候，能够流入于子弟的体验与理会之中。在这一点上，斯勃郎格或斯腾的见解，似乎与杜威所谓“论理的教材之心理化”颇相仿佛。但是各种文化财为什么可成为陶冶财呢？斯勃郎格应着各种类型而有如次的分类： 文化财与陶冶财

第一，理论的陶冶价值是知的或科学的陶冶价值。这是依从知识的受容与理会，在形式上知的活动自身发达；在实质上，保持有知识内容，为着发挥这样的陶冶价值计，一方面知识的系统是从最单纯的初步的事物渐进于复杂的高程度的事物排列而成；他方面要顾虑到子弟个人的素质与年龄，乃至于将来的实际生活，使他最感得适切而有兴趣的去设计。这就是教科课程案之根本原理，亦就是实施上必须注意的。 理论的陶冶价值

第二，技术的经济的陶冶价值，并非是从单纯的职业教育或实用的见地而唱导的，乃是为完成目的与手段之结合计之技术的训练，为“用最小的劳力而收最大的效果”计之经济知识的养成。这是对于任何问题，都是不可缺少的手段。此地所谓技术，所谓经济的原理，一旦为勤劳的过程所还元，促进它与子弟的勤劳能力相呼应相共鸣之活动的时候，才能表现陶冶价值。为要达到这个目的，先施行基础的动作，例如依从体操、游戏等身体之自由的支配，依从简单的手工、手艺等手指、工具的运用等的练习，复次使子弟自行作出一定的货物，然后再进而适应子弟的个性渐次施行特定的职业陶冶。总之，文化的教育学说所以摄取技术的经济的价值于陶冶价值之中，并非只憧憬于高远的理想，而要有脚踏实地的证据。这是斯勃郎格以经济的活动为一切精神活动之基底的一种理由。 技术的经济的陶冶价值

第三，审美的陶冶价值，是存在于艺术品的鉴赏及创作之中。但是这并非说为艺术而艺术，才有价值；乃是说从子弟的精神陶冶的见地而出发，有所精选，有所整序，才能发挥价值。详细些说，因为美的法则是最单纯的而且令人感得有深刻印象的，所以鉴赏及创作可以导出；因此，假使有一种不德或虚伪的表现，为艺术自身计，或者可以容许；然而在教育的材料上，对于它是不可不排斥的。无论如何，美的陶冶并非单纯的耳目的练习及手指的运用，乃是内面的形成力的 审美的陶冶价值

培养。心意活动有所美化这件事，是审美的陶冶之根本要义，并且包含有艺术教育之道德的意义。

社会的陶冶价值

第四，社会的陶冶价值存在于使社会生活之形式有所实践与体验。在这里有协力、信赖、同情等狭义的社会的活动与支配、服从等之权力的活动。这种种是一面从事于其他生活内容如理论的、经济的、审美的、宗教的等活动，一面为与他人协力一致、严守秩序与规律计，实属必要。在这一点上，它自有本来的价值。强将实际社会之复杂的困难的生活形式加诸子弟，决不能够即刻为他们的心意所容受；最好的陶冶，应该先在家庭、学级、学校等狭隘的生活团体里，训练以单纯的社会的形式，然后养成为特定的职业团体的一员，然后再养成为国家的一员，能够与同事同胞过协力一致的生活。人本来是社会的生物，教育在本质上亦是社会的，所以社会的陶冶实为一切教育作用必需的条件。随着近代社会生活的变迁，使子弟受国家的有用的公民及真正的连锁社会的一员之充分陶冶，尤其必要。

宗教的陶冶价值

第五，宗教的陶冶价值，并非依从特定的宗教或宗派教授或训练以特定的教义与仪式，乃是在一般地养成宗教的精神——敬虔的信念。当实行各个人所确信的最高价值的时候，实有赖于超越的伟力；为拥护这种不容易探究的最高的价值计，无论有怎样的障碍或不如意的事，应该不屈不挠，迈往前进，这就是一种宗教的信念。这样信念的陶冶，若陷于教义或经典之知的陶冶，那是不行的。无论家庭、学校或其他环境，都应该充满敬虔的气氛，使子弟在日常生活中为所浸润而能体会它。

陶冶价值与实际价值

斯勃郎格虽将陶冶价值的根本型式分为若干种，然而他并非将有些教材属于知的陶冶价值，有些作业作为纯粹的经济的陶冶价值，彼此截然分别；而是以为同一的教科目具有种种的陶冶价值，而同一的陶冶价值又通行于种种作业，互相结合，互相错综，不过教育者在施教的时候，应该将他所采取的教材或他所担任的工作上的那种陶冶价值为中心，并且对于“怎样地使其他陶冶价值与那种中心的陶冶价值相从属或结合”这种构造有明了的考察与正确的理会，使它能发挥适应于各自目的之价值。

精神之发达与陶冶之阶段

陶冶价值，如果与被教育者的精神构造相即而为他所充分发挥，则对于“子弟的精神构造”这问题的攻究，成为文化教育学说所不可缺的领域。这就是从前海尔巴脱所说教育学的基本观念以及现在斯勃郎格所说教育的可能及限界的根据，也就是“可陶性”（Bildsamkeit）问题。

世间往往将陶冶作用比拟于艺术家的雕琢，而将大理石、粘土、木材等的可陶性比拟于子弟的心的性质，这实是很浅薄的误解。这种种无机物的自身本来没有什么固有的形成力，仅从外界所给与的形状而被雕琢；至于动植物等有机物的自身本来具有内在的构造与发展力，即使受着外界的影响，然而它本身之内的构造亦常有很大的变化。但是这些动植物毕竟以所给与的遗传与环境为两要素而自然地发育着，并非自己意识某种价值或目的，向着这种目的努力进行。至于人类，他虽则亦被素质与环境所制约，但是他还追求适应素质与环境的他自身的价值，为目的所导引，而发达他自身所固有的精神构造。斯勃郎格以为人类的精神发达并非单纯的流转，又非单纯的生长，乃是同时属于道德的陶冶。所以文化的教育学说上的所谓可陶性——子弟的心意形态——并非可以用自然科学的方法去考察之没价值的、要素的机能，乃是精神科学上所能理会之价值的全一的心意。　可陶性之意义

照斯勃郎格的见解，以为儿童期心意的特质，是主客之浑一与价值意识之未分化。在儿童，主观（即自己固有的精神生活）与客观（即自己以外的对象世界）没有截然的区别。换句话说，他们还没有自我的意识。这样的主客未分的精神生活，同时又是种种价值未分化的浑一体，所以它还未能表示什么生活形式。例如在他们的游戏上，理论的、审美的、经济的及其他一切价值方向都是浑然一体，而为真理、为美或为效用那样分化的价值意识亦还未曾明了。但是这并非说他们自己毫无意识，他们的生活毫没有什么价值。照斯氏的见解，儿童的游戏是为将来的价值生活的准备有所理会的，他们在游戏上为军人、为商人、为教师、为母、为厨子等，都是为将来的丰富的生活形式有所练习，有所实验。　儿童期之心意形态

到了十二三岁以后的青年期，才发见自我，而且向着分化的价值方向有所意识而活动。但是这个时期，一定的价值方向并非就固定于他的精神构造的中心，宁可说全体带有审美的、幻想的色彩，犹如走马灯里的种种的朦胧映像，出没无常一般。他们有时倾向功利的生活，有时倾向理论的探求，有时热衷于宗教的信仰，有时埋头于权力的支配态度，有时又奋然为爱而牺牲。一句话，人生之一切可能形式，陈列在他的面前，为他所实验；而从这里面，使他的将来的生活形式——个性——有所选择，有所固定。但是这并非说个性是在由外面所给与的可能形式中加以选定。因为这样的种种映像是他从内面产　少年期之心意形态

生的价值之光辉的反映，从中选定特定的价值方向，实不外于选定自己内部的本质。这种动摇时代或实验时代相当地永久，除掉例外的——如寻花问柳，追求一时的肉欲，断送生涯于不定的生活形式中——所谓浪漫的个性以外，一般人类渐次以特定的价值方向为中心，统一其他一切的活动，而形成壮年期的确然不拔的个性。

陶冶之阶段

(一) 基础的陶冶

斯勃郎格立场于上述的精神发达论，分别陶冶为三个阶段：第一阶段是“基础的陶冶”（Grundlegende Bildung）。这是对于任何个性或任何职业陶冶共通必要的基本的精神能力为任务。家庭教育及初、中等普通教育属于这一阶段。自从身体的养护、感觉器官的锻炼起，以迄日常生活上所必需的理论的、经济的、审美的活动之陶冶，子弟所属的家庭、学校、乡土上所有的协力与秩序之训练，乃至为祖国的历史、国情与国民性所制约的文化之导入等，都是这时期教育之本质的内容。这种种陶冶财，由子弟周围的环境里选择出来，但不必都有明了的分化与体系，可以作为一个浑然的结合体而提供的。

(二) 专门的陶冶

青年期的动摇不定的精神生活，渐次发生向着特定的生活领域而集中或固定的倾向，第二阶段所谓“专门的陶冶”（Fachbildung）或“职业的陶冶”（Berufsbildung）于是开始。中、高等的专门学校或大学的分科，无论学者或实际职业者，在本质上都是受这一个阶段的陶冶。这就是以应着特定的价值方向之专门科目为中心，再将其他科目配置于从属的、补助的地位，然后由此以练成特定的个性与职业的生活形态。然而专门的陶冶，并非养成孤立偏狭的人格。所谓“孤立化”与“专门化”的差异，在于前者越进越会关锁于独自的世界而与一般相绝缘；而后者越进越会通过独自的立场而与一般相接触。这好像为深掘计同时不可不广掘一样，专门化的努力，是必然地以一切精神活动的陶冶为必要。在这种意味上，斯氏断定第二阶段“职业的陶冶”是向着第三阶段“一般的陶冶”（Allgemeinbildung）之必然的而唯一的之途径。

(三) 一般的陶冶

此地所谓“一般的陶冶”，并非从来在基础的陶冶的意味上所说的低段的一般的陶冶，乃是与专门的陶冶相并列而置在上位的高段的一般的陶冶。这就是说一面进于特定的专门的陶冶，一面关心或理会超过它的广宽的文化领域，由此使自己与他人发生内的融洽，将自己的职业放在广大的全体的文化关联的背景下去把握去遂行。所谓成人教育，或成人的自己修养都含有这种一般的陶冶的意味。

理会之意义

斯勃郎格对于教育方法的基础所谓“理会”，说明它的意义、种类、过程与妥当性，以发展迪尔推的学说。照斯氏的见解，以为所谓“理会”，并非如一般人所误解的含有单纯的同情、浅薄的共鸣、廉价的妥协等意味。积极的说，这是个人对于团体的个性及历史、社会所遗传下来的文化之意味有所把握之独特的认识方法。所谓个性，所谓文化，毕竟是人类所追求的各种价值或意味为特殊的法式所结合所构成之意味关联与价值定位，所以那样的潜入于精神生活之中去把握全体的关联或构造，将个个的要素意味着以构成它的全部的肢体，这就是理会之活动。简单的说，所谓理会，是“潜入于某种精神关联之特殊的价值定位”，或“将精神关联在客观的妥当的认识形式上当作意味的充实体而捕捉”的意味。

理会之媒介

但是他人的个性或客观的文化究竟是怎样的精神构造，不能够直接为我们所体验；我们所能够直接体验的，只限于自己的内的生活，以至自己在客观世界上所活动的交涉。至于其他精神生活，只有依从于客观化的事物，才是可能；换句话说，只有以外部所表现着的事物为媒介，才能够为我们所理会。精神的意味之客观化的一个方法，是物质及物理的作用上的表现。在这种场合上，如经济的价值一样，饮食物、工具、交通机关等物质以及物理的作用自有价值之存在，但这许多的价值是以物质以及物理的作用为符号或象征而有所表现。例如书籍的文字、谈话、唱歌的声音等实是表现背后的意味之媒介物。

言语的理会

以物理的资料为媒介之最一般的理会，是言语（包含文字）的理会（Das sprachliche Verstehen）。言语是由特定的民族的特质所发生所发达的，但是言语自有发生与发达的次第，各人由此表现复杂多样的精神的意味，他人以言语为媒介而把捉发言者的精神的意味。但是本来的言语的理会仅取得其音声或文字上所附丽的直接的意味，所以往往陷于皮相，甚至于误解。我们虽则把捉到言语自身所指示的直接的意味，然而我们有否理会发言者的全人格及其言语里所包藏的最深奥的意味，如儿童屡屡所表现的一样，实属疑问。所以我们不可不更以言语之直接的意味去企求更进一层的人格的及内容的理会。在这种场合里，早已不只依赖于音声、文字及其他一般物理的资料，而且不可不求助于精神的资料。例如欲理会裴司塔洛齐，并非仅仅依靠他的容貌、体格、言语与动作，而是以他的固有的精神构造、围绕着他的教化情态、他对于教化所尽力的事业以及他遗留于后世的感化等等资料为必要。固然，这种种资料亦是依从物理的媒介而有所表现，但是更必须以由“这样的媒介而得理会的精神的资料”为媒介去理会更伟大的精神的全一体之裴司塔洛齐。同样的，世界大战的意味，并非只由耳目上所映到军队的行进、电报的往来、领土的变更等等而理会，而且不可不由历史的、社会的原因、交战各国的民族、个人的性格、经济情态、势力关系问题等而有所理会。但是这样的人格的理会及内容的理会，是依从怎样的原理而遂行的呢？

人格的理会　先说人格的理会（Das persönliche Verstehen）。所谓人格的理会是理会他人的个性或人格之一般的方法。这种场合的根本原理，在于人类之个个的行动或体验之意味在他的精神生活之统一的全体性中有所表现。换句话说，人类的精神生活，是一个统一体的全体，而他的一举一动是从这样的全一体而流出的；因此，我们可以由“在全体中占有怎样的地位”这问题去理会他的一举一动的意味。所以人格理会的方法，第一，是设想这人的精神具有怎样的全体构造，第二，将个个的精神织入于这种所设想的全体构造之中，一面自行体验，一面去捉住意味。例如欲理会裴司塔洛齐的人格，须先将他的精神之全体构造设想为富于人道的、陶冶的信念之教育家，再一面将这样的精神构造随着特定的法则自行体验；好像想到自己若是这样的教育家，那么，有何等高兴；一面去理会裴司塔洛齐的日常生活、他的事业、言语、精神等的真意味。

内容的理会　所谓内容的理会是将某种客观的文化之内容与产出它的人格相离而理会的意思。我们读古来的文献或传说，虽不知为何人所作，或研究今日的学问或经济组织，虽亦不知创始自何人及发展自何人，然而能够理会这种种自身的内容。那么，这样的客观的文化在怎样的方法的才为我们所捉住呢？一句话，这是依从客观的文化之主观化、现实化而捉住的；更详细些说，这是依从于使我们自身的精神有合于各种的文化关联之法则而有所活动，将客观的文化之构造与自己的主观上所有的精神之构造互相交换。例如欲理会学问的人，与学问的法则相即，使自己的精神有所活动；又如欲理会法治生活的人，将自己的精神参入于为法律、政治所规定的组织团体的意识中。所以斯勃郎格应着各种各样的文化领域分为理论的理会、审美的理会、经济的理会、政治的理会、社会的理会及宗教的理会等。这种理会的原理，与那笃尔普所规定的陶冶方法的原理颇相一致。照那笃尔普的见解，以为精神的陶冶是将客观的世界——科学、道德、艺术及宗教世界——建设于主观的精神之内。固然，那氏所说的客观的世界之范围及类别之方法，与斯氏所说的不一样，然而两者在遵奉康德所指示的大原则——

认识的主观之法则——同时是所认识的对象之法则的先验原则（a priori）这一点上，完全相一致的。同样的说法，理会者的我们自身之精神法则，同时是所理会的文化内容之法则；但是这种法则并非我们各自随意的个人的精神法则，乃是一面内在于我们的中心，一面超越我们之永远的规范的法则；这就是理会的妥当性之根据。

历史的理会之阶段

以上所述，是人格的理会及内容的理会之一般的原理，但是在实际上，无论人格或文化，在某种程度上，有历史的制约，只有当作历史的人物及历史的文化看待，才能有所理会；所以理会之具体的方法，结局可以作为历史理会之阶段而考察的。这就是斯勃郎格之所谓“解明之过程”（Vorgang der Deutung）。这种过程经过三或四个阶段。第一段是个个材料之观察或搜集，例如传说、文献、作品、行为、事实等之观察或搜集。第二段是从这种种材料依从于一种艺术的想像力去描写一个直观的体像。在这里，人物的性格、事件的情态、环境、背景的结合等，在大体上，都可以想像得出的。第三段是从这个全体像，将所观察或搜集的种种材料结合于有意味的事物之上。在这里，如果见到有充分的意味之结合，那么，它就有所理会了。如果一时不能够见到有充分的意味之结合，那么，第四段重新改造所想定的全体像，再检讨个个材料的意味关联。这样地将全体像与个个材料的关联，经过无数遍的检讨，逐渐到达确实充分的意味之结合，而增进理会的确度。

理会之妥当性

如上所述，理会的方法，结局是将自己的精神与构成他人的个性或文化的精神活动相交换。若从这一点看，这是主观之客观化；但是从他方面看，这是将他人的个性或客观的文化放在自己的精神之上去实现去体验，可说是客观之主观化，那么，这样的理会怎样能够保持妥当性呢？第一，理会者自己空虚，专去模写对手者之价值体验或客观的文化之价值定位，照它的原型去体验，这决不是所以使理会得到妥当性之道。因为我们有我们自身的精神构造，我们的精神构造全然不动而专去模写他人的精神构造，那是不可能的；而且例如理会他人之本能的动作或青年子弟之行动的意味，有时亦不可不使对手者自己没有意识的意味在理会者的我们之心中去体验。第二，若以理会者自身之价值体验任意地去解释他人的精神或客观的文化之意味，这亦是不妥当的。因为若以我们之偏狭的不完全的精神构造为标准去判定他人的精神亦是这样，那是太不透彻的独断。理会欲与自然认识相并而为精神生活之普遍妥当的认识法，是对于单纯的主观性之堕落的一个警告。

理会的妥当性之根据　这样看起来，可知理会的妥当性之根据，并不是被理会者之现实的精神构造，又不是理会者之现实的精神构造，实是位于两者之上的较高的第三之精神构造。这就是如前面所说，一面内在于理会者之内，一面是超越这种现实的精神生活之超个人的规范的精神构造。所谓“经济的文化之构造究竟怎样”，或所谓“理论的人生之生活形式究竟怎样”等等规范的精神法则是理会经济的文化或理论的人的人格之根据。所以真正的理会并非单纯的价值认识，乃是价值批评。我们依从于理会他人的人格或客观的文化之意味与价值，再与规范的精神构造相对照，而去认识它有无缺陷或长处。这时候，我们自身的精神构造，比之被理会者的精神构造更进一步。只有这样，人格之理会才是人格之创造，文化之传达才是文化之扩充。斯勃郎格以为在“传达既成的文化以促进新文化之创造”这件事可以发见教育之本质；在方法论上，他亦是这样说的。

斯勃郎格之最近的主张　以上所述，是斯勃郎格文化的教育学说之大略。除此以外，斯氏的最近主张，是由对于德意志国家的命运有所关心而起的国家主义的教育学说；关于这一点，让下文再补叙。现在先叙述文化的教育学说的代表者李特的教育学说。

Theodor Litt

李特的传略　李特（Theodor Litt），德意志人，一八八〇年十二月二十七日生于杜塞尔多夫（Düsseldorf）。他的父亲是文科中学校教授。他经过中学校，再入波昂与柏林两大学肄业。毕业后，从一九〇四年起，执教于哥隆（Köln）国立腓特烈·威廉（Friedrich Wilhelm）文科中学校。在世界大战中止时，即一九一八年时，供职于教育部宗教局。同年，他转任波昂大学额外教授。一九二〇年，继斯勃郎格以后，被任为来比锡大学教授，现在供职中。氏的著作有《个人与社会》（*Individunum und Gemeinschaft*，2Aufl，1924），《认识与生活》（*Erkenntnis und Leben*，1924），《历史与生活》（*Geschichte und Leben*，1924），《现代的哲学与其陶冶理想所及之影响》

(*Die Philosophie der Gegenwart und ihr Einfluss auf das Bildungsideal*, 1925),《教育学之可能性与界限》(*Möglichkeiten und Grenzen der Pädagogik*, 1926）等。又在兴尼堡（Hinneberg）所编纂的《现代之文化》(*Die Kulter der Gegenwart*）里面载有李特所执笔的《教育学》(*Pädagogik*)。

李特一面继承迪尔推一派所研究的对象与方法，一面依从傅塞尔的现象学与黑格尔的辩证的见地而努力树立另一种基础。在这点上，李特在文化的教育学说之代表者中放射异彩。入泽宗寿在他的著作《现代之教育哲学》里，将李特的教育学说归入现象学派的教育哲学之列，亦非无故。 现象学的见地与辩证法的见地

照李特的见解，体验之本质的构造，不是依从心理学的分析或归纳可以明白，而只是依从现象学的本质直观与辩证的考察，才能够明白。在个个的体验上，那种种为它所包含的一切方面、要素、机能，依从特定的动机，将它放在超个人的价值——对于理念之志向——上，为统一的关联之手所编制。这就是说“心理的实在性”(Realität）与“意味内容之观念性”(Idealität）在体验上有所直接地统一。所以我们并非依从个个体验的归纳，乃是即着个个的体验自身而能够捉住心理的、个别的、实在的契机与价值的、普遍的、观念的契机；又能够在个个的体验自身中去捉住与它立于相对极的事物之紧张关系。这样的事态之捉住就是现象学的本质直观，但是它当然与辩证的把握相结合着的。照李特的确信，只有依从辩证的见地，才能够分析精神的实在之内部所有的错综与紧张，而且才能够理论地把握其实在。氏依从这种见地去分析论究个人与社会、自我与他我、肉体与精神、意识作用与它的内容、体验与表现、表现与理会、素质与环境、形式与内容等的种种关系。 李特的教育学说

上述李特的见地是特别地采取辩证的立场去考察现代哲学之基调与依据这种基调之陶冶理想诸方向。具体的说，氏力说哲学与教育学的关系，并非存在于理由与归结这种关系上，而于可说是如同从同的根本所产生的两条树枝一样的结合。复次，他指摘那种以自然科学的思潮为背景而标榜着与哲学绝缘的科学的教育学与另一种站在批评哲学的见地而有哲学即教育学之观的那笃尔普一派的哲学的教育学——自然主义对理想主义、心理主义对论理主义——之对立。氏以为那种欲综合这种对立而出现的“生之哲学”与“生之教育学”，在实质上，仍带有主观主义、心理主义的色彩而容易堕入于浅薄的表现主 陶冶理想之辩证的检讨

义与放纵的自由主义；所以氏断定这种综合试验终属失败。最后氏指出以时间的、非合理的实在之生命（Leben）与论理的、超越的规范之理念（Logos）为“正”与“反”两极，再在这两极之对立抵抗中求出真正的综合。

文化哲学与教育学

照李特的见解，教育是全体的文化关联中的一个作用领域，所以教育学只有以文化哲学为背景，才能够成立。更进一步说，教育之目的或内容是由全体的文化所给与的；但是反过来说，全体的文化之存续与发展只有俟于教育之力才是可能；所以文化哲学与教育学是相即不离的；换句话说，只在教育学的领域上、文化哲学上所必须之价值论的考察与构造论的考察，依从生活之本源的形成冲动，而谋独自之幸福的结合。

教育学的领域

这样的教育学之领域有怎样的形态呢？照氏的见解，教育学以教育的事实为对象；但是教育的事实是依从教育之主体与客观——教师与学生——之对立与结合而成。这种结合是以师生的两方面之共通性为前提而成立的。第一，是形成的共通性，而预想着师生共有同一的精神构造；第二，是内容的共通性，而以师生共同的居于特定的文化环境及传统中为前提。师生如果当作单纯的自然的个体看待，那么，他们全然是别个的存在而对立着的；但是如果当作精神的存在看待，那么，他们是从上述的共通性而结合着的。师生之分离与对立越明显，教育就越陷于虚伪，它的内容就越流于空疏；但是师生越自觉有同一的目的，潜入于同一的文化关联，希求精神构造之交流融和，那么，真正的教育就越容易发生。

教育上的对立原理之弃扬

若是站在上述的见地，那么，可知教育并非为着单纯的个人，亦非为着单纯的社会，乃是在于两者之辩证的弃扬。照李特的见解，以为原来个人并非是单独孤立的主观，乃是宿有社会的文化之精神内容；社会又是内在于个人之超个人的价值关联，所以它是结合个人、包藏个人之全体而得能存在的。这样个人之真正的陶冶，乃是社会之内面的基础之确立；而到达社会之教育，乃是个人的精神内容之扩充。在这里，个人与社会之对立有所弃扬，关于教育的目的之个人的教育学与社会的教育学之对立亦因之而消解。关于教育方法方面，氏亦以为外面的“指导”（Führen）与内面的“生长放任”（Wachsenlassen）之对立原理亦有所综合。因为社会的文化关联所给与于子弟之影响，若从外面看来，似乎是强制的指导；但是它实是在子弟自己内在的价值关联之激发启迪；再子弟之自由的自己生长，即使似乎是放任的，但是它实在是到达客观的文化关联之触发而有适合于社会之要求。这样，无论在教育的目的上，或在教育的方法上，李特常想出对立的原理之辩证的综合，并且由此而努力解决教育学上的种种难题。

对象的解释之提倡

关于精神科学派的中心问题所谓“理念”及“解释”，李特对于这学派因依据“生命哲学”之故所以动辄陷于重视主观之弊这一点给与以警告。照氏的见解，为着充分地理会对象计，自以忘却自己而移入于对象之精神内为必要；但是自己与对象有同一的精神构造，是理会之根本的前提；所以忘却自己而没入于对象之中，实不外是实现自己之本质。然而如果从最初起为自己的主观所囚，而采取“将对象引入于自己的内面”态度；那么，一定发现浅薄的主观，为轻率的独断所支配，不能够达到于对象与自己的根底所共通的超个人的价值关联；无论对于对象或自己，都不能够有真正的理会。因为如此，所以不仅没却自己而倾倒于对象，而且要有明白对象自体之客观的意味的一种用意。这就是李特所谓“对象的解释”（Gegenständliche Interpretation），无论它作为解释学的理论，或为实际教育上的方针，都是重要的学说。

李特的教育学说之性质

李特的这种教育学说，一见就可知一方面是与迪尔推的文化哲学有渊源的关系，他方面又采用傅塞尔的现象学来修正斯勃郎格的文化教育学。这不仅李特如此，并且克里克等亦是这样的。（关于克里克等的教育学说，除掉与斯勃郎格的文化教育学稍有差异外，方法方面，是要由“教育学”（Pädagogik）转变为“教育科学”（Erziehungswissenschaft）；内容方面，是要站在国家主义的立场而建设一种国家主义的教育学说。详下文“教育科学思想及国家主义教育学说”节）。现将凯欣斯泰奈的文化的教育学说追叙一下。

凯欣斯泰奈的教育思想之具体的特色

凯欣斯泰奈在前章里已经说得很详尽。现在因为要追叙他的文化的教育学说，所以不得不再提一下。凯氏因为天资的多面性、可挠性与包容性，通过全生涯，一面善于判断、取舍或综合德、美以及其他各国教育的动向，一面使最近数十年间的教育潮流反映于他自己的思想发展史中。所以素来尊奉凯氏的斯勃郎格在《凯欣斯泰奈教授第七十回诞辰祝贺纪念论文集》里，列举现代教育学的种种特征，并指出凯氏对于这种种特征所怀的主义，以为只有凯氏才是现代的真正的裴司塔洛齐的信徒，才是现在生存着的天禀最丰富的教育学者能以一身兼集种种要素之人。详细些说，斯勃郎格以为心理学的基础、勤劳陶治上经济的及职业的目的的顾虑通过自己的学校之精神而准备着对于今后共同社会之国家公民的及社会的教育、自然科学的教授上陶冶价值之深刻的把握等，都为有道德的人格之凯氏一身所结束、所整理的。

凯氏的文化的教育学说

如上所述，凯欣斯泰奈的教育思想，几乎是包藏并融合一切契机，所以若问凯氏究竟属于那一种学派及代表那一种学说，那是很不容易答解的；并且漫然答解，亦属不当。不过凯氏晚年的倾向，确大受精神科学派的影响，尤其采取斯勃郎格的思想居多。这样说起来，凯氏可说是一位促进最近文化的教育学说发展的代表者。追溯凯氏思想的痕迹，如前章所说，当初宁可说是站在实证主义的基调，关心于数学或自然科学，对于哲学是冷淡的；但中年以后，渐次受着杜威等的影响而倾向实用主义的哲学；后来更转为"新康德派"价值哲学所感化；最后再一变而与精神科学派的立场共鸣。现在我们将凯氏放在文化的教育学说中去叙述，是专在注意氏的晚年的思想。就中为摩哥（W. Moog）所称赞为"唯一之综合的著作"的《陶冶论》，就是本章所该介绍的杰作；此外，还有氏的绝笔在他殁后为他的妻所出版的《陶冶组织论》一书，亦是氏晚年的文化教育学的倾向在实际的陶冶制度上具体化的著作，不可不提及的。

陶冶之组织

凯氏所提出的主要问题，如统一学校问题、国家公民教育问题、作业学校问题等，无一不是与文化问题有密接关系。具体的说，这种种问题，在一般上，都是为谋人类的价值生活之保存与向上计所提出的要求；更具体的说，这些都不外是以对于德意志国家之爱国热与国家的意识为基调而提倡的。视文化与教育有一种相即不离的关系之文化的教育思想，是贯彻凯氏生涯之实践的热情与学理的思念而有所蕴藏着的。氏的文化教育学的陶冶概念，最初总括的叙述发表在杂志《教育》里所揭载的《陶冶过程上的价值担当者之道德、风习、礼仪》一文；在这文里，他将文化解作言语、造形艺术、建筑、音乐、技术等所发表的事物。此外如科学上的概念、法律、道德、风习及宗教上的仪式、社交与交通上的礼仪、国家的制度，乃至政治，经济上的法规等，无一不是包括一切文化财的。氏在《陶冶论》里将陶冶的概念，放在与文化之关系上作一度综合的论述。氏以为陶冶不可不分为情态（Zustand）方面之陶冶与方法（Verfahren）方面之陶冶而考察。在情态方面之陶冶论上，氏专讨论教育之本质观、目的观；在方法方面之陶冶论，专讨论教育作用之具体的发现方法。对于前者更从价值论的（Axiologisch）、心理学的（Psychologisch）、目的论的（Teleologsch）三方面去考察。第一，价值论的见地上所谓“陶冶”，是人类超过低级之植物的、动物的水准线，渡过以单纯的感觉的、一时的价值为事的阶段而到达以永远的、精神的价值——文化价值——为事的阶段之作用。换句话说，人类依从于文化财里所内在的意味内容之体验而为价值感（Wertsinn）所觉醒，而形成为由自己的统一的精神的价值所贯彻之意味组织。更换句话说，这样地体验或实现价值的人，这自律的与道德的自由之人格，不外乎是被陶冶得的一种情态。在这种陶冶概念里，精神构造的个性、人格之概念明白地有所意味着的。第二，心理学的见地上所谓陶冶，是意味着心的机能的磨炼及习惯养成之形式陶冶。在这种思想上，氏指示出迪尔推所谓“精神生活之完成”的要件；具体的说，就是迪尔推所谓“心的过程及其结合之完成”这一个概念为凯氏所继承而有所补充。第三，目的论的见地上所谓陶冶，是职业者及文化社会之一员所有的职业的及公民的陶冶。这是氏多年所开拓的所力说的主要问题，但在此地更将它作为陶冶概念之最具体的姿态看待而有所提及。复次，在方法方面之陶冶论上，第一，氏对于陶冶内容，一面详述兴趣，一面讨论子弟的精神发达；第二，氏讨论作为陶冶财之文化财；第三，氏对于陶冶主体讨论价值的共同社会、学校及教师。这种种问题与它的内容，氏无一不是在以斯勃郎格为中坚的文化的教育学说的主要劳绩上加以他自己多年的钻研与经验。由此，可见文化的教育思想怎样地为凯氏所消化吸收的一斑了。

凯氏的陶冶概念为他的著作《陶冶论》之最后所揭示的七个原理（Prinzip）所包括；所谓文化的教育思想，在这里面，亦随处可以表示出来。就它的要旨论，第一，是“全一性”（Totalität）。这是要求“被陶冶的人格是一切机能之合目的的统一性”之原理。氏排斥那些仅使特定的机能发展而闲却其他机能之天才主义与图谋一切机能之划一的圆满主义；而主张宁可一面以特定的价值活动为中心或主位，他方面使其他一切价值活动有力地从属于这种中心或主位以求出真正的调和的发展。这就是斯勃郎格所谓“生活形式之概念”，在它的原型之下，为凯氏所应用。第二，是“现实性”（Aktualität）。这是要求“顾虑到子弟的发达阶段上的各时期之现实的精神构造”之原理。原来陶冶作用注重于目的之完成，所以不能够离开未来的关系；但是目的之完成，舍掉通过现在，别无他途，所以陶冶作用若不

陶冶之原理

顾虑到子弟的现在，又是不可能的。这件事似乎是矛盾而实非矛盾。因为所谓“现在”是负着过去及包藏未来之历史的精神生活之横断面；而适合于现在之陶冶就是一面原型地从子弟之过去而出发，一面要充分地顾虑子弟之未来的意志。这已为迪尔推在“精神生活之构造”上所道破，不过凯氏再附加以一种所谓“现实性”之原理而已。第三，是“权威”（Autorität）。这是要求“子弟应该信服为价值保有者之权威”之原理。照凯氏的见解，以为在权威上有外的权威即制度上所规定的权威与内的权威即人格及文化财之权威两种。并且，为发挥权威的力量计，以“认可对于权威的服从之道德的心情”，“对于传统的权威之信仰的承认”与“对于有价值的事物感到权威之权威感情”三种心理的根据为必要。就中第三种权威感情是最必要的，至于第一、第二两种，等到它为第三种所支持的时候，才成为内面的力。这样，凯氏将教育上所必需的教师之权威、文化财之权威及制度、规律之权威各放在心理学上奠定基础；并且在这里面，所谓“人格之超个人的价值关联”的精神科学派之根本思想亦有所表现着。第四，是“自由”（Freiheit）。这是要求“先极力除去外的拘束，复次站在子弟的立场去考察他的性之所向，更使自然的感觉的、冲动的生活服从于价值之要求”之原理。就中最重要的，是对于价值性之服从；这种自由与权威完全地相对立，却又是相一致的。第五，是“活动”（Tätigkeit）。这是要求“陶冶依从子弟的自我活动而行事”之原理。凯氏将自我活动的阶段分为游戏（Sport）、竞技（Spiel）、工作（Beschäftigung）、作业（Arbeit）四种。游戏是为活动自身的活动，竞技是为成绩的向上所演的活动，无论那一种，都不是为谋有效益于他种企图而施行的，与这相对，为他种企图而活动的，是工作与作业。就中工作一半是为谋有效益于他种企图，一半是为活动自体而活动的；一句话，它是由游戏进于作业之过渡。至于作业，是为企图完全的实现而动之活动；真正的自我活动，就在于这种作业之上最无遗憾地有所表现。这就是凯氏将他多年所主张的作业学校说作为陶冶原理之一而确立的。第六，是“社会性”（Sozialität）。这是要求“依从社会并且为社会而行动”之原理。原来社会的教育学说是形成文化的教育学说之一枢轴；无论迪尔推、斯勃郎格或李特，都是在个人与社会之不离的关系上去树立文化哲学与文化的教育学，凯氏亦以这为重要的原理而采用它。第七，是“个性”。（Individualität）。这是要求“陶冶依从文化财的个性与子弟的个性之一致而行动的”之原理。这就是凯氏在它的著作《陶冶过程之根本公理》上所确立的原理，而文化的教育学说亦常在这个前提之下去攻究文化财之类型与生活形式之类型，所以这亦被采用为氏的陶冶原理之一。

《陶冶组织论》

氏的遗著《陶冶组织论》，第一章是“陶冶组织之诸原理”；这就是由前著《陶冶论》的陶冶概念去讨论直接地为学校组织上所适用的诸原理，因而去讨论前揭的七原理不可不各自与学校组织谋相即而有所遵守。在第二章，“学校组织及学校政策之社会学的诸问题”，所讨论的各种问题，为第一，个人之陶冶权利；详细些说，即各个有应着各自的个性，依从道德的自律的人格的要求，对于陶冶组织的制定有所主张之权利。第二，个人之陶冶义务；换句话说，即社会有对于社会之成员要求“他们义务地为后辈设立充分的陶冶制度”之权利。第三，国家之陶冶权利；详细些说，国家欲陶冶它的国民以一种国家的心情，所以对于国家或国家以下的诸团体所设立的陶冶组织可以有所主张。第四，各社会之权利；详细些说，那种种文化社会、利益社会、自然的社会对于国家所设立的陶冶组织，有依从各自的立场而提出主张之权利。第五，陶冶组织之自律；详细些说，即在国家内，对于所设立的陶冶制度，陶冶自身的理念，可以主张独自之权利。第六，陶冶组织之地方分权；详细些说，即从属于国家之下的州、郡、县、市、村等各有对于陶冶组织有所主张之独自的权利。在第三章“陶冶制度之分支、构成、经营上的组织问题”上讨论为适应子弟的个性与它的发达阶段之教科的分类、分量、程度等；又采取诸教科目之统合问题、学级担任制与学科目担任制问题等。最后的题目是对于“陶冶组织论之总括的思想与箴言”。在这里面，关于陶冶之根本概念及学校之种类、系统、内容等，有一种条举的约略的记述。这样可敬的遗著，不单是学校教育之外部的制度论，并且以广大的国家社会为背景，精细地与学校之教科内容或经营方针相接触；更明显的说，它是根据《陶冶论》的基本概念之指导精神，包括学校教育之一切具体的问题而成为一个完整的体系的杰作。一面将对于实际教育之计划与指导作为他全生涯的使命，一面为这种使命而沉潜于深奥的理论的思索之凯欣斯泰奈的真实的面目，在这最后的遗著上仍然活跃地存在着，这实令我们铭感不忘！

其他文化教育学之代表者

以上所述的，是文化的教育学说之主要的代表者的教育学说之约略。除了这些代表者外，还有好几位文化教育学者，例如吓列（Halley）大学教授苛勒（Max Frischeisen-Köhler，1877—1924）、斯腾、诺尔等，亦各自发表文化的教育思想。但是他们的思想，有些地方与斯勃郎格的所说相类似，有些地方与李特的所说相接近。例如斯腾的学说，一面采用斯勃郎格的思想，一面又参酌李特的主张。关于前一方面，我们已经在前面将斯腾的所说参入于斯勃郎格的学说里面叙述过；关于后一方面，我们亦可以由前面所叙述的李特的学说去类推，无需赘述。至于诺尔亦是这样的。诺尔最近在《教育》（*Die Erziehung*，Feb，1931）发表过《教授学上的两极性》（*Die Polarität in der Didaklik*）一文，可以说完全与李特的主张相一致的。（这篇文章，我曾经将它译载于广州中山大学《教育研究》第四十二期，可资参考。）因此，诺尔的教育学说似亦无需叙述。但为明了观念计，现在我们再将文化的教育学之特质作一度简略的总括的叙述。

我的几个声明

但是在未叙述文化的教育学说的总括点以前，对于前面所已经叙述的话，有一点须追行承认的；对于后面所将要叙述的话，又有一点须先行声明的。关于前一点，就是我在前面对于 任何一个文化教育学者的学说所叙述的话，都是采用间接的叙述法。具体的说，我一面先照自己的口气说出文化教育学的要旨，一面每叙述完某要点的时候，再直接地引用他们的原语以证实。此外，还有一点须要追认的，就是我对于文化的教育学说所间接地叙述的话，有许多地方是采用乙竹岩造的意见。（见乙竹氏最近出版的《现代教育学泛论》一九七至二七〇页）但是这有无错误，当然与乙竹氏共同地负连带的责任。关于后一点，因为前面所叙述的话是采用乙竹氏的意见居多，加以在本章第一节里面亦借用过乙竹氏的话，所以对于下面所将要叙述的关于文化的教育学说之简略的总括的叙述，率性亦先转译乙竹氏意见，以资连贯。

文化教育学之第一个特质

据乙竹氏的见解，以为第一，文化的教育学说之中心的所谓“文化”之概念，在“其根底存在于视现实与理想为一浑然的全体之生命体验这一点上，将所谓经验与所谓规范放在较高段上弃扬，将所谓理想与所谓现实在较深处去综合。又这种文化，在社会的、历史的实在这一点上，是超个人的，但是同时在“只有通过个人之理会，才能够有所传达与扩充”这一点上，却是个人的。因为如此，所以以这样的文化之传达与扩充为使命之教育，是必然地兼容并包个人与社会两方面，而不可牺牲任何一方面。在这种意味上，既如屡次地所指示，文化的教育学说是综合调和既往的一切的教育学说。

第二个特质

第二，以生命所追求之根本的价值方向为基础，分成文化及生活之类型，并且将陶冶理想、陶冶价值及可陶性亦从这种见地类型地去考察等事，是文化的教育学说之一贯的态度。从来的教育学说，不拘其怎样地高唱文化，或力说个性与人格，然而它们缺乏具体性与个别性之一般的、抽象的议论，因此，它们都是与实际教育相绝缘的，但是文化的教育学说依从这种类型的考察，在个性的要求与适切于个性的要求之陶冶财相结合这一点上，真得到一种有力的指南针。

第三个特质

第三，方法的原理所谓“体验”与“理会”问题是文化的教育学说所特别开拓的领域；一方面酌用现象学的见地，他方面对于体验提供之理论的基础。体验的必要，根据诺比尔得（Waltraut Neubert）在他的著作《教育学上的体验》（*Das Erlebnis in der Pädagogik*，1925）里所说的话，自从第十九世纪初以来，已经为若干教育家所唱导，但是它的意义是极狭隘的。随着生命哲学的兴起，所谓“体验”这一句话，虽则已经脍炙人口，然而它的意义还不免模糊。直到迪尔推规定精神科学的研究方法于体验、表现、理会这三个活动关联上以后，才惹起世人的注目；尤其是他站在这种关联上去阐明理会的作用使它作为教育之方法的原理这件事，实是文化的教育学说之显著的劳绩。这样，教育才能够排脱硬化而取得深化；陶冶亦才能够舍却机械性而发扬真正的生动性与无限的进展。

乙竹氏对于文化的教育学说之批评

以上所述，有乙竹氏对于文化的教育学说所举的几个优点。但是乙竹氏对于它的缺点方面亦举出两点如下：第一，有上述的这样的特质之文化的教育学说，还未曾遂行可以完成为一种“学”之确定不拔的体系与个个领域上之精细的研究。凯欣斯泰奈晚年的伟业，虽则在陶冶的理论上将这学的主要领域成为体系化，并且在陶冶组织论上施以学校制度之具体化，然而这还不得说是完成教育学之全部的课题。又这派中坚的代表者如斯勃郎格或李特等对于确立有“学”的性质之文化的教育学与通过各科教授、训育、方法上诸问题，将原理具体地有所开展这两件事，为许多人所期望，但迄今仍未见实现。第二，文化的教育学说以历史的、社会的实在之文化为中心，所以它是含有应着各自的国家的国体与民族性的要求。这一点，在德意志既是一个时代的思潮（我们可以在下面一章里介绍大概）；但是这个课题无需有待于外国的运动，我们不可不作为自己国的问题去研究。这实是文化的教育学说所给与的迫切的而永远的大问题。

乙竹氏对于文化的教育学说所说的话是否适当，容本章完了后一并说明。现在先将教育科学思想及国家主义教育学说叙述一下。

第四节　教育科学思想及国家主义教育学说

本节课题的解释

本节所包含的课题有二：一是教育科学思想，一是国家主义教育学说。这两个课题，前者关于教育学的体系或方法问题，后者关于教育学的内容问题，骤看，似乎不能够放在一处叙述，然而仔细地考按起来，就本质的方面论，原来任何一种学术，它的体系或方法与它的内容是分离不开的。（关于这问题，若要详细说明，决非现在的篇幅所许，好在我已经将这个问题说明在拙作《教育哲学》第二、第三两章里，可资参考。现在为明了观念计，不妨再简单地将它说明一下。）所谓“体系”，照现代哲学家例如恩格斯的见解，以为它是一个变化的事物；这个变化的理由，是因为体系本身本来是从一个欲除去一切矛盾之不可抑制的要求中生出来的。照这一点看来，可知任何一种学术之体系所以能够成立，完全是维系于这种学术的内容本身上；换句话说，任何一种学术的内容有无矛盾，我们欲除去它的一切矛盾而求得一种综合的境域，然后将所综合而成的结果，姑作为一种法则看待，这就是普通所谓“体系”。（关于这一点，与前节末尾所叙述的乙竹氏对于文化的教育学说所举的第一个缺点有关系；至于详细的讨论，留后面再说。）复次，所谓“方法”，据马克思的说法，以为方法是一种了解与统御自然或社会现象的法则；又据杜威的说法，以为无论什么事情，方法都不过是凭借有效的途径，运用一种材料，以达到一种目的。由此，又可见组织任何一种学术的方法与那一种学术所包藏的内容或材料是绝对地分离不开的。但这是从它的内容方面而说；如果从它的方法方面立论，那么，又将怎样呢？照现在哲学家，例如培根（F. Bacon）、马克思、恩格斯等的眼光看来，任何一种学术的研究，不拘内容怎样，即有些受历史性与时代性的限制，有些不然，然而这都是不足轻重的事体，我们只要在正当的科学方法的立定中看到自己的主要的课题而已。由此，可见方法直是研究任何学术或解决任何问题之主要的工具，所以研究任何一种学术的时候，不可不有一种善良的工具——方法。（关于这一点，它亦是与乙竹氏对于文化的教育学说所举的第二个缺点有关系，以后再说。）总之，普遍的说，体系或方法与内容在本质上是分离不开的。复次，就事实的方面而论，文化教育学者中，有些人例如克里克、斯勃郎格、凯欣斯泰奈等，尤其是克里克，觉得从来的教育学的研究，有些太侧重于方法，有些太侧重于内容；就是在方法的方面，有些太侧重于演绎法，有些太侧重于归纳法；在内容的方面，有些太侧重于理念，有些太侧重于现实；殊不知这些东西——方法与内容、演绎与归纳及理念与现实——都是互相对立着同时又是互相消解着而可以得到一种综合的境域。所以他们一方面要采用一种新研究方法，他方面要以现实或理念为出发点再与另一极端的东西——理念或现实——相综合，然后欲建设一种真正的科学的教育学——教育科学。至于他们所采用的新研究方法是什么呢？简单地答覆一句：这就是我在本章第一节里所叙述的伏见猛弥在他的著作《现代德意志教育学之一侧面》一文里所举的三种方法：（一）了解的方法，（二）辩证论的方法，（三）现象学的方法。在这三种方法中，固然照有些论者的看法，只有第一种方法是文化教育学的新研究方法；然在实际上，这三种方法无一不是与文化教育学有关系的。请看前节所已经叙述的李特、斯腾、诺尔等，虽则被人称为文化教育学者，然而他们所采用的研究方法，除了精神科学派所谓“了解的方法”外，还有采用傅塞尔的现象学的方法与黑格尔的辩证论的方法；又看本节所将要叙述的克里克所采用的研究方法，虽则完全是傅塞尔的现象学，然而他有时被人认为是一个文化教育学者，况且在事实上，他最初确是属于精神科学派的一人，直至后来渐渐转而倾向于傅塞尔的现象学的方面。这或者是因为这二种方法有互相类似的地方而不能够有所严密的划分，亦未可知。（关于这点，我曾经在拙作《教育哲学·后序二》三五—三八页，可资参考。）至于他们所研究的内容呢，这亦可以简单地答覆一句，是以教育的事实为对象；并且，他们认定教育的事实是为历史或社会所制约的，所以他们所研究的教育的事实亦逃不出于他们所附丽的历史及所处境的社会——德意志历史及德意志国家。因此，所以在历史的方面看，文化教育学是一种历史主义的教育学说；在社会的方面看，文化教育学又是一种国家主义的教育学说。以上所述，是各别的就着方法与内容两方面而说话；至于方法与内容之关系；据他们的见解，以为无论历史或社会，都是活动的、变化不居的；因此，有历史性与社会性之教育的事实亦是活动的、变化不居的。因为教育的事实是活动的，是变化不居的，所以我们欲研究这种教育的事实，又不可不有一种动的研究方法。这是一种怎样的研究方法呢？我想谁亦知道的，这就是所谓辩证法。现在我们姑不问他们所采用的辩证法是那一种形态的辩证法，及能否解决教育上的种种困难问题，然而无论如何，他们所尝试建设的所谓“文化教育学”或“现象学的教育学”比之从来的任何一种教育学高出一筹。因为从来的种种教育学，在内容方面，不拘以现实为出发点或以理念为中心，然而大都视现实或理念为静止的、固定的；在方法的方面，不拘其采用演绎法或归纳法，然而这些方法都是一种静的研究方法。不仅如此，从来的教育学者们都将方法与内容截为两途，各行其是；所以从来的任何一种教育学都是一种“哲学的教育学”，而非今日所谓“教育科学”。不过因为有些是站在思辨的、批评的见地，有些是站在经验的、实验的见地，所以有思辨主义或批判主义的哲学的教育学与经验主义或实验主义的哲学的教育学之区别而已。（关于这点，我曾经在本章第一节里面说过些，可资参照。）照上述的话看来，可知所谓“教育科学思想”与所谓“国家主义教育学说”这两个课题，不妨并且不能不放在一处去叙述。不过为谋说明便利计，在下面姑先补叙教育科学思想的由来及其思想自身，再次补叙国家主义教育学说的由来及其学说自身。

教育科学思想之由来

最近教育学术界最可注目的一个倾向是由“教育学”（Pädagogik）转变为“教育科学”（Erziehungswissenschaft）的这种主张。这是以对于从来的教育学之不满意为消极的动因，而以教育学之独立的要求、新兴的社会学之影响及现象学的方法所给与之刺激等为积极的诱因而兴起的一种现象。再详细分别的说，第一，从来的教育学并没有关心于教育学自身之独立性；有些只求立基于伦理学与心理学之上，有些只求立基于哲学全部之上，有些只求立基于单纯的美学之上，以为教育学不过是这种种科学的应用，好像在这种种木材上仅加以雕刻细工一般。然而现在有些教育学者反对从来的教育学者的态度，而要将教育学从其他基础科学里解放出来，而树立有独自的研究领域与方法之自律的教育科学。这就是教育科学运动的第一个主因。第二，从来的教育学对于所谓“教育”这个行动要给与以一个规范，称为“轨范科学”；更极端的说，它不过是好像对于教育活动要拟写一张“药方”一样之所谓“药方教育学”（Rezeptpädagogik）而已。一句话，这些教育学都是将教育当作一个“课题”（Aufgabe）去处置；换句话说，它们都是故意地有计划地去处置教育的。殊不知在这样的教育之更进一层的深奥的根柢里面，本来有教育的“生起”（Geschehen）之存在。只有这种无意图的、无计划的生起，才算是教育之本质；所谓教育科学就是以要认识或记述教育之本质为固有的任务。那种要求自律性之教育理论欲成为有真正的科学性之科学，第一着就在于要去捉住教育的“生起”这件事，是教育科学运动的第二个主因。第三，从来的教育学是狭义地将教育解作教师与子弟间所行的过程；并且所谓子弟，只意味着所谓儿童及青年等未成熟者。然而真正的教育，是兼含成熟者，并且不将它解作师弟间之个人的关系，乃是将它解作社会生活之根源的机能。这样地将教育范围扩充到更广更深的地方之要求，是教育科学运动的第三个主因。第四，上述的种种主因是为最近的社会学、言语、宗教、法律、经济等的社会现象之科学的认识与记述有显著的发展这件事所刺激，并且为最近的哲学的主要思潮之现象学依从本质直观之方法去捉住对象之本质的那种主张所影响。换句话说，教育现象被认为一个根源的社会现象；这个现象，与其依从实证科学的方法，宁可依从本质直观之哲学的方法去捉住。在这种主张里，教育科学运动之独立的面目是存在着的。这样运动的代表者，当推克里克与佩忒森（Peter Petersen）二人。现在将这两人的教育科学说叙述于下：

克里克的传略

克里克（Ernst Krieck），德意志人，一八八二年七月六日生于巴登（Badan）福基修亥谟（Vögischeim）。他幼年境遇不佳，以非常的努力，自行奋斗，经过睦尔亥姆（Müllheim）理科中学校，再进卡尔斯鲁厄（Karlsruhe）师范学校，一九〇〇年在该校毕业。一九〇四年，任曼亥谟（Mannheim）小学教师凡二十年。在这期间内，他钻研文化哲学、社会哲学、历史哲学等，积其平日研究所得的结果，作为研究教育学的基础；并且因发表种种所研究的著作，而博得声誉。就中尤其在一九二二年刊行《教育之哲学》（*Philosophie der Erziehung*）一书，大受德国思想界的欢迎。一九二三年，海得尔堡（Heidelberg）大学认他的这部著作及其他关于教育史的研究为有价值，授以哲学博士名誉学位。他在曼亥谟地方，一面任小学教师，一面兼任商科大学讲师；但在一九二四年五月一日，

Ernst Krieck

辞去小学教师职，专心埋头于教育学的研究。在这时期内，德勒斯登市工业大学聘氏为教育学教授，辞而不就。一九二七年四月起，接收柏尔（Bell）所发刊的《自由德意志学校》（*Freien Deutschen Schule*）杂志，担任发行。但是一九二八年十月，被美因河边法兰克福（Frankfurt am Mein）教育大学所招聘，任为该大学教育学教授。最近即一九三二年更被德国现政府——国社党政府——任命为该大学总长。氏在多方面的论题下，发表丰富的学识；他的著作，计有二十余种之多。就中与教育有关系的重要著作有《教育之哲学》（*Philosophie der Erziehung*，1922），《人类形成论》（*Menschenformung*，1925），《文化民族之陶冶制度》（*Bildungssysteme der Kulturvölker*，1927），《教育哲学》（*Erziehungsphilosophie*，1930），《民族的全体国家与国民教育》（*Völkischer Gesamtstaat und nationale Erziehung*，1923），《基础的教育》（*Grundlegende Erziehung*，1930），《陶冶史》（*Geschichte der Bildung*，1931）等。氏不但是“自律的教育科学”（Authonomen Erziehungswissenschaft）的创始者之一人；并且在古代印度及希腊的哲学以及关于社会制度之丰富的知识方面，亦是在现代德意志教育学中放一异彩。至于教育科学说及国家主义教育说呢，氏有凭借于在民族史上所得的比较丰富的知识之处亦复不少。最近氏为适应德国现政府的教育政策之要求计，更在一九三二年刊行《国民的政治的教育》（*Nationalpolitische Erziehung*，1932）一书；一九三三年又刊行《根本的教育》（*Grundlegende Erziehung*）一书，这两书亦是氏站在国家主义的见地而立论的，不过加以一度更彻底的而且更具体的说明而已。现在我先叙述克里克的教育科学说。

教育科学之任务

“教育学”（Pädagogik）转变为“纯粹教育科学”（Reine Erziehungswissenschaft）这件事之完成，是克里克的努力所致；这句话，克里克自己亦公然承认。照氏的见解，从来的教育学是从“教育与教授做些什么？或以什么为目的？”这些问题而出发。换句话说，它是以给与教育的目的之遂行与指示为任务；然而教育科学完全放弃这些技术的、规范的方面而单只探究教育之本质、种类、阶段及教育过程自身的法则。换句话说，教育科学并非以教育之实行为目的，乃是如同其他科学一样，不可不专研究所谓“教育”之事实及其法则之认识；所以氏并非要做一个教育者对于教育现象去观察，乃是单只做一个公平的傍观者或研究者对于教育现象去研究。

教育之本质

依氏的见解，被把捉住的教育事实究竟是什么呢？简单答一句，这是社会之根本机能（Grundfunktion）之同化（Assimilation）；这并非是课题，乃是本源的生起。氏说："人类不拘有种族、国民、文化及历史的差异，但在本质上是统一的；因此，一切人类所共通的一定的形式与机能是存在着的。具体的说，凡称为人类，不问其在什么样的场所与什么样的发达阶段，言语、经济、宗教、艺术、政治的秩序，道德的规范等都是为人所共通的根本机能、根本形式而发现的。教育亦是这样的共通的根本机能之一种。"他又说："教育，无论何处，无论何时，存在于凡人所存的地方之一个精神的根本机能。"他又说："教育是人与人之相互形成而结合的交互作用。"他更说："一切人类继续不断地教育一切人类的事物。"氏的教育本质观是这样地与社会本质相结合着的。据氏所说，共同社会（Gemeinschaft）是生活之本质的根元的统一；一切个人都是社会的一员，胚胎于此，服务于此的。这种共同社会亦可称为一种精神的有机体，它并非个人的目的之总和的结合而从以后组织的，乃是支持个人的一切活动之根柢的全体者而由最初就存在着的。但是共同社会当然并非离开个人而存在，有时给与个人的生活以内容与形式，使个人为共同社会所同化；又有时为创造的天才之模范所引导，使共同社会为个人所同化。这样，个人与共同社会，好像根柢的地盘与地上的干叶关系一样，依从不断的交流而互相结合着；优秀伟大的人格，好像干肥叶茂，只有这样，它将广而且深的根柢伸张于共同社会的地盘之下。个人越生长发展，他对于社会就越发生复杂的关系，而负多种的义务。这样，共同社会借着舆论、习惯或时势的形态，虽若漠然的，但是表示强有力的存在；他将个人的活动在暗默里去支配，但是有时又依从个人的活动，使之显现到具体的鲜明的形态为止。氏要在这样的共同社会之深层去捉住教育之本质。

教育作用之高的三层

照上文所说而观察的教育，与从来的教育学者所把捉的有意的、计划的人类形成之教育有怎样的关系呢？克里克将教育作用从最深的底层起渐次高升到上层止的进行的情态分为三层：第一层是上文所述的根元的社会机能，从人与人之不自觉的结合与影响而成立的。所谓教育，是从精神的影响所生的人类形成之一切作用，所以共同社会上人类的结合自体既没有意识，又没有目的活动，而自然地相互教育着的。其次，第二层是有意识的目的活动之行动，但是还没有到达真正的自觉与有意的方案之程度，例如同职者或共事者的相互影响，又如亲子或先进后辈间所行的诱掖等。到了最后第三层，是明白地以教育为目的而有所企图之影响，对于目的、方法、组织、系统等都有所具备而施行，这就是为从来的教育学作为对象之狭义的教育，但是这三层的教育并非以相继而起的发达阶段表现着的，又未必有自然民族与文化民族之可分，实在讲，是交错重叠而行动的。

教育作用之广的三线

以上所述，是教育之纵的高层次。同时，克里克以为教育之本质又须在横的广幅面上去把捉的。氏将这横的广幅面亦分为如次的三根线：第一线是所谓精神的有机体的共同社会之自己形成的线，即社会之自己教育，共同意识之自己存立，自己发展。社会之共同意识，决非是由个人的目的之契约的结合而成立的，又非是全然漠视个人所有创造的努力之宿命的努力；更进一步说，这亦非是某个人创造的天才所产生，只依照它的原型而为社会所扩张的；实在讲，它是一面在个人的意识之根柢具有一种无意识的力而作用着，使个人与个人不绝地相互交流着；但一面只有特定的个人之力，具有超个人的意识而自行存在着与生长着的。这是教育的第一线。第二线是个人之自己教育。这就是个人感得共同社会的共同意识，将自己当作社会的一员而教育的一种作用。换句话说，这是依从将全体的共同社会之内容及形式受容于自己的身上而显现着，使自己为社会所同化之一种作用。但是这并非是个人没却自己，乃是社会之同化，同时是人格之生长与扩张；又在某场合，亦可以说是个人之创造的努力对于共同社会寄与以新的存在可能性。第三线是位于上述的社会之自己教育与个人之自己教育中间，社会或个人为他人所教育之线。所以这线更可以细分如下：一社会教育他社会的场合，社会教育它的属员的场合，社会的各分子相互教育的场合，各分子教育社会的场合等四种场合。这样，克里克将教育之横的广幅面划分为三，细分为四，这比较从来的教育学视教育为狭隘的对象，大有将教育概念扩充分为广泛的范围之指示。

教育科学之方法

克里克将教育之意义扩充于纵的与横的两方面，但是他所最关心的，是在最低的底层的社会的同化这一种教育。并且，氏主张以现象学的方法与历史的比较法为把捉这样意味的教育之本质。所谓“现象学的方法”，如上文所述，是傅塞尔所唱导的“本质直观”（Wesenschau）方法。这是依从由感觉的知觉所给与的个个事实，将经验的、事实的事情，好像“加入括弧内”（Einklammern）似的，直观存在于它的基础之一般的、概念的本质之一种方法。克里克依从这种方法去直观社会之根本机能的教育之本质，所以梅斯尔（August Messer，1867—）在他的著作《现代教育学》里称克里克的思想是“现象学的

August Messer

教育”（Phänomenologische Pädagogik）。（至于有些人，例如入泽宗寿将克里克归入于经验论派之列，与美国的杜威、马克华纳（A. Macvennel）相提并论；又如乙竹岩造将克里克归入于文化教育学派之列，与迪尔推、斯勃郎格相提并论，这都是因各个人的看法而定派别。）此外，克里克为着要在个别的事物中把捉必然的事物，在丰富的直观中把捉一般的事物计，将历史的事实互相比较，再以此为根据，由历史的事物达到超历史的事物，而努力树立所谓“教育的类型”。照氏的见解，以为人类的历史不拘其有特殊性与偶然性，得其根本机能或根本类型之姿态是统一地显现着的；因此，历史上所现出的教育组织，不拘它的内容怎样差异，但是同一的型式在它的当中律动地行动着的。氏在他的著作《人类形成论》与《文化民族之陶冶制度》二书里，就是表示着审慎地去探求这种类型而得之成果。

以上所述，是克里克教育科学说的大略。克里克既如上文所说是采用傅塞尔的现象学的方法，那么，溯本追源，不妨在此地将现象学的方法之唱导者傅塞尔及这一派的中坚代表者谢勒尔（Max Scheler）的学说追叙一下。　现象学方法之渊源

傅塞尔（Edmund Husserl），德意志人，一八五九年生于麦林（Mellin）波罗斯尼斯（Prossnitz）。一八八七年，任哈犁大学讲师。一九〇一年，任高定根大学额外教授。一九〇六年，升任正教授。一九一六年，转任夫赖堡（Freiburg）大学正教授。一九二〇年，退职。因为氏久滞高定根，所以有“高定根学派”之称。《哲学及现象学的研究年报》杂志为这学派的机关报。氏的著作有《论数的概念》（一八八七年），《论埋学的研究》（一九〇〇——一九一三年），《精密科学的哲学》（一九一〇——一九一一年），《纯粹现象学与现象学的哲学之理念》（一九一二年），《形式的及先验的论理学》（一九二九年）等。　傅塞尔的传略

傅塞尔最初有志于研究数学，后来因听受布棱他诺（Franz Brentano，1838—1917）的讲义，确信哲学亦可以确立为一种严密的科学，于是在布棱他诺的影响之下，采取心理主义。又后，他受着波尔撒诺（Bernhard Bolzano，1781—1848）、陆宰等的影响，转变倾向于观念论的先验主义，以纯粹论理学为基础学而努力于论理主义之确立。照氏　傅塞尔的学说

的见解，以为严密的科学的哲学之现象学，是研究意识的本质之科学。经验的心理学，固然亦研究意识，然而它研究时空内之实在的事实上的意识，并非如同现象学一样，研究非实在的意识之本质——纯粹意识。由此，可见现象学并非研究实在的现象，乃是研究先验地所还元之现象——现实之本质。所以现象学是与自然科学的立场各异其趣，又与心理学的态度不相一致；宁可以说是排斥这种种立场而得到的特殊的学的态度。

傅塞尔学派

傅塞尔学派属于所谓“德、奥学派”，或者如上文所说，可以称为“高定根学派”。属于这派的有名学者，如谢勒尔、莱拿哈（Reinach，1883—1918）、盖革（Moritz Geiger，1880—）、窝尔忒（Gerda Walther）、喜尔得布蓝（Heinrich Budolph Hildebrandt，1824—1894）、亥得革（Martin Heidegger，1889—）、鲁希丁贝格（Paul Luchtenberg）、辨牾（Siegfried Behn）、夫赖也尔（Hans Freyer，1875—1928）、李特等。就中谢勒尔是现象学派的健将。

谢勒尔的传略

谢勒尔（Max Scheler），德意志人，一八七一年八月二十二日生于闵行（München）。在同地文科中学校毕业后，就学于闵行大学及海得尔堡、柏林、耶拿等大学。一八九九年，在耶拿大学魏铿的指导之下得博士学位。一九〇二年，任同大学讲师，一九〇七年，转任闵行大学讲师；一九一〇年，转任柏林大学讲师。一九一九年，转任哥隆大学神学及社会学正教授，同时兼任该地社会学研究所所长。一九二八年，转任法兰克福大学教授，但未开始讲授，即于同年五月十九日病死。氏的著作，有《伦理学上之形式主义与实质的价值伦理学》（一九一六年，二版一九二一年），《战争之天才与德意志战争》（一九一七年），《同情之本质与形式》（一九二三年），《知识之社会学的研究》（一九二四年），《知识之形式与陶冶》（一九二五年）等。最后二书是关于教育的著作。

Max Scheler

谢勒尔的学说

谢勒尔以为价值是在感情上体验的。在价值上，它有快不快、生活感（健康感、病感等）、美、正、真、圣等。这是从下位进于上位的顺序。在社会学上，它有先验的社会学与归纳的社会学、社会静学与动学、文化社会学与现实社会学。在文化社会学上，它有知识社会学、宗教社会学、艺术社会学、正义社会学等。在现实社会学上，它有血族集团、权力集团、经济集团及这种种交互设施的社会学。

氏以为教育之本质是在于发挥人类之特色的精神作用或理性作用。但是它以依从个性而分化为必要，并且要有个性的综合。关于这一点，氏的见解与斯勃郎格相接近。氏又以为知识生成的目的有三：第一，人格之生成及完成——“陶冶知识”；第二，世界之生成及世界之最高的实在根据自身之超人类的生成——为神性要有“救济知识”；第三，为遂行人类之目的计，要有支配或变化世界之“实用知识”。在今日，第三种目的大部分被占住着的，但是东洋文化是要求第一、第二两种目的。氏更以为所谓“为所陶冶的事物”，并非多多地知道事物之一时的存在，亦非能够将许多过程归纳于法则之上，乃是不可不自有人格的构造，去规整人格的世界之全部。那种成为完全被消化、被类化之生活作用，才是陶冶知识。换句话说，陶冶知识并非概念法则之适用于事实之上，乃是一个所有、一个形式及意义关系上的事物之直接观照。 教育之本质

氏以为大学的目的，从来大都以为在于（一）学问的维持与传达，（二）职业的教育，（三）科学的研究，（四）人格的修养，（五）知识的普及等五点。最后二点，在事实上都未曾做到，但是大多数人只知道埋头于分科的研究，并且置重于职业的教育，所以有自相矛盾之苦。假使在职业教育上没有必要的品质陶冶，那是与世界毫无关系的。只有打破这样的状态而有真正的陶冶机关，才是民众教育的中心，才能够有贡献于世界。 大学之目的

以上所述，是谢勒尔的学说大略。谢氏的教育学说，可以说是采用斯勃郎格的主张。原来文化教育学派与现象学派，大同小异。文化教育学派位于经验主义与理想主义之间而采用体验与全体性之立场；现象学派亦是排斥经验论同时排斥合理论与超越哲学，从纯粹意识与体验出发，而采取本质直观之方法。在这一点上，两者是相接近的。因此，在教育哲学上，两者颇相类似，是当然的结果。固然，傅塞尔的现象学是单纯的认识论，尤其在合理主义这一点上，似乎有与教育陶冶相离的倾向；但是这种立场，在合理论与经验论之超越与弃扬这一点上，尤其在“直观体验”这一种主张上看，是与迪尔推派的立场颇相接近的。况且在受过魏铿的薰陶而传衣钵的谢勒尔的学说上 文化教育学派与现象学派之比较

看，两者更相类似。请看谢勒尔的教育学说，它岂不是完全采取斯勃郎格的主张吗？尤其是他力说教育应该个性化，就是斯勃郎格的主张。至于李特呢，他更要站在现象学的立场上与迪尔推派的立场打成为一片。总之，如上文所述，谢勒尔及李特所代表的现象学，在教育的见地上看，几乎与迪尔推及斯勃郎格归着于同一的方向。换句话说，两者同是注重于体验的、全一的、辩证的、个性的、生活的方面而探究教育的本质之一种主张。至于现象学自身究竟有无价值与缺陷，容后再说，现在先叙述佩忒森的学说。

佩忒森的传略

佩忒森（Peter Petersen），德意志人，一八八四年六月二十六日生于格罗森维厄（Grossenwiehe）。他在耶拿、来比锡、基尔等大学，没头于文化史、哲学、宗教等的研究。他在耶拿大学时，师事来因；尤其在大学求学的时代内，因私淑兰普列希特（Karl Lamprecht，1858—1918）与冯德之故，受着这两位学者的影响。一九〇八年，在耶拿大学魏铿指导之下，提出《冯德的哲学上的发展之思想》（*Entwicklungsgedanke in der Philosophie Wundts*），得博士学位。一九二〇年，又提出《新教德意志的亚里士多德哲学之历史》（*Die Geschiclte der aristotelischen Philosophie im Protestantischen Deutschland*），得到汉堡大学哲学与教育学讲师职位。一九二三年，为耶拿大学所招聘，继来因之后，任教育学主任教授，同时兼任同大学的教育科学研究所所长及附属于该所的实验学校之指导者，现尚在职中。先时，氏曾经视察过许多地方的田园教育所及其他所谓“实验学校”而攻究其长短得失。又曾经参加过汉堡“共同体学校运动”的新教育运动，管理过当地的利喜德华克文科中学校（Lichtwark Gymnasium）。后来旅行过北美视察教育，本他自己在教育上的实地体验，创成一种“耶拿案”（Jena-Plan）。从一九二四年起，将这案实地施行，并指导实际教育界。一九二七年，世界教育会议在瑞士罗卡尔诺（Locarno）地方开会，氏提出这个“耶拿案”，遂为欧、美诸国所宣传。“耶拿案”的特色，如氏在

Peter Petersen

著作或论文中屡次所讴歌的，是在于称为自由的、普遍的共同社会学校。他说："在将儿童从成人世界之嗾使或虐待里面救济出来，从政治的、社会的及其他种种对立斗争之烦杂纷扰里面解放出来这件事上，是自由的；在不将贫富、性别、阶级、信仰等之区别置在眼中，施以一样的教育这一点上，是普遍的；在将学校组织为儿童自己之生活与勤劳之共同团体的意味上，是共同社会学校。"氏为丹麦、挪威等国都市所招聘，到处介绍这种新教育法的理论与实施，结果呢，在各地得到许多同志，组织许多研究团体。氏的著作颇多，主要的，有《一般教育学》（*Allgemeine Erziehungswissenschaft*，1924—1931），《新欧洲教育运动》（*Die neueuropäische Erziehungsbewegung*，1926），《耶拿案》（*Der Jena Plan*，Ⅰ 1929，Ⅱ 1930），《教育学》（*Padagogik*，1932）等。

教育之本质与教育科学

佩忒森如同克里克一样，亦极力主张教育科学之自律性，并且探求教育科学之对象即所谓教育之本质于所谓"社会的同化说生起"之上。照氏的见解，共同社会的影响之下所有的人类之全生活，就是教育。所以将教育解作"成熟者对于未成熟者之指导的影响"这种旧来的教育概念，是忽略共同社会之教育的影响，是将教育限定于学校教育的偏见。教育是个人在社会的多样影响之下发展到成为社会的一分子为止之过程，这是自然的生起，并非意图的课题。又教育是亘于人之全生涯，并非为一定的时间所限制。生活所存的地方，必定存在有教育。有意的、计划的教育机能是对于根本的、自然的教育机能全体之部分的机能。

陶冶、教育、指导

佩忒森为明了这个教育本质观计，将它区别为"陶冶"（Bildung），"教育"（Erziehung）与"指导"（Führung）三个概念。照氏的见解，所谓"陶冶"，是个人所存的形成之要求及其成果。因此，陶冶之目标是完全为所发达以后之个性。所以过于重视这样的陶冶之概念，有陷于个人主义而表示着一面性的倾向之危险。然而教育之目标是共同社会，是为共同社会计之个人，换句话说，是人格的个人。在个人有裨益于共同社会之目的的场合，才开始提高个性到达人格的地位。并且，这样的社会的人格是由社会之自然的、根原的机能所谓"教育"而产生的；至于在特别有意地计划地遂行这种教育的场合，所谓"指导"这种狭义的教育于是产生。要之，陶冶之概念，应该有所修正，使它到达教育之概念为止；所谓"指导"这种狭义的教育，应该以所谓"生起"这种教育的本质为根柢，这是氏的主张。

新学校之特征

本于上述的见地，氏提倡理想的新学校，而且使它实现。照氏的见解，以为旧学校是教师学校，而教师又是无制约的支配者；但是在新学校里，教师不可不成为单纯的指导者。又旧学校教授的特征在于由对于教材的强制以至功名心而起之活动。因此，子弟对于教材的关心太过于为人工所惹起；然而他方面，他们在学校以外生活上追求本来有关心的事物，于是陷于可怕的二重生活的状态。更进一步说，旧学校太过于为主知主义所支配，于是道德被等闲着了。然而道德，只有在行为上才能够有所表现，所以新学校不可不将子弟的生活情态形成为好像"他们能够在道德的见地之下而行动"的样子。佩忒森在耶拿大学附属实验学校所实施的新学校——上述的"耶拿案"的学校——是以依从上述这样的指导精神组织成一个所谓"勤劳及生活共同学校"（Arbeits und Lebensgemeinschaftsschule）为原则，而规定出诸条项，以作这个学校的纲领：第一，废止从来呆板的学校编制法，将子弟编入于有一个生活协同体形式的生活集团之中；第二，避去教科课程之固定而保持其生动的状态；第三，实现相互扶助的思想；第四，促成自由勤劳；第五，涵养醇风美俗的习惯。要之，佩忒森一面抱定像克里克所有的同一的根本思想，一面在其具体的实现上，更进一步，不单为一个纯粹的理论家，并且要作一个教育实际家，躬亲指导教育实际界，而占到一个有光辉的地位。

国家主义教育学说之由来

以上所述，是关于教育科学思想的由来及其学说的一斑。现在再叙述与教育科学运动互相呼应的国家主义教育学说的由来及其学说。最近教育学术界所最可注目的另一个倾向，是国家主义的学说之抬头。原来教育以陶冶子弟为国家社会的一员，这是从古以来的定论，但是这个立场，随时代而消长，并且各异其色彩。在最近时代，无论何国，对外的并对内的，都要拥护本国的存立，巩固国民的团结，发达本国的独自性。这种要求非常炽烈；结果呢，他们都以本国历史与民族性为立脚点而趋于建设一种新国家主义的国民教育之倾向。这种倾向，尤其在上次欧洲大战主要脚色的德意志最有显著的表现；但是这种基调，在任何国家有共通的地方。在这种意味上的新国家主义教育学说，固然与教育科学思想没有直接的必然的关联，然而无论如何，不能够说它与"将教育放在现象之姿态上去直观，及将教育当作社会之全体的机能看待去把捉其本质"之教育科学运动没有一脉的共通点。那种重视祖国的历史与民族性，即本着这种种的现象的契机而规定国家主体之教育方针这种要求；换句话说，要立脚在作为特定社会之根源的事实看待的教育之上而设定教育这一个课题之一种运动。在某种意味上，这种运动可以称为“树立教育学于教育科学之上这件事之具体的表现”。由此，可见教育科学思想的主要代表者克里克及佩忒森，又是这种新国家主义教育学说的代表者；所以如上面所说，我们将这两个课题放在一处叙述。此外更略略追述斯勃郎格及其他学者的所说，以明最近的这种有力的倾向。

凯欣斯泰奈的思想

前章及本章前节屡次谈到的凯欣斯泰奈，亦极力主张养成道德的国家之一员。所谓公民陶冶，是与养成道德的自律的人格所谓个人的陶冶相结合着而成为一种相即不离的关系。凯氏在他的遗著《陶冶组织论》里力说国家内部之种种文化社会、利益社会及自然的社会各自有陶冶各该团体之成员的个人的一种关心，在这种种团体间的相互要求发生冲突的场合，国家有出来依从“公正及平衡之原理”调停这样的冲突之任务。这就是意味着国家比之其他一切社会立于更高一段的地位，对于国民生活之指导统制有决定之权力。

斯勃郎格的思想

斯勃郎格亦曾在《教育》杂志上揭载的《现代德意志之陶冶理想》(一九二八年印成单行本）一文里表示着他将陶冶理念适用于“基于历史哲学的解释的德意志国家之现实的情势”上而具体化的一种主张。他揭示以所谓《国家之精神化与精神之国家化》一个标题，力说“有了国家，教育才会为生动的力所统制；有了教育，国家才会为道德所醇化”。他更主张将教育史上所谓人文主义与实利主义之对立，放在这个标题之上去弃扬。氏更汇集最近数年间所发表的教育论文，在一九二三年九月发刊单行本，附以一个所谓《民族、国家、教育》的标题。因为斯氏所收录的一切论文，无一不是以“立于民族之基底上的国家本位之教育”为一贯的原理。

克里克的思想

但是到了教育科学思想的代表者克里克披露了所谓《民族的全体国家与国民教育》这一小册子以后，最近的国家主义教育学说才极端地表现出来。

转回期

克里克这部书的内容分为（一）转回期，（二）民族，（三）国家，（四）国民教育等四项。氏在开头上先述“一九三〇年是意味着德意志民族之历史上的一大转回期”，他以为过去四百年间（即自第十六世纪起到第二十世纪止）是个人之独立、个人之分离、个别的经济、地方分权之历史；这种思想之背景是自律主义、人格主义、自由主义、理想主义；一句话，是个人主义、主观主义之哲学，尤其近世纪所固有的宗教的、文学的、哲学的、科学的、政治的、经济的诸运动是意味着从教权、国家、传统里面所解放出来的个人之自觉或个人之自由。这样，在国家之中有小国家，在小国家之中更有主张“自由权”之个人；结果呢，个人或私的团体各自割据，互相攘夺，无论何人，都不断地要争得优胜权，竟将民族的、国家的存在渐次导入于灭亡之一途。在克氏看来，这是过去四世纪间之一倾向。氏于是大叫“这个倾向不可不在一九三〇年内告一个清算的结账”，以为目前焦急的问题就是全部民族之团结与统一国家之建设。照氏的意思，以为第一问题是德意志民族不可不先行团结；至于其他一切，都是后来的问题。目下德意志青年热衷于国家主义之运动。在氏看来，是极正当的。氏以为只有他们，才是真正地自觉我们民族之运命者。他们自觉自己所有的神圣的使命、最高的权利及至上的义务，并且要迈进地去遂行它。原来民族亦如同个人一样，只在有一定的生活力的时候，才能够存续着的。并且，这种生活力的根源，不待说是统一的、团结的。设使缺乏这种力，那么，民族就会灭亡，不是像犹太人一样分解为飘踪无定的生活，就是像死后要复活再搜求生活力而不可复得一般。德意志民族，在目下，正缺乏生活力；极端的说，正遭遇着“完全没有生活力”的时期。所以目下的青年运动是完全地指示着德意志民族的复兴，我们要完全地承认这种运动。要之，“全体性、民族及国家之构成是目下的中心问题，是问题的全部”。向着这个目标而进行之途，“先从青年运动开始，再推及于全民族的意识，这明明是德意志民族史上的新时代的到临”。这是克氏所谓“一大转回期”的意味。

民族的全体国家

复次，克里克通过“正在生活中的民族”及“民族的全体国家”二项，去说明他所怀抱的国家之本质与使命那一种理想。氏以为一切特殊者或个别者能够递次地从属于他的上位所有的一般者或全体性，方才有意义与内容。并且，为自然的关系所结合，有共通的历史与共通的心情，能够完成他自给自足之存在的单位，就是民族。所谓民族的全体性以上之一般者，例如国际关系或人类全体，当然是存在着的；但是它比之民族的团结，是一方的、间接的；一句话，是不完全的。更就国家而论，氏以为欧洲从来的国家，是为都市的目的之手段或方便的国家，是不完全的国家。今后的国家，才是完全的国家。所谓“完全的国家”是统一民族全体而有绝大机能的国家，是一切文化现象之究极的基础、最高的目标及唯一的力之源泉。克里克以民族的全体国家之理想结合于柏拉图、斐希特、马基雅弗利（Niccolo di

Bernardo dei Machiavelli，1469—1527）等前辈的思想之上，自白着“这些人就足以为我们的摹手”一个广告。

克里克以上述的国家观为前提，而讨论国民教育问题。氏继承柏拉图的“理想国家构成论”，而采用“国防阶级、荣养阶级、指导阶级”等话；但是他以为一切阶级都不过是从所谓“民族之生活根据”的同一之基体上所分出的形相而已。一切阶级“服务于民族全体之机能，因此，今后我们不可不明了地去识织所谓从属于国家这一种意志器官”，照氏的见解，国家以外的任何事物，都不是自律的。他说：“自己目的之文化、自律之文化及教化等，在完全国家内，决不能够容许。所谓文化，只不外乎是所谓国民之完成的唯一课题，因此，只有作为国民的民族教育之一部分的国民的陶冶或国民的教化，才是文化之课题。”这样，结局，国家自身不可不为国民之教育者。氏又说：“国家之文化方面的唯一的最高任务，是在于以它自身的一切机能与设备作为民族及其后继者的教育者。”这个结论，就是与氏的教育科学思想相合一的地方。因为在氏看来，教育之本质，是社会同化它的成员之机能；但是只有今日的国家，才能够作为最高至上之社会有所把捉住。这样，在氏看来，今后的教育改革的原理，已经不是一般的、抽象的“教育理念”了。照氏的见解，以为教育改革的原理在于“将教育之内容与形式适合着正在生成中的当该国家之国民的、政治的现实而去变革，并且应着它去造出教育之方法及组织”。因此，所谓学校改革是“使这样的教育之有机的成分所谓学校及陶冶适合于它”的意味。所以氏以为决定教育改革与学校改革之最初的力，既非是“教育学者”，亦非是“教育理念”；最先是“民族之运命与历史”，其次是“指导的政治家与创造的诗人、哲人以至圣者”。 国民教育

以上所述，是克里克的国家主义教育学说的大略。现在再叙述佩忒森的国家主义教育学说。佩忒森不但教育科学思想与克里克所说相一致，就是他的国家主义教育学说亦与克里克的所说同出一辙。佩忒森，既如前面所说，在教育学之根柢上置以教育科学，在作为“指导”之意图的、具案的教育之根柢，去把捉住认为“社会的生起”之广义的教育；然而他在另一方面，充分地尊重狭义之意图的、具案的教育，以为这就是课以民族的国家主义之教育。照氏的见解，以为广义的教育，是顺应之一般的过程，是向着社会生活之导入；但是分析这种社会的根本现象，由此去发见教育的态度之规准这件事是教育科学的任务；基于这样地所发见而得着的规准，加具案的指导于人类 佩忒森的思想

形成之上，那是狭义的教育。氏所谓“教育的态度之规准”究竟是什么呢？一句话，不外乎是民族精神。因为在社会的同化之中正在活动不已的根柢之力，无论如何，总要认为一种民族精神而有所把捉住的。这样的，保持这种民族精神之家庭，或作为共同生活体之学校，依从民族精神去教化国民的这种说法，就是归结着佩忒森所说的狭义之教育。由此，可见佩忒森的学说是一种国家主义教育学说。

乙竹氏对于教育科学思想所举的长处

综合以上所叙述的教育科学思想及国家主义教育学说而考察，究竟有无价值与缺陷呢？在我个人未发表任何意见以前，先行介给乙竹岩造的所说。乙竹氏以为克里克及佩忒森所代表的教育科学思想，将教育之本质求之于比从来的教育学所指示的更根柢的、更广泛的社会的机能之上这件事，确是值得我们尊敬的功绩。固然，从前的教育学亦未尝忽略社会生活自体有莫大的影响及于人类陶冶，然而它并没有将它当作教育学当面的对象看待去处置；换句话说，从来的教育学极力将它的对象向着狭隘的方向而进行着的。对于从来的教育学所故意地拒绝的领域自身认为一个更根柢的、更本质的教育层看待，而将它提高于学的考察之对象上这件事，明明是教育学史上之划期的功绩。复次，教育科学应用现象学的本质直观法及历史的比较法为方法的原理这件事，亦是值我们注目的长处。大概说起来，作为教育理论的研究之方法，尤其作为把捉陶冶的本质之方法，不出于这两种方法。这两种方法并非思辨的、架空的哲学方法；乃是以现实的事实为机缘，在它的根柢上去洞察本质这件事，是最严密的哲学的方法；但是它并非始终地关锁于单纯的历史的事实中，而有时探求超历史的之一般者于历史中，将它放在类型的形态上去立定这一种努力，是指示人们以“将历史的教养活用于理论的考察之途径”，是我们所永久尊重的。

乙竹氏对于教育科学思想所举的第一个缺点

但是在另一方面看，教育科学思想中还含有未能清算的难点：第一，所谓“社会的根本机能被认作为教育的本质”之条件，未曾有明确的说明。至少在今日为止所指摘的程度之上，所谓“一般社会现象是教育”这种漠然的断定以上之严密的概念规定，我们未曾得到。所谓“同化”、所谓“顺应”这些现象，是从来的社会学所力说的契机；但是怎样的同化及怎样的顺应，才算是教育的固有特质这个问题若不再解决，那么，一般社会现象与教育现象的区别简直不能够确定，因此，社会学与所谓教育科学怎样区分亦将不明白。这样，使教育所以为教育的表征，若从“仅将作为自然的生起看待之社会的同化置于眼中”这个立场而出发，恐怕永久地得不到解决的。因为教育之本质表征，若不与人类之永久的课题之理念相烛照，决不能有所把捉住。换句话说，只有作为课题之教育之指导原理所谓人生之理念，才能够将社会的同化作用认为教育作用而附以特质的表征之根据。所以从教育之发生与发达之事实的顺序看来，生起之陶冶是第一着，这种陶冶渐次随着人类之教育的意识有所升上，遂发生教育之课题；但是在教育概念构成之论理的秩序上，最先，人生自身之课题是一个前提；复次，教育之概念这个课题才有所导出；然后更进一步地以教育之概念为观点在它的地盘所谓社会的生起之中去把捉教育之意义。在这一点上，教育科学思想，因为过于热望教育科学之自律性，欲限定教育固有的领域，反而失掉限定它的观点，竟致陷于将所期待的结果自行放弃之运命。

第二个缺点

与上述的第一点有密接的关系之第二点，是教育科学排斥所谓基础科学欲确立自己之独立性这一点上，有重大的难点潜伏着。排除哲学之教育科学自身，同时却要依据于所谓本质直观之哲学的方法这种矛盾，姑且不问，但是只要问教育之理论若没有广义之哲学的基础，究竟能否成立呢？前面已经述过，教育的本质之决定是依存于人生之理念；而人生的理念之论究是广义的哲学之任务，所以假使没有哲学的基础，教育的理论决不能够成立的。关于这一点，那笃尔普的指示是有永远的妥当性。反过来说，科学之自律性或独立性，并非因与其他科学相结合，就会有所损失的。要点是在于那种科学自有固有的内在的要求，而从这种要求出发，在必要的时候，即使利用其他种种科学，亦没有何等障碍。教育是从所谓“人类形成”之内在的要求及所谓“现实的人类之价值向上”之固有的关心出发，在必要的时候，即使利用哲学、伦理学、心理学及其他诸科学，决没有什么损伤教育学之自律性或独立性。要之，所谓教育科学，因为故意地排斥其他种种基础科学，却失掉限定教育自身之观点；所以我们认它濒于学的贫困乃至学的自杀，这种讥评，决非无故。

乙竹氏对于国家主义学说所举的长处

乙竹氏以为克里克或佩忒森所代表的新国家主义教育学说，若从所谓“教育之一般的理念依从国家之历史的、民族的制约而活现，使之到达于教育之具体的目的观为止”这种教育学之一般原则看来，为我们所肯定的；尤其在目下各国之对外的及对内的难局当前的时候，民族的全体国家之高调与适应于这种要求的国民教育之提倡，可谓很适合时宜的卓见。以直观社会之现实为本领之教育科学去把捉民族的国家作为最有力的社会这件事，实是最有光辉的功绩。有了这种功绩之故，在本来很冷淡的而且缺乏热力与权力之感的教育科学派里，突然地发现着经世的、忧国的抱负，不得不使我们惹起极深的共鸣与感激。

乙竹氏对于国家主义学说所提出的第一个警告

然而对于这种国家主义教育有一种容易陷入的危险，不得不有相当的警告。民族的全体国家，在一切社会形态之中，有至上最高的地位，是完全强固的团结，这是谁亦所承认的；但是这件事并非承认民族的全体国家之利己的横暴。在民族的全体国家里，它是最上的权力之所有者，因为如此，所以操有最上的权力者应负有重大的责任。第一，是在国内应该使国民各自的个性有所畅达，使国家的文化有所丰富。假使他只腐心于团结与统制，对于国民有所束缚，使他们萎缩于偏局的方面，结局，使国家文化的内容陷于贫穷之境，那是一种误谬的国家主义之对内的弊害。民族的全体国家，同时不可不兼备足以为文化国家之理想与矜持。

第二个警告

第二，民族的全体国家，对外有国际协调的使命。那种抹煞民族国家之国际协调或人类之全一的结合，固然是一种空想；然而通过民族国家而参与世界全体之文化，有贡献于人类全体之和平与幸福，是可能的义务。假使抛却这一点而徒只为国家的利己主义而奔走，那么，就是各个民族国家自身之存在亦容易有被危及之虞。要之，像以强固的团结、统制、丰富的文化内容为理想，对内注意着国民的个性之伸张，对外顾虑到国际协调与全人类之和平与幸福的这样的民族的全体国家是教育之目的与地盘；这是为我们所希求不已的。

我对于乙竹氏所下的议论与批评之评价

以上所述，是乙竹岩造对于教育科学思想与国家主义教育学说的批评，乙竹氏的这些议论与批评，在大体上看来是很妥当的。不过乙竹氏的议论中有一二处须要加以解释与补充的，否则，容易使人误会。第一，乙竹氏一方面既以为文化的教育学说未曾遂行“学”之确乎不拔的体系，但他方面又以为这个课题，无待于外国的运动，应该让各本国的人民自负其责。这两方面的话，似乎是自相矛盾的。因为如果照乙竹氏的后一方面的说法，那么，各本国的人民都是为各个国家之独自的国体、民族性与历史所局促，只有特殊性与偶然性放置在他们的眼中，永远想不到一种超越于那些事物以上的一般性、必然性乃至所谓普遍妥当性之存在，当然不能够去建设一种所谓“学”之确乎不拔的体系。克里克早经说过：“个别的事物之中有必然的，丰富的直观之中有一般的”；在事实上，克里克又为着要把捉住这种必然的与一般的事物计，努力地将历史的事实互相比校，并且依据它从历史的事物而达于超历史的事物，去树立所谓“教育的类型”。关于这一点，乙竹氏自己在指明教育科学思想之长处的时候，亦承认过它，并且赞美过它的。这样，那么，文化的教育学说为什么不会成为一种所谓“学”之确乎不拔的体系呢？所患的只在于一个教育学者的眼光始终固定于他本国之独自的国体、民族性与历史，那么，他就没有资格去建设一种所谓“教育科学”了。第二，乙竹氏在对于国家主义教育学说提出第一个警告的时候，他说：“民族的全体国家是最上的权力之所有者。”乙竹氏的这一句话里面多少含有以天皇为中心之日本国体的意味，如果将这句话律诸像今日的我们中国以国民为本位这样的国体，那是不适用的。不过要注意的，不拘我们中国的国体，是以国民为本位，但是最高的权力并非分途地系于各个国民的身上，乃是整个地系于国家自体之上。因为如此，所以我们中国，亦如克里克或佩忒森所定名，是一个民族的全体国家。同时，我在前章末尾以为德国的文化教育学有帮助于正在提倡“民族复兴”之我们中国的教育，亦不外乎此。更有言的，不拘乙竹氏的思想有所关锁于他自己的特殊国体之内，然而他对于他国内的一般当局所提出的警告，以为“负有最上的权力者在国内应该使国民各自的个性有所畅达，使国家的文化有所丰富，假使他只腐心于团结与统制，对于国民有所束缚，使他们萎缩于偏局的方向，结局，使国家之文化的内容陷于贫穷之境，那是一种误谬的国家主义之对内的弊害”等语，太足作为我们中国的教育学者与教育实际家的参考。

我对于全部文化的教育之总评

除掉上述以外，我们对于全部文化的教育学说还要作一度的总评。第一，我以为文化的教育学说比之从来的任何一种教育学，确如乙竹氏所指明，优胜得多。固然，文化教育学者以“文化教育学”自命，似乎有独占霸权之嫌，因为所谓“文化”，是自古以来之一切教育学所研究之共通的对象，并非为所谓“文化教育学”所独有；但是从来的教育学将文化当作静止的、固定的事物看待，只要使教育者将既成的、传统的文化传递于被教育者就算了事。至于文化教育学呢，是将文化当作活动的、发展的事物看待，使教育者不但传递既成的、传统的文化于被教育者而已，而且要使被教育者自己去创造未成的、进步的文化，才算是真正的教育。但是照我个人的意思，文化教育学既命名为文化教育学，那么，它率性将教育与文化视为同一合体的事物，不必停止于视教育与文化仅有一种相即不可离的关系。一般的说，他们以为文化与教育是好像在价值意识上有根据同时使价值意识有所满足之两轮似的，教育若没有文化，就不会产生。不仅如此，并且以为只有科学、艺术、政治、法律、道德、宗教等才是文化；在这事物以外，凡关于衣、食、住、行的物质事物，在他们看来，似乎不是文化。这样，他们似乎以为文化只是精神的产物。固然，就是衣、食、住、行的这些物质事物亦为人类的意识所创造成的。孙本文说："文化是人类调适于环境所创造以满足生活需要的工具。"这句话就是含有人类用他自己的意识去创造以满足生活需要的工具的意味，所以站在精神的立场看，世上的一切东西，都是精神的产物。殊不知什么是意识，什么是精神，若站在唯物的立场看，它是为物质所决定的。这样，不但衣、食、住、行上的一切是物质的，就是科学、艺术、政治、法律、道德、宗教等等的本质亦都是物质的。关于这个问题，让诸哲学去说明；现在所要承认的，只不过因为各人的立场不同，所以对于文化有认为精神的或非精神的之区分。文化教育学以精神科学的心理学为根据，现象学的教育学又以研究意识的本质之现象学为出发点，因为这些同是站在精神的立场，所以认定文化只是精神的产物。现在我姑不问文化是精神的产物或物质的产物；让我们先回头来问文化与教育是同一合体的呢，抑或是各别的东西而只有相即不离的关系呢？据我个人的见解，以为文化就是教育，教育就是文化，两者是二而一，一而二的。具体的说，所谓教育是产生文化之可能性，而所谓文化是教育这种可能性之具体的表现。如果拿任何一个事物来作一度浑然的观察，那么，它里面实含有"产生文化之可能性"与"教育这种可能性之具体的表现"——教育与文化——这两种要素，而看不出是教育或是文化，姑用"教化"一语来形容吧。因为"教化"一语，在中国的字义上看来，似乎含有"教育"与"文化"两种意味。请举一例以证明，譬如我们到一个人家，看见它里面的一切布置井井有条，那么，我们必定说这人家是一个有教育的家庭；又如我们到一个学校，看见它里面的一切行动片刻无停止，那么，我们亦必定说这学校是一个文化的机关。由此，可见文化与教育，教育与文化是不是同一合体的呢？乙竹氏亦曾由斯勃郎格的学说中引伸意义说过这句话："这不仅教育之具体的实现形式有影响及于文化之情态，并且意味着只依从文化及其价值之传达与扩充，才有教育之可能。"他又说："教育是文化发展之唯一的动力。"他更说："教育在最高的意义上是文化作为。"（请参照本章第一节）乙竹氏的这些话，不但表示着文化与教育有一种相即不可离的关系，实在讲，并且指出文化与教育是一个同一合体的事物。如果我个人的见解是对的话，那么，所谓“文化教育学”这个名称，是一个最彻底的名副其实的名称。第二，我以为文化的教育学说或现象学的教育学说反对理想主义与经验主义之对立，要在两者之间经过一度弃扬作用，将它综合起来的这种主张，是很对的；但是它自身却是仍旧陷落于所谓“先验主义”的窠臼。因为它所谓“体验”、“理会”、“直观”等等，无一不是与所谓“先验主义”有直接的密切的关系。但是这亦无怪其然的，因为它的根本假定本来是一种唯心论或观念论的缘故。不过最奇怪的，它既自认为以现象的事物之把握为出发点，然而它对于现实的事物之真相并没有利用实证科学所研究而得的成果作为有根据的证据，而仅仅要潜入于现实的事物之奥底用冥想或思辨的态度去解释，而美其名曰“体验”、“理会”或“本质直观”等，这岂不自相矛盾吗？关于这点，乙竹氏亦曾将它指出，他说：“排斥哲学之教育科学自身，同时却要依据于所谓本质直观之哲学的方法是一个矛盾。”对于实证科学的蔑视，乙竹氏亦曾指摘其非。退一步说，如果它以为近代的自然科学如恩格斯所指摘，在测定自然、分析自然上收了很大的功效，但完全失却综合的性质；或者又如恩格斯所说，以为自然科学若没有这个哲学（指唯物的辩证法而言）的基础，那么，仍旧还是单纯的经验的自然科学，自己一向没有一般理论的普遍化之可能，这些论调，当然是很公允的。设使它因为近代的自然科学如此，就抛弃自然科学，那么，未免因噎废食吧。我们只可以请近代的自然科学家改变态度，来到哲学之门，参用些新哲学的方法去解释自然的现象；但是决不可拒斥自然科学于哲学的门之外。设使文化教育学或现象学的教育学完全拒绝自然科学到底，那么，我们应该仿恩格斯的口气，以为它若没有自然科学及其他种种科学的基础，仍旧还是单纯的先验的哲学，决没有现象事实的具体化之可能。总之，文化教育学者以为教育的事象之研究是一种精神科学，而与自然科学有分别，这样地硬将精神科学与自然科学分家别户；现象学的教育学者以为教育之研究只是探究教育之本质，而不重视教育事象的其他方面，例如教育之目的、方法、组织等等，都是一个大缺点而不可不谋补救的。第三，我与乙竹氏一样，以为文化教育学者，尤其是克里克与佩忒森二人要建设一种有自律性与独立性之教育学，即由从来的哲学的教育学转变为一种真正的教育科学，是极端地赞同的。而且，我以为克、佩两氏的这种主张，可以打破我们国人中的有些学者始终认定教育学不能够成为一种有自律性与独立性之学问而表示一种蔑视教育学的态度之迷梦。但是同时，我又与乙竹氏一样，以为像文化教育学者或现象学的教育者们对于教育的本质所下的那样的解释，是不能够达到建设一种真正的教育科学之目的，反而失却限定它之观点，竟致陷于将所期待的结果自行放弃之运命。但是我对于“我们将教育之事象应该怎么样解释才能够建设一种真正的教育科学呢”？这一个问题，却不敢完全赞同乙竹氏的话，因为他所说的那些话当中，还有几分含着哲学的教育学的色彩。至于我个人的意见究竟怎样，有大部分曾经在拙作《教育哲学》第二、第三两章里面讨论过，现在为节省篇幅计，恕不复述。第四，我以为在方法论上看，文化教育学或现象学的教育学所采用的研究方法比之从来的任何一种教育学所采用的研究方法是进步得多。因为从来的一切教育学所采用的研究方法，不是只限于演绎法，就是只限于归纳法；但是文化教育学或现象学的教育学所采用的研究方法，不拘如伏见猛弥所指示，前者是以“现实把握”为出发点，以“理念构成”为连带的任务；后者是从高一段的立场以同时遂行“现实把握”与“观念构成”为任务；但是两者具有一种共通的特征，这便是辩证法。不过因为两者的出发点不同，所以彼此易地以观，两者是各自成为一种形态之辩证法而已。这两者既都是采用一种辩证法，而辩证法又是一种动的逻辑，所以比之从来的一切教育学所采用的静的研究法——演绎法或归纳法——当然胜得许多。然而在另一方面讲，文化教育学或现象学的教育学所采用的辩证法不过是黑格尔式的辩证法——唯心的辩证法，甚至有些地方还不及黑格尔式的辩证法的那样程度。文化教育学不消说是这样的，因为它没有说过采用黑格尔式的辩证法的话，只说过它自身的研究法是一种精神科学派的方法。至于现象学的教育学，它除掉声称应用傅塞尔的现象学外，还自认兼用黑格尔的辩证法，尤其李特与克里克是这样说的。然则它为什么有些地方还不及黑格尔的辩证法的那样程度呢？因为它往往仅应用黑格尔的辩证法的公式之前半部所谓“二律背反”——“正”与“反”——而放弃其后半部所谓“弃扬”——“合”或“否定之否定”。因此，无论它怎样地要谋教育事象的两极性之统一与调和，总是不甚彻底而停止于中途。梅斯尔对于现象学的方法，尤其对于克里克的教育哲学有如次的批评。他说：“克里克在所谓‘存在’与‘当为’之间怎样可以架一桥梁；换句话说，他使经验的归纳的方法与先验的演绎的方法怎样能够在教育学上谋相结合；这个问题，若依照傅塞尔所谓‘现象学的方法’，恐不能够解决。因为现象学的方法，照傅塞尔自己的见解，是要由经验的所给与之具体的、个别的现实出发而向着所谓全然离开‘本质直观’之‘普遍的洞见’而进行。因此，现象学的方法之前半，是与经验的归纳的方法相一致；而它的后半，是与先验的演绎的方法相类似。”（见 August Messer，*Pädagogik der Gegenwart*，2 Aufl. 1931，SS. ff.）梅斯尔的这种见解，就是以为傅塞尔所谓“现象学的方法”，与其说在所谓“存在”与“当为”之间架一桥梁，不如说却在所谓“存在”与“当为”之间划一鸿沟，所以梅斯尔最初就断定这一种方法在教育学上欲谋经验的归纳的方法与先验的演绎的方法之结合是不可能的。同时，梅斯尔因为认定克里克的教育哲学是应用“现象学的方法”，所以他亦以为克里克在教育学上欲谋“现实把握”与“理念构成”之结合是不彻底的。如果梅斯尔对于现象学的方法及克里克的教育哲学所下的批评是可以相信的话，那么，上文以为现象学的教育学所采用的辩证法有些地方还不及黑格尔式的辩证法的那样程度，决非言之过甚。除此以外，对于现象学的方法的批评，还有许多话要说，但是这曾经在拙作《教育哲学·后序二》里，尤其在它的第三十三页至第六十六页里说过，现在为节省篇幅计，恕不备录，而只总括地再说几句。文化教育学或现象学的教育学比之从来的一切教育学当然是高一阶段的教育学，但是只可以说它是比较的高一阶段的教育学，并非说它是已经到达最高阶段的教育学。因为它自身所采用的研究方法，如上文所说，还有商榷的余地。因此，文化教育学或现象学的教育学只可以说是解决现代的教育学上问题之一部，而不能够说它是解决现象的教育学上问题之全部。伏见猛弥称它为“现代德国教育学之一侧面”，决非无故。

我的一个声明

此地须另加声明的，前文各章——自第一章到本章止——里所叙述的，只限于自第十九世纪初期起到最近的过去止的欧、美各国的教育思潮。在横的方面，似乎只侧重德、美，尤其是只侧重德国方面；在纵的方面，似乎只停止于欧战中止以后的几年间；至于英、法、意、俄等国的教育学说，似乎过少叙述。但是要知道，在横的方面，德国无论如何是一个世界教育思潮的发源地或大本营，请拿世界上的任何一种教育思潮，经过一度仔细的考察，就不难发见它与德国固有的教育学说有间接的或直接的渊源的关系之存在。再在纵的方面，欧战无论如何是世界上的任何教育思潮的前因后果，请拿世界上的任何一种教育思潮，经过一度解剖的研究，亦不难发见它与欧战前后的社会情态有先在的或后起的函数的关系之存在。因此，前文所叙述过的那些教育史材，亦能够使读者“举一反三”或“闻一而知十”的。但是还有少许必须追加叙述的教育史料，可以放在下面一章连着“欧美的教育现状”这个课题一并叙述，现在我就另行叙述“欧美的教育现状”这个课题吧。

第五章
欧美的教育现状

第一节　德意志的教育现状

在德意志，热心教育事业的王侯从来就颇不少，尤其在近世普鲁士王国。最初注意初等教育的振兴的是腓特烈·威廉一世（Friedrich Wilhelm Ⅰ）。他以敬神的观念为基础而施行教授训练，竭力奖励小学校（Volkschule）的设立。当时称王为“普国小学校之父”。继王而起的是腓特烈二世（Friedrich Ⅱ）。腓特烈二世即位为腓特烈大王以后，竭力振兴国势，同时计划教育的普及与彻底，而公布许多教育法令。尤其是一七六三年八月公布的《小学校令》，规定关于就学义务、就学时期、教师、教授训练、视学制度等事项。后来经过腓特烈·威廉二世到腓特烈·威廉三世时代，前后四十三年间，普鲁士国家遭遇许多的困难，有名的斐希特《告德意志国民》（*Reden an die Deutsche Nation*）的演说因而出现。在这时代内，普鲁士国势虽甚危殆，然而教育事业欣欣向上，输入裴司塔洛齐一派的教育，颇著效果。一八四〇年腓特烈·威廉四世即位；后来，一八六一年威廉一世即位，教育的制度，采用两种主义：一是裴司塔洛齐一派的理性主义，一是宗教主义；前者以第斯多惠（Diesterweg）为代表，后者以哈尼希（Harnisch）为代表，都在教育制度上促成种种改善与进步。　德国教育发达之由来

当时普鲁士在初等教育上实行最严格的强迫主义；从六岁到十四岁的儿童，若是身体健全，有入校就学的义务；假使为父母的不履行这义务，辄受法律上的制裁。小学校的目的，是在于对儿童施以宗教的、道德的、国民的教育，并授有日常生活上所必需的普通知能。在地方上，虽则容许男女儿童共学，但是在都会内，以男女儿童分校为原则。修业年限，定为八年。　初等教育

中等学校分为文科中学校（Gymnasium）、理科中学校（Realgym-　中等教育

nasium）及实科中学校（Oberrealschule）三种，都是收容修了三年预科或有同等程度学力之满九岁的儿童；修业年限以九年为原则，但地方上得设六年修业的学校。此外为女子计，另设有女子中学校（Höhere Mädchenschule），修业年限以九年或十年为度；满六岁入学。

专门教育

专门教育学校有大学与专门学校两种。大学是合神学、医学、法学、哲学四学部而成，修业年限不一律。但是在学三年，有受博士学位试验的资格。

师范教育

师范教育是依本科三年、预科三年的师范学校而施行；预科入学，以八学年小学校毕业生为最低限度。

欧战后之德国教育

以上所述的德意志学校系统，是欧战以前的大略情形；这种学校系统，在当时德意志联邦各国，有多少歧异的地方而不是统一的。然在欧战以后，德意志帝制崩坏，一变为共和国。从一九一八年革命以后的德意志学校教育，禁止各个联邦采取像从来的特殊方法，于是所谓“统一学校”（Einheitsschule）的问题忽然出现而并见诸实行。首先唱议的，就是前两章所举的凯欣斯泰奈。一九一九年，德意志共和国《新宪法》就将这项规定为条文。从此以后，从来的八学年小学校的最初四年作为基础学校（Grundschule）不问什么阶级的子弟，都必须一律入这学校就学。就学年龄，以满六岁为原则，调查日是每年四月一日、十五日或五月一日等。在基础学校以上，须入高等学校，至少须入小学校上级四学年与补习，就学到十八岁为止。

基础学校的课程

就普鲁士而论，一九二一年所规定的基础学校的课程或教科，是宗教、乡土科、国语、算术、图画、唱歌、体操及第三、第四两学年女子所受的裁缝等。依从一九二五年四月十八日所公布的《法令》，基础学校的课程虽规定为四年，但是特别优秀的学生，经监督官厅的许可，可在三学年修了而进入上级学校。

中等学校

为收容修了这种基础学校的学生计，在基础学校以上，设有六年制的中等学校（Mittelschule），施行入于商业、工业、农业、美术工艺等实际社会的准备教育。大战后的中等学校，与从前相同的，计有三种，修业年限各为九年。从前修了预备学校三学年课程以后才许入学，但是现在因有基础学校的设置，即在基础学校毕业以后再修一年即可入学。这三种中等学校仍用文科中学校、实科中学校及理科中学校的名称。第一种置重于言语（特别是古代语）与历史，第二种置重于数学与自然科学，第三种位于前两者之间。

德意志中学校

在大战后还有一种令人可注意的新式中学校设立，这就是所谓

“Aufbauschule”（日人译作“上构学校”）的德意志中学校（Deutsche Schule）及补习学校等。前面三种中学校的修业年限、课程等与战前无甚差别，但是那种新式中学校当然是独创的。详细些说，它是连接七学年制小学校以上的六年制中学校，同时它收容村落或小都市中小学校四学年以上不愿意入普通中学校的优秀儿童。这种中学校所以命名为德意志中学校，目的在于置重德意志之国粹的思想，以德意志的文化为中心。在法规上有如次的规定：“统一文化科的科学，各学级都持有一定的文化科的任务，所有一切科目融合于共通的目标之上。”

女子教育之学校

女子学校亦依据统一学校而设置。一九二三年，普鲁士用《教育部令》改革学制，其结果：

一、基础学校　四年制，一切女子都须入学。

二、女子中等学校（Mädchen-Mittelschule）六年制，收容修了基础学校者。

三、高等女学校　六年制，收容修了基础学校者。

四、高等女学校高等科　三年制，收容修了高等女学校者。

五、女子德意志中学校　九年制，最初的六学年与高等女学校相同。

六、女子文科中学校　同上。

七、女子理科中学校　同上。

八、女子实科中学校　同上。

女子升学问题

如上所述，凡修了基础学校的女子，得容许其继续修小学校上级四学年课程而毕业；凡入女子中学校或高等女子学校更修了三学年的女子，得容许其转学于任何的女子高等学校；在女子高等学校毕业以后，得许可直接升入大学。

德意志的教育现状之发生原因及其今后的新趋势

以上所述的德意志的教育现状之发生原因及其今后的新趋势，约说如次：

最近世的德意志的教育，若从表面上看，似乎有欧战前、欧战中与欧战后的三种教育的区分，但在实际上看，这时间的教育，自有一贯的思想之存在。例如目下德意志的教育是国民社会主义党（Die nationalsozialistische Deutsche Arbiterpartie），尤其是希特勒（Adolf Hitler）的民族至上主义思想的教育；这种教育思想又可以说是根据德人对于《凡尔赛（Versilles）条约》的不满及感受目下经济的困难状态而产生的。然而这种民族中心思想的教育，实在是从欧战以前起，经过欧战中，再到欧战后，一直到了今日继续存在着的国民中心及德意志文化中心的教育。在欧战后，例如乡土科、文化科及民族学的教材都被采用，而在所谓“乡土教育”、“公民教育”及“自由作业服务”等名义之下实施了。不过欧战后的教育政策是在社会民主党的手里所施行而已。若从站在第三者地位之我们的眼光看来，社会民主党所施行的教育政策，既然力说德意志文化科的必要，并且特别地对于中等教育有所改革，创立德意志中学校制度而向着国民主义方向进行，岂不就是民族中心思想吗？但是从国民社会党的眼光看来，社会民主党的教育政策还是没有气力的，而不能够振兴德意志的民族。它于是更力说反马克思主义，反劳工主义而高唱民族至上、国家中心的政治教育——国家主义的教育。

国家主义的教育思想之由来

上述的这种国家主义的教育思想，实在讲，久为欧战前后的一般教育学者所唱导，例如前两章所述的凯欣斯泰奈的公民教育说，就是主张教育目的在于养成国家的一员。换句话说，国民学校毕业后一直到军队教育止的青年应该都受国民的教养。凯氏在大战中，即一九一六年刊行《德意志学校教育》一书，就因为此。此外如马提亚（Adolf Matthias，1847—1917）《公民教育》（同年），摩曼的《国民教育》（一九一七年），克里克的《德意志国家理念》（同年），来因的《战后的国民教育》（一九一八年）等，都是力说“从德意志出发”之教育。在欧战后，海尼希（Haenisch）的《国家与大学》（一九二〇年）亦是对于国民教育问题之一贡献，力说大学生与劳动者阶级对于国家之协同；那笃尔普的《社会的理想主义》（一九二一年）亦是慨叹在国家之现实上没有乡土心这一点。拉伊的《国民教育》（一九二一年）积极地说明“依从德意志魂而教养的方法”。文化教育学者与乡土教育之主张者高唱依从文化科、乡土科、民族学之国民的教育及依从国语、历史之教育。在一九二〇年，例如斯勃郎格、诺尔、斐奢尔等的著作及论文，都是提倡或指导这种教育。一九三二——一九三三年间的根据国民社会主义的“国民革命”（Nationale Revolution）可以说是将以上所述的种种主张更变本加厉地放在民族中心的见地之上扩充着、实行着。原来过去的几年间，在德国国内，政党或阶级间的思想及行动的分裂，就是海尼希或斯勃郎格等亦无不对于它十分担忧的。这种分裂现象，似乎非由革命之力不能够统一，并且这种统一的责任又非有第三者出来担负不可。因此，国民社会主义者，尤其是希特勒就成为担负这种责任的幸运儿，固然，国民社会党是反人文主义的，而斯勃郎格是属于人文主义者，在斯氏看来，国社党的教育政策是不合理的。但是民族主义、国民主义亦是斯氏一派的主张。因此，所以无论斯勃郎格、诺尔或斐奢尔无一不是造成国社党的素质的思想家。分言之，从国民生活的现实出发而产生教育学者，是斯勃郎格；大声放歌地高唱德意志精神者是诺尔；伴着斯勃郎格阐明乡土教育之心理的、伦理的基础者是斐奢尔；在德意志人之血族与土地上提倡德意志的教育并叹慨陷于殖民地的状态者亦是斐奢尔。他们所有历史的、社会的、文化的、精神的思想，亦都对于国社党形成基础。就中尤其是克里克，可以说就是国社党的教育主张的先导者。克里克在最近期间内不消说起，具体的说，他在一九三二年所刊行的《国民的政治的教育》一书就是发挥国社党的教育主张；同年他又刊行《民族的全国家与国民教育》一书，一九三二年更刊行《根本的教育》一书，都是为国社党的教育主张而宣传；就是他在十数年以前所发表的教育主张，早已为国社党的教育政策的张本。所以他在希特勒独裁之后，就被任命为席位久悬的法兰克福大学总长，决非偶然。由此，可见目下的德意志教育的形状决非突如其来，乃是从过去起迄于今日止的德国自身的教育思想之持续。

国社党与凯撒之关系

以上所述，是说明国民社会党的教育政策下的主张与从前的社会民主党时代的教育思想与政策相反而又相成。现在更稍稍的追溯，国社党的教育政策上的主张可以说就是凯撒（Keizar）的教育主张之复活。一八九〇年十月，凯撒在国会会议席上对于德意志教育，竭力主张改革的必要。凯撒从国民的见地出发，以国民的国家理念为标准去说明生活与少年的关系；他所最重视的是青年的健康。这因为凯撒本于他自身所经验的文科中学校的担负过重问题，力说体操与卫生的必要，想有以唤起新鲜的精神。关于这点，岂不就是国社党在教育政策上力说体育、卫生及精神的振作，特别地为谋民族的健康计，将遗传学、优生学加入于学校教科之列这种主义的先声吗？再拿一九三三年七月二十九日内务部长夫里克博士（Innern Dr. Frick）的命令来看，希特勒从国民的见地出发，将从来的青少年联盟解散而另建设一种依从“国家的”原理与“民族的”思想所统一的国家青少年的指导；夫里克博士自己承希特勒的意志，公布关于历史教科书规程，将德意志民族古代史加入于学校教科之列；同年五月九日，夫里克对于教育部长提出如次的要求：“德意志学校是为国民而设想与行动的，不可不养成一种对于国家之历史与运命能从衷心感得义务之政治的国民”，并且由希特勒的《我的斗争》一书里面摘出“传授德意志以处理国民之政治的事件上所必要之历史的知识”一语作为指示的课题。此外，在同年间还有许多教育学者例如勒狄革（W. Rödiger）、革尔（W. Gehl）、韦柏（E. Weber）等发表许多论文，以伸明国社党历史教育的趣旨。关于这点，岂不是与如斯勃郎格所说的“凯撒从国民的见地出发，以国民的国家理念为标准，去说明生活与少年的关系”（见斯勃郎格的《德意志教育之二十五年》）相类似吗？斯勃郎格对于凯撒当时所主张的教育改革指出三点：（一）青年的健康，（二）经济工艺的要素，（三）德意志国民的理念，并且以为与第二点相对立的是人文主义，与第三点相对立的是社会民主党；在国社党的思想与政策上亦是反人文主义与反社会民主主义。由此，可见国社党的教育政策，是完全地谋凯撒时代的教育政策的复活，而并非新颖的创见。

斯勃郎格与国社党

上文所述的斯勃郎格在凯撒与国社党之间指出其教育政策上相类似之点，虽则未敢明白地对于国社党下什么的攻击与批评，然而在遵奉人文主义同时站在社会民主党的立场者的斯勃郎格的眼光看来，国社党的教育政策当然不会为斯氏所十分赞同的，所以斯氏的这种说明，实际就是对国社党所下的攻击与批评。但是在另一方面看，在前面已经说过，如果站在国民的立场，斯勃郎格亦未曾不赞成国社党的这种主张。斯勃郎格对于凯撒所说的“这并非他一人的意志，乃是德意志的文化运动之必然的结果”这一句话，可以说亦是与希特勒相当的。因为《凡尔赛条约》及后来的经济困难，就是促成希特勒政府的出现，并使希特勒自己所以成为俾斯麦第二的缘故。

最近德意志的教育之一般倾向

综合以上所述的话而加以考察，不拘德意志的教育，在欧战前、欧战中、欧战后，乃至目下，论其内容，固有多少互相差异的地方，然而论其主张，却始终是一贯的；一句话，不外乎民族的国家的倾向而已。因此，所以德意志对于青少年的训练格外注重，认定中等学校为训练青少年的最重要机关，对于中等学校的改革与刷新亦格外重视。现在再将德意志的中等教育的现状约略一叙。

德意志的四种新形态的中等学校

在德意志，依据一九二四年的《学制改革案》，创设有如次的四种新形态的中等学校（Gymnasium）：

第一，Humanistisches Gymnasium；

第二，Europäistisches Gymnasium；

第三，Mathematische-Naturwissenschaftliches Gymnasium；

第四，Deutsche Oberschule。

德意志中学校之由来

就中，第四种德意志中学校是依据一九二四年的《改革案》而新行创立的。在实际上，这种学校的设立已经在二三十年前为利得（Hermann Liety）及包尔生等所唱导，不过未曾见诸实行而已。在大战中，这种计划成为一般的舆论；到一九一九年，为德国国内各政党暨教育团体所要求；最后，依据一九二四年的《学制改革案》，遂见诸实现。设立的原因在于战争中协约国方面对于德国文化加以无礼的非难与轻蔑，所以德国人民出来拥护本国文化，提高一般国民对于德国文化的信仰，于是设立这样中学校，依据德国固有的文化，以教养次代的国民，使他们自觉本国所有的过去及现在的文化之伟大。由此而努力于德意志精神的确立。

德意志中学校之课程

在这种学校里，为研究德国的语学与文学、哲学、德意志史、地理、宗教、音乐及图画等科计，给与以充分的时间，占全部科学时间数一半以上；又教授以多量的数学，因为认数学是德意志文明之重大的要素。在这种学校里，拉丁语占九学年，现代外国语占四学年；但是可以依从学校的方针，外国语占九学年，拉丁语占四学年；至于拉丁语、法语或英语的读本，常常选择与德国文明有直接关系的材料。

德国中等学校课程编制之二大倾向

在最近德国中等学校课程编制的进程上，可以看见极有影响的二大倾向：

第一，努力于将对于青少年诸种教育的价值从德意志人种及其国民的生活与文化而导出；

第二，努力于使一切德意志国民箝入于为所统一的国家的生活之中。

德意志的国粹之教育

对于存在德国国内的各个联邦之统一的希望越强，那么，在学校里面越要置重于本国国语、历史、艺术、哲学等教授，即所谓“德意志的国粹”（Deutsche Volkstum）的见地教育越加被重视。一九〇八年，萨克森实科中学校首先实行这种趣旨；以后，渐次对于德意志语及以本国为中心之历史与地理给与以充分的教授时间数，而设立所谓“德意志中学校”。于是本于上述的这种精神之教育更加强调了。

美国亚历山大及派克两氏对于德国中等学校之所见

原来德国人的生活是多样的，因此，有种种形式的学校的存在的可能；但是这种种学校之任何一种，一样地变成为德意志亦是可能的。就中尤其是中等学校是这样的。关于这点，美国亚历山大（Alexander）及派克（Parker）两氏在他们共著的《德意志共和国的新教育》（*The New Education in the German Republic*）一书里有如次的议论：“德意志中等学校的主要目的，在于使有为的青少年男女成为德国文化及德国国民主义的继承者。”（见同著二九〇页）具体的说，在历史、国语、地理、乡土科、公民科及自然科学等，就着“可以依从德国精神及德国文化所建设的记忆之创造”，给与“儿童以适切的理解，通过言语、文学、风俗、美术、工艺等一切，使少青年男女们知道关于德国国民的生存与生活上的进化状态”。总括说句话，凡称为“德意志的学识”（Deutschekunde），都不可不作为一切教育的基础这件事，常为他们所主张。就是在现代外国语上，亦是为使德意志的特质更明了地普照于外国之文化计有所教授的。

重视数学及自然科学之原因

在德意志中学校，如上文所述，重视数学及自然科学；但在它的固有的机能以外，还有特种的使命。这种使命就是在于使学生理解这种科学与精神生活的关系，并且为明白与这种科学有密接的关系之工业及技术在德国的现代生活上所占的地位计，不可不使学生知道科学是对于德国思想史之有力的贡献及对于德国哲学之基本的地位。换句话说，因为数学及自然科学是德国文明之重大的要素，所以为使学生真正地去理解本国的文化计，不可不特别地重视它。但是所谓“德国精神之深刻的表现”之艺术及音乐，在德意志中学校里亦有重要的意义。

拉丁语及现代外国语之教学法

复次，在这种学校里，如上文所述，教授拉丁语及现代外国语，但是处置这种学科的态度，与对于其他学校的语学所取的态度稍异其趣。这亦是这种学校的一特征，而有极深的意味所在着。在这种学校里，教授德国各地方的方言或文学，并且为促进这些历史的理解计，加以注意。此外如拉丁语、英语、法语等读本，亦特别选择与德国文化有直接的关系的著作，这在前面已经述过了。

国家意识之养成

在这种学校里面，考察德国人的生活之全部，通过一切文化的领域，对于德国的法律、经济、社会的形式及社会的阶级、国家心等深加研究。它以为从来国家与国民各自分离而图发达，是德国一件非常不幸的事；又以为国家的生活与思想的统一，就是在学校里，亦是一件最重大的事。从来太注重于个人及个人的阶级，德国的教育界对于政治社会的无关心，就是造成今日所有的有害的结果。所以这种新学校使学生对于国家意识并对于国家的价值之观念有所发达这件事，已经被认为学校重大的任务。

德意志中学校之前途

这种德意志中学校的创立为日尚浅，其数比之其他中等学校为少。现在普鲁士仅有二十校，全德国不过三十多校而已。然而这种新学校，将来有很大的发展的可能性。原来这种新学校是一种尝试的新计划，所以所被采用的教师是最适任而最有实力的。如果这种新学校办理著有成效，那么，在前述的三种中等学校以外，它是一种更有效果的中学校，对于德意志的将来一定有深意义的发展，这是可以相信的。

“Aufbauschule”

自从一九二〇年以还，在《学制改革案》上，另有一种所谓“Aufbauschule”的新式中等学校产生。这种学校不属于上述四种中等学校之任何一种学校，现在尚在试验的过程中。这种学校是收容年龄达十三岁而特别优秀的毕业儿童，为使受自十三岁到十九岁止之六年间的教育后再入大学计而设施的。关于这点，与上述的四种中等学校有完全同样的权利。从来的德国，村落及小都市的优良的儿童之进学，因为从来学校组织不完全之故，颇受妨害。然而这些优良的儿童进级于中等学校这件事，不但为儿童自身将来计是必要的，就是对于国家全体亦是一件极其重要的事。为防止像今日的知识的上流阶级的人民往往堕落于大都会的精神之弊害计，将这种村落及小都市里健全的力引入于中等学校乃至大学这件事，确是必要的。使田园及地方子弟离开他的故乡这件事，有妨害他们的自然的发达，而失却潜在于田园的人民里面的健全的力。在这种意味上，从小学第七学年起接续着的这种新式中学校，在德国文化政策与国家政策上可以说是万不可缺少的。在这一点上看，这种新式中学校是与前述的德意志中学校的教育的任务亦可说是有最密接的关系。

国语、地理、历史等科之任务

此地尚有一事可以令人注目的，德意志语，并非当作单纯的国语看待，并且作为国民精神之表现去处置的；德国文化形成一切教科或教材的中心，因此，国语科同时又是国民科；又地理是乡土科，历史是公民科。这样的，在一切教科上，国家的爱国的处置就是它的中心。

大战后德国教育所表现之民族的国家的倾向

以上所述，是关于大战后德意志的实际教育的现状。但是这是仅关于学校课程方面的话，至于校外运动，在德国中等学校里面已早有种种所谓“飞鸟团”（Wandervögel）、“漫游日”（Wandertag）、“运动日”（Spieltag）等等之有力的“青年运动”（Jagerbewegung）。无论学校课程或校外运动，在大战后德国的实际教育上，都是带有民族的国家的倾向。由此，可见民族中心教育的倾向，并非目下的国社党政府所首唱，就是在社会民主党时代早已表现着了。不过到了国社党政府的手里，这种民族中心教育的倾向，就如火如荼地向着猛烈的方面而进展，遂酿成今日所谓“民族至上的教育”了。具体的说，在社会民主党时代，它的教育政策，虽则亦是民族中心的教育，然而有些地方还是尊重儿童的个性的发展而保存着所谓“从儿童出发”（Vom Kindo aus）这一个标语；但是到了国社党的今日，它的教育政策直将所谓“从儿童出发”这一个标语完全取消，而另代以所谓“从民族出发”（Vom Nationale aus）一个标语了。这就是因为如前面所说，国社党是排斥人文主义及民主主义之个人主义而主张民族全体主义的缘故。

国社党与社会民主党在教育政策上相异之点

如上所述，国社党的教育政策与从前社会民主党的教育政策大同小异。因为两者有小异，所以国社党在学校组织上与社会民主党的主张有多少的不同。请举一例：近年来德国所盛传的基础学校修业年限延长一年乃至三年这一个提案，在希特勒看来，他是反对的。据希特勒的见解，新人文主义的文科中学校的设立的基础是霍波德一手造成的，这种中学校，在一切领域上始终是产生德意志伟大的人物，而将德意志上升于世界一切国民中之第一位之强有力的教育场所。但是这个原理，亦为后来改造的中等学校及实科中学校所采用。因为这是国民思想的训练场所，所以在这个意味上，它是自由主义或马克思主义者的眼中钉，他们想非将它拔去不可。例如马克思主义的学校运动健将卡尔逊（Karzen），看破这是“国家社会主义的活动之堡垒”，所以他要想依从《基础学校延长案》去破坏这种有益的设施。这是为我们（希特勒自称）所不能够容许的。第二，统一学校的理念，并非最近的思想，其由来甚渐，所以我们对于“《基础学校延长案》是马克思主义者们之所主张的理念”这件事，是不可忘掉的。第三，国家社会主义之世界观是尊重传统，而以既存的事物为基础的。有了这三个理由，就可知《基础学校延长案》，如果站在国家社会主义的立场上看，决不能为他们所容忍的。

其他关于教育教授之希特勒的思想

这不过是一例而已。至于其他种种差异之点，现在为篇幅所限，不能一一备述。欲知其详，可检读修维特克（Kurt Schwedtke）的《关于教育教授之希特勒的思想（*Adolf Hitlers Gedanken zur Erziehung und zun Unterricht*，1933）一书，自会明白。同时，我们对于希特勒的教育思想，此地亦无暇详述；如果要批评的话，多少还是留待本书结论的时候再说，较为便利。不过现在为“就事论事”计，姑先将国社党的教育事实披露而已。

第二节　法兰西的教育现状

拿破仑与教育

法兰西的教育制度，从大革命以来，经过种种变化，到了拿破仑掌握政权的时代，即一八〇二年，才公布《教育法令》，将学校系统分为小学校（Ecole primaire）、中等学校（Ecole secondaire et Lycée）及专门学校（Ecole spéciale）三级。当时可注意的设施，是注重官立的中等学校，将课程分为拉丁科与数学科，施行大学入学的准备教育。此外，还制定帝国大学（Université impériale）制度，总长（Grand maitre de Université）由皇帝任命；至于其他一切学校的开设，大学、中等学校教职员的任免等等，都属于总长的权限以内，这就是所谓"大学区制"。

初等教育

拿破仑对于初等教育，几乎完全没有注意到；到了他覆灭后，即一八三三年，才用法律去确立初等教育的基础。当时法兰西的政局，有时是王政，有时是共和，有时是帝制，因此，教育制度亦时时有所改变；到了一八八一年，以法律规定公立小学校及幼稚园免费制度；次年，又规定儿童从六岁到十三岁为义务教育，而规定强迫制度。伴着这种强迫制度，以道德及公民科代替从来的宗教科，以树立宗教与教育分离的原则，这就是所谓"教育还俗案"。

小学校

经过这样屡次改变的法兰西现代初等教育，依据一九二二年的《省令》，规定如下：

初等小学校

小学校（Ecole primaire élémentaire）

预备科（Section préparatoire）——（六岁—七岁），一学年。

初等科（Cours élémentaire）——（七岁—九岁），二学年。

中等科（Cours moyen）——（九岁—十一岁），二学年。

高等科（Cours supérieur）——（十一岁—十三岁），三学年。

高等小学校

此外还有高等小学校（Ecole primaire supérieur），依据一九二〇年的《法令》，收容十二岁以上经过初等小学校毕业或有同等程度的儿童。修业年限，定为三年；第一学年的课程是共通的科目；第二、第三两学年，分为普通科、农业科、工业科、商业科四种科目。对于女子，设有普通科、商业科、家政科三种科目。

中等学校

中等学校有国家所设立的"Lycée"与公共团体所设立的"Collége"两种，修业年限定为八年或九年；但是依据一八六五年的

《法令》，为使中等教育适合于时势的要求，在这两种中等学校以外，再另行设立所谓“特殊中等教育”（L’enseignement secondaire spécial）学校，与德国的实科中学校相恰当。

中等学校之改革

不久，依据一九〇二年的《法令》，对于中等学校加以一度的改革，收容修了四个学年的初等教育的儿童，施以七个学年的教育。这七个学年分为第一、第二两期：第一期为四个学年，第二期为三个学年。其学科与课程，给与学生以种种选择的自由。嗣后虽经变更，然而不外乎古典的教育与近代的教育之消长而已。（关于这一点，后面还有详细的说明。）尤其是一九三一年学科课程的改革，是为矫正学生之担负过重而设施的，并且注意到学科的连络统一与时间的减少。

女子中等教育

女子中等教育制度，依据一八八〇年的法令而确定的。这与男子中等教育略略相同，虽则有上述的两种中等学校（Lycées et Colléges）与女子特有的中等科（Cours secondaires），然而以前两者为主。修业年限两者各定为五年，亦分为第一、第二两期；第一期为三个学年，第二期为两个学年；并且与男子中等学校相同，是全国划一的。到一九二四年，修业年限延长一年，改为六年；一九二八年，更延长一年，定为七年，采取男子平等的制度。

大学

大学普通分为法学、理学、医学、文学四学部，这些学部称为“Facultés”，此外还设有各种高等专门学校。

师范教育

师范教育是在初级高等两种师范学校内施行的。

法兰西的教育改革之经过及其最近之倾向

以上所述，是法兰西教育现状之轮廓的描写，现再进述法兰西教育改革的经过及其最近的倾向。

法兰西之重要的教育问题

法兰西教育上的中心问题，是第十八世纪及第十九世纪中叶以前所有古典的教育与自第十九世纪中叶以后渐次觉得必要的所谓特种教育之关系问题。尤其在中等教育上，从一八五二年以来，议论纷纭，莫衷一是，这可以说是第三共和国教育当局所担任解决的一个大问题。后来，这个问题益加扩大；结果呢，法兰西下院对于中等教育的状态，遂议决组织一个调查委员会，在一八五五年任命李播（A. Ribot）为中等教育调查委员会委员长。这个委员会，从一八九九年一月十七日起，到同年三月二十七日止，征集一百六十九名专家的意见，并采纳中学校教员及府、县议会乃至商业会议的《报告》，以作调查的资料。这种《报告》在一八九九年用“关于中等教育之调查”（Engtuête sur l’enseignement secondaire）书面公布；其所生的结果，就是所谓“一九〇二年中等学校的大改革”。

上述的委员会，由委员长李播归结到二十五条的决议，就关于中等学校课程的意见有如次的七项： 中等学校之大改革的条项

（一）在古典的教育与现代的教育中，包含有必修科目与选修科目；学校校长得设置为古典的教育与现代的教育所共通的课程。

（二）古典的教育与现代的教育，各分为每三学年之二期。

（三）古典的教育第一期学科目，为道德及公民科、法兰西语、拉丁语、近代外国语、历史、地理、数学、图画等；拉丁语定为三个学年教授。

（四）古典的教育第二期必修科目，为法兰西语、拉丁语、希腊语、希腊文学、历史、地理、哲学等；选修科目，为数学、物理、化学、外国文学等。

（五）为使修了现代外国语学生，或高等小学校毕业生能够升进上级的古典的教育计，在若干中学校得设拉丁语及希腊语的准备课程。

（六）现代的教育第一期必修科目，为道德及公民科、法兰西文学、近代外国语、历史、地理、理科及图画等；但应地方的需要，得增设必要的学科目。

（七）现代的教育第二期学科目，为数学、自然文学、法兰西文学、近代外国语及外国文学、哲学、历史、政治及经济、地理、图画等；但应学生的需要，分为必修与选修两种。

这一九〇二年的规定，以后几乎没有变更，一直到一九二三年始终沿用着。但是到了一九二三年，当时教育部长比喇尔（Léon Bérard）对于这个《教育令》有所改革，断行其所谓古典复古的教育。这就是一九二三年五月三日的《改革令》。 法兰西复古主义之教育

依据这个《改革令》，对于一切学生，都以拉丁语与希腊语为必修科目；在中等教育上所有的现代的科学的教育，又有被轻视的倾向，而古典的人文的教育重新被重视了。 《改革令》之倾向

比喇尔的改革，向着古典主义逆行，当然为各方面所非难；于是伴着邦格勒（Raymond Nicolas Landry Poincaré）内阁的倾覆，发生对于这个改革案的反动。具体的说，次任的教育部长亚尔培特（Francois Albert）从一九二四年十月一日起导入现代的教育于第六级及第五级，再设置并行课程；但是再次任的教育部长狄们济（Demonzie）沿袭亚尔培特的计划，在一九二五年五月十三日更规定《新法令》。这就是关于法兰西现行的《中等教育规程》。 《改革令》之反响

狄们济的《改革案》之内容

依据这个《改革令》，从比喇尔的古典改革案再复活一九〇二年的改革精神；但是它与一九〇二年《改革案》相比较，课程的分化程度非常狭少。它虽则设有古典的教育与现代的教育两个并行课程，然而古典的教育仍似乎是比较地被重视。这种事实，在经过比喇尔的改革不久之后，再加以世界大战后古典主义者似乎有复活的情态，也许是当然的结果。

比喇尔的《教育改革案》之内容

比喇尔的《教育改革案》，在一九二二年七月发表；次年，即一九二三年五月三日，以法令公布。这个改革案可以说是限于中等教育问题，其内容为下：法兰西中等教育普通从十一岁起到十八岁止七个学年课程。中学校（Lycées et colléges）分为两个阶段：一是收容自十一岁起到十五岁止的学生的四个学年的下级课程，一是收容自十五岁到十八岁止的学生的上级课程。一九二三年《学制改革案》，对于这些外部事实，没有什么变更，但是改革前所存在的内部的复杂性，大部分被废除了。具体的说，即从来的下级课程，分为古典的部门与现代的部门两种；在古典的部门，以拉丁语为四个学年正课，还有得设二个学年以希腊语为选修科目的规定；在现代的部门，以数学及自然科学为主要科目。但是一九二三年的《改革案》，废止从一九〇二年以来的并行的课程，对于一切学生采用同一的课程，以拉丁语为共通的必修科目，而从来的选修科目的希腊语在此时亦改为必修科目。即“Lycée”的学生有四个学年学习拉丁语与二个学年学习希腊语的义务。在第四学年之终，对于拉丁语及希腊语施行试验，以这两科试验及格作为毕业证书授与的预备条件。总之，法兰西的中学生，不问其个人的性向如何，一律地自十一岁起到十五岁止受四个学年以拉丁语、希腊语为主的古典的教育。

中学校之上级课程

复次，中学校上级课程，在改革前分为如次四部门：

第一，以拉丁语与希腊语为中心的部门，

第二，以拉丁语与现代语为中心的部门，

第三，以拉丁语与科学为中心的部门，

第四，以科学与两种现代语为中心的部门。

但是，这个《改革案》的结果，以上四个部门整理合并为两个部门：

第一，以拉丁语与希腊语为中心的部门，

第二，以法兰西与两种现代外国语为中心的部门。

自这以后，在古典的教育与现代的教育之间，施行选科制度。但是在古典的教育部门，仍以拉丁语为必修科目，以希腊语为随意科目。所以古典的教育有学习希腊语与不学习希腊语两种办法，对于不学习希腊语的学生，另课以法兰语与现代外国语。

古典的改革案

这就是法兰西废止从来并行课程的教育，而以拉丁语为共通的必修科目之唯一典型的中等教育。尤其在最上级的第二级及第一级，如上文所述，设置并行课程；然而第一种课程，在古典的基础之上更进而施行古典的教育；其余一种课程，不过在古典的教育的基础之上多少有现代的教育色彩而已。照这《改革案》看来，法兰西的中等教育，显著地带着古典主义复古的倾向，所以比喇尔的《教育改革案》实可名为“古典的改革案”。

比喇尔的《教育改革案》之理由

比喇尔的《教育改革案》，引起多方面的反对，如上文所说，有违背教育的思潮之嫌，然而他们必须以拉丁语为一般学生的必修科目而尊重古典主义的教育，亦不无种种理由。就中一个最重要的理由，就是在于要根据社会的及国家的见地而出发。

社会的并国家的见地

上次欧洲大战，使法兰西一时陷于非常危险的境地，但是最后的胜利归于协约国，使法兰西终奏凯旋之歌。在大战时间内，法兰西国民能够抵抗可怖的打击而发挥强烈的爱国的精神。大战以后，法兰西国民从他们的社会的与国家的见地出发，不满意从来的教育方针，而主张有建设一种本于新主义的教育的必要者渐次增加。这就是从上次欧战的结果而考察，常得为法兰西的将来计，不可不将今后的法兰西的教育更成为国家的、爱国的；并且，不可不鼓吹更巩固的法兰西之精神。他们以为这种新教育不可不建设在法兰西的传统文化之上的教育；其终极目的在于确保法兰西的将来；更进一步说，在于开拓维持全欧洲之和平的唯一的贤明的道途。换句话说，他们欲使拉丁文化所给与的一切精神力有所统一而加以强大；并且在这方面，使法兰西的人民都自觉“不可不将德意志的种种要素从法兰西的历史与文学，更一般的说，从全法兰西人民的生活里面驱除出去，使法兰西自身成为古典的拉丁文明之直接的继承者、保护者乃至传递者”。再换句话说，他们要使法兰西人民自觉过去的伟大的拉丁文化是他们的祖先的遗产；并且，要使现在及将来的法兰西人民依从知道他们的祖先之伟大的文化这件事，使国民的爱国的精神更为巩固。为了这样的思潮所影响，所以教育制度的改革决非偶然。比喇尔的一九二三年的《改革案》，就是受着这样的社会的思想的影响的结果；因此，强制学习拉丁语，实是以这样的国家的意义为它的一个主要目的。因此，所以比喇尔的《改革案》，虽有许多人反对，然而在一九二三年法兰西国会里得以三百三十票对二百五十五票之总表决的结果而通过，再由政府以法令公布。要之，这种《学制改革案》是通过法兰西的中等教育之全部课程，使法兰西精神在它所教授的言语、文学、艺术之中有所具体的表现，与其说欲置基础于科学的、工艺的、产业的或经济的事业之上，宁可欲置基础于古典之上，去培养法兰西精神，而努力于国家的爱国的精神之涵养；一句话，不外乎是依从拉丁、希腊、法兰西等的言语教授，以冀求更巩固的国家的统一而已。

反对者之言论

但是后来有许多人仍然对于这个《教育改革案》发生反对的言论，例如社会主义的急进分子所谓左派更极力反对这案，痛论对于不能继续古典的研究的学生，闭锁中等教育的门户而拒绝他们，那是不行的。至少须有一部门为这些学生打算采用更多的现代的实际的学科目；并且设定置重这等学科目的课程。除他们以外，还有许多人以为这种《教育改革案》是陷于偏枯的、一面的，加以许多的非难与攻击。例如前内阁总理赫立奥（Herriot）及一九〇二年教育制度改革者来归（Leygues）等都有这样的批评与指摘。此外，其他许多教育关系者及父兄对于这案亦表示反对的论调，其势力渐渐扩张。于是继比喇尔后的新教育部长亚尔培特在国会通过这案的翌年即一九二四年，再谋在改革以前已经存在的没有拉丁语的下级课程（Premier cycle）一部门之复活。在这部门内，每周划定六小时教授新式的学科目，法兰西语及法兰西文学专在这时间内施教。自从这以后直到现在，古典的部门与现代的部门两者是并行地存在着。

国家的根本精神

法兰西的教育，虽则后来依从许多人的意见而有多少的改正，然而它的国家的根本精神始终没有什么变化；具体的说，它仍旧是置重于古典的教育，并由此以养成确固的法兰西精神；就是在现代的部门上，无论何种学科目，都是置重于国民的精神的教授，而基于“养成能够期待法兰西将来之发展的第二代之爱国的国民”这个方针去施教的。

法兰西的全部教育之鸟瞰

以上所述，虽只是关于法兰西的现代中等教育问题，实在讲，法兰西的全部教育——从幼稚园起到大学止——都是根据上述的这个教育方针而出发的。这种教育可名为“国家主义的教育”。法兰西的教育与前节所述的德意志的教育相对照，彼此之间，究竟有什么差异呢？我们可以回答一句，两者是完全一样的，不过彼此各以养成一种只爱自己的祖国之国民为目的而已。同时，我们又可以说在欧洲，法、德两国本是有史以来的互相仇视的国家，所以两国的教育方针是互相影响的。犹如在军事上一方设置国防军备，他方亦要设置同样的国防军备以抵抗一样；一方有怎样的教育方针，他方亦要有同样的教育方针以对付的。请看德国的希特勒对于德国教育所发表的最近言论，常常含有“法兰西教育如此，我们亦不得不如此”这一类话的意思，就可以思过半了。不但德国方面如此，就是法国方面的教育家的心目中亦不无有这种意思，只要我们将他们所发表的言论仔细地分析一下，自会明白的。

法兰西的教育理论家

还有一点须追说的，法兰西的教育，在表面上看，似乎只让若干教育实际家去干，绝没有像德国一样靠着许多理论家来指导。然而这未必尽然；具体的说，法国教育学者们固然不像德国教育学者那么多，然而不能够说是绝无的。在过去的历史上，如卢梭、蒙泰尼等，岂不是大名鼎鼎的法兰西教育学者吗？不过法国的学者对于教育事象的研究，往往将它看作哲学或其他科学的一部，不像德国的学者要将它当作一种独立的科学去研究，尤其如前章所述，克里克就是要使教育学转变为教育科学而成为一种有自律性与独立性的教育学。德国的教育学者能否达到他们所期望的目的，他们的研究方法有无错误，姑置勿论，但是他们的希望是很对的。因为如此，所以德国的教育学者数不胜数；而法国的教育学者寥若晨星。在上文各章里，所以绝未叙述及法国的教育学者，亦不外乎此。现在姑不说别的法兰西教育学者的学说究竟怎样，单说向有教育学者之称的涂尔干（Émile Durkheim，1857—1917）吧。涂尔干说：“教育这科学是以社会的事实为其研究的对象之社会科学之一部，与法律、道德、经济、宗教等社会科学同包括于社会学之中。”由此，可见就是涂尔干，他亦不过只站在社会学的立场顺便地去讨论教育问题而已。所以与其称他为教育学者，宁可称他为社会学者，充其量，亦不过只可以将他称为全部教育学中之一个教育社会学者而已。

涂尔干的教育学说与法兰西的实际教育之关系

然而在另一方面看，不论涂尔干是否一个纯粹的教育学者，但是他对于教育所发表的见解，与法兰西的实际教育实有密接的关系。因为要指出法兰西的实际教育与他的教育理论有相互关系，不得不将涂尔干的教育学说在此地略举一下。涂尔干的教育学说与法兰西的实际教育有一种密接的关系，因为法兰西的实际教育，如上文所说，是一种社会的、国家的教育；而涂尔干的教育学说亦是由社会的、国家的见地而出发。涂尔干将教育的定义解释为“已成熟的世代对于尚未适合于社会生活之未成熟的世代所施之活动”。他说：“教育是以在儿童里面使整个的政治社会及特别与儿童的运命有关系的特殊环境所要求之一切身体的、知识的及道德的状态有所发生与发达为目的。”涂尔干的这种见解，就是如同德国的克里克一样，视国家社会与国民及国民与教育都有一种密接的关系。引伸的说，他们以为国家社会的兴亡，惟国民的良否是系；国民的良否，又惟教育的优劣是赖；所以教育的目的在于养成国家社会上的优良分子。同时，涂尔干又如同克里克一样，并非站在经济的立场，乃是站在政治的立场去考察国家社会，所以他在上述的这种解释之中不说一般社会，而只说政治社会。这岂不是涂尔干与克里克同是主张国民的政治的教育者吗？由此，可见涂尔干的教育学说之于法兰西的实际教育，如同克里克的教育学说之于德意志的实际教育一样，彼此之间都有一种相互的关系，决非偶然发生的。总括的说，法兰西教育的现状，除掉它的社会的情况外，还有像涂尔干所唱导的这样的教育理论以促成的。

第三节　英吉利的教育现状

英吉利国民之特质

英吉利的国民特质，本富于保守的思想；他们在教育上亦有保守旧习惯的倾向。因此，英吉利国民将教育置诸国家的统制之下，决不会想到的。英吉利的小学校，到了第十九世纪末叶止，亦多是附属于英国教会。后来因为人口增加，小学校不免有缺乏之感，所以从一八七〇年以还，国家设立公立小学校，以无宗派的基督教作为教育的精神，使与教会脱离关系。但是各地方的小学校，尚多私立，仅得政府的补助而维持。中学校亦多属私人团体，如公司或教会等所设立。大学亦完全为私人或私人团体所经营，其经费由多额的捐助金与大量的基本金而成立，设备非常完整。尤其剑桥（Cambridge）及牛津（Oxford）两大学是最著名的，前者以理科为主，后者以文科为主，两者同是以养成绅士为目的，不像德国大学以养成学者为目的。

欧战后之英国教育

以上所述，是第十九世纪末叶止的英国教育的状态。但是在欧战勃发的当时，英国人对于德国的教育制度，非常注意；同时，对于本国的教育制度发见许多缺陷，例如对于义务教育规程、免费规程等，都有不满之声。这种不满之声成为全国国民的舆论，而这种舆论更促进英国教育改革的机运。

在这样的形势之下，一九一六年十二月斐奢（H. A. L. Fisher）被任命为教育部大臣。氏的就任是一般社会所欢迎的。一九一七年八月十日，氏亲手制定《新教育改革案》向国会提议，但是这个提案因国会多数议员的反对，一时不能通过，不得已于一九一八年一月一日先行撤回，修正后再提。到同年同月十四日，氏再提出《修正案》，同年八月八日，遂为国会所通过。这就是一九一八年《教育法》（*The Education Act*），亦就是所谓《斐奢法案》（*Fisher's Act*）。 斐奢的提案

这个《新教育法》的趣旨及性质，从一九一七年八月十日斐奢提出这个《教育法案》，在下议院所发表的演说及一九一八年一月十四日在下议院关于《修正案》的演说，就可知大概。据氏所说，在这个《教育法》上，改善教育行政组织，重新规定教育部与地方教育当局的权限，要求地方教育当局有提出一般的计划于教育部的义务，扩张从来教育部的权限，确立关于公教育之国家的制度，提倡体育，注重儿童的健康，扩充学校卫生的设施；关于就学方面，扩大初等教育的范围，设立关于义务出席的新规定，以补习教育为义务教育，确立补助金制度等。这个《教育法》含有国家主义的倾向，这只要看斐奢在一九一七年八月十日所发表的《演说辞》里有如次的一段话就可窥见端倪。他说： 《新教育法》之趣旨与性质

> 我立刻相信这个法案并有效果，好像明年中想使我们打破德军是不可能的事一样，亦是不可能的。假使本案在年内经议会通过，须有相当年数的经过，才能够收有充分的结果。然而本案并非与战争毫无关系的。本案是见到为战争而发见的缺点而拟成的，又是为补救因战争而发生的损失而编制的。 斐奢的演说之一段话

这个《教育法》，如上文所述，包含多方面的教育事项，单就条项而论，足足有四十五条之多，所以想要知道它的内容，非有提纲挈领的说明不可。现在我想先对于英国现时的学校组织作一度的叙述，再来对于《斐奢法案》的内容作一度提纲挈领的说明。 《新教育法》之内容

英国现时的学校组织，大体是从上述的《新教育法》及一九二一年为议会所通过的《法规》而成立的。 英吉利现时之学校组织

小学校分为男子、女子、幼儿（共学）三部；教科目为国语、算术、图画、手工、观察及自然研究、地理、历史、唱歌、体操等；但 小学校

是并非全国划一的。

中等学校　中等学校，在一九二六年的《中等学校规程》（*The Regulations for Secondary Schools*）里规定为“中等学校是为至少有四个学年在校到十六岁为止的学生而设的学校”；但是英国中等学校有公立又有私立，种类繁多，不能够统一说明，概括的来说，约有下列三种学校：

一、公众学校（Public school）

二、文法学校（Grammar school）

三、公立中学校（Secondary school）

各种中等学校之特色　以上三种中学校，各有各的特色。公众学校是英国中等教育的代表学校，需要多额的学费，采取寄宿制度，施行传统的、古典的教育。著名的有伊顿学校（Eton college）、哈洛学校（Harrow school）、喇格比学校（Rugby school）等九校。文法学校，在大体上，是与公众学校相同的，但是没有那样的贵族化。公立中学校是从一九〇二年的《教育法》而产生的，应一般的要求，收容小学校毕业生。

大学　大学有创立最古而注重传统的与近代创立应物质文明的要求而成立的两种。前者是有名的剑桥、牛津两大学，注重人文的学科，以人格的陶冶为主；后者是伦敦（London）、曼彻斯特（Manchester）等大学，以物质的教科为主，尊重自由，开放门户，施行各种专门的研究，并且容许女子入学。

斐奢的《教育法》的内容之说明　以上所述是英国现时教育之轮廓的描写。现在再转述斐奢《教育法》的内容。这个《教育法》，若参照它自身及斐奢在下议院第二次所发表的《演说辞》，可以分为如次的五项：第一，公教育之国家的制度，第二，儿童及少年之健康问题，第三，通学与儿童及少年之雇用，第四，初等教育之扩张与补习教育，第五，国库补助金制度。

公教育之国家的制度　第一，公教育之国家制度：

这个《新教育法》，关于教育行政之一般的组织，在大体上与一九〇二年的《教育法》有同样的规定，但是在这个《新教育法》上特别所考虑之点，是教育部与地方教育当局的权限问题。这就是扩张教育部的监督范围与其权限，以确定公教育之国家的制度。据本《教育法》第一条说：

为凡能够享受公教育的恩惠之一切人民计，欲确立公教育之国家的制度这件事，是在于要使各州及特别市参事会，在它的权限范围之内，各有图谋它所管辖的区域内的教育的

> 进步与发达、确立综合的教育组织之义务。依照这个目的，各州及特别市参事会，不问其各自独立行动或与其他当事者协作，应当时时依据教育法令所指示的各自的义务与权限之履行及行使的方式上种种计划提出于教育部。并且，在教育部有所要求的时候，它有提出这种种计划之义务。

依照这个规定，一切州及特别市参事会都有提出“为它所管辖的区域内教育之进步与发达计及为确立综合的教育组织计之一切计划”于教育部之必要。这明明是教育部要在教育行政权限上有国家的统制的意味。

又国库补助金，只有限于教育部承认地方教育当局所提出的一切计划场合，才能给付。在教育部对于公立学校的视察，认为所视察的学校的事情与教育部的要求不相一致的场合，教育部得减少国库补助金。第五项就是关于这点的规定。

地方教育当局对于教育部所应负的义务，不限于初等教育，凡一切形式之教育，地方教育当局都负有提出它所管辖的区域内的教育计划于教育部之义务。

管理规程中所有特别的修正案，就是对于公教育机关以外的教育机关，教育部的权限亦有所扩张。具体的说，从来没有受政府视察义务的学校及其他教育机关，今后亦应该在被视察之列。这种种学校就是向来不受教育部维持的中等学校——公众学校——及私立学校，这种种学校中有许多是英国最良的而且最有名誉的学校，都以个人的捐助金、学费等为经常费，所以向来没有受教育部视察的义务。在这种种学校中，遇必要时固然有些亦受教育部的视察，然而多数学校未曾具有这种条件。依照新提案，教育部为学生的父兄或为社会的利益，对于这种种学校，亦有视察的权利，使它们受教育部的监督与指导。

关于教育上的报告，在欧洲各文明国中，政府知道国内教育界的现状，没有一个国像英国这样的少。英国教育部完全没有关于大多数的学校及其他教育机关之必要的知识，尤其关于向来不受补助金的学校，只不过有一点极贫弱而且偶然的知识而已。在私立学校中，欺骗社会公众者实属不少。这些学校的教授不完全，设备亦颇缺少，并且对于学生的卫生与其促进，毫不讲求什么适宜之道。教育部应该有要求各学校或教育机关提出详细的报告的规定。斐奢在上议院有如次的议论：

> 教育部并非废止私立学校。我们承认私立学校中有多数是优良的。并且即使有些学校忽略一般的教育标准，然而它施行某种的教育实验是颇有价值的。不过如果想到公众对于教育投了莫大的资金，教育部应当关于国内全部教育上的设备的内容与数量，得到一种今日以上的正确的报告，并且可以提供于议会。

从来专采用自由放任主义的英国，使中央当局对于全国学校施行监督，实施所谓“国家的”一种教育计划，是这种《教育法》之一个着重点，而且是一个最有深义之点。

初等教育之扩张与补习教育

第二，初等教育之扩张与补习教育：

斐奢在一九一七年八月十日下议院所发表的《演说辞》中说：“教育是一个美的人生事业，应该比从来对于国内的儿童及青年所施行的教育更要广泛。”他又说：“第三倾向是要增大从战争的结果所产生的社会共同精神。在为实行征兵制度及树立远大的世界的政策计不可不费很大的牺牲的今日，凡没有邪念的人士，都确认在市民间没有阶级差别这件事；并且，依从与希望这种特权有同一的理由，承认教育亦有扩张的必要。”

教育范围的扩张，亦是斐奢《法案》中一个主要的目的。依照这个《新教育法》，初等教育的范围扩大，要求适应于儿童的年龄、性能与需要之特别的教育。同时，为年长优秀而不能进高等学校的儿童计，授以程度稍高的初等教育，而设立中央学校（Central school）、中央学级或特别学级（Central or special class）等。关于就学问题，以五岁起到十四岁止为义务教育年限，规定对于从来免除这期间内的就学概不许可，而许可地方教育当局将儿童的义务出席延长到十五岁为止。并且，在得到教育部的许可，能够将儿童的义务出席延长到十六岁。这就是所谓“补习学校制度”。最初草案上关于补习教育义务出席的规定，对于自十四岁到十八岁止的少年以通学每年三百二十小时（即一周八小时，共四十周）补习学校为义务出席，但是依据有妨害儿童劳动及其他理由，为多数议员所反对，原案遂被打销；后来再经过妥协的结果，关于自十六岁起到十八岁止的少年的义务出席，一面在七个年间延期实施，一面将时间数减少为每年二百八十小时。同法第三条这样规定：第一项，地方教育当局有负补习学校设立的义务；第二项，关于它的设备及教育内容，教育部有监督之权。

复次，关于负通学补习学校义务的少年，地方教育当局在要求少年通学的场合，得禁止他被雇用。这不但为维持通学义务的时间计，并且为使少年得到有利于收到充分的效果之适当的精神与身体的条件计，地方教育当局认为必要，得在二小时内的范围上随时停止雇用。又第十一条规定：凡违背这条法规的处罚，要求有严格的实施。

第三，儿童及少年之健康问题：

儿童及少年之健康问题

儿童及少年的健康问题，亦是斐奢《法案》中一个主要点。氏以为教育有全整的性质，在学校里面，增加必要的限度之身体的课程，在遂行教育之真正的任务上看，是一件最紧要的事。注重体育问题，使体育在学科目上占有重要的地位，扩张从来学校卫生设施，不仅限于谋幼少的儿童的健康状态之改善，并且更要扩张到中等学校及补习学校方面。

在从前，对于教育能率与身体健康间的密接关系，亦早加注意。例如一九〇七年已经实行设置学校医，但是到了大战时候，更感觉得这点的必要，所以在这个法规中加以种种规定，使体育问题得占有重要的地位。

对于一切儿童，为先给与以健康的身体与确实的知识的根柢计，改正现行的教育制度，使儿童教育完成于巩固的基础之上。在“母的学校”（School of mothers）里，给与为母亲者以关于育儿的教育；又收容自二岁起到五岁乃至六岁的儿童于“婴儿学校”（Nursery school），专注意于他们的健康与营养方面。本法第十九条就是关于这点的规定。各地方教育当局有依据这种规定调查各该地方所有的身心缺陷的儿童之确数及施以适当的教育之义务。

这样，政府利用这机会，把握着对于国民体育训练尽量给与补助的方针。对于小学校的体操科，早已认可补助金的支出；但是在这个《新教育法》上，更将体操加入补习学校的课程内，对于补习学校的男女生，一律授以身体的训练。

更进一步，这个《新教育法》将建设及维持体育场（Centers of physical training）、学校浴场（School bath）、学校游戏场（School playing field）、休日野营（Holiday camps）及游泳场（Pool）等之权给与于地方教育当局，并且扩张地方教育当局者的权限与义务。规定地方教育当局者所设置的小学校、中学校及他们所管理的补习学校内所有的卫生设备之视察规程，本法规第十七条就是关于这问题。

这样，确立儿童及少年的体力增进及健康改善之方针。依照这种法律，体育在学科目上到达占有重要的地方。多数的补习学校迅速地与男子俱乐部、女子俱乐部、少年义勇团、少女义勇团及其他有知识的社会的利益之团体相联络。地方教育当局者有以适应这些学级的必要为目的去施行学校野营与学生之社会的训练之权能，并且由这种权能以增进国民之身体的幸福。

儿童及少年之通学与雇用

第四，儿童及少年之通学与雇用：

在大战勃发后三年间，在英国有六十万儿童，不待达到毕业义务教育的年龄即告退学而走入产业界。他们虽则获得高价的工金，然而做了一个真正的牺牲品，其影响于儿童的教育与身体，实匪浅鲜。对于陷于这样状态的教育当局，遂计划关于这问题的新规定而讲求改善之策。在斐奢《教育法》上，修正从来的就学规则，废止对于自五岁到十四岁间的就学免除办法；更对于就学小学校的儿童之雇用规定更进一步的限制。本法规第八条第一项规定关于就学问题，第十三、十四、十五、十六等条规定关于儿童及少年的雇用问题。

在当时，儿童往往在学校授业开始前三时间及放学后数时间被雇用；据视学官的一般意见，以为小学教育改革中，对于儿童的就学雇用，必须先设定严格的限制。因为这不但与学业能率问题有关，并且影响及于民族之身体的发达。斐奢在一九一七年八月十日的《演说辞》中，有如次的议论：

> 依据儿童的早熟或过度的劳动所发生的损害健康的证据，不胜枚举。例如身长及体重的减少，脊髓歪曲、心脏病、感觉缺乏、视力减退、劳动社会的恶劣等。学校医的报告，满载着这种事实。

斐奢依据上述的理由，在《新教育法》上，有以上诸条项的规定。

国库补助金制度

第五，国库补助金制度：

依据这个《新教育法》，国库补助金，只限于地方教育当局将一般的计划提出教育部的场合，才能交付于地方教育当局；公立学校，若与教育部所要求的条件不相一致，就减少国库补助金。本法规第三十八条有如次的规定：

> 教育部依照本法的规定设定规则，将由国库支出金中每

> 年为该规则所指定的教育补助金额，依从规则指令的条件，支给于地方教育当局；教育部对于地方教育当局合法的支出所颁给的补助金，无论如何，议会不得停止。

对于上述的这个规定，斐奢还有如次的声明：“中央当局为施行国家政策及保护国民利益计，有有效的而不可割分的补助金管理之权。”

“斐奢法规”发生之原因

以上所述，是所谓“斐奢法规”内容的大略。原来英国国民性，如上文所说，富于保守性而有尊重旧习惯的倾向；同时，他们又是绝对爱护自由，不愿受任何固定法规所拘束；所以英国向来的教育政策采取放任主义，由人民自己行动；至于学校内的一切设施、课程、教材、教授法等等，亦都由学校当局及教师自由试验。但是斐奢竟打破这种旧习惯，采取中央集权主义的教育政策去整理全国教育，可说是英国有史以来教育上的破天荒之举，亦可说在英国教育史上开辟一个新纪元。不过要知道，斐奢对于英国的教育所以有这样的创举，其原因实在于世界的潮流有以使然。具体的说，假使没有上次的欧战，恐怕英国的教育迄今仍是蹈袭旧辙而无所改进。关于这点，从斐奢自己对于议会所说“本案并非与战争没有关系。本案是为因战争而发见的缺点而拟成的，又是为补救依战争所发生的损失而编制的”这几句话看来，就可知其究竟了。总之，英国所以产生“斐奢法规”，其原因与法国产生比喇尔的《教育改革案》及德国产生“文化教育学”一派，尤其是克里克的国家主义的教育学说一样，是在于由“个人本位”转变到“国家社会本位”。尤其从向来尊重自由竞争的英国自身看来，确是这样的。此外，英国的“斐奢法规”与法、德两国的那些教育史料还有点相同的，是：英国的“斐奢法规”，如上文所说，是受了德国的教育制度的刺激而产生的；而法、德两国的那些教育史料，亦如上文所说，是在这两个国家之间彼此互相刺激而促成的。但是在某一点上看，英国的“斐奢法规”与法国的比喇尔《教育改革案》更相仿佛。因为这两者同是由教育实际家——斐奢与比喇尔同属于教育行政长官而非纯粹的教育学者——所发议的；并非像德国的教育政策多半还是先由有些教育学者在那边去唱导的一般。尤其是英国的学术界，在一般上，不喜空谈什么学理而专注重实际问题；就是有时要谈学理上的话，亦是只根据于实际经验，不像法、德两国的学术多少还是靠着思辨或批判的态度。所以培根产生于英国，笛卡尔

(René Descartes) 产生于法国，康德产生于德国，决非偶然。同时，除掉培根的“新工具”促成英国的自然科学之发达及亚当姆·司密斯 (Adam Smith) 的“富国论”促成英国的自由贸易之成功外，其他学者的学说影响及于英国自身的实际方面，比之它及于其他各外国的实际方面反为少些。譬如洛克的哲学说，它的影响及于英国自身很少，反而及于法国的较多。因为法国“启蒙时代” (Enlightenment) 之诸激烈的思想家如伏尔泰 (Voltaire)、卢梭等，是法兰西大革命的导火线，几无一不受洛克学说的感染，这是为洛克自己所不及料的。关于这点，我在美国芝加哥大学的时候，该大学教育学院院长吉特教授对我说句很有趣的话：“杜威博士在中国所给与的影响，比之在美国本国所给与的影响反大，这无异于洛克学说之影响及于法国比之及于英国本国反大一样。”由此，可见学术思想不但它的发生与创造与民族性有关系，就是它的影响与流传亦是与民族性有多少关系的。

英国的教育理论家缺少之原因

因为上述的理由，在英国过去教育史上，除了洛克、斯宾塞诸人对于教育问题有所发挥外，再没有别的人了。再就现在而论，他们亦是寥若晨星；即使有几人，例如亚当姆斯 (Adams)、罗斯克 (Rusk)、努牾 (Nunn) 等发表些关于教育哲学上的论著，然而他们都不过叙述近代各派教育哲学的背景、代表、派别、影响等等，以及比较各派的得失，而决定它真正的价值而已，至于他们自己的创见可以说是很少的。这不消说与德国的教育学者那样多而且各有一种独特的创见之状态比不上，就是与有同样的民族性之美国居然出了一位学识丰富且有崭新的创见而影响及于全世界之杜威亦相形见绌了。不过现在有一位以“数理哲学”见称的罗素 (Bertrand Russel) 正在努力建设一种教育哲学，以与杜威抗争而已。在这一点上，英国教育理论家的缺乏，与前节所说法国教育理论家的缺乏之情形又是不同。因为法国的学者，如前面所说，大都将教育学说视为哲学或社会学中之一部，所以他们的教育学说都是附丽于哲学或社会学的部门中，好像没有所谓“教育学”的样子；英国的学者亦如前面所说，大都不喜高

Bertrand Russel

谈教育学理，宁可解决教育实际问题，所以除了极少数人偶然对于教育问题发表些零星琐碎的原理外，简直可以说没有一部有组织的教育著作。上文各章里所以绝少叙述法国的教育学说，实因为法国的教育学说是哲学呢？抑或是社会学呢？并且将它放在那一派里或那一课题下去叙述呢？都难以决定；至于英国之教育学说，因为它本身的内容与资料很少，简直没有什么事实可以纪述。关于这点，顺便在此声明一下。

第四节　北美合众国的教育现状

北美合众国教育之特色

北美合众国的教育制度若与本章第一、第二两节所述的德、法两国的相比较，完全不同；因为全国的教育没有像德、法两国那样的统一。同时，它与英国的教育制度相比较，亦是稍异其趣；因为英国中央政府尚有教育部的设置，而美国中央政府迄今还没有教育部，而只有所谓“教育局”（Bureau of Education），它对于全国教育只有统计、调查之责，而无指挥、监督之权。所以美国强迫教育制度，各州不一律；就学年龄，各州亦长短不齐；因此，小学校的修业年限亦不一定。不过就一般论，小学校的修业年限以八个学年为最多。

中等学校

中等学校，从来分为阿卡狄美（Academy）与中学校（High school）两种。这两种学校都收容欲升入大学的小学校毕业生，修业年限定为四年。经过这种课程，再进修大学教育。

《学校改革案》

美国八年制的小学校，原来是模仿德国小学校（Volkschule）而办理的。关于小学校与中学校联络问题，在一六八八年全国教育协会（National Education Association）会议席上，爱略脱博士（Dr. Charles W. Eliot）大唱学制改革之必要。爱略脱指摘大学入学年龄过高的缺点，而提出如次的改革要点：一、缩短修业年限；二、增进教授能率；三、提高教职员的程度；四、改造课程；五、减少授业时间数。

爱略脱的提案之影响

自从爱略脱提出这个《学制改革案》以后，改革的呼声一时勃起。一九〇五年，全国教育协会设立关于六学年课程委员会（Committee on Six-year Courses），采取小学校与中学校各三学年即所谓“三三制”的改革案。又设立中等教育改造委员会，在一九一七年，编成《中等教育之根本原理》（*Cardinal Principles of Secondary Education*）报告，定小学校为六年，中学校分为两级：前一级为初级中学校（Junior high school），修业年限定为三年（自十二岁起到十五岁止）；后一级为高级中学校（Senior high school），修业年限亦定为三年（自十六岁起至十八岁止）。前者的组织，第一、第二两学年为共通科目，继续小学校的教育，第三学年渐渐分化；后者的组织，从第一学年起，即行分科制，分为普通、商业、工业、农业、师范、家政等科。

初级中学校之最初设立者

这种初级中学校的最初设立是在加利福尼亚（California）州的巴克雷（Barclay）市。巴克雷市在一九一〇年一月设立下级中学校（Lower high school）以后，这种初级中学校，风靡全国，大有“雨后春笋”之势。

初级中学校之优点

这种初级中学校的优点在于：（一）儿童修业时间是经济的，即从来的中学校四个学年的课程可以在三学年修了。改良从来的学年进级法，而采用学科进级法（Promotion by subjects）。并且适应学生的能力，组织种种团体。（二）减少半途退学者。（三）注意个性；即对于初入学者，注意他的个性，适应学习的速度，分学生为数组，施行学科进级。（四）发见学生的性之所近。（五）得施行适于学生的性质之职业教育。此外，还注意学生性质的变化，谋相适应，以作为改良教授训育的基础。

大学

美国的大学教育，论名称有两种：一是所谓“University”，一是所谓“College”，论内容，全国亦不统一。大概说起来，前者是统合各学科的集体，后者是单科的组织；即前者好像我国合三学院以上称为“大学”，后者好像我国所谓“学院”一般。“College”的修业年限，普通定为四年，收容高级中学校毕业生，对于四年修了者授以“学士”（Bachelor）称号。“University”有州立与私立两种。就中有名的，在州立方面，有密歇根大学（The University of Michigan）、加利福尼亚大学（The University of California）、威斯康星大学（The University of Wisconsin），在私立方面，有哈佛大学（Harvard University）、耶鲁大学（Yale University）、哥仑比亚大学（Columbia University）、芝加哥大学（The University of Chicago）等。

大学之组织

上述的这些州立或私立大学，有收容“College”毕业生的，亦有不是这样办理的，其组织有种种差异。论内容，分为文学部、法学部、神学部、社会学部、理学部、商学部、农学部、兽医学部、机械学部、矿学部、土木学部、化学部、医学部、药学部、音乐部等数部或十数部不等；其中都有图书馆、博物馆、实验场等设备。这种大学有两级学位，即“硕士”（Master of Arts = A. M.）及“博士”（Doctor of Philosophy = Ph. D)。

在美国教育上特别可以注意的是男女同学（Co-education）制，即自小学校一直到大学止，决没有专为女子而设学校的，尤其西部是这样。 男女同学

师范教育，除了上述新式的高级中学校师范科外，还有从来已经设立的师范学校。无论那一种都是养成小学校与初级中学校教师的机关。至于高级中学校的教师及其他一切教育行政机关人员，大概再经过大学师范院或教育学院的训练。在美国，小学校教师属于女性居多，几占全体教师三分之二。教师待遇较其他职业并不很高，所以教师的补充很觉困难。师范学校修业年限定为二年或三年，收容中学校毕业生。志愿入学的大部分是女生。至于未曾受过师范教育而欲充任教师的，在各州教师检定试验，合格者得有充任教师的资格。 师范教育

这是北美合众国教育现状的概略。美国教育的特质，我曾经在本书前编第十章第六节称它为“实利的人文的教育”；同时，我在本篇第三章第四节《作业的教育之思想》里讨论“美国的社会情形”这个课题的时候，亦曾将为什么将美国的教育称为“实利的人文的教育”的理由说明一过。因为美国的教育是一种实利的人文的教育，所以美国的教育与欧洲各国的一比较，便可发见两者差异的地方。据一九二八年夏德国普鲁士中央教育调查所所派遣的渡美视察团的报告，以为欧、美教育的对立，一是选拔主义，一是指导主义，具体的说：在德国方面，教育的任务在于造成有教养的人物；在学校系统中，担负这样的社会的任务的是中等学校。所以有些中学校门口揭有“纵乐的学校就是犯罪的场所”的标语。这意思就是说中等学校的目的在于养成国家社会的领导者阶级；假使不适合于这种目的的，概行逐出校外。所谓“有教养的人”，就是意味着人文主义者。希腊语所谓“美即善”，本来就是支配阶级的理想；这经过希腊哲学、基督教神学、第十七八世纪的自然法则、法兰西革命乃至第十九世纪的新人文主义，而为欧洲的教育，尤其是中等教育的目标所采用。但是美国教育的任务，在于养成实际的人材；在学校系统中，当这样的社会的任务的，亦是中等学校。美国的人类理想，似乎与欧洲中世纪所实现的教育相接近。具体的说，这就是先使学生去见习修业，然后进入于各种职业。但是在另一方面看，民本主义的美国与中世纪相比较，又是不同。因为美国的教育是近代的、生物的，以为职业决非世袭的，乃是由个性——我们生来所固有的能力之总和——所决定的。所以学校的 美国教育之特质

任务在于使各个人认知职业的性质，并且给与以使他去实现的手段。因此，美国的中学校大部分不收学费，而给与人们以教育均等的机会。结果呢，美国的学校设置多种多样的进路，好像有多种多样的人生一般；并且在学校内部有给与学生以变换进路的可能。一句话，在德国等到完了普通陶冶或一般陶冶以后才去施教的科目，在美国将它放在普通学校内施行的。

实利的人文的教育

这是在欧洲人，尤其在德国人的眼光中所观察到的美国教育的特质；由我们的眼光看来，亦觉得美国的教育偏重于实利方面。同时，因为美国教育在历史上究竟与欧洲有渊源的关系，其中总含有多少人文主义的成分，所以我曾经又将它称为“实利的人文的教育”，现在再稍稍的申说几句。美国过去的教育，不消说，是一种人文主义的教育。请看一六三五年二月波士顿（Boston）市初设立的所谓拉丁学校（Latin school），不问其内容以拉丁语与希腊语为主要科目，亦能够“顾名思义”，知道所谓“拉丁学校”就是欧洲式的人文主义的学校。不过这种人文主义的学校，究竟不适合于美利坚立国的精神与实际社会的需要；所以最先有教育实际家痾列斯·曼（Horace Mann，1796—1899）唱导一种适应美国国情的民本主义的教育，后来再经詹姆斯在哲学方面创立一种所谓“实用主义哲学”，最后更经杜威在教育哲学方面奠定所谓“教育即生活”的学说之基础（关于这几点，请再参考本书前编第十章第六节及本编第三章第四节）；而形成今日美国教育之独特的性质。

Horace Mann

初级中学校产生之原因

又次，就美国现有的学校组织而论，“初级中学校”的产生而成为美国式的中学校，大部分原因亦由于实利的兼人文的主义。初级中学校产生的主要动机在于从来的小学校第七、第八两学年太不适合于实际社会的需要。因此，在这两学年的学生退学很多；同时，从小学校第八学年毕业进级于从来的四学年中学校的第一学年，变化太骤，亦不适合于心理的要求；所以索性将小学校第七、八两年与中学校第一学年分割出来，而另组织为一种中学校，称为“初级中学校”。这种初级中学校的组织，如上文所说，在第一、第二两学年内施行普通或一般教育，以继续小学校教育；在第三学年内，渐渐分化，开职业教育的端绪，这就是要贯彻所谓“实利的人文的教育”之精神。

社会的背景与心理学的根据

除上述理由外，初级中学校的产生还有一种根据之存在。这个根据在表面上，似乎亦是心理学上的问题；然而在骨子里，实归因于美国社会的背景。具体的说，美国是一个资本主义的社会，劳资间常发生冲突；但是美国的许多学者不愿将社会现状立刻打破，只要在劳资间任妥协调停之责，以缓和其斗争而已。换句话说，他们不愿使美国的社会有一种根本的变化，而只要有一种逐渐的改良。所以他们在任何学术上——教育亦在其列——始终采用达尔文的进化论，而不愿采用何种辩证论上所谓“突变”。在美国的教育学术界，本来有霍尔一派解释人性的发展是突变的，世称为“跳跃发展说”；但是后来又有桑戴克一派，解释人性是渐变的，世称为“逐渐发展说”。固然，后一派经过许多次的实验或测定，断定人性的发展确是渐进的；然而据有些心理学者，例如苏俄科尼洛夫的实验的结果，人性有时有突变的可能。退一步说，假使就如桑戴克所说，人类的本性生来是渐变的，然而如果我们将一个人放在某种环境之下，用一种特殊的刺激促他突变，那么，这个人未始不会表现突变的。但是桑戴克一派为什么要坚持他自己的学说而绝对排斥霍尔的学说呢？这未尝不是他故意要迁就美国的现存制度，而与别种社会科学如政治、经济等采取同一的步调，以达尔文的进化论为中心以奠定美国社会科学的根本假定。就是杜威的学说虽则多少是辩证的；然而他一讲到人性问题，亦还是遵奉达尔文的进化论。因为美国的教育理论如此，所以它的实际教育问题当然会与学理互相一致。所以初级中学校的产生，就是要补足从来的小学校第八学年终了与中学校第一学年开始的空隙，以防止青年心理的突变而已。（但是青年心理的突变，比渐进究竟好坏，是一个问题，值得研究的。关于这问题，在拙作《教育哲学》第六章第一节、《学艺百号纪念增刊》拙作《论嬗变与突变》一文及本篇第二章第四节，可资参照，恕不再赘。）

美国的教育目的论

又次，就美国教育目的论而考察，据杜威的见解，以为教育的目的，除了现实的社会，简直没有目的可言。如果问他为什么是这样，他一定说这是自明的道理，而不待证明。因为现实的社会随时随地而异，所以这中间并没有共通的抽象的规范可求，而各个现实的社会，却都自有其价值之存在。这就如詹姆斯所说，真理是多元的，各人各自依从他自己的立场而异其见地，并不一定要设立什么轨范。吉特的教育著作里几乎没有教育目的论；他在所谓“只有适合于美国现实的社会之要求自身，就是教育之本分”这种理想之下，以统计的乃至实验的研究为旨。吉特与杜威的学风固然不同，即：一主张“准备生活说”，一主张“教育即生活说”；论其研究方法，一主张“教育之科学的研究”，一主张建设“教育哲学”；然而两者对于教育的目的，同以为从生成的现在之客观的社会而规定。因为美国的教育目的论既是由现实而出发，所以学校课程要与社会各方面的要求相适应而使它满足。试看一九一七年中等教育改造委员会所选定的中等教育目标有如次的七项：（一）健康；（二）基本的工具（书、写、算）；（三）家庭中一善良分子；（四）职业陶冶；（五）公民训练；（六）闲暇时间的善用；（七）道德的品性。这就可知美国教育涉及多方面，不像德国教育专以养成学者为唯一的理念。

课程的编制　美国的教育，尤其是中等教育，既有这七项目标，而且认为是“金瓯无缺的法则”（The golden rules），所以美国学校课程的编制没有不以这目标为根据。但在教育学上，美国本有两派：一派自命为教育哲学派，如杜威及其门徒克伯屈、朋赛尔（F. G. Bonser）等是其代表；他一派自命为教育科学派，如吉特及其门徒鲍必德等是其代表；同时，这两派还有一点差异，就是前一派主张“教育即生活说”，后一派主张“准备生活说”。介乎这两派之间，又好像有折衷存在似的，如白格来（W. C. Bagley）及其门徒拉格等是其代表。因此，美国学校课程的编制，亦分为两派：一派以教育哲学做根据；他们以为人类的生活是整个不可分的，是联贯一致的，所以学校课程不应该过于分门别类，各不相谋。换句话说，学校里应该将各科目打成一片，互相联络；所谓学校课程，应该力谋具体化，成为心理学的排列，而不可陷于抽象化的、论理的排列。例如杜威主张将道德观念与要素都包含在各科目中，无需另立道德科目，使整个的教育意义变为破裂支离的状态。又如克伯屈、朋赛尔等的设计课程编制法就是根据杜威的教育哲学的一种主张。他一派以科学的方法做根据；他们以为人类生活的动作、能力、态度、需要与兴趣等是多种多样而可以分析的。所以在编制学校课程的时候，应该首先将人类生活的动作、能力、态度、需要与兴趣等分析为若干类，再将这若干类更分析为若干单位，然后再将这若干单位归类排列，汇成一表，而编为学校课程内容的细目。这种编制方法，他们称为“科学方法的课程编制法”。以上两派，都能持之有故，言之成理。近来美国教育界有人以为这两派的课程编制法各有各的特长，并且有折衷的可能，于是在一九二九年特别组织一个全国教育学会课程编制委员会（Committee of National Society for the Study Education on Technique of Curriculum Making），由上面所举的那两派及其折衷派学者白格来、鲍必德、朋赛尔、嘉特斯（W. W. Charters）、康兹（G. S. Counts）、克提斯（Courtis）、霍牾（Frneart Horn）、吉特、克来（F. J. Kelly）、克伯屈、拉格、华克司（G. A. Works）等组织之，以拉格为主席，共同议决一个一般的课程编制原则。他们共同的声明："本委员会所议决的一般的课程编制原则，是供给实际从事课程编制者——教育局长、视学员、教师及教育专家——的参考。这些原则的用意，在使人们注意当今解决课程编制问题的普通趋势。因此，每一委员，并不坚持他自己的学说，而与其他委员共同去找寻主张上的同点，以为决定今后课程逐渐修订的实际步骤——有些步骤是过渡性质的——之根据。"白格来说："据本委员会的判断，他们所立定的原则，对于美国各时期的学校一律适用。详细的说，对于小学、中学及大学的课程编制，这些原则，没有不适用，只要加以相当的变化就是了。负有编制大学课程之责者，须先应用他们所列的原则，然后才可以有一个真能够前后联贯的教育计划。"最后，他们共同拟成美国各时期的学校课程的几个原则如下：

（一）对于儿童生活及成人社会的兴趣、需要与活动，应该同样地加以注意。

（二）认定儿童到成人只是一个连续的发展。在这连续的发展的当中，每一阶段具有特殊的性质。编制课程者必须使各阶段的教育互相调适，使个人得有最完满的发展。

（三）对于儿童的活动与兴趣及成人活动、社会需要等，必须从社会的科学研究方法，加以精巧的分析。

（四）学校课程，应该供给现今的生活经验，使由分析全部社会生活而发见的及活动，都得逐渐为儿童所辨认、所学习，以作为参加有效率的社会生活之准备。

（五）须使学生对于那些所选择的教材，会产生"真正的学习"的兴趣，经过"真正的学习"的过程，获得"一种学习的效果"。

这是美国学校课程编制经过许多时间的研究与讨论而得到的一种共同的一般的新趋势。不仅课程如此，就是教材、教学法、训育法等亦有同样的新趋势。现在为篇幅所限，不克一一备述；现在所要补充

教材、教学法、训育法等问题

叙述的，就是美国教育行政问题。现在将它略述如下：

教育行政问题

美国的教育行政，各州各自为政，向没有统一的办法。中央教育局——中央内务部教育司——不过任统计、调查之责，没有监督、指挥之权。但是欧战以后，美国的教育行政亦逐渐趋向中央集权的方式。一九一七年，司密斯·休斯（Smith-Hughes）《法案》通过，创立联邦职业教育局，每年由中央支出一百七十万元，逐年增加到七百万元，奖励各州农业、工业、家事教育。这《法案》在美国教育行政上实为破天荒之举。一九二三年，国会有司密斯·道讷（Smith-Towner）及道讷·斯特林（Towner-Sterling）等的提案，建议将内务部教育司升为教育部，增加它的职权，并由中央每年支出一万万元补助各州教育。这案虽未通过，而大得全国教育界的赞许。一九二五年十二月，又有克提斯·里得（Courtis-Reed）的提案，仅只建议创立教育部而未提及增加中央教育费，但亦未通过。又欧战以后教育行政有以州为单元的趋势。各州政府对于师资训练、公民教育、学校经费、学校视察等，都渐有统筹全局的计划。在这一点上，今后美国的教育，亦如德、法、英等国一样，渐渐表现着国家的倾向，而发挥所谓“美利坚式”的教育之特色。请看近来美国教育界对于所谓“美国化（Americanization）的运动益加鼓舞，同时对于中学校设置“军事团体”（Military company），称为“中学校士官候补生团”（High school cadet company），加紧军事训练一事，就可以思过半了。

第五节　意大利的教育现状

意大利的过去教育之状况

意大利虽则是欧洲一个最古的国家，在教育史上，那种发源于意大利的所谓“人文主义”教育可以说支配着全欧的教育，迄今还未稍替；然而意大利本身的教育，在近世史上，实没有多大的特色，比之欧洲其他各国远不相及。所以我在此地对于意大利的过去教育故不多述；至于它的过去沿革，拟俟本书前编增订时再行追补。但是意大利自从墨索里尼（Mussolini）实行他所谓“法西斯蒂主义”（Fascisme）以后，意大利教育突然在教育史上露一头角。所以我们欲叙述意大利的教育现状，不得不从这时代的教育说起。同时，因为在墨索里尼内阁成立以后（即一九二三年）的时候，它的教育部大臣是有名的哲学兼教育学者琴得列（Giovanni Gentile）。他在入阁的第二年，对于意大利教育制度，依据他自己的哲学，大试改革。这种改革可以说就是意大利法西斯蒂主义之理论的证明，亦可以说是琴得列自己的哲学之具体的表现；这好像克里克对于德国的国社党的教育主张与政策一样，所以我们欲叙述意大利法西斯蒂主义教育的状态，又不得不先从琴得列的教育思想说起。

Giovanni Gentile

琴得列的教育思想

琴得列虽是在一九二三年法西斯蒂内阁的教育部大臣任内将意大利教育制度经过一度改革，但是他的教育思想，并非发动于当时，而从前早已在著作上或演说上发表过的。尤其在一九一三年所刊行的《哲学的教育学纲要》（*Summary of Pedagogy as a Philosophical Science*；*Sommario di Pedagogia come Scienza Filosofica*）一书里，已经将他自己的教育思想上的立场明了地告白过了。氏的哲学是现实的理想主义。他视心意为纯粹活动，或视它为最高之具体、一般与特殊之活的综合、自由与必然之综合、理性与自然之综合等。他以为个性是一般之具体的现实，是绝对无限的人格之时间的实在，而将它自身的本性实现于历史的过程中。他又以为人类并非物质，亦非现实之反映，乃是创造的而且能动的之原理。照这几句话推测，可知琴得列是唯心论者，他所竭力攻击的是物质主义与实证主义。氏解释心意为精神的原理，而自称哲学是“精神之哲学”（Philosophy of spirit）。他以为人类不外乎是意识体或人格之精神的表现。这种精神的原理，并非与现实相隔离，乃是在具体的存在之人类上表现形相。但是这表现是依存于精神自体之本性上的创造的自由活动，或者依存于它自身之固有的法则之自己实现。所谓教育是意味着绝对自律之心意的显现，所以哲学与教育是同一之物。教育并不可当作一个物去分析心。教育不可不与哲学成为一体的，而为“自由的心之完全发达之学”（the science of the whole development of the mind as freedom）。这种见解，就是以为教育与哲学一样，以“心之自律”为基础，与德国的理想主义哲学，尤其与斐希特的唯心哲学相酷似。琴得列根据这种立场而主张改革意大利教育。他在一九一七年刊行《战后之教育问题》(*Post-War Educational Problems*)一小册子，捧呈于当时的教育部大臣；他又在脱利哀斯特（Triest）将归于意大利的时候，为该市的学校教师连续讲演，后来将讲演稿加以增订，题名为《教育之改造》(*The Reform of Education*)，公布于世。（这书曾在一九二三年用英文出版）由此，可知琴得列的教育思想在法西斯蒂成立以前就已产生。

法西斯蒂主义教育之根本的指导原理

但是法西斯蒂主义教育之根本的指导原理究竟是什么呢？法西斯蒂的语义是“团结”，因此，它的教育之最高原理在于统一；精细的说，在于国民的统一；更精细的说，将意大利北部所有的德意志系统的民族、南部所有的拉丁系统的民族以及意大利国民合成为全一的国民。法西斯蒂主义所竭力排斥的是社会全体主义，以为社会并非为个人而存在，乃是个人为社会而存在的。法西斯蒂主义的目的在于欲确立依从一般国民所受容的主要的原理，并且建设反对自由国民之国民国家。所以依从法西斯蒂主义所主张的教育改革，一句话，在于依从国民主义改造从来的自由主义教育之制度与内容，尤其改造教育的精神；它的特征在于共通的言语、宗教、文化、习惯、直觉与目的之建设。这就是一九二二年法西斯蒂内阁教育部大臣琴得列的教育改革的目标。这样的主张究竟是否从琴得列的哲学而演绎的呢？这问题是值得我们讨究的。

教育与国民性

琴得列在他的著作《教育之改造》第一章，题为《教育与国民性》，主张国民主义的教育。这就是他的精神主义之出发点。他论国民性与知识之关系，以为知识不外乎是国民的认识。他对于“学问无国境”的论调而主张舍掉国民的认识，其道无由。他先提出“什么是国民”一个问题，以为国民并非单只依从共通的土地、言语、传说或习惯而成立的，宁可说统一这些东西使它成为不可分的而成立于整国的国民所感得的精神之上。“国民并非是存在的物，乃是一个大精神的实在。”“真正的国民之本质，确如玛志尼（Mozzini）所说，是保证自己肯定与自己实现之人民的共通意志。国民只有欲成为一体的时候，才是一个国民。”“所以凡称为国民，不可不在国家的形态之内去实现他自身的人格。在国家以外，没有集合意志，亦没有国民的共通人格。”这些论调，就是琴得列的国民观氏又以为所谓知识，所谓学问，无不通过人格而表现的，而人格又离开国民而不能存在的，所以非国民的学问是没有的。这样，我们可以得一结论：如果有人区别他的人格与他的知识，那么，他实不了解知识之性质；因为具体的人格，就是国民；所以所谓学校，所谓学问，决不会持有非国民的知识。

琴得列的教育思想之价值

这种国民性的见解，就是琴得列从他的唯心论的哲学演绎而得到的一个结论。琴得列的“精神之哲学”，除了具体的存在以外，认不到精神，换句话说，只有在具体的存在上，才认到精神；所以精神一定是国民的，它的自律活动就是国民性之实现；只有国民性之发扬，才是精神之实现。琴得列在他的著作《教育之改造》第二章题为《教育与人格》，并且加以详细的说明。第三章题为《教育之根本的二律反背》，详论教育目的上自由与自由否定之关系，以为只有国民的，才算是自由。这是琴得列教育思想之大略。这种教育思想，在理论上究竟有多少妥当性与可靠性，姑置勿论，但是它与法西斯蒂之国民主义或民族主义当然是相一致的。现在再叙述意大利法西斯蒂主义教育改革的状态。

意大利教育改革之状态

一九二三年的琴得列的《教育改革案》是极广泛的，凡关于教育行政组织、小学校、中等学校、大学及高等教育、各种教员养成的规程，都有所改正。他的根本原理是自由之精神。但是他所谓自由，并非抽象的、概念的，乃是在于使学生之人格由内部而具体地活跃。因此，这是必然地属于国民的人格主义或国民的人道主义。就它的手段而论，第一，先努力国民教育的振作，增加小学经费的国库补助；一面厉行小学普及，一面以宗教科为小学校的必修科（小学校预科，每周一小时；本科，第一、第二两学年每周一小时半，第三学年以上，每周二小时）。宗教由小学教师担任，并非一定要授以某宗派的教义，但其内容属于加特力教；又宗教科的教师，须经过教会的承认。琴得列在欧战以前就主张宗教教育；他以为意大利国民的精神生活只有通过加特力教才能发扬；这是他的具体的唯心论哲学上的一种主张。但是从法西斯蒂主义上看来，许多人以为小学校以宗教科为必修科，不过作为意大利国民之团结上的一种手段而已。依从加特力教所施行的宗教教授，究竟能否与意大利全体国民之具体的精神文化相符合，琴得列究竟有否自觉到关于宗教教授的西欧诸国之长时间历史的困难，都属疑问。

小学校之改革

复次，琴得列在小学校改革上，注重艺术教育，即在小学校里增加唱歌、图画、习字、读法等科的时间数。琴得列之具体的唯心论哲学，本来重视国民的文化，所以它如同法西斯蒂主义一样，尊重关于国民的艺术教育，是当然的道理。依据同一的理由，在学校教育上重视国民的文学，使学生练习言语的发表，但是琴得列所以重视艺术教育之真正的动机，与其说是从这样的教科之内容上的见地而出发，宁可说以艺术去训练精神之活动与发表。氏以为艺术是教育上的一个目标，在一切形式上可以促进而且修炼生活之表现。但是如果这不是从学生的家庭而容受的或通过他自身之经验而建设之具体的内容，而是以学生任意地抽象地作成的精神之世界为内容，那是不行的。琴得列视艺术的教授为创造之形式，是他向来在教育著作上的一种主张。关于这点，他的哲学与德国的理想主义哲学一样，在吸收浪漫派的思潮。不过他在初期的教育论上力说艺术教授之创造的方面，而反对习字、音乐、图画、作文等之标准化；但是法西斯蒂主义时代之国家主义的标准化究竟有否与琴得列的这种主张相矛盾呢？琴得列有如次的答辩："只有国民的艺术，才是真正的创造。"但是在我们看来，这不过是在言语上一个答辩而已。因为原来艺术的创造没有国界可言；假使一方面说艺术的创造，他方面又说是国民的，这岂非自相矛盾吗？实在讲，艺术的创造是非国民的，乃是人类的。琴得列教育理论将所谓"国民的"一个静的原理与所谓"创造"一个动的原理任意地混为一谈，不可不说是通过他的全般思索之论理的混乱。

中等学校之改革

关于中等学校的教育内容，在大体上与小学校相同。但是在中等学校里，没有设置宗教科。在实业学校外，都是以拉丁语为必修科目，但教授时间数，在五年制课程的文科中学校（Gymnasium），第一学年规定八小时，第二、第三两学年规定七小时；第四、第五两学年规定六小时，教授拉丁语，比教授意大利语的时间数更多，此外，在第四、第五两学年，规定每周四小时以希腊语为必修科目。这样，果可称为国民主义之教育吗？或者就可称为创造主义、精神主义之教育吗？这些都是问题。文科中学校的上级学校，所谓"Lyzeum"的修业年限定为三年；在这种学校里，亦教授意大利文学、拉丁文学与希腊文学；这三科目同样地在第一、第二学年规定每周四小时，第三学年规定每周三小时。哲学及政治、经济等科目，在三个学年间，每周三小时。在第二、第三两学年，规定每周二小时教授美术史。这些计划，就是表示着琴得列的趣旨之所在。但是在中等学校改革案上最令人费解的，莫过于琴得列将文科中学校——大学预科的中等学校——的校数大行减少这件事。固然，一面充实文科中学校的教育内容，一面仅使少数高材生进入大学，无论从国家的经济或实利主义的见地看来，是一种适当的教育政策；但是若从琴得列之具体的唯心论的哲学自身看来，那么，能否称为与它相调和的教育政策呢？这实属疑问。不仅如此，并且他厉行考试制度，在选择欲升入上级学校之学生的时候，依从严格的考试这件事，果与他所谓创造主义、人格主义不相矛盾吗？总之，这种教育改革案，从意大利现时的国情看来，确是有意义的举动；但究竟与法西斯蒂主义的理论是否有一致的关联，或究竟与教育理论家琴得列的哲学能否不相矛盾，却又确是一个疑问。这些疑问，此地无暇详细讨论，暂作为我们今后一个研究的课题而已。现在再进述最近意大利教育上之国家的体育运动。

意大利教育之国家的体育运动

意大利的体育新计划，是法西斯蒂主义思想运动所直接产生的；并且在意大利国民精神中渐次发展着。自从法西斯蒂主义政治得势以后，没有许久，即从一九二二年前后，意大利的当局者们，尤其是上述的琴得列，考究依据于法西斯蒂思想的种种教育计划，努力使它具体化。在这些计划中，最有组织而且最有力的运动之一，就是依从于意大利青年少女所构成的团体之国家的体育运动。这种团体运动，在一九二六年四月三日为意大利国会所通过而制成新法律，通行全国；并且将从来的诸团体一律统一于新规定所谓 O. N. B.（Opera Nazionale Balilla）爱国少年团的名称之下，而属于教育部的统一管理之下。

教育部之组织

意大利现在教育部的组织，大别为“统括初等教育、中等教育、高等教育、私立学校、技术教育等之一般教育部”与“包含上述的 O. N. B. 体育部”两部门。这两部门都是为站在同一的地位上的教育部次官所管理。一般教育部是关于早已存在的一般的教育之手段与方法；而体育部是法西斯蒂主义运动所产生的新的爱国的机关——由此在巩固的国家主义之下教养意大利次代国民的补助机关。

体育之目的

意大利法西斯蒂主义政治上的教育部体育部门所管理的体育具体方法，是依从一九二八年一月六日的法令而规定的。这根本的组织大别为所谓”少年团“（Bailla）在校外实施的青少年的体育运动与在校内实施的体育事业两方面；这两方面是独立施行的。这样的在校内外两方面的体育运动，对于全国青少年施以彻底的身体的训练；同时，极力鼓吹法西斯蒂主义的思想，使深印于各人的脑里，以培养巩固的爱国的精神。

O. N. B. 之组织

管理体育官的次官，同时又是 O. N. B. 的总裁。就 O. N. B. 的组织而论，它属于体育部，分全国为十三区，每区各设置地方委员会；在委员会之下，布满全国的都市与乡村，几有四千多的市村委员会。这些委员会为体育部内所有的中央法西斯蒂主义联盟所统辖；在一九二九年末属于这些团体的团员，达一百八十万人之多。

这等团体之财源　又次，就这些团体的财源而论，主要的分为三种：（一）由政府预算案所支出的经常费；（二）团员会费；（三）表同情于这种计划的个人或团体的捐助金。

这等团体之设备　这些团体的设备，在全国都市，建设有一千二百的中央运动场。这些运动场里面所有的设计与设备，多少不同；但是无论那一个中央运动场里面，都有竞技场、体育馆、游泳池等设备。这联盟除了这些外，还保管有四千多个广大的运动场，以供团员作用。

团员之区分　O. N. B. 将团员分为下列各部，再由各部组织联合会，以司支配之责。

（一）少年团（Bailla）——由八岁起到十三岁止的少年组织之。在一九二九年末，属于这团体的团员，约九十万人。

（二）前卫队（Avanguardisti）——由十四岁起到十八岁止的少年组织之。在一九二九年末，属于这团体的团员，约四十万人。

（三）小意大利人（Picole Italiane）——由八岁起到十三岁止的少女组织之。在一九二九年末，属于这团体的团员，约十五万人。

除了以上诸团体外，联合会还组织有类似于"Sea Scouts"的海洋团。在一九二九年末，属于这团体的团员，约一万六千人。

这等团体之组织　在这些团体里面行动的青年男女，模仿古代罗马军队的故技，编为古典的三重队形。这基本的队形是由十一人编成的小队(Squadra)。三个小队编成为一分队（Manipolo），三分队编成为一中队（Centria），三中队编成为一大队（Coorta），三大队编成为一联队(Legiou)。又为使富有古代罗马之古典的色彩计，对于职员都附以原始的罗马时代的称号。在实际上，对于指导或教授这些团体者所以称为"Capis quadra"，"Capi manipolo"，"Centrion"，"Senori"，"Consoli"等，就因于此。

联盟之指挥者　这种少年联盟为法西斯蒂国民军的下士官所指挥，少女联盟为年轻的妇人所统率。地方当局者对于指挥者的才能、性格、教养等经过再三的考虑以后才始任命。这些团体常在学校放课以后的傍晚或学校放假日及星期日集合施行团体运动。

联盟之科目　对于入团的少年男女所施行的各种科目，包含有使少年感得兴趣的一切活动，例如香槟队、跳高、滑冰、脚踏车、游泳、游戏、体操、陆上竞技、A 式足球（Association Football）、篮球、农事、器械体操、射击及其他种种运动。又联盟每年举行全国各种竞技选手选举一次，其主要的项目如次：

（一）全意大利滑冰选手权，

（二）全意大利漕泳选手权，

（三）全意大利兵式体操选手权，

（四）全意大利剑术选手权，

（五）全意大利全运动选手权，这是从十月二十八日起一周间的罗马法西斯蒂党进军纪念祭上施行的。

（六）七、八、九月间之全意大利香槟。

这种种竞技，先从各地方预选，将优胜者出席于国家大会。

社会服务事业

以上种种活动，在运动场或体育馆施行的；但是除此以外，联盟还做许多社会服务，例如遇见团员个人的财政有困难的时候，施行自由健康诊断、自由看护等。养育院是为这些服务事业所支持的。又团员为备意外的灾难、疾病、死亡等计，多少各自加保险。其他如讲演、修学、旅行、电影试演等教育计划，亦编入于科目之中。

联盟之仪式

这种联盟所行的最重要的两种仪式就是类似于三月二十三日的“黑衫联盟”（Fasci di Combattiments）创立纪念日所举行的仪式，第一种是为祝贺自少年团升入前卫队的仪式，第二种是为祝贺属于前卫队的十八岁的少年到达意大利正式的黑衫军而公然为国家拥护之义勇兵的地位的仪式。

体育指导者之养成

复次，O N B 为养成体育指导者计，得设立学校，在一九二八年二月，设立所谓“Academia Fascista di Educazione Fisica”学校一所。这种学校的年限定为六年。凡修了正式中等学校二个学年课程的学生，可以升入这种学校的特种预科，修毕与中等学校的最后二个学年有同等程度的学科。凡毕业于这预科及毕业于正式中等学校的学生，许可入学于这学校的本科，在两年间受免除体育的课程。凡毕业这种课程而有优异的成绩的学生，得为体育医，并且能够升进于以上二年间的课程。这种学校的经营，常为当局所赏赞，其学科能与大学相匹敌。

校内体育

以上所述，是青少年男女校外运动的大要。除此以外，体育部还管理校内体育，实行种种教育计划，其目的亦在于努力谋儿童及青年学生的体质之向上及国家的爱国精神之教养。

现在学校的体育教师之人数

在小学校里，正式的小学教师指导体育授业；在上级学校里，任命特别的体育教师。在现在意大利的公立学校里，约有八百人的男子体育教师及四百人的女子体育教师；在私立及教区立学校，男女合计约有四百人的体育教师。凡男女体育教师，都是 O. N. B. 地方活动的指导者或联盟的专门的体育顾问。在 O. N. B.，本部负有监督管理关于体育科目的责任者，计有部员十二人。这些部员，巡游各地学校，或视察，或讲演，或刊行印刷品，努力贯彻这趣旨。此外还有监督 O. N. B. 的活动的责任者，地方指导者九十三人；这些指导者同时又有管理他所管辖的学校内的预定的体育科目之权。

体育运动之发展

如上所述，意大利的青少年的体育运动与法西斯蒂党政策相应，而有显著的发展。对于意大利全部人口四千万人，有一千万人是法西斯蒂党党员；现在意大利全体学生的约半数，加入这种联盟，朝夕不断的努力于身心的锻炼与意大利精神之教养。

第六节　苏俄的教育现状

苏俄的教育与上述的诸国教育之关系

苏俄（按现在俄罗斯是在苏维埃政府统治之下所组织的联邦共和国，论理应称之为“苏联”；因此，所谓“苏俄”，不过是苏联共和国中的一部而已。但是现在所以称为“苏俄”而不称为“苏联”，意欲姑以苏俄为代表，而且姑从我们国人的通称）之教育，我在本书绪论末尾声明过，拟暂付阙如，待异日再另编专书。但写到这里，觉得对于苏俄的教育现状完全不提，又非妥当的办法。因为上文所述德、法、英、美、意诸国的教育现状无一不是与苏俄的教育现状相对立着的。详细些说，例如德国，尤其德国的现政府——国社党政府——的首领希特勒口口声声地以为他的教育政策是反马克思主义的；又如克里克，在他的著作《国民的政治的教育》一书里揭出两个假说：其一是“全部在部分之前”（Das Ganze vor dem Teil），其二是“第三国家”（Das Dritte Reich）。据克里克的见解，以为自由主义与个人主义属于部分的，而个人的自律主义、人道主义、平和主义等属于全体；又以为马克思主义的集团主义亦是自由主义的子孙而应该归在部分之列。克里克所谓“第三国家”就是意味着国社党国家。据克里克的见解，第三国家的特质是有机的国家、有机的经济及社会组织；一切人类并非同一的，乃是各人有相当的分配。克里克虽则没有言明这种所谓“第三国家”是反马克思主义，但在骨子里，可以说是为共产党所谓“第三国际”这一句话而发的。再明显的说，这就是“国家主义”与“国际主义”的对立。至于马克思主义的集团主义是否如克里克所说，是自由主义的子孙，是另一问题，姑置勿论；但是克里克的教育主张，确是完全为着反对马克思主义的教育思想与政策而发的。复次，就法、英的教育而论，英、法的教育思想与政策虽则没有什么明白的表示，然而它们一面要预防德国的侵入，一面又要模仿德国的教育制度而形成为一种国家主义的教育。因此，它们的结果与德国一样，亦是反马克思主义的教育思想与政策。复次，就美国而论，美国正是一个资本主义最膨涨的国家，当然与共产主义的苏俄国家绝对不相容。请看它迟迟对于苏俄不肯予以承认，直到日本侵略中国的野心极端表露，同时对于美国屡次暗示着宣战，于是美国人为自己的利害打算计，不得不与苏俄互相提携一事，就可以思过半了。在美国的教育政策上，虽则与法、英两国一样，没有什么明白的表示，自以为是反马克思主义，然而在它的教育思想上看来，如上文所述，大概采用达尔文的进化论，而不采用黑格尔的辩证法（杜威除外），尤其不愿采用马克思的唯物的辩证法，只谈“进化”，不谈“革命”，尤其不谈根本的变化。由此，可见美国的教育思想与苏俄的教育政策与思想相对立着的。请再看苏俄的教育学者平克微支对于杜威的教育哲学所批评的话（参考本书第三章第四节里面所叙述的“杜威的作业教育论”一段话），更可以思过半了。复次，就意大利而论，意大利的教育政策，不消说是反马克思主义的。墨索里尼率领法西斯蒂党党员进军罗马的当时，岂不是以打倒马克思主义的共产党为标榜吗？至于它的教育思想，请看前面所叙述的琴得列的具体的唯心论的哲学，就可知它明明是与马克思或列宁（Lenin）的唯物史观的哲学或唯物的辩证法互相对立着的。总之，上文所叙述的无论德、法、英、美、意诸国的教育政策与思想，都是与苏俄的教育政策与思想互相对立着的。一句话，这是资本主义的教育与社会主义的教育及国家主义的教育与国际主义的教育之对立。上文既将资本主义及国家主义的诸国的教育叙述过，现在不得不再将社会主义及国际主义的苏俄的教育现状追述一下。

苏俄教育之现在的史料

关于苏俄教育现在史料，都是欧、美人亲赴当地视察所得的报告，散见于各种新闻、杂志上，很难搜集成为一种有组织的著作。现在所叙述的史料，亦无非由这些新闻、杂志转译过来。不过因为我们坊间已经有几本关于苏俄教育的著作，所以那些著作已经叙述的话不再记录，以避重复，而只限于最近欧、美人所视察而得到的资料。

苏俄教育之要点

对于苏俄的教育现状，先要说明的，有如次诸点：

一、对于十七岁止的一切儿童，施以社会的、一般的教育；

二、熟练职工的准备的职业教育，分为上、中、下三级；

三、政治教育——为成人设施的扩张事业；

四、调查事业；

五、博物馆及美术陈列馆。

自三岁起到八岁止的儿童之教育

关于上述第一项的第一段，即就学年龄以前的教育，有托儿所、幼稚园及所谓“公共之家”（Common house），这些都是为从两岁起到八岁止的儿童而设施的。若依从“苏联教育”的本来定义上看，就学年龄以前的教育是关于从三岁起到八岁止的儿童教育事业；三岁以下，由社会教育中央局管理；三岁以上，由教育监督部管理；到了八岁时候，适用义务教育法。

苏俄的教育家之意见

苏俄教育家中，有些以为六岁儿童开始受正式的学校教育，不免过早；因此，随地方的差异，而有种种不同的办法。在财政贫乏的地方或边境，无论校舍或教员都很缺乏，所以教育事业往往不能举办。有时就是在财政丰裕的地方，对于三、四岁所应该学习的事项，亦往往到八岁时候才开始。这或者因为苏俄教育家以为对于就学前教育须要有相当的时间才能够达到目的的缘故。

托儿所与幼稚园

在工场都市，尤其在乌拉尔（Ural）地方，为一般从事工作的母亲寄托从一岁起到四岁止的儿童计，设立“托儿所”。这种“托儿所”，对于家庭没有人照顾的幼儿，给与以优先权。未满一岁的幼儿不受什么训练，但是受饮食、休息、清洁等的注意。幼儿到达相当的时候，就教以“有关于劳动组织主义的集团行动”的游戏。幼稚园与托儿所相连络，或就在附近。其中设有运动场，有时作为工场都市之健康增进的场所，而举行“夏天幕生活”。幼稚园视地方而异；但在中央部，设有儿童读书室、美术陈列室，或给与儿童以观察的机会，或设有使儿童对于知识满足其欲望之有兴趣的场所。在田舍地方，使儿童通过自然，而与美的环境相接触；许多有兴趣的事项每每依从野外的草木或他们自身的小花园而施教。

社会的训练

至于社会的训练究竟怎样呢？无疑的，它是带有政治的特色的。各幼稚园与“少年先锋队”（Pioneers）相连络。所谓“少年先锋队”的形式，与普通“少年团”相类似；但两者间主义是不同的。这是形成少年的善良团体，而以保持廉耻心为主要。他们有特殊的标记——赤襟，有特殊的敬礼与赞歌。他们嗜爱户外生活，在放假日有远足旅行，在村落张开天幕，与农夫共同工作。他们到处服务，不辞劳苦。他们大约在十六岁左右，许可加入继续社会的、政治的教育之青年共产党党员。少年先锋队与幼稚园的上级生相集会，讨论他们所能够理解的地方问题。这就是十月党，即共产党的幼年团，是年龄到达六岁者的分内之事。少年先锋队在工作上固然为命令所驱使，但是全然出于自身的动作。十月党是幼稚园的名誉组，将来共产党党员的基础就建筑于此。这样的训练是社会教育之必要的部分。至于幼稚园的维持费究竟怎样呢？这依从工场行政编入预算内，而称为“教化资金”。这理由在于一切产业为着劳动者计亦应当包含有教育与休养的设备，并且更进一步推及于他们的家族。因为母亲们能够享受关于为儿童幸福计所必要的饮食、休养、卫生等上的贵重的知识，所以成人教育亦可以是从就学前教育开始着。在实际上，一般母亲者们都欢喜听从种种的命令。

革命前后的幼稚园数之比较

根据斐的亚维斯基（Vcra Fediaevsky）的著作，革命前的苏俄，除了莫斯科、列宁格勒等的极少数的公立幼稚园外，只有些私立幼稚园。但是革命到临的时候，幼稚园占有新的位置了。就学前教育人们认为国家的重要制度。包含于公共教育监督部的工作之中，并且将幼稚园教育强迫施行。现在苏俄，有一、四三七所幼稚园，有七二、四七八人左右的就学儿童。但是在百分比上看来，这还不过占有全国就学儿童百分之一而已。

工场幼稚园

都市的工场幼稚园是为劳动者的儿童的利益而设的，分布于有制造设备或工场的都市的郊外。劳动者的儿童，在终日中，利用这种幼稚园——从早晨七时或八时起到晚间五时或六时止。在一般上，工场与工场幼稚园间互相连络。工场不但对于幼稚园负有财政之责，并且关于组织亦保持连络。各幼稚园有会议，在教师及两亲外，还包含有劳动者委员及代表工场组织之团体单位。教师与两亲互相协动，以巩固幼稚园与家庭间的相互的信赖与尊敬。这两者间之密接的交涉，依从各个人的信托、教师父兄会、家庭访问、儿童作品展览会及幼稚园与工场俱乐部所举行的纪念日而证实的。母亲访问学校的时候，她可以习得儿童管理法，教师告诉她对于儿童所应该注意的事项。又为母亲计，将儿童的健康、教育等问题刊行一般的杂志或小册子。

就学前的工作之原则

至于就学前的工作原则有如次的几项：（一）儿童的健康改良，（二）劳动协力、修养、摄生等的习惯的培养，（三）使儿童的思考法成为实现的或实际的。就学前教育之存在的基础，可以说是依从各个儿童的能力之集合作业。儿童先从“自助”这件事学习起，例如纽扣、脱靴、穿衣等方法。复次，逐渐加以社会上的有益的工作。在儿童亦有许多应负的任务，例如洗涤盘碗，拭刷房屋，扫除尘埃，助理厨房等等。夏时，他们在菜园工作。这种种服务，适应儿童的年龄而加以变化。对于自己工作的责任感，使儿童逐渐发展。儿童理解劳动的分类，就着卫生、家政、博物等问题，组织作业团体或委员会。这样，他们在幼稚园中完成自治的基础。儿童亦有集会，在这种集会里，作种种议论，而努力将新儿童导入于近代生活。其方法有如次三种：

幼儿训练之方法

（一）使儿童熟知成人的工作，尤其是幼稚园所附属的工场工作。在夏季，使他们熟知农事。

（二）使儿童与少年先锋队或童子军发生强固的关系。即少年先锋队访问幼稚园，帮助儿童修缮玩具，或教儿童游戏，或互相谈话。

（三）使儿童参加国民纪念祭。

将革命时负有人望的指导者的肖像挂在壁上；各幼稚园里设有祭拜列宁的房屋。儿童在国民纪念祭以前，预先听讲谈话；当日，乘装饰的汽车，巡游都市。

第一学校

在上述的就学前教育之次的，是第一学校。它收容从八岁起到十二岁止的儿童，授以四个学年的课程。学科目以初等程度为主，但处置方法与幼稚园不同。具体的说，就学前的基本是游戏，但第一学校以与游戏相结合的作业为基础。儿童依从他们自己的兴趣组织团体，着手自治。“他们是社会的存在”这种自觉，在他们的集团游戏之中就有所发达。现在还实行着“道尔顿制”（The Dalton Plan），但是为谋适合于苏俄的必要计加以修正的，而改为所谓“实验室探究制”（Laboratory research plan）或“动作制”（Action plan）。教师先说明所研究的课题，在未开始工作以前，先将素材对学生加以详细的讲解。有时研究近邻的卫生状态、户外的自然课业，或由他们的周围生活所暗示的题目等。

教师之工作

对于无论何种题目的观察，先从儿童自身的环境所得知的事项出发。书本是极少的，所以教师从种种方面搜集材料，自行施教，自行组织。教师的工作，骤然看到，似乎是很少的；但在另一方面看，或在实验室，或在教室，或解答问题，或讨究“团体课题”（Group subject），是十分忙碌的；又依从儿童的要求，不可不从事调查。为促进“实验室制”的成功，教师又不可不受相当的训练。因此，政府有时开设夏期讲习会。此外还有所谓“模范学校”，是为它的周围的学校而设的，大体对于每二十五校设一个模范学校，每地方各有一所。教师的教养程度亦不免有很低的；但在指导者中的教师，亦确有能依从实生活使学校成为社会上有益的机关的。在苏俄，属于共产党党员的教师只有百分之一。

苏俄学校对于学生成绩审查，决没有与别国一样，用分数或点数去刺激学生。教师或同学对于研究的方法或优异的劳作表示认许这件事，就是一种刺激。至于学年的长短，在村落，以一二〇日至一四〇日为原则，以一七六日为例外；在都市，以一八〇日为原则，以二〇〇日为例外。 学生的成绩之审查

据美国华虚朋（Carl on Washbourne）的调查，这种第一学校的四年学校是为从八岁起到十一或十二岁止的儿童而设的。这是苏俄的一般学校，各村落几乎都有。人多数的儿童（占全体儿童数百分之七〇—八五）至少通过三年或四年间的学校教育。 华虚朋的调查

其次是第二学校，这是三个学年课程的学校。在这上面，更有二个学年课程的学校，但是这是未曾普及的。在农村，不受第二学校的教育的实在不少；在州方面，亦有仅受三个学年的第二学校教育。预算是由政府与地方资金而成立；对于贫穷的学生，供给以靴、衣服等。教育监督部之主要的工作，在全苏俄施行九个学年课程，但是这是极困难的。教授方法与下级相近似。书本是很少施用的，挂用的地图或海图等亦有靠学生的手而画成的。材料由教师搜集，差不多都是实地施教的。伴着课题的进程，团体的指导由能够从事于特殊作业的教师给与。换句话说，教师是对于特殊题目的实验室之指导者，他伴着题目与团体的进程，继续着自己研究与自己调查。在实际上，这是实验学校。这种学校，在别国虽亦有成立的，但在苏俄，它的劳作是大规模的，几乎完全拿它来代替普通教授法。凡使学生不可不遵守的严格的规则是没有的，但依从那种要收获将来的好结果之制度或给与以变化这些事，在教师与学生间有协力合作担当这些事之强固的精神。训练事项是学生对于学校的义务之一部；卫生处担任监督康健之责，体育处担任监督休养之责，教化处担任监督团体工作、读书室、壁上新闻等之责。至于政治方面，在少年先锋队的统制之下，有时且受在少年先锋队之上的所谓“青年共产党”（Comsomole）党员的指挥。凡毕业第二学校的学生，大致能够有选择特殊作业的能力；并且，为教师所提示的课程，无论何种，这些毕业生都有继续研究的能力。私立学校是被禁止的。第一、第二两种学校，对于一切阶级，一 第二学校

样地开放。

义务教育　义务教育，因为学校教师的不足，在一九二七年以前，未曾实行过；但自从一九二八年以后，渐渐开始实行。到了今日，就是要受高等教育的志愿者亦渐渐增加。学校的发展与教师的养成这两种计划是并进的。

社会的一般的教育计划　社会的、一般的教育上的计划，包含未成年者之立法上的保护、都市流浪儿及有心身缺陷的儿童之照顾等事。这样龙大的问题，因为物质之贫乏的设备，到底不能够得到满足，这是苏俄有心的人所最担忧的一个课题。然而他们不顾一切，只管立定计划，对于所有的障碍尽力驱除。以前我们不得而知，据一九二八年的统计，流浪儿大约减少一二五、〇〇〇人左右。为这些流浪儿计，设立特别的房屋。这种房屋的设备很好，且饶有兴趣，可说收到莫大的成功。在冬时，这些房屋，因严寒而为人所住满；一到春暖的时候，他们才渐渐离开这些房屋而他去。

第一、第二学校之经费　第一、第二学校每年所费的教育经费为各共和国所担任，政府规定占全部教育费中百分之十三。

职业教育　现在再叙述职业教育。苏俄的职业教育分为上、中、下三级，在下级学校中，有些是与工场相联络的，其目的在于准备熟练的职工。课程从二年到四年，儿童在十四岁时入学，半日在学校学习，半日在特殊工场作工。有些地方的办法，与徒弟制度相似，在特殊职工的指挥之下去施行。这是半课程的制度，即半日在学校学习，半日在监督之下从事工场的工作。这种计划，进行非常顺利，因此，学校数亦逐渐增加。至于课程内容，随着与学校相联络的工场的型态而不同；然而一切学校都有俄语、社会生活等科目，并从身体训练以施行一般的训练。

中级的职业学校　中级学校与工场不发生关系，而与矿山、农业或其他生产企业相联络。这亦是在一定的时间中，一半从事实际上的作业，一半从事一般的训练。这种学校是为小产业计划供给劳动者的场所。

上级的职业学校　上级的职业学校是高等专门学校。入学的必要条件是修了七年乃至九年的第二学校课程或具有同等程度的知识。其目的在于养成熟练的农夫、医士、新闻记者、杂志编辑者、艺术家等。课程从三年到四年，应学生的需要而不同，大部分是在实际作业。在训练上，以养成学生有责任心为主。他们参加学校行政或注意学校之学的立场与维持。在社会科学、社会生活的研究以外，还须通过青年共产党的工作，对时事问题加以议论，对于关系国家之世界问题亦时加研究。他们的敏捷，对于周围一切事情的关心及处理事务的能力等等，都很可注意。这种高等专门学校是“College”程度，收容大约十八岁左右的学生，设定特殊科目而加以训练。大学（University）是施行“College”程度之一般的教育场所。其中学生有检疫官，有教育家，有矿夫，有金属工，有铁道员等。

政治教育

政治教育是对于成人之扩张事业，包含专门学校、大学乃至研究院（Institute）等。其目的在于供给一切方面的专门家。研究时间定为四年或四年半，将来或改为五年。入学试验是在高等程度教育机关里施行的。以前，对于一切人几没有入学的余地；享受入学优先权的，第一是劳动者，其次是农民，最后是商人。但自从一九二七年九月以来，试验得到最高点数的，不拘阶级都许可入学。以前，除劳动者与农民的子弟以外，不得不缴纳高额的学费；但最近，就是商人阶级的子弟亦无需缴纳学费了。

学生生活之状态

政府对于不能支持生活的学生，给与费用；但这是极少量的，每人每月不过三十五卢布而已。政府规定对于升进“College”的能够得到这补助；但实际上大约百分之六十五是受着补助的。如果作业的实施方面是商店或工场，那只支给半额。学生大多数是贫穷的，在严冬没有皮衣穿，而用与夏天所穿的绵质相同的材料。一切高等程度的专门学校，它的计划从作业的型式而定，或采用研究院（Seminar）的形式，或采用实验室制度（Laboratory system）。对于入学者，要求须有某种程度的实施作业，而且这是通过全部课程的。如果学生从实业方面来的，那么，他不是职业组合的会员，就是经人推荐以后才许入学。所以学生几乎全是职工组合的会员。就是新闻记者、杂志编辑者或美术家，亦各有自己所加盟的团体。学生一律参与学校的全部生活，对于学校经济问题的解决，亦与以援助。学科课程由学部委员会与特殊部编成，并且为由特殊部所选定的同数的学生所选择。有些时候，即使与学校没有关系的人亦得参加。其他许多委员会都在学生的统制之下。由学生组织的委员会有调查各个学生究属某部之责。俱乐部委员会有计划一切社会的集会之责，并且包含竞技。苏俄学校的竞技，不像别国学校属于竞争的目的，而是提高全员之身体的标准。他们对于像美国式的大竞技是没有兴趣的。在他们看来，只有日常生活才是真实的工作。并且，在他们看来，“College”并非对于生活的准备，乃是生活自身之强有力的一部分。在学校毕业与社会服务之间毫没有什么空隙，学生只不过将既开始的事业再拿到社会里面去继续进行而已。

学级之组织　在苏俄，一切以必要为原则；如果遇见不必要的事，就毫不吝惜将它抛弃。所以在苏俄，形式的“智力测验”，不甚为他们所重视，当然，在许多教授们中，亦有人对于“智力测验”有极深的研究而感到兴趣，但是这或者因于“苏俄主义”是与其重视遗传宁可重视环境的缘故。在“College”里，所有学级是应入学时的能力而区分的。对于学生的课业，有纪录保存，但是没有点数，只有“可”或“不可”的评语。每一种课程只许复习一次；否则，当作落第看待，纪录卡片，只作参考之用，遇必要时亦可交给学生。社会之侧面的研究，依从各学年的团体而施行，到研究有了结论的决定为止；就中如有有价值的事物，再由全体去研究。关于近代教育的书籍，多为学生所阅读，而在教师间加以适当的讨论。

高等教育　苏俄的高等教育大概是专门的，所以不愿纯粹科学或自由学艺（Liberal arts）。这是否有弊害，固是另一问题；但在他们，不承认西欧所谓“纯粹科学”。在他们看来，凡称为科学，都是由生活的必要与要求而发生的；这并非功利的意味，而是社会的意味。社会的需要各种各样，不但要有技师、教育家、经济学者，并且还要有美术家、音乐家那样满足美的要求专门家。心理学并非当作心理学去教授，而宁可根据帕华洛夫（Iwan Petrowitsch Pavlov，1849—）的著作，将它当作“反射学”（Reflexology）去教授的。论理学不成为独立科目，而与教育心理学相联络，放在教育学研究所（Pedagogical Institute）去教授的。人文学是同着莫斯科大学的人种学一并放在哲学科及列宁格勒大学的语学科里面去教授的。哲学与文学比之西欧更分化。这就是因为在苏俄，与其依从西欧所共通的“观念论”的见地，宁可依从唯物的辩证法或辩证法的唯物论出发，而教授西洋、东洋、西斯拉夫的哲学或文学。这亦适用于历史教授，不过加以多少强调的变化而已。在苏

I. P. Pavlov

俄，历史是完全从唯物史观的概念出发，以为全部世界史不外乎是阶级斗争的表现。北美合众国的革命，在他们看来，亦可以用经济运动去说明的。新苏俄注重近代，认近代史与劳动者、农民及他们的问题有关的。

学校教本之选择

凡对于学校教本的选择，受教授团的制御。他们对于引渡到学生的手里的一切资料，都要慎重调查。这研究，不问是政治的或哲学的，如果有毁伤“共产主义”，一律为学校所禁用。俄罗斯社会主义联邦苏维埃共和国（Russian Socialist Federal Soviet Republic）政府对于高等教育经费占全总额百分之三十。其他共和国与它相比大致相同。

共产党党员的学生

学生中究有多少共产党党员，不容易知道。因为凡要作共产党党员，须见习二年，或研究党组织，或出席种种集会，要费有相当的时间。在二年见习的时候，如果对于重要的见解没有心得，那不能够充作党员。青年共产党是学生所属的共产主义的组织。

扩张事业

“Rabtacs”是成人教育的扩张事业的一部。这种组织，除了为成人而设立的劳动大学或夜校相似以外，是苏俄特有的组织。其目的在于对未曾受过教育的劳动者施以一种教育。此外，它还可以供作专门学校及大学的准备学校。为工场直接送来的，就在这里面受教育。入学的必要条件，是从事过三年农业或实业的劳动者。这种学校分为昼夜两种。凡出席昼间学校的受奖学金。学科目依需要而定。学级是很小的，遇必要时，有为个人作业设置的场合。在“Rabtacs”采用实验室制度。学生应着各自的利害关系，加入各种职业组合。最好使他们早成为有资格的劳动者。就中亦有欲受更高程度的训练，以继续得到有责任的地位之学问。学生的统制，在这里面，亦与高等专门学校或大学相同。

成人教育之目的

更进一步说，成人教育的目的，在于减少失学者。在苏俄全部人口中，农民占百分之九十，其中半数未曾受过教育。在最近四年以内，对于农民，很有希望。无论何人，在三个月内，必须出席学校学习简单的读、书、算。乡村学校的教材，尽力聘请为那地方受过特殊训练的教师来教授。无论图书馆、读书室或俱乐部都为这个目的而设立。在一般的初步知识以外，还教以“共产主义”原则。在给与以涉及各方面的一般的知识的时候，将有兴趣的各种绘画名信片揭示在容易使人注目的场所。在最近，更利用电影及无线电传播关于一般生活的知识。又在各地方设置模范农场，使农民了解依从新的方法可以增加收获。

壁报　在劳动者与农民间，壁报同样地被采用，有时更应用美丽的线画及有色彩的美术品。这种新闻包含有地方新闻，关系于苏俄的国际事件，及如何使人尽忠于共产党等事，有时亦偶然杂以诙谐的谈话。这种新闻的型式，视发行地方的情形而异。这些成人教育的总管理权属于政治教育中央局。

研究事业　在所谓“研究”（research）的部门之下，有类似于别国大学的研究院。这种工作，有些是独立的，有些与大学院（Institute）相联络。各方面的专门家，常常从事于有关系于政治上的问题或科学的研究。凡正在从事于同一方面的研究的学生，亦有时受了他人的委托去做较细密的工作。

美术陈列所及博物馆　在美术陈列所及博物馆里，陈列着许多美术品与其他各物，聘有技术方面的专门家，对于美术陈列所或博物馆有兴趣的人们担任说明所研究的课题之劳。革命以来，所有艺术品都成为公物，所以一律开放。这是苏俄最著的特色。

贵族的邸宅之利用　从前贵族的邸宅，全部为这种目的而被没收；在这里面，不但作为美术或科学各部门的陈列室而且就着健康、母亲之道、幼儿的生活等这样的社会的重要事业，搜集许多关于教育上的种种材料。苏联共和国现在有四百七十六所博物馆。多数美术纪念物作有组织的排列。无论对于专门家或饶有兴趣的劳动者，都加以极注意的研究。这博物馆的管理权属于国民教育委员会。

教师之薪俸　学校教师的薪俸，比其他大部分劳动者的薪俸为少。除了在大产业的计划上所必要的少数专门家以外，像美国教师那样的多额的收入几乎是没有的。但每三年进级一次，增加薪俸。此外，又视经验与训练的不同而施行进级。已经结婚的女教师，在分娩的时候，支给薪俸，并取得六周间的休养。

出版事业　世界上最大的出版事业之一所谓《苏联统一报》（*Soviet Union*）的国立出版局，亦包含在教育计划之中。在这里面，在一九二七年以前一二年间，除了社会科学、政治学等书籍以外，同样地开始刊行一般文学作品及自然科学书籍。

美国劳次女士对于苏俄的新教育之所见　以上所述，是苏俄教育现状之轮廓的描写。这些史料，大部分采取自一九二八年美国《学校杂志》十月号（*The School Review*, Oct. 1928）所揭载的劳次女士（Ona M. Rounds）的《俄罗斯的新教育》（*The New Education in Russia*）一文。劳次女士在一九二七年夏，偕同学们访问苏俄。这文就是劳次女士在归国以后所纪录的访问记。据劳次女士所说，这文的主要材料，是参考一九二八年《新时代》一月号（*The New Era*，Jan. 1928）所揭载的《苏俄的少年先锋队教育》（*Pioneer Education in Russia*）一文。这些史料既然不是一二人的主观的考察，当然具有确实性。同时，这些史料虽则是一九二八年的记录，然而苏俄的教育，在大体上，没有多大的变更，至少限度，可以当作自革命以来的教育状态看待。又劳次女士除掉上述的记录外，对于苏俄教育还有若干感想，现亦补译于下：

苏俄之将来

苏俄的将来，是负在苏俄的青年的身上。我们叙述苏俄新教育的种种企图的时候，有好几次碰到工作、勤勉、劳动、劳作、作业、事业等文词。实在讲，苏俄是劳动者与农民的国家。在这种不劳动就没有获得面包的权利之国家，以劳动为重，乃是当然的事。他们是怎样的将勤劳的精神活泼地应用于政治及教育上呢！成人教育不消说，就是从就学前儿童起一直到大学止的教育亦是一贯地认劳动为极重要的，苏俄教育的基调在于劳动；所以我们如果从西欧及美国的教育学的理想去理解苏俄的教育学，那是不可能的。并且，苏俄的教育学亦非依从欧、美教育学的一部分的变形或转置而设计出来的。苏俄的教育完全受马克斯主义的概念所支配。在苏俄教育所有的部门上，都反映着苏俄的社会。所以我们对苏俄的教育只容许或否认一部分，那亦是不可能的。假设我们要容许或否认它的话，那么，我们不可不先容许或否认它的基础的理论。苏俄的全部教育目的与马克思主义的基础概念共同地存在着的。苏俄的教育学是劳动与劳动者的教育学。劳动不仅是人类活动的一形式；并且在马克思理论之生产的社会上，亦是决不可缺少的。所以苏俄的教育学，

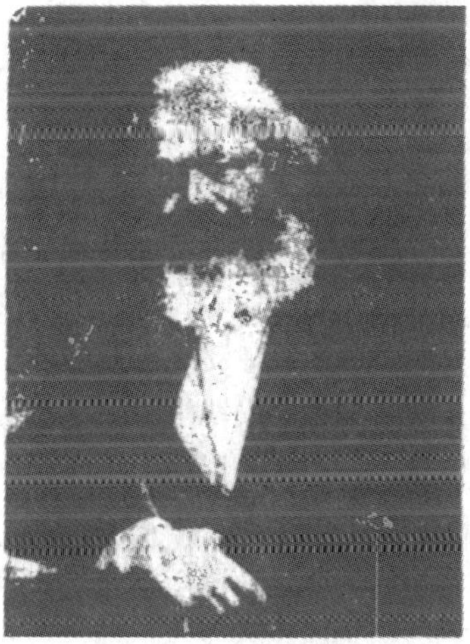

Karl Marx

同时又是劳动者的教育学；它不主张为一般人类计的教育，而是公开地主张一阶级的教育。劳次女士更从尼林（Scott Nearing）所著的《苏俄的教育》（*Education in Russia*）一书引录如次的一段话，以作结论。尼林说："……劳动者及农民的子弟，并非与从前一样，为脱离

自己所属的阶级，出人头地，成为有知识者而去进学校；乃是加入于他们自己所属的阶级之有组织的前卫，而成为劳动者中之有价值的共动者或同僚。因此，人类之劳动及其机构的研究，横在一切问题的基础之上。”劳次女士除引用尼林的话外，还参照苏俄《宪法》，以为它对于“劳动”（labour）一语的解释，并非依据普通文学的意味，乃是定义为“生产的社会上有效的努力（effort）”。

我对于苏俄的教育之意见

这是劳次女士对于苏俄新教育所怀的感想及其所下的结论。劳次女士以为苏俄的教育学并非依从欧、美的教育学的一部的变形或转置而设计出来的，而是完全受马克思主义的概念所支配，这是很对的。请检读本书第三章第四节里所叙述的蒲龙斯基的作业学校论，亦自会了然的。劳次女士以为设使我们要容许或否认苏俄的教育学的话，那么，我们不可不先容许或否认他的基础的理论——马克思主义，亦是很对的。请看德国的希特勒及意国的琴得列对于苏俄教育的攻击，无一不先表明反对马克思主义，亦会了然的。现在我们姑不问希特勒、琴得列等对于马克思主义有无误解；例如他们站在社会方面的时候，以为马克思的社会主义是机械的集团主义，而他们自己的社会主义是理想的社会主义；站在个人方面的时候，以为马克思的个人主义是自由的个人主义，而他们自己的个人主义是自律的个人主义，这些论调，是否合理，亦姑置勿论；但是他们反对苏俄教育的前提，首先彻底推翻马克思主义，不留什么余地，这亦未始不是“擒贼先擒王”的一种办法。现在我们姑又不任这两方面的见解之调停者或裁判者，只要将这方面的见解之基础的理论再检讨一下。马克思主义是从经济的观点而出发的，在本质上，他以为一切社会问题之最后决定的要素是经济，所以他对于教育的理论，亦同样地注重于经济，要在经济上谋整个的社会问题之解决。他的教育理论的第一着就是谋教育与劳动的结合。他似乎以为民生问题一经解决，人人都会劳动，人人都不致“不劳而获”，那么，人人就会互相团结，人人就会互相平等，用不着再谈民族主义与民权主义。因此，苏俄的教育，除了劳动教育外，无所谓民族主义与民权主义的教育；即使有的，亦不过将它当作“插话”看待而已。至于希特勒与琴得列呢，他们的主张是从国民的观点而出发的，在某种意味上，是从政治的观点而出发的。关于这点，在前文第一、第五两节里已将克里克与琴得列的教育思想说明过，恕不再述。现在为补充计，再由最近德国国社党的教育学者伯克（Friedrich Alfred Beck）在一九三三年所刊行的《从国民社会主义之理念叙述到新教育之精神的基础》一书里面摘译几句。伯克以为国民社会主义是由政治附加以特色之一般的精神的生活原理。所以国民社会主义并非单纯的政治上之秩序机能及构成机能。不仅如此，它并且不是新经济关系之统制者或创造者，乃是将“重点置在政治上的共同体之观点而出发”的生活之综合的新见解及综合的构成。当然，伯克这几句话不是从来的民权主义——德谟克拉西——的意思，乃是以理念为中心国民社会主义的意思。他自己又说过的话：“我们对于那种空想地重视政治之力为国家至上主义、立宪主义及非常命令是很可恼的。在国民社会主义的思想上，国家不过是国民生活之保护者而已。国家自身并非创造的，而是包含依从国民之创造力而出发的生活。”由此，可见伯克虽则以为国民社会主义是由政治附加以特色之一般的精神的生活原理，但是他所谓“政治”并非民权主义的政治，乃是国民主义或民族主义的政治。这无异于克里克提出一个所谓“国民的政治的教育”的标题一般。不过伯克或克里克将教育的重点置在政治上，所以我觉得它若与那种将重点置在经济上的马克思主义教育相比较，那么，可以说前者是政治的，后者是经济的。因为两者的出发点不同，所以两者的教育亦互相歧视。但是在另一方面看，苏俄与上述诸国的教育所以互相差异，亦未始不因为它们的地位不同。具体的说，德国不消说起，它目前正在国势危急之秋，非先谋国民的团结不可，至于经济问题、民权问题还在其次，所以它有讲“民族至上主义”的必要。至于其他各国亦有同样的状态，例如法国防备德国的复仇，英国预防属地的革命，美国解决人种问题，意国图谋民族复兴，这些都是它们的第一着，所以它们的教育不得不讲国家主义的教育。至于苏俄，与他们相较，有点不同。在内部，苏俄的民族虽非一系，然而决没有像美国人种的那样复杂，所以容易团结；在外部，苏俄的边境虽亦有虎视耽耽的国家，然而没有像德国国势的那样危殆，所以亦容易自卫。因此，苏俄民族的前途，不成什么问题。至于政治问题呢，因为苏俄人民向来处于沙皇的极端的专制政体之下，革命政府以推翻从前的专制政体为目的，所以它目前虽则还是一党专政，似乎给与人民以多少的不自由，然而它能够处处为人民的利益着想，例如教育机会均等就是其一端，只要它肯彻底做去，不久当有使全体人民得到完全的平等自由之一日。因此，苏俄的民权的发展，亦不成什么问题。目下所成问题的，只限于经济方面。因为苏俄的国家向来是大地主制度的国家。这种制度又有悠久的历史，所以非用大力去打破它不可。在打破它以后，又非有大规模的计划去设计经营不可。它的先后两次的“五年计划”，就因为此。所以苏俄教育为着这种经济的目的而设施，至于民族主义与民权主义的教育不过作为达到这种目的之手段而已。这样说起来，那么，可知德、法、英、美、意等国与苏俄两方面的教育所以有各异的趣旨，实因为各有它自己的理由之所在。我以为前几国的教育，如果为急要解决目前的困难问题计，提倡这样的民族至上主义或国家主义，亦未始不是一时权宜之计；但设使它们将这种主义当作一个终极的理想或理念主义看待，那是很危险的。因为这种主义走到极端或偶然误用，不免要酿成好像上次的欧洲大战似的第二次世界大战，岂不是很危险吗？希特勒与琴得列反对马克思主义，以为这促进阶级斗争，固然是很对；殊不知他们自己的这种民族至上主义或国民中心主义会促成国际间的斗争与人种间的斗争，岂不是“以子之矛，攻子之盾”吗？其次，就马克思主义的教育而论，亦有可商榷的地方。因为劳次女士对于苏俄的教育所说的“苏俄的教育学，同时又是劳动者的教育学；所以它不主张有为一般人类计的教育，而是公开地主张一阶级的教育”。这几句话是可以相信的话，那么，苏俄的教育岂不是与前几国的教育走入同一的覆辙，亦将教育看作救济目前的危急之药品看待，而非永久的。因为教育的本来的目的在谋一般人类的向上，即使一时达不到这个目的，然而在教育学的整个原则上，不可不将这个终极的目的规定出来。因为教育是一个过程；而过程的发展，必须自近及远，自卑及高；所以在教育学上，同时要规定出所谓“直接的目的”——个人生活，而且规定出所谓“中间的目的”——国家社会生活。合这三种目的——直接的目的、中间的目的及终极的目的——而组织，才是整个的教育过程，亦才是一部完全的教育学，不然的话，设使如苏俄的教育学所主张，只有一阶级的教育，而没有为一般人类计的教育，那么，试问将在劳动者以外的人类置于何地呢？我们或者可以说那些在劳动者以外的人类将来必须个个人像劳动者一样能够劳动，而且并没有“不劳而获”的状态。但是这种企望，亦非赖教育不可。同时，如果一般人类都能够劳动，都能够自食其力，那么，在那时候，无所谓有劳动者与非劳动者区别，因此，所谓教育学是为一般人类计的教育学，而非一阶级的教育学了。对于“斗争是万物之世”这一句话，我是非常赞同的；但是所谓“万物”，不单只限于人与人之间，乃是包含有人与物或人与自然之间的意思；因此，所谓斗争，不单是人与人间之阶级斗争，并且还有人与物或人与自然间之相互斗争。况且所谓人与人间之阶级斗争，不过是全部的斗争过程之一部，而且是它的中间之一部；因此，这一部的斗争会自然地越过而跃入于人与自然间的斗争之一个阶段。将来的人与自然间的斗争的状态究竟怎样，姑置勿论，但是在人与人间的阶级斗争一经停止以后，那么，凡称为人，都是一般人类中之一分子，决没有彼此之分：一是劳动者，一是非劳动者。如果说劳动的话，那么，人人都是能劳动、喜劳动的劳动者；如果说闲暇的话，那么，人人都有享受闲暇的权利，人人都有获得闲暇的可能。一句话，劳动与闲暇的鸿沟完全被废撤了。这样，那么，教育是不是为全体或一般人类计的教育呢？现在我们姑不问将来能否做到这一层及什么时候做到这一层，但是我们无论在教育理论上或实际教育上都不可不有这样的企望与计划。如果信如劳次女士所说，苏俄的教育学是劳动者的教育学，苏俄的教育是一阶级的教育，那么，苏俄的教育与在狭义上所看到的前几国的教育学或教育一样，同是偏狭的，不啻五十步与百步之差。所以日本吉田熊次指摘克里克的教育学说与马克思主义一样，可称为“存在的教育学”（Seinspädagogik）。据吉田的意思，以为这两者都是对于各时代的现状的原型有所肯定、有所称扬，而毫未曾触到我们教育问题的要点。不仅克里克与马克思如此，就是琴得列亦不免有同样的缺点。吉田氏对于法西斯蒂主义更有如次的批评：法西斯蒂并非研究教育问题，而只有解决教育问题的倾向。（见日本东京帝大《教育思潮研究》第八卷第一辑一六——七页）我们若将吉田氏这几句话与上文劳次女士对于苏俄的教育学所解释的话相参照，那么，我们觉得目前的苏俄教育似乎亦有这样的倾向。而且，如前章第四节所说，克里克既然以建设一种“自律的教育科学”为己任，同时，又要将理念与现实相消解而谋相综合，不偏于任何一方面；但是在事实上，他只为日下的德意志时代之现状的原型所局促，几乎忘掉教育学之所以成为教育科学，其中还须有一种普遍妥当性与必然性的存在之必要。如果克里克真正地要使从来的教育学转变为一种教育科学，那么，他不应该这样地太为日下的德意志的现状的原型所局促，而必须在某种程度内超过这个时代的原型，稍稍转向着世界上之一般的趋势而求到一种关于教育的一般法则。这样，那么，他才能够照他自己的期望，一面尊重德意志的历史与社会的现实性，一面又顾到教育学之所以为教育学的普遍妥当性与必然性，并且使这两方面有所综合。这不但克里克应该如此，苏俄的教育学者亦应该有这样的同等责任。原来在现在的苏俄的立场上看来，一方面主张“学问无国境”，他方面主张“理论必须在实践中去捉住着”。再在现代的德国的立场上看来，一方面主张“学问具有历史性与社会性”，他方面主张“学术应该有自律性与独立性”。无论从俄、德的两种立场看来，或从俄或从德自身的两方面主张看来，这些立场及这些主张都是互相对立着，同时又可以互相消解而达到一个综合的地位。站在第三者的立场的我们，很诚恳地希望俄、德两国及其他各国的教育学者们各捐成见，互相提携，为教育学自身及教育自身计，求出一条光明之道，使它益臻于完全严密的境域而变成为真正的教育科学及为全体或一般人类计的教育。舍此以外，我以为对于世界上的一般研究教育学者们或从事实际教育者们，再没有别的希望了。

本章的结论　本章所述是欧、美各国——德、法、英、美、意、俄——教育现状及其异同得失的比较，并提出一个最后的希望。但是除掉这些国家外，还有西欧的奥大利、比利时、瑞士，北欧的荷兰、瑞典、挪威、丹麦，美洲的墨西哥、秘鲁及新兴的土耳其乃至其他国家的教育现状，论理应该一一在被叙述之列；但是本书并非一部“比较教育论”，而是一册“教育史”；况且现在为篇幅所限，不能一一备述，所以只得将这些国家的教育史料割爱，姑待将来再追补吧。

结　论

综合本书各章所叙述的现代西洋教育史料而论，除掉绪论一章，其余五章，可分为纵的与横的两方面去考察。先说纵的方面，每前一章的教育是每后一章的教育之前因；换句话说，每后一章的教育是每前一章的教育之后果。这样，章与章相连接，都是由前因而产生后果，好像“一根不断的线索”一样。但是这一根线索虽是连绵不断，然而它并非是一直垂下去的，乃是曲曲湾湾的。为什么呢？因为每前一章的教育对于每后一章的教育之关系，在一方面看来，是好像传播下来的种子，使次一代的花果照前一代的原有的形态开放出来似的；然在另一方面看，它却是好像布达远方的音调，使另一方面的碰壁对于这一方的原有的形态发生一种反响似的。这样，如果将它譬喻作一根线索，那么，这一根线索的形状，是不断不续的，好像钢琴上的弦线或钟表上的发条，经过弹琴者或开钟表者的动作之如何而惹起波状似的。这原因，在于任何一种教育一经发生以后，并非固定不动，而是一定受时间与空间的变迁与推移，而成为一种转变的形态。具体的说，譬如第一章《自然的教育》与第二章《新个人的教育》相比较，在一方面看来，这两者同是以个人主义为中心，可以说都是属于个人主义派；然在另一方面看来，前者是以自由为中心，而后者是以自律为出发点，这就是后者因为前者太偏重于放任自然，所以后者故意地要提出人格陶冶、品性陶冶这一类话以救其偏。因此，在同一的观点上，这两者虽则都可以称为“个人主义”；然而在差异的观点上，宁可一称为“自然的教育”，一称为“新个人的教育”。其次，将这两者称为“自然的教育”与“新个人的教育”，除了为比较这两者自身计外，还要将这两者与本书前编所记载的西洋教育史料相比较，另定出一个标题以示歧异，即所谓“自然的教育”，一面对于前编所谓“社会的教育”，一面对于它所谓“新人文的教育”而言；又所谓“新个人的教育”，一面亦是对于前编所谓“社会的教育”而言，一面对于它所谓“新人文的教育”中的海尔巴脱派的“个人主义的教育”而言。不但这两章的总课题是互相对立着而又互相综合着的，就

教育史料之纵的方面

是每一章自身所包含的各节互相比较，例如“超人的教育”与“自由主义的教育”，“人格的教育”与“艺术的教育”，或“艺术的教育”与“实验的教育”等等亦莫不然。这是一个代表的例子，余可类推。由此，可见教育事象如同历史上的其他一切事象一样，亦是这样的摇动不定，起伏无常。所以近世历史家将历史上的一切事象称为“锯齿状的变迁”，决非无故。

教育史料之横的方面

复次，横的方面，本书所记载现代西洋教育史料，都是同时代——自第十九世纪中叶起迄于今日止——的教育事实；充其量，不过百多年而已；所以视为同一时代的教育事实，亦无不可。况且其中有些两种相异主义的教育，亦确是在同一时候发生的。例如“作业的教育”与“文化的教育”，简直是同一时候的产物。他们既然是同一时候的产物，为什么彼此之间总有多少差异而互相对立着呢？这原因，由于各个教育学者的性向所偏及所处的社会环境不同，尤其是社会环境的差异，促成各种各样的教育产生。请检阅上文第五章“欧美的教育现状”，自会了然的。我所以在这一章里各别地叙述了德、法、英、美、意、俄等国教育现状以后，再综合地将它们的异同得失作一度比较的说明，就是要发现现代西洋教育史料之横的方面的变迁。我不但对于这一章如此做法，就是对于上面的任何一章，都是这样着笔。这种横的方面之变迁，近世历史家将它称为“社会性”，这就是对于上段所指示的“时代性”而言。近来有些学者对于有“时代性”的事物称之为“历史”，而对于有“社会性”的事物称之为“思潮”。例如对于教育事象，在“时代性”的方面，称之为“教育史”；而在“社会性”的方面，称之为“教育思潮”。

时代性与社会性

但是历史上或社会上之一切事象的时代性与社会性的关系，又将怎样呢？关于这问题，姑借上文第四章第四节里所叙述的克里克对于教育作用之纵的三层所下的解释来答说。姑不问克里克那种解释只是对于教育作用之纵的方面言，亦姑不问他对于教育作用之纵的方面下这样的解释是否合理，但是我们若借用他的话来说明历史上或社会上之一切事象的时代性与社会性的关系，却是恰好的。克里克说：“教育作用之纵的三层，并非表现着相继而起的发达阶段，而自然民族与文化民族又非所有区别的；实在讲，教育上所有纵的三层，是交错重叠地而活动的。”现在我变换另一个方式说：“教育事象之时代性与社会性，并非像十字形似的各向一方，又非平行地各行其是，乃是交错重叠地而活动的。”这种现象，无以名之，名之曰“时代性即社会性”。但是这样的名称，只可应用于议论谈话间，如果将它当作一个简略而明显的书名，那是不甚适用的。那么，我们对于教育事象，尤其对于最近世纪的教育事象之记述的著作又将怎样地命名呢？这不外两途：不是命名为“现代教育史”，就是命名为“现代教育思潮”。但是据我个人的意思，以为与其将它命名为《现代教育思潮》，宁可将它命名为《现代教育史》，所以我姑将本书命名为《现代西洋教育史》。现在再让我将所以将本书命名为“现代西洋教育史”的理由说明如下：

本书的命名之理由

我所以将本书命名为《现代西洋教育史》，并且声明在这个主题以外，同时又可附以一个副题而命名曰“现代教育思潮”的种种理由，曾经在本书卷首绪论里陈述过，无需再说。但是像那样的说法，还只不过提起教育事象有历史的探究之必要而已，而并未曾说到本书的命题所以一定要称为“现代西洋教育史”之根据的理由，现在为补充计，不得不将这一点再追加说明一下。从来有些哲学者，例如笛卡尔，认世界之本体不外是“容积”（extension）与“运动”（motion）。前者指“空间”而言，后者指“时间”而言。然而近世哲学者似乎只认“时间”是世界之本体，至于“空间”可以置于次要的地位。例如法国柏格森（Henri Bergson，1859—）的哲学观，差不多就是这样。据柏格森的见解，以为宇宙全体为一个神秘的冲动所促成，而继续着无限不断之创造的进化。这叫作“生命之飞跃”。生命是一元的，并非个个的生命现象。又生命的特征在于纯粹持续，而所谓“纯粹持续”，是意味着“时间的成长”，即时时刻刻地成长发展着，虽片刻亦不停留于同一的状态。这样，生命向上则成为活泼的意识，向下则成为不活泼的物质。柏格森的这种见解，就是以为世界之本体不外乎时间之流动。美国的詹姆斯将意识解作不绝的变化之过程而创立“意识之流”说。这亦是只认意识之本质在于时间之流动。至于恩格斯更明显的说，“没有运动的物体，简直没有什么可说”。恩格斯的这句话可谓最彻底的时间观。所以与恩格斯同时代而且同志的马克思，对于一切事物的观察，都从历史的观点出发，而自称为“唯物史观”或“经济史观”。所谓“史观”，就是将事物之本质，当作“时间之推进”看待，并非当作“空间之移动”看待。因为所谓“时间之推进”是意味着“生长的发展”；而所谓“空间之移动”是意味着“机械的迁移”。即前者是活动的、生长的、发展的、变化的；而后者是静止的、死寂的、保守的、单调的。因为先有前者，所以世界才有进化不息之可言；不然的话，若先有后者，那么，世界的事物不过移东移西，变来变去，始终跳不出原型而已。因为如此，所以近世哲学者无论对于世界事物的观察或对于学术问题的研究，无一不先从历史方面出发。在学问方面，首先应用历史的研究法，当推黑格尔。黑格尔将哲学史看作哲学中之重要的一科，要使研究哲学者们在哲学史里面去搜求各种哲学相继而起之内部的必然关系。所以他自己断然地创立一种所谓“历史哲学”。这虽则要将历史放在哲学的观点上去探究历史的本质，然而同时亦可以将历史上的一切事象在历史里去探究它怎样地互相关联着的。这样地溯因推果，由果求因，不但可以知道过去及认识现在，并且能够预测将来。马克思的“唯物史观”或“经济史观”，或者就是渊源于黑格尔的历史研究法。因此，我们亦应该将教育史看作教育学中之重要的一科，要使研究教育学者们在教育史里面去搜求各种教育理论与各种教育事实及各种教育理论或各种教育事实间相继而起之内部的必然关系。由此，可以发见产生的原因，认识现存的状态，并预测将来的趋势，使人们能够理解古今教育事象的意义、派别与价值等等。我将本书命名为《现代西洋教育史》，就因为此。其次，我曾经在本书卷首绪论里所以视本书为拙作前书——《西洋教育史大纲》——的续编，因为认定本书所记述的教育事象是最近世纪的事实，不过是全部教育史中之仅少的一部分而已，它并非凭空而产生，乃是由从来的各种教育事象蜕化而来。具体的说，譬如本书第一章《自然的教育》，实际是由本书前篇第十三章《社会的教育》蜕化而来；因此，本书决不能够与前篇互相割断，分离独立，而必须互相胶住而连接关联；所谓“续编”，不外乎此。但是现在有些学者，对于近世纪的或现代的种种教育事象，只以人为单位，将它分作一派一派去说明，而命名曰“近世教育思潮”或“现代教育思潮”。殊不知这样的研究，是一种平面的观察法，充其量不过使人们知道现在的世界上陈列有这许多教育学派别而已；但不能够使人们用立体的观察法去探究这许多教育学说都有前因后果的内部的必然关系之存在。关于这点，在本章开始的一段里已经说过，无需再事具体的说明。这不但各种教育学说相互间是这样，就是每一派自身亦莫不然。请举一二例来证明。例如，凯欣斯泰奈初期与晚年的教育思想的差异，又如克里克在一九二二年前后的教育思想的推移，都是有前因后果之内部的必然关系存在着。一句话，这是由教育之时代性使然。不过我们亦可以姑将它放在平面上去观察，以为凯欣斯泰奈的教育思想之转变是由于由欧战前与欧战后两种相异社会所促成；克里克的教育思想的推进是由于社会民主党与国社党的两种相异的社会所驱使；一句话，这是由教育之社会性使然。但是要知道，所谓欧战前与欧战后，不消说是明明白白地属于时间作用，就是由社会民主党转变为国社党，亦何尝不是时代的转变呢？由此，可见时代性可以包括社会性，而社会性决不能够包括时代性。因此，我个人在上面以为与其将本书命名为“近世教育思潮”或“现代教育思潮”，宁可将它命名为《现代西洋教育史》，并且，因为如上文所说，本书所记述的教育事象是最近世纪的事实，不过是全部教育史中之仅少的一部分，所以要与本书前篇——《西洋教育史大纲》——相连接，而视为“《西洋教育史大纲》续篇”。不过又因为如上文所说，时代性中包含着社会性，所以不妨如我在绪论里所说，可以将本书当作一册“独立本”看待而附以一个副名为“近世教育思潮”或“现代教育思潮”。

理论与实践

复次，本书所记述的教育事象，在表面上看，除了第五章小部分记述欧、美教育的实际现状外，似乎完全属于教育学说方面；因此，论者或以为本书应该被命名为“现代西洋教育学史”或“现代西洋教育思想史”，而不应该将它称为“现代西洋教育史”。但是据我个人的意思，以为第一，教育理论与教育事实是分离不开的。关于这点，曾经在绪论里说明过，亦无需再说；倘嫌不足，请再参考拙作师范学校教科书《教育史》（民国二十一年十一月，商务出版）第一章绪论，更会知道。现在所要说的，因为我的前提既在于认定教育理论与教育事实分离不开，所以非采用一个能够包括这两方面的名词不可。我以为“教育”一语可以包括这两方面。这既不像只用“教育学术史”或“教育思想史”，就遗漏教育事实一方面；又不像只用“教育实际史”或“教育学制沿革史”，就遗漏教育理论一方面（参考拙作《教育史》第一章绪论）。近来的学术界对于任何一种学术的研究，都是要将理论与实践联系在一处去探究，并不只限于教育学术一门应该有这样的倾向。请翻读前面第四章第四节，克里克要完成将从来的“教育学”（Pädagogik）转变为“教育科学”（Erziehungswissenschaft），又对于从来的“哲学的教育学”（Philosophische Pädagogik）一语另创出一个所谓“教育的哲学”（Philosophie der Erziehung）及所谓“教育哲学”（Erziehungsphilosophie）等新名词。又如美国学术界，不喜采用“教育学”（Pedagogic）一语而宁可采用“教育科学”（the Science of Education）或“教育哲学”（the Philosophy of Education）等名词。简单的说，他们都是认定“教育学”（Pädagogik，or Pedagogic）一语是只能够包含教育理论一方面而遗漏教育事实一方面，而“教育”（Erziehung，or Education）可以兼容并包这两方面（关于这一点，还请参考拙作《教育哲学》第二章各节）。因此，我将本书命名为《现代西洋教育史》而不命名为“现代西洋教育学术史”或“现代西洋教育思想史”。第二，教育理论与教育事实，既如上文所说，分离不开，那么，论理本书应该将这两方面的教育事象平行记述；但是为什么除了第五章小部分记述欧、美教育的实际现状外，其余多属于教育学说或教育思想方面呢？据我个人的见解，以为这大部分的教育理论，从它的上面看，实际就是前时代或同时代的教育事实之反映；若从它的下面看，实际又是同时代或后时代的教育事实之母胎。杜威说：“思想学术最初发生的时候，大概都是果而非因；但发生以后，它又变为因了。思想学说很像漏斗一般，漏了什么东西到什么地方去，便和那个东西发生关系。思想学说一经传布到人，而人有模仿、崇拜的心理。在这人是果，传到那人又变为因了。我们对于思想学说在社会上政治上要它发生什么影响，所发生的影响怎样是好，怎样是坏，这是我们要讨论的。”（见《杜威五大演讲·社会哲学与政治哲学》，第四页）照杜威的说法，一切思想学术既都是果而又都是因，那么，它完全与它的前后事实互相混和，分不出它是理论或是事实。如再用辩证法的说法，那更易明了。因为照辩证法推论，凡理论最初发生的时候，就立刻包含着“事实”的要素，譬犹人初生的时候，就立刻包含“死”的要素一般。上文所举的杜威的最后几句话，确是为我们应该知道的。譬如本书第一章第一节尼采的超人的教育，有些人以为它是造成上次欧战的恶果之原因，真是“虽不中，亦不远矣”。又如意国的秦梯利及德国的克里克的教育学说，在这意味上，亦可以照同样推论，是造成目下的意、德两国之社会局面的一个原因。总之，凡教育理论，并非是单纯的教育理论，乃是已经多少包含有教育事实的要素或成分了。因此，我更有将本书命名为“现代西洋教育史”之必要。

我的第一点声明

除掉上述外，对于本书还有两点须要声明的：一是关于本书的体裁方面，他一点是关于本书的内容方面。现在先说第一点。对于本书编制的体裁，采用三种方法：（一）叙述，（二）说明，（三）批评。先就叙述而论，有些地方是采用直接叙述法，即引用本人的原句照样写下去的；有些地方是采用间接叙述法，即改窜他的原句，作为我自己的口气。复次，就说明而论，这就是对于直接地或间接地所叙述的史料，因为有些地方过于简略，再加以一度引伸的解释；有些地方过于冗长，姑加以一度摘要的约说。最后就批评而论，有些地方借用他人所说的意见，有些地方出于我自己的见地。但是我对于上述的三项，同时感觉到几个困难：第一，本书既是现代西洋教育史，所采用的材料不出于外国书籍，但是各个教育学者等的著作，不容易悉数到手；即使有一部分到手，又因为涉及各国——英、德、法、意、俄——的言语太多，而我对于有些国家的言语又未曾习得，所以除掉英文原著可以直译外，其余各国的著作只得由英译本或日译本转译过来。这样的辗转译述，不免有错误的地方而失掉其真意。第二，在说明的方面，本意在于将原著者的意思加以一番详细或简明的解释，使读者诸君易于理解。但是因为如同一般译作者所感到的困难一样，中外文章的构造形式不同，语句逗读的长短不一。前者譬如在外国方面，非坚守"所动"不可；而在我国方面，不妨改为"能动"。后者譬如在外国，尤其在德国方面，一句竟有数十字之长；而在我国方面，非将它截为几句不可。因此，偶或不慎，就会发生非常的错误。不仅一段文或一句语有这样的困难，就是有些单语亦很难翻译。譬如本书第四章第四节里所叙述的关于现象学之定义所包含的德语"Einklammern"一名词，只有译作"加入括弧内"之一法，再没有比像这样译法更短简的话，但是译到这样的程度，还不能够将现象学的定义说得很明白。又如德语"Unterricht"一辞，在本书里屡次遇到。这个名词，在德国，有时可作"教学"解，有时可作"知识传达"解，有时可作"授业"；要之，它是"传授知识"的意味，一定要与"学习"及"作业"两语相对待。因此，它断不能够译作我国现在所通行的"教学"或"教学法"等语。诸如此类，不胜枚举，现在不过举一二例以资证明而已。第三，在批评方面，亦不无困难的地方。举其要的，有些为自己主观的判断所束缚，有些为他人的意见所引诱，有些为环境的关系所威胁，其中不免有多少不公允的地方。尤其在第五章里讨论欧、美各国教育现状的时候，对于前五个国家——德、法、英、美、意——与最后一个国家——俄——两方面的教育要下以一种判决，很容易招致刚才所说的几个困难。关于上述的这三个困难，邱椿有一段语说得最好。邱椿于民国十九年十一月孟丹尼（即蒙泰尼）著雷通群译的《孟氏幼稚教育法》（商务出版）作过一序，有如次的议论：

邱椿对于教育史著作之批评

苏东坡的《日喻》有段妙语："'生而眇者不识日，问之有目者。'或告之曰：'日之状如铜盘。'扣盘而得其声，他日闻钟而以为日也。或告之曰：'日光之光如烛。'扪烛而得其形，他日揣籥而以为日也。日之与钟籥亦远矣，而眇者不知其异，以其未尝见而求之人。"今日研究西洋教育思潮者多患"未尝见而求之人也"的毛病。大抵典籍浩繁，汗牛充栋，初学者不觉望洋兴叹。但又慕淹博的虚荣而想出一个乘便取巧的办法，就是不读各家专著而读教育通史；不亲自咀嚼卢骚、洛克、福禄培尔的作品，而求之孟禄、罗利、窟克、喀伯利诸教育史家。这不等于盲者问日吗？无论教育史家的记载如何翔实，总不如原著亲切有味；无论他们的批评如何平允，总有断章取义的地方。俗语说："不入虎穴，焉得虎子?"一切学问都从艰苦中得来，那能乘便取巧呢？若不探求本来面目而听他人传说，那么，以讹传讹，必定会到"揣籥认日"的地步。

我并不是说教育史可以不读，我的意思是单读教育史是不够的，还要进一步去研究原著。教育史如同地图或旅行指南，对于初学是很有用的；但若专门记诵旅行指南上的描写记载便沾沾自喜，而不亲自去游历一番，这不是大笑话吗？大抵教育史无论编得如何完备，总有两种缺点：第一，教育史家常有夸大铺张或阿其所好的毛病。记得我少时读王勃的《滕王阁序》以为蓬莱仙阙，竟致如此，后来亲至其地则见楼阁景物，都极平常，并未领略到"落霞与孤鹜齐飞，秋水共长天一色"的美景，始信文人浮夸，不足置信。教育史家的魔力"扬之可以升天，抑之可以下地"；对于自己欢喜的教育家，常极力揄扬其思想的价值，对于不喜欢的，常一笔抹煞其特殊的贡献。这是极不公平的。第二，教育史家的叙述多是断章取义，不能使人窥见全豹。我们看教育史上的引语，东鳞西爪，时断时续，觉得索然无味。如同一朵花，摘下来单独赏玩，总不如生在绿叶丛中之倍觉娇红欲滴。如听音乐，正到灵雨空谷万籁俱寂之时，忽然中断，更使人失望。反之，研究原著的利益很多：(1) 认识各家学说的真面目，(2) 了解各家学说的真价值，(3) 窥见各家学说的全豹，(4) 增进学者的判断力，(5) 明了各家学说的渊源。

以上是我个人数年来研究近代教育思潮的一点感想。我教授教育思潮时，常奖励学生先读各家专著，再读教育史家和我个人的叙述与批评，以避免先入为主的流弊；最后让学生自由发表意见。这个方法颇能引起学生搜讨与批评的精神……

邱椿的意见之价值

上面所导用的邱椿的这段话，是值得我们注意的。因为它确是对于编教育史者与读教育史者之一种善良的警告。我自己早已觉得编教育史时候的困难与编完了时候的缺点，确是如邱椿所说的一般。但是现在我为什么还要编本书呢？我只不过如同邱椿所说一样，为初学者编一部如同地图或旅行指南似的所谓“现代西洋教育史大纲”而已。还要希望读者诸君更进一步去研究原著，以免“揣篇认口”之诮。这是我个人的第一点声明。

我的第二点声明

复次，第二点声明，假定我在前面将那些现代教育史料叙述得没有多大的失实，说明得没有多大的含糊及批评得没有多大的偏枯，但是本书究竟是一部现代西洋教育史，在这里面，所有教育理论与教育事实，如绪论所说，都是有它自身的历史背景与社会情形，所以有时候要设身处地好像站在各个教育学者自己的地位替他们现身说法，有些时候却又要超出利害关系之上离开各个教育学者自己的地位为教育学术本身而发挥，前一层为各个教育学者自己表同情，后一层为教育学术本身尊重其威严。合言之，我好像坐看舞台上的戏剧的一个观客，一面对于戏剧的剧情看作亲历其境的一回事，一面将它当作一种艺术品看待而有所鉴别与欣赏。除了这两层外，还有些时候要顾到目下我们中国社会情形及将来我们中国社会趋势而说话。至于我怎样说法，请再翻阅上文，自会忆起我有几处是明言过的，亦有几处是暗示着的。我为什么要做这三层呢？因为我们叙述现代西洋教育史，尤其叙述最近世界教育思潮，我们切不可将中国社会与世界上的其他各国社会脱离关系，将我们自己的身体放在世界之外，袖手旁观其他各国社会的教育思潮之起伏，好像“呆坐在舞台下观剧”一样。我们应该认定世界教育思潮是我们中国本身的教育思潮；换句话说，无论我们中国的已过的、正起的或未来的教育思想，都是所谓“世界教育思潮”之整个的潮流中的一个川流，将来必有与其他各国的社会的教育思潮相汇集于大海之一日。所以我们对于世界上任何一国——无论德、法、英、美、意、俄及其他——的教育思潮，不拘这些思潮中有些是合理的，有些是不合理的，我们应该将这些思潮一一拿来放在我们中国自身的社会组织上去探究，看我们中国社会的组织怎样地在那里变化，再看跟着我们中国的社会组织之后会不会发生像其他各国社会那样的教育思潮，或者能不能发生彼此相差异的教育思潮。倘我们能够做到这一层，那么，才是研究“现代西洋教育史”，尤其是研究“最近世界教育思潮”的真目的。这好像观戏者恍若忘我，亲临舞台之上，共同地演剧一样，决不致居于“袖手旁观者”的地位。总之，我们研究现代西洋教育史，尤其研究最近世界教育思潮，我们必须时时想起我们中国自身的教育问题，好像一方面遥望世界人文之大海，他方面棹本国川流之舟筏；同时，更应该研究自已所棹的本国川流之舟筏是否与世界潮流相应顺，能不能有促进本国社会组织的发展之可能性；一句话，看看它是否有适合于世界的趋势上之普遍妥当性与必然性。关于这层，可以说它一半是与上面第一层相呼应，一半是与上面第二层相关联。这是我个人的第二点声明。

本章的结论

综合本章所述，只是为本书的意义、目的、方法、体裁、内容等而发。至于全部西洋教育史（连同前篇在内）乃至全部教育史（指世界教育史而言）的总结论，我已经将有些叙述在本书前篇第十四章（结论）及其附录《西洋教育学史》第三章（结论），有些叙述在拙作师范学校教科书《教育史》第十六章（结论），有些叙述在拙作《教育哲学》第八章（结论）里，现在为避免重复计，无需再述，姑且搁笔于此，以告结束。

《现代西洋教育史》完。

附　录

西洋教育史参考书目

一、西文

Adams：*The Evolution of Educational Theory.*

Adamson：*A Short History of Education.*

Adamson：*A Guide to the History of Education.*

Andrese：*Die Entwicklung der theoretischen Pädagogik.*

Aspinwall：*Outlines of the History of Education.*

Ballien：*Abriss der Geschiechte der Deutschen Pädagogik.*

Barth：*Die Geschichte der Erziehung.*

Bartholome：*Kurze Geschichte der Pädagogik.*

Bennett：*History of the Philosophy of Pedagogics.*

Böhm：*Geschichte der Pädagogik.*

Boyer：*History of Education.*

Browning：*An Introduction to the History of Educational Theories.*

Compayré：*Histoire de la Pédagogie.*

Cubberley：*The History of Education.*

Davidson：*A History of Education.*

Dittes：*Geschichte der Erziehung und des Unterrichts.*

Donaldson：*Lectures on the History of Education in Prussia and England.*

Erdmann：*A History of Philosophy.*

Garmo：*Herbart and the Herbartians.*

Graves：*A Students' History of Education.*

Grunwald：*Die Pädagogik des Zwanzigsten Jahrhunderts.*

Hobhouse：*The Theory and Practice of Ancient Education.*

Johnston：*High School Education.*

Kesseler：*Pädagogische Charakterköpfe.*

Kirchner：*Geschichte der Pädagogik.*

Koeber：*Lectures on History of Philosophy.*

Körner: *Geschichte der Pädagogik.*

Laurie: *Studies in the History of Educational Opinion from the Renaissance.*

Messer: *Pädagogik der Gegenwart.*

Monroe: *Source Book of the History of Education for the Greek and Roman Period.*

Monroe: *A Text Book in the History of Education.*

Monroe: *A Brief Course in the History of Education.*

Moog: *Geschichte der Pädagogik.*

Moog: *Philosophische und Pädagogische Strömungen der Gegenwart.*

Moog: *Grundfragen der Pädagogik der Gegenwart.*

Painter: *A History of Education.*

Paulsen: *Geschichte des Gelehrten Unterrichts.*

Pierrepont: *A History of Education during the Middle Ages and the Transition to Modern Times.*

Pierrepont: *A History of Education in Modern Times.*

Philobiblius: *History and Progress of Education.*

Pinkevitch: *The Education in the Soveit Repubic.*

Raumer: *Geschichte der Pädagogik vom Wiederaufblühen Klassischer Studien his auf unsere Zeit.*

Rein: *Encyklopädisches Handbuch der Pädagogik.*

Reincke: *Geschichte der Pädagogik.*

Reinhart: *Outline of the History of Education.*

Saupe: *Deutsche Pädagogen der Neuzeit.*

Schmid: *Geschiechte der Erziehung vom Anfang an bis auf unsere Zeit.*

Schimidt: *Geschichte der Erziehung und des Unterrichts.*

Schimidt: *Geschichte der Pädagogik.*

Seeley: *History of Education.*

Spencer: *Education.*

Sturm: *Die Pädagogische Reformbewegungen.*

Swinton: *Outlines of the World's History.*

Ueberweg: *History of Philosophy.*

Vogel: *Geschichte der Pädagogik als Wissenschaft.*

Woodward: *Studies in Education during the Age of the Renaissance.*

Volkmer: *Geschichte der Erziehung und des Unterrichtes.*

Ziegler: *Geschichte der Pädagogik.*

二、日文

《欧洲教育史》	大濑甚太郎著
《教授法沿革史》	大濑甚太郎 中谷延治 共著
《ヂッテス教育史》	冈田五兔译
《ヘルバルト教育学要义》	村上俊江译
《教育史》	小泉又一著
《教育史要》	津田元德著
《近世教育学史》	熊谷五郎述
《教育史》	土屋良遵编
《欧米教育史》	日高只　译
《欧米教育の实际》	小泉又一著
《教育新史》	樋口勘治郎著
《西洋教育史》	中岛半次郎述
《东洋、西洋教育史》	中野礼四郎著
《教会史》	テルネヂ讲述
《现今の教育及伦理问题》	吉田熊次著
《现代教育学说选集》	吉田熊次著
《挽近学术の进步》	教育学术研究会编
《十九世纪》	博文馆编
《科学的教育学》	田中义能著
《系统的西洋教育史》（昭和版）	田中义能著
《教育学书解说》	育成会编
《续欧洲教育史》	大濑甚太郎著
《西洋教育史完全表》	森屋献六著
《西洋教育学史》	金子马治著
《近世教育史》	下田次郎著
《新撰近世教育史》	小川正行著
《近代教育思想史》	入泽宗寿著
《现代教育思潮大观》	入泽宗寿著
《现代教育思潮概说》	入泽宗寿著
《教育思想问题讲话》	入泽宗寿著
《最近教育の思潮と实际》	入泽宗寿著

《现今の教育》 入泽宗寿著
《现代の教育哲学》 入泽宗寿著
《现代教育哲学の根本问题》 长田新著
《新撰近世教育史》 篠原助市著
《最近世欧米教育史》 大濑甚太郎著
《近代教育学大集成》 藤原喜代藏著
《文检西洋东洋日本教育史》 渡部政盛著
《最近教育学说の叙述及批判》 渡部政盛著
《西洋教育史概说》 吉田熊次著
《最近教育思潮》 吉田熊次著
《世界教育思想史》 小林澄兄译
《教育史概说》 入泽宗寿著
《西洋教育史潮概说》 石川谦著
《文化教育学の新研究》 乙竹岩造著
《现代の哲学的教育学的潮流》 松月秀雄著
《体系的现代教育学说精义》 冈田怡川著
《文检参考问题中心教育史精义》 高桥勇著
《欧米近世教育史》 乙竹岩造著
《最新文检东西教育史》 小阙贞次著
《宗教的教育论》 河野清丸著
《教育史》 入泽宗寿著
《最新教育史》 冈田怡川著
《参考西洋教育史》 三浦藤作著
《欧米教育思想史》 入泽宗寿著
《现代教育概观》 野田义夫著
《欧米学校教育发达史》 阿部重孝著
《现代教育思潮概说》 会田庆司著
《教育学说选集》 田制佐重著
《现代欧米教育大观》 同文馆编
《各国教育学の现状》 辻幸三郎著
《最新西洋教育史讲义》 渡部政盛著
《教育哲学思潮概说》 渡部政盛著
《文检标准教育史》 冈田怡川著
《新教育史纲》 井上助太郎著

《西洋教育史》	三浦藤作著
《希腊教育史》	福岛政雄著
《现代教育学泛论》	乙竹岩造著
《教育辞书》	教育学术研究会编
《教育大辞书》	同文馆编
《教育辞典》	篠原助市著
《最新教育辞典》	渡部政盛 守屋贯秀 编
《教育思潮研究》	教育思潮研究会编
《岩波讲座教育科学》	岩波书店编
《入泽教育辞典》	入泽宗寿著

以上除掉二四册新添外，余概采取自田中义能著《系统的西洋教育史》（昭和版）二三一三〇页。

三、中文

《教育史》　周焕文等　上海商务　清光绪三十

《教育史》　范寿康　上海商务　民十二（《现代师范教科书》）

《教育史》　韦以黻　上海商务

《教育史 A. B. C.》　李浩吾　上海世界　民十六（《A. B. C. 丛书》）

《教育史》　马宗荣　上海世界　民二十

《教育史》　江苏师范生　日本增户鹤吉讲　江苏学务处　清光绪三十二

《新中华教育史》　孟宪承　上海中华　民二十一

《教育史》　姜琦　上海商务　民二十一　（《师范学校教科书》）

《教育史》　冯品兰　上海大华出版　世界发行　民二十二

《新体教育史讲义》　张华年　上海商务　民八

《教育史讲义》　贾丰臻　上海商务　清光绪三十

《教育史讲义》　戴克敦　上海商务

《教育史教科书》　作新社　上海作新社　清光绪二十九

《教育史概要》　朱公振编　上海世界　民十八　（《教育概要丛书》）

《教育史纲要》　章炯　上海广智　民十八

《教育史要览》　余寄　上海商务　民六

《教育史大纲》　刘炳黎　上海北新　民二十一

《教育史》　王炽昌　上海商务　民十五

《教育史》　杨游　上海商务　民十一

《新制教育史》　李步青　上海中华　民十一
《新大陆教育通考》　吴民译　日本纳富忠一　上海文明　清光绪二十九
《新时代的教育》　泽柳青子　上海北新　民十六
《现代教育概观》　王璧如　上海北新
《教育进化史》　任克译　日本民友社　南昌普益书局
《各国教育比较论》　庄泽宣　上海商务　民十八
《欧洲新教育》　李大年译　上海商务　民十四
《欧洲新学校》　唐显之　上海中华　民十九
《欧美教育史要》　汪郁年　日本谷本富　北京官书局　清光绪二十九
《欧美教育实际》　日本小泉又一　上海商务　清光绪三十四
《欧美教育史》　刘亮译　日本大濑甚太郎著　上海民智　民十九
《欧美教育观》　吕烈辉译　日本育成会　北京官书局　清光绪二十九
《战后各国教育之改革》　教育杂志社　上海商务　民十四　（《教育丛书》）
《战后世界教育新趋势》　余家菊　汪德全　上海中华　民十五
《欧战后之西洋教育》　姜琦　邱椿　上海商务　民十八　（《万有文库》）
《德法英美四国教育概观》　常导之　上海商务　民十九　（《师范丛书》）
《德法英美四国国民教育比较论》　余寄译　上海中华　民六
《德法英美教育与建设》　崔载阳译　Reisner, E. H.　上海民智　民十九
《改造中的欧美教育》　任白涛　上海商务　民十九
《德美教育史》　吴鼎昌　上海中华
《万国教育志》　赵必振译　日本寺田永　进化译社　清光绪二十九
《近代教育史》　吴康译　Graves, F. P.　上海商务　民十二　（《世界丛书》）
《泰西教育史》　李家珍　上海昌明公司　清光绪十九
《新大陆之教育》　黄炎培　上海商务　民六
《西洋教育史》　杨廉　上海中华　民十五
《西洋教育史纲要》　王凤喈　上海商务　民十一
《西洋教育史大纲》　姜琦　上海商务　民十
《西洋教育小史》　王晦初　上海商务　民十五　（《百科小丛书》）
《各国教育谈》　陈其昌等　上海商务　民十三
《世界教育谭》　王曾颐译　日本泽柳政太郎著
《世界教育状况》　陆费逵　上海商务　清宣统三
《中外教育史》　周焕文　韩定生译　日本中岛半次郎著　上海商务　民三
《欧美学校教育发达史》　廖英华译　日本阿部重孝　上海商务　民二十三

（《师范丛书》）
《新教育史》　方与严　上海儿童书局　民二十三
《西洋教育史》　姜琦　上海商务　（《大学丛书》）　编著中
《西洋教育史》　范寿康　上海商务　（《大学丛书》）　编著中
《西洋教育思想史》　张安国　编著中
《英国教育要览》　余家菊　上海中华　民十四
《法兰西教育》　李煜瀛　留法俭德会　民二
《法国教育概览》　周太玄　上海中华　（《教育丛书》）
《法国公民教育》　华南圭译述　上海商务　民元
《德美教育新潮》　吴昇昌译　日本桢山荣次　上海中华　民四
《德国教育之精神》　蔡文森译　日本吉田熊次　上海商务　民五
《德国教育之实况》　陆规亮编译　上海中国图书公司　民五
《德国教育新调查》　王仁夔　顾树森　上海商务　民六
《奥国的新教育》　柳其伟　林仲达译　Robert Dottrens　上海商务　民二十二　（《现代教育名著》）
《苏俄的教育》　张友松　周谷城译　Wilson, L. W.　上海春潮
《新兴俄国教育》　祝康　上海中华　（《教育丛书》）
《苏俄之教育》　许崇清译　Scott Nearning　上海商务　民十七　（《现代教育名著》）
《苏俄新教育》　潘梓年译　Scott Nearning　上海北新　民十八
《苏俄的教育》　杜佐周译　Scott Nearning　上海民智　民十七
《苏俄新教育》　顾树森　上海中华　（《欧游丛刊》）
《苏俄新教育之研究》　金溟若译　日本仲宗根源和　上海神州　民十九
《苏俄新教育事业概观》　王权中　上海北新
《苏俄新学校》　王西徵译　英国教育视察团　上海华通　民十八
《苏俄的活教育》　易鸿译　Wilson, L. W.　上海联合　民十八
《美国初等教育最新之状况》　贾丰臻　舌耕社　清光绪三十三
《美国教育彻览》　汪懋祖　上海中华　民十一　（《教育丛书》）
《比利时之新学校》　陈能虑译　上海商务　民十一
《凯善西台奈氏教育说》　樊炳清　上海商务　民十一　（《教育丛书》）
《挽近教育学说概论》　王骏声　上海商务　民十三
《司丹列一霍氏教育学说》　樊炳清　上海商务　民十一　（《教育丛书》）
《教育理想发展史》　郑梦驯译　Emerson, M. L.　上海商务　民十三
《教育思潮研究》　郑次川　上海商务　民十四　（《百科小丛书》）

《教育思潮大观》　郑次川译　日本中岛半次郎著　上海商务　民十一（《新知识丛书》）

《教育思潮概说》　郑次川　上海商务　民十四　（《百科小丛书》）

《现代教育之趋势》　上海亚东

《现代教育思潮》　郑次川　林科棠译　日本大濑甚太郎著　上海商务　民十三

《现代教育思潮》　徐益棠　上海商务　民十八

《现代教育思潮》　高卓　上海商务　民二十　（《新时代史地丛书》）

《现代教育思潮》　樊炳清　上海商务　民十一

《现代教育思潮》　王璧如　上海北新

《现代教育思潮批判》　教育杂志社　上海商务　（《教育丛书》

《最近欧美教育思潮》）　范锜　上海开明　民十四初版，民二十增补再版

《近代教育家及其理想》　唐毅　上海中华　民十七　（《教育丛书》）

《近代教育思想》　刘炳黎　上海北新　民十四

《近三世纪西洋大教育家》　庄泽宣译　Graves，F. P.　上海商务　民十四（《现代教育名著》）

《西洋教育思想史》　瞿世英　上海商务　（《尚志学会丛书》

《西洋教育思想史》　蒋径三　上海商务　民二十三　（《师范丛书》）

《西洋教育通史》　雷通群　上海商务　民二十三　（《大学丛书》）

《教育大辞书》　朱经农等　上海商务　民十九

《教育辞典》　上海中华

以上除掉略事增减外，余概采取自吕绍虞编《中国教育书目汇编》（武昌文华图书馆学专科学校季刊社出版）六一七页及一三一一六页。倘有遗漏及新出书籍，当于将来本书再版时，陆续增补，特此预志。

人名索引

一、西洋人名

原名…………译名………………… 页码

A

B

C

D

E

F

G

H

I

J

K

L

M

Q

R

S

T

U

V

W

Z

二、中日人名（以第一字笔画之多少顺）

图像索引

除掉上揭诸图像外，还有些现代教育家的肖像一时尚未搜集到手，只得暂付阙如。今后如果觅得若干，当于本书再版的时候，陆续增补，特此预志。

本书编者论著目录索引

本书编者历年所发表的论著，无论撰著或翻译，大部分是取材于西洋教育史料，并且常时将西洋教育史料与中国教育史料作一度比较的说明。因为教育上的一切问题，过去的不消说起，就是现在的与将来的，亦无一不可从历史里探究其渊源、变迁与发展。所以编者为补充我个人在本书里对于各个教育学者的思想之批评，并表示我自己历年的思想随社会而演变的途径起见，特将编者自己历年所发表的论著按照出版年月的顺序编成目录，附载在卷末。倘读者诸君要参考些编者论著的内容，这个目录，就是供作大家索引而便于检查而已。

编者谨识

一、书籍

《中国国民道德概论》（民国六年六月，丙辰学社出版，中华书局刊行；这书早经绝版，不愿再刊）

《西洋教育史大纲》（民国十年七月，商务出版）

《中国新教育行政制度研究》（与邱椿合著，民国十六年十一月，商务出版）

《战后之西洋教育》（与邱椿合著，民国十八年十月，商务出版，《万有文库》之一；或二十年八月，同馆出版，《师范小丛书》之一）

《福勒伯尔传》（民国十八年十月，商务出版，《万有文库》之一；或二十年八月，同馆出版，《百科小丛书》之一）

《知难行易与教育》（民国十九年八月，华通书局出版）

《三民主义课程论》（同上）

师范学校教科书《教育史》（民国二十一年十一月，商务出版）

《教育哲学》（民国二十二年八月，群众图书公司出版，《中华学艺丛书》之一）

《视学纲要》（Charles A. Wagner 原著，与杨慎宜合译，民国二十二年十一月，商务出版）

《普通教育》（与杜佐周合著，民国二十二年十二月，商务出版，《万有文库》之一；或二十三年一月，同馆出版，《百科小丛书》之一）

《现代西洋教育史》（即本书）

二、论文

《裴司塔洛齐传》（民国八年三月，《新教育》第一卷第二期）
《福禄培尔传》（同上四月，同上第三期——《杜威号》）
《何谓新教育?》（同上五月，同上第四期）
《教育上“德谟克拉西”之研究》（同上）
《理科教育之目的》（美国 John Dewey 原著，同上六月，同上第五期）
《德意志之平民主义的教育学说》（同上九月，同上第二卷第一期）
《最近日本教育概况》（同上十二月，同上第四期）
《自动主义的根本思想》（民国九年一月，《教育杂志》第十二卷第一号）
《新文化运动和教育》（同上三月，《解放与改造》第二卷第五号）
《教育史原论》（同上，《学艺杂志》第一卷第四号）
《修身科德目问题的研究》（同上四月，同上第二卷第一号）
《学生自治的性质及其条件》（民国十年三月，《新教育》第三卷第二期）
《女子教育问题之研究》（同上五月，《教育杂志》第十三卷第五号）
《义务教育原理的研究》（同上十月，同上第十号）
《十六年来中国教育宗旨之变迁》（民国十七年元旦，上海《民国日报新年增刊》）
《中学校分科问题的商榷》（同上一月，《教育杂志》第二十卷第一号）
《职业指导与中学校分科问题》（同上三月，同上第三号）
《党化教育的真意义》（同上，《中华基督教教育季刊》第四卷第一期）
《党化教育的诠释》（同上五月，《新生命》第一卷第五号）
《请大学院确定三民主义为全国教育宗旨案》（与邱椿共提，同上五月，《全国教育会议报告》乙编）
《解释党化教育案》（同上五月，同上）
《整理学制系统案》（同上）
《什么是“以全力发展儿童本位之教育”?》（民国二十年四月，《龙溪教育月刊》第一卷第七期）
《厦大与我国高等教育》（同上，厦门大学《十周纪念刊》）
《我国小学教育设施趋向之商榷》（同上九月，集美学校《初等教育界》第二卷第五期，或十一月，商务《教育杂志》第二十三卷第十一号）
《中国现代教育哲学底派别及今后教育哲学者应取底态度与观察点》（同上十

二月，厦门大学《学报》第一卷第一期）

《日本现代教育哲学的发生与派别及其趋势》（同上，广州中大《教育研究》第三十二期——《日本教育研究专号》）

《修养问题的研究》（民国二十一年一月，福建教育厅《教育周刊》第一〇一——一〇二期）

附：《读“修养问题的研究”》（芝峰著，民国二十一年一月十五日，《现代佛教》第五卷第三期）

《从欧、美、日本的教育研究方法说到中国的教育研究方法的现状与趋势》（同上六月，《中华教育界》第十九卷第十二期）

《职业教育的本质之研究》（同上七月，中华职业教育社《教育与职业》第一三六期）

《论嬗变与突变》（同上十二月，厦门大学《学报》第一卷第二期，或二十二年一月《学艺杂志百号纪念增刊》）

《教授学上的两极性》（德国 Hermann Nohl 原著，民国二十二年一月，广州中大《教育研究》第四十二期）

《辩证法的几个难题之解决》（同上六月，《安徽大学月刊》第一卷第五期）

《大学里面教育研究之任务》（同上十月，安徽大学《教育新潮》第三卷第一期）

《我们为什么及怎么样谈中国教育改造?》（民国二十三年一月，《中华教育界》第二十一卷第七期——《教育改造专号》）

《最近世界教育思潮》（同上，《湖北教育月刊》第五期——新年号）

《为批评拙作“教育哲学”答范寿康先生》（同上三月，《学艺杂志》第十三卷第二号）

附：《姜琦著教育哲学》（范寿康著，同上一月，《图书评论》第二卷第五期）

《站在文学院的立场上对于文学的概念之新检讨》（同上四月，《安徽大学月刊》第一卷第八期——《文学院专号》）

《苏俄蒲龙斯基的作业教育观》（同上，安徽大学《教育新潮》第三卷第二、第三两期合刊）

《为正谬拙作“教育哲学”答许崇清先生》（同上六月，广州中大《教育研究》第五十三、四期合刊）

附：《姜琦著“教育哲学”正谬》（许崇清著，同上二月，同上第四十九期）

《许崇清的“姜琦著‘教育哲学’正谬”评价》（梁瓯第著，同上三月，安徽大学《教育新潮》第三卷第二、三期合刊）

《我对于所谓“大众语”的几个意见》(民国二十三年九月,《社会月报》第一卷第四期——九月号)

《教育学与教育科学》(日本篠原助市原著,同上十月,《教育杂志》第二十四卷第一号——复刊号)

《为什么高级中学应集中?》(同上,《湖北教育月刊》第二卷第一期——《湖北全省中等学校校长会议专号》)

《中等教育制度问题的商榷》(同上十二月,《教育杂志》新四号)

《实验教育的功用和限度》(同上,湖北省立实验学校《实验之声》第五期)

《大学教育制度问题的商榷》(民国二十四年一月,《教育杂志》第二十五卷第一号——新五号或新年号)

《中国教育需要那一种哲学?》——《读吴俊升先生“中国教育需要一种哲学”以后》(同上,这是上年十一月二十一日在武昌华中大学教育学会及十二月二十四日在武汉大学哲学教育学会演讲稿)

《三年来的中国教育之解剖》(同上二月,江苏教育厅《江苏教育》第四卷第一、二期——《春季特大号》)

《为正谬拙作“教育哲学”再答许崇清先生》(同上,广州中大《教育研究》第五十七期)

附:《姜琦著“教育哲学”正谬续》(许崇清著,民国二十三年五月,同上第五十二期)

《姜、许“教育哲学”论战述评》(梁瓯第著,民国二十四年二月,同上第五十七期)

《两重性的德意志精神与它的教育意义》(德国 Hermann Nohl 原著,同上三月,同上第五十八期)

《特种教育的意义及其使命》(同上,《教育杂志》第二十五卷第三号;这是上年十二月二十九日在湖北特种教育处演讲稿)

《我对于今日中国女子教育问题的一个意见》(同上四月,同上第四号)

除掉上面揭载的所有论文目录外,编者还有卅余篇杂作,亦多少是与教育史有关系的。但是这些杂作因格于体裁,即有些是演讲稿,有些是酬应的文字如发刊辞、序言、通讯等等,所以我不将它编入上项目录之内。同时,我又为使读者诸君便于查阅起见,姑另设一项称为“杂作”并将所有题目附录于后:

三、杂作

《新学报发刊辞》——一名《永嘉学术史略》(民国九年一月,永嘉新学会发

行）

《杭州学界对于杜威的感想》（民国十年　月，《时事新报学灯》第　卷第　册第　号）

《国际上青年的责任》（民国十四年十一月二十七日在上海日本高等女学校演讲，同上第七卷第十二册第三、四号）

《国立暨南学校改革计划意见书》（民国十七年七月，单行本）

《国际上我们的责任》（民国十九年三月，《厦大周刊》第九卷第二期）

《从地理上论本校（厦大）的位置及其特性》（同上四月，厦门大学《九周纪念刊》）

《吴自强著最近教育制度研究序》（同上十一月，《厦大周刊》第十卷第七期）

《教师与学生》（民国二十年三月，同上第十七期）

《我之中国绿化运动》（同上十月，同上第十一卷第四期）

《为什么及怎么样纪念总理诞辰?》（同上第五期）

《我曾对于日本学生所谈的国际联盟一夕话》（同上，厦门大学抗日救国会《救国之路》第一期）

《二十年来的中国教育之总算账》（民国二十一年元旦，厦门《江声报新年增刊》）

《百期纪念号与百年树人》（同上一月，福建教育厅《教育周刊百期纪念号）

《国难期中学校应有的觉悟》（同上四月，《厦大周刊》第十一卷第十七期——《厦门大学十一周年纪念专号》）

与北平师大邱椿教授关于教育哲学问题的讨论（同上五月二十四日通讯，未曾发表）

《中学生与大学生的训练之差异》（同上六月，同上第二十六、七期合刊）

《为厦门私立闽南华侨女子中小学校纪念会忆起华侨教育问题》（同上七月，《厦门闽南华侨女子中学十二周年刊》）

《与刘英士先生通讯讨论“图书评论”的态度》（同上十月四日，《图书评论》第一卷第六期）

附：刘英士先生答覆（民国二十二年二月一日，同上）

《再谈谈二十余年来的中国教育》（民国二十二年元旦，厦门《江声报新年增刊》）

《“肤浅”与“偏激”》（同上一月，《时代公论》第三十四号）

附：《关于“肤浅”与“偏激”答姜琦先生》（曹翼远著，同上五月，同上第五十八号）

《福建高等教育之现况》(同上二月,《星洲日报四周年纪念刊》)

《我再为本刊(福建教育厅教育周刊)第一百五十期说几句话》(同上四日,福建教育厅《教育周刊》百五十期纪念号)

《虞德元著比较论理学序》(同上五月,《厦大周刊》第十二卷第二十四期)

《国难与革命》(同上第二十六期)

《教育学院存废问题》(同上,福州《新潮日报教育》第七期)

《中国教育家应有的教育思想》(同上十一月二日,在安徽省立高级中学教育研究会演讲;这稿因系拙作《教育哲学》之缩写,故无须重刊)

《中国二十余年来的教育缺陷之原因及其救济方法》(民国二十三年元旦,安庆《皖报新年增刊》)

《科学化运动之教育观》(同上一月,同上《教育周刊》第一、二两期)

《教师与学生之社会的关系》(同上三月,安徽省立第一中学校《一中校刊》第五期;这文可与前面《教师与学生》一题互相对照)

《我也谈谈文言与白话之论争》(同上六月,《申报自由谈》)

《本院(湖北省立教育学院)之使命》(同上十月,《湖北省立教育学院院刊》第二卷第一期)

《为本院(同上)三周年说几句话》(同上第二期——《本院三周年纪念专号》)

《黄安县匪区视察报告》(同上十一月,同上第四期)

《我对于贵校(南昌一中)过去的敬祝与今后的展望》(同上,江西省立第一中学校《一中校刊》第二卷第一、二期——廿周年纪念号)

《程谪凡著"中国现代女子教育史"序》(同上十月,安徽大学《教育新潮》第三卷第四期;这文可与前面论文《我对于今日中国女子教育问题的一个意见》一题互相对照)

《谢炳骜著"横的教育"序》(同上十二月,《湖北省立教育学院院刊》第二卷第五期)

《农村复兴与农村改造》(同上,汉口《武汉日报乡教二周刊第四十三期)

《中国教育行政家应有的教育思想》(同上十一日,在豫、鄂、皖三省剿匪司令部湖北地方政务研究会演讲,这稿载在该会《半月刊》第十二期)

《从湖北匪区教育的实况想到人员训练问题》(同上,江苏省立教育学院,《教育与民众》第六卷第四期;这文可与前面《黄安匪区视察报告》互相对照)

《教育专家讨论会后之本院的改进计划问题》(民国二十四年三月,湖北省立教育学院报告之一,单行本)

以上各篇论著及杂作的目录，仅截至本书出版之日为止；除有一二篇重刊外，无论已刊或未刊，计共百篇整数，姑称为“索引第一辑”。今后编者如有论著继续发表，当于将来本书再版时，另行附载在后面；同时，我记得还有几篇关于教育的著作，奈一时忆不起题目及它曾经揭载在何刊，只得暂付阙如。所以这些亦拟等到将来发现时，一并补遗在后面，作为拙作目录的“索引第二辑”之开始。特此预志，并资自勖。

后　记

本书作者姜琦（1886—1951），字伯韩，永嘉城区（今温州鹿城区）人，著名教育学家。早年留学日本，毕业于东京高等师范学校，后得明治大学政治科学士学位。归国后，曾历任浙江省立第十师范学校以及上海暨南大学、大夏大学、中央大学、安徽大学文学院、湖北省立教育学院、福建厦门大学、浙江大学、西北联合大学等高校校长、训导长、教授等职。1919 年秋，发起组织永嘉新学会，任干事长，发刊《会员录》及《新学报》。毕生从事教育工作，主要著作除本书外，另有《中国国民道德概论》《西洋教育史大纲》《教育史》《知难行易与教育》《中国国民道德原论》《德育原理》《教育学新论》《生活管理》等。

本书旨在研究自十九世纪后半叶以迄二十世纪初之教育事象，以明了现代教育思潮之诸现状及预测将来教育发展之新趋势。全书共分五章，前四章阐述自然的教育、新个人的教育、作业的教育以及文化的教育，后一章论述欧美的教育制度及学校教育之现状。书中，除对诸派教育理论作出详细的论述及说明外，作者还加以深入评析；在叙述现代西洋教育史的同时，亦不忘时时着眼于中国自身的社会情形与社会趋势。本书是作者在把握新的时代脉搏的基础上，独力编写的教育学理论专著，为中国教育学术理论与教育实践的发展作出了卓越的贡献。

本书初版于 1935 年，由商务印书馆出版发行，被列为“大学丛书”之一。此次出版即以此为底本编辑整理，在尊重底本的前提下对个别字词和标点作了技术处理，底本译名前后不统一处，均予以统一处理，如将“亚利士多德”“亚里士多德”统改为“亚里士多德”，“裴奢尔”“斐奢尔”统改为“斐奢尔”等，余则保持底本原貌。

[illegible]

[illegible]

[illegible]

[illegible]

[illegible]

图书在版编目（CIP）数据

现代西洋教育史 / 姜琦著. —北京：东方出版社，2013

（民国大学丛书）

ISBN 978-7-5060-6584-9

Ⅰ.①现… Ⅱ.①姜… Ⅲ.①教育史-西方国家-现代 Ⅳ.① G519

中国版本图书馆 CIP 数据核字（2013）第 171632 号

现代西洋教育史

（XIANDAI XIYANG JIAOYU SHI）

姜 琦 著

责任编辑：李 斌 黄 佩

出 版：东方出版社

发 行：人民东方出版传媒有限公司

地 址：北京市东城区朝阳门内大街 166 号

邮政编码：100706

印 刷：三河市金泰源印装厂

版 次：2016 年 9 月第 1 版

印 次：2016 年 9 月北京第 1 次印刷

开 本：710 毫米 ×1000 毫米 1/16

印 张：28

字 数：564 千字

书 号：ISBN 978-7-5060-6584-9

定 价：58.00 元

发行电话：（010）65210059 65210060 65210062 65210063

民国大学丛书

哲　学

《道德学》 温公颐著

《清代学术概论》 梁启超著

《新理学》 冯友兰著

《中国近三百年学术史》 钱穆著

《中国哲学史》 冯友兰著

《中国哲学史大纲》 胡适著

《哲学概论》 范锜著

《哲学概论》 温公颐编译

《西洋哲学史》 [美]F. 梯利著　陈正谟译

《逻辑》 金岳霖著

《现代逻辑》 汪奠基著

《美学原论》 [意]B. 克罗斯著　傅东华译

文学 语言学

《文学大纲》 郑振铎著

《欧洲文学史》 周作人著

《中国文学批评史》 郭绍虞著

《中国文学史大纲》 顾实编纂

《法国短篇小说集》 刘半农译

《近代英文独幕名剧选》 罗家伦选译

《意大利现代文学》 [法]B. 柯莱蔑著　董家溁译

《短篇小说作法研究》 [英]B. C. 威廉著　张志澄编译

《中国音韵学》 王力著

《高等国文法》 杨树达著

《比较语音学概要》 [法]保尔巴西著　刘复译

历史学

《中华二千年史》 邓之诚著

《中华通史》 章嵚著

《中国古代史》 夏曾佑著

《中国近代史》 陈恭禄著

《国史大纲》 钱穆著

《世界通史》 周谷城著

《欧洲近代史》 王绳祖著

《俄国史》 何汉文著

《史学通论》 杨鸿烈著

《通史新义》 何炳松著

《新史学》 [美]J. H. 鲁滨逊著　何炳松译

《世界史纲》 [美]H. G. 韦尔斯著　梁思成等译

《多桑蒙古史》 [瑞典]C. 多桑著　冯承钧译

《美国史》 [美]C. A. 俾耳德　W. C. 巴格力著　魏野畴译

《英国史》 [英]G. M. 屈勒味林著　钱端升译

《近代意大利史》 [意]G. B. 马克勒兰著　朱基俊译

《新史学与社会科学》 [美]H. E. 班兹著　董之学译

经济学

《中华银行论》 马寅初著

《中国经济史》 马乘风著

《中国经济改造》 马寅初著

《中国经济思想史》 唐庆增著

《经济学方法论》 刘絜敖著

《经济学原理》 吴世瑞著

《经济学概论》 马寅初著

《财政学》 尹文敬著

《新经济学大纲》 沈志远著

《中国国民经济史》 罗仲言著

《赋税论》 胡善恒著

《中国经济原论》 王亚南著

《世界经济地理》 傅角今著

《广义政治经济学》 许涤新著

《货币学概论》 李达著

《财政学与中国财政——理论与现实》 马寅初著

《经济学史》 [英]J. K. 因格拉门著　胡泽　徐炳汉译

《经济学说史》 [奥]O. 史盘著　陈清华译

《经济学概论》 [美]F. R. 费尔柴尔等著　巫宝三　杜俊东编译

《数理经济学大纲》 [英]J. K. 麦塔著　胡泽译

《土地经济论》 [日] 河田嗣郎著　李达　陈家瓒译

《财政学新论》 [印]薛赉时著　许炳汉译

政治学 法学

《欧洲政治思想史》 高一涵著

《政治学概论》 李剑农著

《欧洲政府》 张庆泰编译

《政治学大纲》 张慰慈编

《中国政治思想史》 吕振羽著

《行政学概论》 [美]L. D. 怀特著　刘世传译

《近代国家观念》 [荷]H. 克拉勃著　王检译

《政治科学与政府·绪论.国家论》［美］J. W. 迦纳著　孙寒冰译

《政治科学与政府·政府论》［美］J. W. 迦纳著　林昌恒译

《比较宪法》王世杰　钱端升著

《中国法制史》陈顾远著

《民国政制史》钱端升等著

《欧美日本的政党》彭学沛著

《中国民法总论》胡长清著

《法学通论》何任清著

《国际法发达史》刘达人　袁国钦著

《英宪精义》［英］A. V. 戴雪著　雷宾南译

《民本主义与教育》［美］J. 杜威著　邹恩润译

《教育之基本原理》［美］E. L. 桑戴克　A. I. 盖兹著　宋桂煌译

《教育心理学概论》［美］E. L. 商戴克　陆志韦译

《教育社会学原论》［美］C. C. 彼得斯著　鲁继曾译

《教育实验法》［美］W. A. 麦柯著　薛鸿志译

《教育研究法》［美］C. V. 谷德著　李相勖　陈启肃译

《教育原理》［美］J. C. 查浦曼　G. S. 孔次著　赵演改译

教育学

《中国教育史》陈青之著

《中学各科教学法》钟鲁斋著

《西洋教育通史》雷通群著

《社会与教育》陶孟和著

《教育与学校行政原理》杜佐周著

《教育之科学研究法》钟鲁斋著

《教育社会学》雷通群著

《教育哲学大纲》吴俊升著

《比较教育》钟鲁斋著

《中国教育史大纲》王凤喈著

《现代西洋教育史》姜琦著

《古书读校法》陈钟凡编述

心理学

《儿童心理之研究》陈鹤琴著

《社会心理学》孙本文著

《心理与教育测量》王书林著

《行为主义》陈德荣著

《人类的行为》郭任远著

《心理卫生概论》章颐年著

《发展心理学》左学礼著

《心理学大纲》陈大齐著

《心理学》［美］E. G. 波林　H. S. 兰费德　H. P. 卫尔德著　傅统先译

《社会心理学》［美］F. H. 奥尔波特著　赵演译

《现代心理学与教育》 [美]C. E. 雷斯德著 钟鲁斋 张俊玕译

《学习心理》 [美]S. S. 科尔文著 黄公觉译述

《格式心理学原理》 [美]K. 考夫卡著 傅统先译

文化艺术

《中国文化史》 陈安仁著

《文化人类学》 林惠祥著

《中西交通史料汇编》 张星烺撰

《人类学》 陈映璜著

《近代中国思想学说史》 侯外庐著

《世界文化史》 [美]L. 桑戴克著 冯雄译

《房屋建筑学》 陈宏铎编

《中国绘画史》 潘天寿著

《造园学概论》 陈植著

社会学

《人口问题》 陈达著

《社会学原理》 孙本文著

《现代中国社会问题》 孙本文著

自然科学

《达尔文主义基本原理》 中国科学院遗传选种实验馆 北京农业大学编译

《天文学》 陈遵妫编

《科学概论》 王星拱著

《群论》 [日]圆正造著 萧君绛译

《生物学精义》 [日]岗村周谛著 汤尔和译

《科学与科学思想发展史》 [英]丹丕尔·惠商著 任鸿隽 李珩 吴学周合译

《造林学》 郝景盛著

《中国作物论》 原颂周著